デジタル変革を成功に導く

5つの脳力

The Brains and Brawn Company

How Leading Organizations Blend the Best of Digital and Physical

デジタルマイオピアに陥らない経営

ロバート・E・シーゲル 著　NTTデータ経営研究所DX研究チーム 訳

5つの筋力

ダイヤモンド社

THE BRAINS AND BRAWN COMPANY
HOW LEADING ORGANIZATIONS
BLEND THE BEST OF
DIGITAL AND PHYSICAL

by

ROBERT E. SIEGEL

Japanese translation rights arranged with
McGraw-Hill Education, Inc.
through Japan UNI Agency, Inc., Tokyo

デジタル変革を成功に導く　5つの脳力 5つの筋力

リル・デブ・デブ、ロリー・ベア、オーヴァン、サムに捧ぐ

日本語版に寄せて

シリコンバレーに拠点を置く小さなソフトウェア会社の役員として、1992年に初めて日本を訪れたときのことを思い返すと、出会った企業や人々のビジョンと粘り強さに圧倒されるほどの感銘を受けたことを覚えています。その最初の出張で会議で議論をした際の、人々や組織の自信と誇りをいまでも思い出します。この国は日ごとに力を増していき、高度な教育を受けた労働力によってどれほどの品質と効率が生み出されるかを世界に示していました。

その後、私は何年にもわたって日本に出張し、その数は49回に及びました。私が最初のスタートアップを起業したときに、ハードウェアとソフトウェアを組み合わせた家庭用電化製品とコンピューティング製品を製造するパートナーを探していました。日本企業は、私がパートナーを求めたなかで世界で最高品質の企業でした。

次の仕事を振り返ると、今度はシリコンバレーの半導体スタートアップ企業でアジア営業を担当し、多くの日本のカメラ会社が私の顧客になりました。年に10回ほど日本を訪れましたが、成田空港に到着すると、そのたびごとにこの外国人にとってますます親しみやすくなっている快適な場所に戻ってきたような気がしていました。飛行機が着陸してから、成田エクスプレスに乗って新宿駅まで行き、ホテルまで歩いてすぐでした。お客様との打ち合わせは詳細で長時間にわたり、打ち合わせでの交渉や一対一で個別に会話することを通じて、私は一緒に仕事をする方々とますます親しくなりました。

次にゼネラル・エレクトリック（GE）に入社したときは、GEセキュリティのビデオ監視部門を担当していました。GEセキュリティは当時、その市場で世界第3位の企業でした。私たちの製品ラインナップと顧客へのアクセスはグローバルに広がっており、上位2社に対しても十分な競争力がありましたが、トップのグローバルリーダーになるには強力な技術パートナーが必要だと感じました。私は自部門をある日本企業の同業部門と合併させようと精力的に取り組みました。この組み合わせが唯一無二の解決策であり、グローバルリーダーにつながる組織になると信じていました。自分のキャリアを振り返ってみると、これを実現できなかったことが最大の機会損失の一つだと思います。

この3つの役割を担っているうちに、私の会社が設計および販売する製品が、コンピューティング、デジタルイメージング、家電製品の機能を組み合わせていき、業界の機能の境界をお互いに侵食し始めていることに気づきました。そして、これらの製品にはより多くの接続性とソフトウェアが必要になるため、大手企業は顧客のニーズを満たすためにデジタルとフィジカルの両方の属性を統合する必要があることにも気づきました。

数十年にわたり、日本は製造と技術の知識を組み合わせることにおいて重要な役割を果たしてきました。これは、デジタルとフィジカルのスキルの両方で優れた能力を発揮する必要性を生み出す基盤となっています。２０２３年にこれを書いている現在、日本は依然として強力な技術的才能を備えた活気に満ちた国ですが、世界経済のなかでその位置を見つけようと努力しており、アメリカと中国との経済的・政治的摩擦の間でバランスを取っています。

今日、世界は前例のない技術の再発明を経験しています。コミュニケーションツールとコラボレーションツールの継続的な進歩は、顧客にとってデジタルソリューションと物理的ソリューションを融合させることの重要性をいっそう高めています。人工知能（ＡＩ）が一気に商用展開され始めたことにより、企業はテクノロジーとビジネスモデルの選択を再考する必要があることを再認識させられました。ハードウェアや物理的なモノを製造するフィジカルを基盤に始まった企業や、今日のソフトウェア企業のようなデジタルを基盤に始まった企業は、将来的に新しい技術革新やリーダーシップスキルを備え、顧客に効果的にサービスを提供するために、両方の能力の最良の部分を融合させることを学ぶ必要があります。

同時に、企業は「デジタルマイオピア（デジタル近視眼）」の罠、つまりデジタイゼーション（digitization：アナログプロセスのデジタル化）がすべてのビジネス上の問題を解決するための万能薬になると信じ込むことを避ける必要があります。デジタイゼーションおよびデジタライゼーション（digitalization：デジタルツールを使用して顧客によりよいサービスを提供すること）はともに、組織が取り込む必要がある重要なアクションです。

企業はデジタイゼーション、デジタライゼーションを通じて自社の成功のみを追求し、紛争や環境問題など、物理的な世界が危険にさらされることを無視することもできるでしょう。しかし私たちは社会的動物であり、今後ともそうあり続けるべきです。ゆえに、企業はデジタルと物理的なソリューションをバランスよく取り込み、進化するビジネス環境のなかで長期的かつ社会とも協調した成功を享受すべきであると私は考えます。

個人やビジネスリーダーにとっての課題は、過去とは異なる方法で将来的に会社を導く方法を考えることです。エンジニアリング、営業、製造などの特定の機能的役割で昇進できたものの、組織の他部門の運営は他の幹部に依存するという古い前提は、現代ではもはや通用しません。すべてがつながっている21世紀の世界のビジネスリーダーは、会社のすべての部分をより深く理解する必要があります。私が「システムリーダー」と呼んでいるこの能力は、今後数十年間、ビジネスの成功を決定づける特徴の一つになるでしょう。

本書の日本語版を手に取って読んでいただいたみなさんが、日本が過去50年間に成功を収めてきた多くの優れた特性を活用できるようになり、新しい事業領域やコンピテンシー（能力）で活躍できるリーダーの一助として、今後30年間の成長のためにも利用いただけることを期待しています。さらに高度なデジタル機能を物理的な基盤と統合する能力により、企業は将来的に、顧客により寄り添った最適なサービスを提供できるようになるでしょう。また、本書で述べる「システムリーダー」に関連するスキルを開発することで、物事のつながりを理解し、プロダクトマネジャーの考え方を持ち、コンテクストを管理し、自己認識を受け入れられるようになることで、日本企業が将来にわたっても成長を続け、世界でも卓越した地位を確保するポテンシャルがあることを確信しております。

2023年3月

カリフォルニア州スタンフォード

スタンフォード大学ビジネススクール 経営学講師

ロバート・E・シーゲル

訳者まえがき

「デジタル技術を活用し、一部の業務改善で効率化の効果を出せているが、新たなサービスを創出するためには何をすればよいかわからない」「CDOを任命し複数のプロジェクトが進んでいるが、自社の新たな事業立地の開拓の方向性はこれでよいのか」。そんな思いを抱えている経営者は多いのではないでしょうか。

多くの経営者の方と議論するなかで、デジタル変革は、一過性のプロジェクトと捉えるのではなく、将来に向けた企業変革と捉え直す必要があると最近、私は考え始めています。

今回私たちが翻訳出版するロバート・E・シーゲル氏の『5つの脳力 5つの筋力』は、「デジタル変革を成功させるために経営者は何をすべきか」というデジタル変革の方法論の観点で書かれた本ではありません。

「企業が将来成功するためには、どのような能力が必要か。その能力を統合活用していくにはどのようなリーダーが必要か」という経営戦略の観点から書かれた本です。

著者のロバート・E・シーゲル氏は、多くのデジタルベンチャー企業を輩出するシリコンバレーで、ベンチャーキャピタルファームを率い、スタンフォード大学ビジネススクールで経営者向けに講義をしています。まさにデジタルビジネスの最先端にいる有識者です。

将来企業が成功するために獲得すべき能力は何かを明らかにするため、デジタルディスラプターである、ライドシェアサービスのリフト、インターネット決済のストライプ、クラウドサービス提供企業のBoxなどの多くのスタートアップ企業のCEOや、フォーチュン500社を代表するホームセンター小売のホーム・デポ、医薬関連のジョンソン・エンド・ジョンソン、建設機械のキャタピラー・グループ、酒類メーカーのアンハイザー・ブッシュ・インベブなどのCEOと直接議論をし、分析し、検討しています。

検討の結果たどり着いた結論が、「デジタル変革は、すべての企業が将来の成功に向けて取り組まなければならない重要課題だが、地に足の着いた物流や製造などの能力が企業の成功には欠かせない。デジタル変革が叫ばれるなかで、昔ながらの能力の重要性は見落とされやすく、正当に評価されていない」というものです。

企業が将来成功するためには、デジタルの能力とフィジカルの能力のどちらか一方だけを補強するのではなく、双方の強力な連携こそが、いま企業が直面する最重要課題と説いています。直観的にわかりやすいように、デジタルの能力は「脳力」、フィジカルの能力は「筋力」として、人間の身体に例えて説明しています。

またこれらの能力を統合し、企業を成功に導く新しいタイプのリーダーとして、「システムリーダー」という考え方を提案しています。同時に複数の視点、「IQ」と「EQ」、「内部」と「外部」、「短期」と「長期」、「マクロ」と「ミクロ」、つまり相反するデジタルの能力とフィジカルの能力を統合し、プロセスと戦略を透視し行動していけるリーダーが必要なのです。さらにシステムリーダーには、株主のためだけでなく、地域社会、国、そして社会全体のために、優れた世話役やリーダーになることがますます求められるようになると書いています。このように書けばあらゆることに精通したスーパーマンを求めているのかと思われますが、必要条件は、「あらゆる分野の専門家と意味のある会話をするに足るレベルの知識は必要だ。適切な質問をする相応の知識が必要だが、必ずしもその問いに自分で答えられなくともよい」と大変示唆に富むことを書いています。

この書籍は、豊富な事例を使い、将来生き残るために経営に求められるデジタルの5つの能力、フィジカルの5つの能力を説明していると読むこともできますが、個々の能力単体ではなく、複数の個別能力を連携させ、企業の強みに昇華させている事例として読めば、さらに多くのことを学ぶことができます。

たとえば、「筋力」のロジスティクス（脊椎）の事例で登場する生活用品小売チェーンのホーム・デポは、オンラインと実店舗でのショッピング体験を統合し、それをサポートする配送センターを新たに建設し、デジタル化された倉庫管理システムを導入しました。他社には真似できない照明器具やキッチン用流し台などのロジスティクスを、デジタルのプロセスに組み込み、ハイブリッドモデルを完成し、事業拡大に成功しました。この例でもわかるように、既存のロジスティクスそのものがフィジカルの強みではなく、それにデジタルを掛け合わせてこそ、フィジカルの強みになるのです。

このような読み方をすると、アメリカの既存企業が、デジタルを活用してビジネス成果を出すためにどのような工夫をしているかについても理解でき、デジタル変革にも多くの示唆を得ることができます。

それでは、この『5つの脳力 5つの筋力』の構成を簡単に紹介しておきます。

第I部では、この書籍の骨格となる「脳力と筋力」の枠組みと、新しい世界をリードする成功企業に必要な10項目の属性が、既存型企業と新興企業それぞれの事例の分析に基づき紹介されています。第I部の第2章では、それぞれの能力について点数評価していますが、私は、企業間を比較するためではなく、自社がどのような能力を強化すべきかを検討するために活用するとよいと思います。

第II部では「脳力」側の属性、つまり、分析力（左脳）、創造性（右脳）、共感力（扁桃体）、リスク管理（前頭前野）、内製とアウトソーシングのバランス（内耳）という、デジタルと感情の側面について一つずつ掘り下げられています。

第Ⅲ部では逆に「筋力」側の属性、つまりロジスティクス（脊椎）、モノづくり（手）、企業規模の活用（筋肉）、エコシステムの管理（手と目の協調）、事業の継続化（持久力）という、デジタル変革において見落とされがちな企業の強みの重要性について詳しく解説されています。

そして第Ⅳ部では、これまでに見てきた「脳力と筋力」の枠組みに基づき、デジタルとフィジカルの能力の融合と強化を組織の先頭に立って推進するリーダーである、「システムリーダー」の概念について紹介しています。

また、第Ⅲ部と第Ⅳ部の終わりに、全体を総括してロバート・E・シーゲル氏と山口の対談を追加し、既存の大企業が直面している課題や、求められる組織・マネジメント・人材などについて改めて意見交換しています。

この対談の背景と目的を少し説明させていただきます。

すでに触れたようにロバート・E・シーゲル氏は、将来成功する企業に求められる能力として5つのデジタルの能力「脳力」と5つのフィジカルの能力「筋力」を挙げ、これらの能力をいかに組み合わせて企業を成長させるかについて述べています。

私は、既存企業がデジタル変革を成功させるためにどのような戦略を取るべきかに強い関心を持ち、実際の経験や事例に基づき私なりの考えを、『信頼とデジタル』（２０２０年）に神戸大学大学院の三品和広教授に指導をいただきながらまとめました。顧客体験をリアルの顧客接点や物流などの強みを活かしながらデジタルで再設計し、新たな顧客価値を再創出する戦略論として「顧客価値リ・インベンション戦略」を考えました。

第Ⅲ部の終わりの対談は、ロバート・E・シーゲル氏の提唱する「脳力」と「筋力」を統合していく戦略と、私が考えた「顧客価値リ・インベンション戦略」という2つの視点を重ねることで、成功する企業に求められる能力と戦略を複合的な観点から明らかにしたいとの思いで収録しています。

またロバート・E・シーゲル氏は、「脳力」と「筋力」を統合し、企業を成功に導く新しいタイプのリーダーとして「システムリーダー」という考え方を提案しています。

私は、「顧客価値リ・インベンション戦略」を実現するためにはどのような組織と人材が必要かを明らかにするため『デジタル変革と学習する組織』（２０２１年）を書きました。そのなかで、計画重視で階層型組織の既存のマネジメントとは異なる、アジャイルなフラット型組織のマネジメントが要求されること、さらに重要なのはこれらを統合推進する新たなリーダーが必要になることを述べました。この新たなリーダーを「リ・インベンションリーダー」と命名し、実践しているリーダーとの対話を通して、共通的な能力として、「戦略課題の設定と自分ごと化」「革新の試行」「好奇心とチャレンジ」「巻き込み力」「メンバーからの信頼」「メンバーの成長と緊張感」を抽出しました。

第Ⅳ部の終わりの対談は、ロバート・E・シーゲル氏の提唱する「システムリーダー」と、私が考えている「リ・インベンションリーダー」を重ねて見てみることで、今後求められるリーダー像とその育成方法をより具体化したいとの思いで収録しました。

原書『The Brains and Brawn Company』は、より広い視野でアメリカなどの先進企業の経営者へ直接インタビューした内容に基づいて多くの事例を分析した大変興味深い本ですが、私はそれだけではなく、右に述べたような目的を持ち、著者とぜひ意見交換したいと思いました。さっそく、同氏に直接対談の打診をしたところ、快く応じていただき、スタンフォード大学のキャンパスを訪問し、数時間に及ぶ議論をすることができました。その議論を経て、『The Brains and Brawn Company』の日本語への翻訳プロジェクトがスタートしました。私の未成熟な内容の議論に付き合っていただき、多くのことを教えてくれ続けているロバート・E・シーゲル氏に感謝するとともに、日本語の翻訳出版ができた喜びを伝えたいと思います。

今後デジタル技術の発展は加速し、経営にデジタル技術をどのように活用し、新たな顧客提供価値を創出するかは、ますます重要になってきます。それを実現していくため、どのような組織能力を強化すべきか、またどのようなリーダーを育てていくべきかについて、本書を通じて一人でも多くの方々にフォーサイトをお届けできれば幸いです。

NTTデータ経営研究所 代表取締役社長　山口重樹

『デジタル変革を成功に導く　5つの脳力 5つの筋力』　目次

第2章 抜本的変革に向けた2つの試み

第II部 脳力を持つ意味

第7章　内耳――内製とアウトソーシングのバランス　221

第III部 筋力のコンピテンシー

第10章 筋肉――企業規模の活用

原注
索引

Part I

第Ⅰ部

本書の意図

デジタル化がグローバルな企業変革を促進しているとたえず吹聴されているが、たいていは誇張しすぎのように思える。しかし、新型コロナウイルス感染症の世界的なパンデミックでわかったのは、デジタル化が依然として重要である一方、デジタルな領域とフィジカルな領域の橋渡しができる企業が今後優位に立つ、ということだ。

本書の第I部では、「脳力と筋力」の枠組みを設定し、新しい世界秩序をリードする成功企業に必要な10項目の属性を紹介する。次に、有名なモビリティ企業と、ヘルスケア業界を破壊しようとしている新興企業の両方を詳細に分析する。そして、フィジカルなスキルセットとデジタルなスキルセットを融合させる際、それぞれがどのように機能しているかを分析する。

第1章 現代の企業にとって真の競争優位とは何か

いま、企業が直面している最重要課題はＤＸ（デジタル・トランスフォーメーション）だ、などと聞かされるとうんざりするだろう。私だってそうだ。スタンフォード大学ビジネススクールの講座や、シリコンバレーにある私のベンチャーキャピタルファームで行われる企画売り込み会議で、誰かがＤＸについて延々と話しているのを聞いていると、私はとてもイライラしてしまう。

誤解しないでほしいが、もちろんデジタル化はきわめて重要なトレンドだ。あらゆる業界のリーダーはこの問題に取り組む必要がある。シリコンバレー信者たちは熱心に布教しているが、デジタル化だけがコンピテンシー（優れた成果を生み出す能力や行動特性）ではない。目立ちはしないが地に足の着いた物流や製造などのコンピテンシーは、規模の大小を問わずいまも企業の成功に欠かせない。デジタル変革が盛んに叫ばれるなか、こうした昔ながらのコンピテンシーは見落とされやすく、正当に評価されない。

私がbrains（脳力）と呼ぶ領域とbrawn（筋力）と呼ぶ領域の間には、それぞれのカルチャーに大きな溝がある。この2つの概念は、デジタルとフィジカル、ディスラプター（業界秩序の創造的破壊者）気質と既存企業気質、スタートアップ企業群とフォーチュン500社、テック企業のカルチャーと製造企業のカルチャーなど、いろいろと言い換えられる。しかし、どのような言い方であれ、いまこそ両者の溝を埋め、この二項対立的な捉え方を見直すべきだ。

デジタル化の眩い光を、実際にモノを作ったり運んだりする企業と結びつける想像力を持つ人は稀だろう。多くの野心的な若手リーダーたちは、グーグルとフォードのどちらで働きたいと思うだろうか。ツイッターとジョンディア（John Deere）［訳注1］ではどちらだろうか。ネットフリックスとホーム・デポ（Home Depot）［訳注2］ではどうか。聞くまでもないだろう。

しかし、このような捉え方は間違いだ。伝統的大企業が消える運命にあると決めつけることはできない。もちろん恐竜のような時代遅れの大企業は消え去るだろうが、モノを作り、運ぶという既存のスキルと、デジタル技術がもたらす脳力的で新しいコンピテンシーを融合させながら成長する企業も出てくる。同じように、破壊的なデジタル企業は勝ち抜けるところも一部あるだろうが、必ずしもすべてのデジタル企業がそうなるわけではない。

現代の企業にとって真の競争優位とは何か。それは個々人のキャリアにしても、組織全体にしても、デジタルとフィジカルそれぞれの長所をどのように相互補完させるかを理解することだ。どちらか一方だけを補強するのではなく、双方を連携させればより多くのことが達成できる。デジタルの世界とフィジカルの世界が根本的に対立していると考えるのは危険だし、短絡的だ。むしろ、脳力と筋力の関係は、チョコレートとピーナッツバター、あるいはジョン・レノンとポール・マッカートニーのビジネス版として考えればいい。それぞれ重要な存在だが、連携すると途轍もない力を生み出す。脳力と筋力の強力な連携こそ、企業がいま直面する最重要課題なのだ。

［訳注1］ジョンディア(John Deere)　アメリカのイリノイ州に本社を置く農業、建設製品やテクノロジー、サービスを提供するリーディングカンパニー。１８３７年に創業。自動走行する完全自動トラクターを２０２２年に発表。正式な企業名は、ディア・アンド・カンパニー（Deere & Company）だが、本書では創業者名かつブランド名の通称であるジョンディアと表記している原書の表現を踏襲する。

［訳注2］ホーム・デポ（The Home Depot, Inc.）　アメリカのジョージア州に本社を置くホームセンター小売業者。１９７８年に創業。北米に約２３００店舗を展開し、世界最大の規模を誇る。

当事者から直接聞く

この結論に行き着いたのは、私が大学講師とベンチャーキャピタリストという二足のわらじを履くなかで、思いもよらない知見を得られたからだ。

1つ目は、私が担当するスタンフォード大学の講座「企業家のジレンマ」でのことだ。この講座は、法人向けソフトウェア大手SAPのCLO（chief learning officer、最高人材・組織開発責任者）マックス・ヴェッセルと、クラウドストレージサービス企業Box〔訳注3〕のCEOアーロン・レヴィと共同で、2016年に開講した。講座を立ち上げた当初は、テック企業のトップを招き、旧来のビジネスルールをどのように書き換えているのか、彼らの洞察を共有してもらう予定だった。また、既存型企業の先進的リーダーがデジタル変革に取り組んでいることや、老舗企業のCEOがディスラプションへの対応に苦慮していることも語ってもらうつもりだった。

しかし、そうならなかった。この6年間、「企業家のジレンマ」の講座や、ゼネラル・エレクトリック（GE）のジェフ・イメルト〔訳注4〕元CEOと共同開催している「システムリーダー」の講義で70人以上の著名なスピーカーに講演してもらったが、彼らには何度も驚かされた。フォーチュン500社に代表される既存型企業側からは、ホーム・デポのクレイグ・メニアCEO、ジョンソン・エンド・ジョンソンのアレックス・ゴースキーCEO、キャタピラー・グループのロブ・チャーター元社長、アンハイザー・ブッシュ・インベブ（AB Inbev、ABインベブ）［訳注5］のペドロ・アープCDGO（最高ディスラプティブ成長責任者、chief disruptive growth officer）、グラクソ・スミスクライン（GSK）のエマ・ウォームズリーCEOといったスピーカーが登壇した。ディスラプター、そしてスタートアップ企業側からはトゥエンティースリー・アンド・ミー（23andMe）［訳注6］のアン・ウォジスキCEO、リフト（Lyft）［訳注7］のローガン・グリーンCEO、ストライプ（Stripe）［訳注8］の

［訳注3］Box　アメリカのカリフォルニア州に本社を置くクラウドサービス提供会社。2005年に創業。

［訳注4］ジェフ・イメルト（Jeffrey Robert "Jeff" Immelt）　プロクター・アンド・ギャンブル（P&G）で主にマーケティング分野で活躍。1982年ゼネラル・エレクトリック（GE）に入社。マーケティング部門や家電部門のGEアプライアンスなどを経て、2001年ジャック・ウェルチの後任として、45歳の若さで、GE取締役会長兼CEOに就任。2017年退任。

［訳注5］ABインベブ（Anheuser-Busch InBev N.V.）　ベルギーに本拠を置き、世界50カ国以上に製造拠点を持ち、500超のブランドを100カ国以上で販売していた酒類メーカーのインベブが2008年、バドワイザーで知られるアメリカのアンハイザー・ブッシュを買収・合併し、現在の社名に。

［訳注6］トゥエンティースリー・アンド・ミー（23andMe, Inc.）　アメリカのカリフォルニア州に本社を置く。2006年創業。顧客の唾液サンプルから得られる情報からレポートや最適なウェルネス体験を提案し、顧客へDNA情報を還元するサービスを提供している。

パトリック・コリソンCEO、グーグルネスト（Google Nest）のトニー・ファデル元CEOといった経営者を迎えた。

彼らリーダーたちは、どんな企業が将来成功するのか、あるいはどんな企業が深刻な問題を抱えることになるのかを語ったのだが、それらは私が立てた仮説を激しく揺さぶるものだった。ディスラプターが変革を起こし続ける一方で、多くの既存型企業も彼らに負けず劣らず、創造的、積極的な対抗手段を見つけている。これらの大企業は自らの事業規模、リソース、これまで獲得した市場でのプレゼンス、数々の好不況の波を切り抜けてきて得たナレッジを、競争優位へと変えてきた。しかし、広い産業界のなかでも、これら大企業が成し遂げてきたことに気づく人はごくわずかだ。

2つ目の重要な知見は、私がエクシード・キャピタル（XSeed Capital）やピバ・ベンチャーズ（Piva Ventures）のパートナーとして働いたときに得たものだ。両社ともディスラプターを熱心に支援するベンチャーキャピタル（VC）だ。そこで私は気づいた。協業したテック企業の多くはあふれるほどのイノベーションがあっても、長期的な顧客関係を築くための地道な取組みができないし、そうしようともしないのだ。そしてその多くが、体系立ったマネジメントプロセスの構築にも苦労する。その結果、業績はたびたび不安定になる。ここでわかったのは、脳力派のディスラプターは長期的に安定した利益を確保する重要なコンピテンシーに欠けていることだ。そして、脳力派がそれらを習得する最善策は、自分たちが打倒しようとしている既存型企業から謙虚に学ぶことだと気づいた。

そして突然、新型コロナウイルスによるパンデミックによって、こうしたことが「自分ごと」になった。

ロックダウンからの教訓

2020年3月6日の夜、私はスタンフォード大学のMBA課程の学生たちと夕食会を楽しんでいた。そのとき、ある通知が目に飛び込んできた。新型コロナウイルス感染症により、翌週からすべての講義をオンラインにすると言うのだ。オンライン講義では、私が20年以上にわたってリアルの場で磨いてきた講義のスキルがまったく役に立たなくなる。

［訳注7］リフト（Lyft）　ライドシェアサービスを提供するアメリカのカリフォルニア州に本社を置く企業。2012年創業。

［訳注8］ストライプ（Stripe）　アメリカのカリフォルニア州に本社を置くインターネット向けの決済インフラサービスを手がける企業。2010年創業。35カ国以上の国でサービスを提供している。

Zoomを使って一度に100人もの学生の注意を引き、これまでの講義に近い体験を提供する方法を考えなければならなかった。

従来の講義では、フィジカルなスキルが必要である。学生たちの目を見て、どの学生が講義に集中しているのか、退屈しているのか、あるいはまったく上の空なのかを判断し、その場の空気を読む。また、うつむいている、前かがみになっているなどの仕草や、その日の私のジョークに対する笑い声や冷ややかな反応から手応えをつかむ。しかしいまや、モニターに映し出された100人余りの小さな顔からしか反応が得られないのだ。しかも学生たちは質問したり私の問いかけに答えたりするときを除いて、音声をミュートにしている。

これは私だけでなく、大学全体、ひいては世界中の教師にとって衝撃的だった。私たちはみんな、ありえないほどの速さで完璧に適応しなければならなかった。それ以外の選択肢はなかったのだ。

何とか1週間を乗り切った後、次の学期が始まるまで2週間講義がなかったのが救いだった。私は、その時間をバーチャル講義の改善に充てた。これまでよりも大きなパソコンモニターと高画質カメラを購入し、講義中にインターネットの接続障害が起きた場合に備えてバックアップ用回線を契約した。助手と相談し、どう講義を活性化させ、学生たちがもっと積極的に参加できるかを考えた。自宅の仕事場を改装し、カメラのフレームからはみ出ることなく立ち上がって少し動き廻れるようにした。スタンフォード大学のスタジオ風に模様替えもした。ゲストスピーカーたちには、ビデオセッションを最大限活用してもらうように準備を促した。

翌学期も学生たちの講義体験を改善していくなかで、あることがひらめいた。現在、私や同僚たちが身につけているデジタル教育のスキルは、パンデミックの間だけでなく、これから先のキャリアでも役に立つと。私はまた、南米、ヨーロッパ、東南アジア、中東に拠点を置くグローバル企業向けにリモートセッションを何回か実施した。こうした経験から、これからの教育現場は、教師が大教室の教壇に立って教える時代へと完全には戻ることはないだろうと確信したのだった。動画や通信のテクノロジーは進歩し続け、人々はそれに応じて新たな創造的手法を見つけ続ける。数年のうちに教員は、教室と動画の両方で学生たちの関心を引きながら効果的にコミュニケーションを取る能力が求められる、ハイブリッド型の職業だと見られるようになるだろう。

私は毎週、ときには毎日のように、教育現場が新しい局面へと変化していく様を目の当たりにしてきた。それはデジタルとフィジカルの融合が生み出すトランスフォーメーション（変革）だ。そして、新局面に適応するときに感じた私のストレスが可能性の期待感へと変わるにつれ、私が体験したことは「綿密な個人レッスン」だったと気づいた。それはまさに私が教えてきたことにほかならない。こうして私は、従来のルールを書き換え、デジタル変革を受け入れた多くの企業や組織たちの仲間入りをしたのだ。

2つの世界のベストな組み合わせ

こうした教育現場の変化は、次第にあらゆる業界にも当てはまるようになった。デジタルだけ、あるいはフィジカルだけではもはや成り立たない。バイオテクノロジー、ビデオゲーム、ソフトウェアといった脳力派分野の企業群は、チャネルパートナーシップ（製造業者や生産者、小売業者と提携すること）、サプライチェーン、カスタマーサービス、品質管理などの熟練度に依存するところがある。金属スクラップのリサイクル、実店舗の小売、建設などの筋力派分野の企業群は、いまや山のような大量のデータを処理加工して、それに基づき活動し、人工知能（ＡＩ）やクラウドコンピューティングで複雑な機器を連携させなければならない。

個々のレベルでは、アップルのワイヤレスイヤホンである「エアーポッズ（AirPods）」

のプロダクトマネジャーのように、従来は脳力分野の職域の人でも、グローバルな製造販売について深く理解しなければならない。また、ゼネラルモーターズ（GM）の製造現場責任者のように、筋力分野の職域の人であっても、数十年前のアメリカ航空宇宙局（NASA）のエンジニアよりも高度な技術を扱うスキルが求められる。

組織レベルでも同様に、事業を成功させるためには、脳力と筋力のベストな組み合わせが求められる。スピードや敏捷性やリスクテイクの許容といったデジタル系スタートアップ企業の特性と、事業遂行の体制、ベストプラクティス（既定の作業・工程においての最適な方法）、長期的な顧客関係といった大手既存型企業の特性をうまく融合できるかがカギとなる。

それでもまだ、私たちが「脳力＋筋力」の世界に生きていることに納得できないのなら、この問いについて考えてほしい――この世で最も強力で、破壊的で、危険な企業はどこか。医療、金融、食料雑貨、テレビ業界など、あらゆる分野の既存型企業にとって、その企業が参入してくれば大きな脅威と感じる唯一の企業。それはもちろん、アマゾンだ。アマゾンは、この後の章で詳述する「脳力」と「筋力」の10項目のコンピテンシーをほぼすべて満たしている唯一の企業である。

脳力と筋力の基盤

脳力と筋力の枠組みは、企業の中核をなすケイパビリティを10項目の属性に沿って分析するものであり、デジタルの領域とフィジカルの領域でそれぞれ5項目ある。まず、脳力側の5つのコンピテンシーをざっと紹介しよう。

左脳――分析力

あらゆる製品やサービスで利用されつつあるビッグデータを使って、すべての企業が顧客によりよいサービスを提供し、製品やサービスを改善し、コストを管理する戦略が必要となる。私はこのケイパビリティを、論理的思考を司る脳の部位にちなみ、左脳と呼んでいる。

この事例として取り上げるのは、アメリカの大手金融サービス、チャールズ・シュワブ(Charles Schwab)〔訳注9〕だ。資産運用額が7兆ドル以上の同社は、膨大かつ多様な顧客データにアクセスできる。同社は、全データからさまざまな顧客に関する洞察を導く賢明な方法を見つけた。一方でプライバシーを保護し顧客との信頼関係を醸成するといった顧客の価値観を重視した取組みもしている。

右脳―創造性

企業は成長するにつれ、効率的な事業拡大と業務効率化による競争優位のシステムやプロセスを開発していくのが一般的だ。残念ながら、これらのシステムが、継続的なイノベーションの阻害要因になることが多い。しかし、一部の成長企業は、大小さまざまな創造的方法を見出し続けることによって、顧客のニーズを満たし新たなトレンドを先取りできている。右脳とは、新たな商品やビジネスモデルを生み出すこうした創造性の発揮を象徴する言葉である。

ここでは、旧来の留め具の代わりに透明なプラスチック製の歯列矯正装置「インビザラ

[訳注9] チャールズ・シュワブ(Charles Schwab & Co.) アメリカのテキサス州に本社を置く、あらゆる種類の仲介、銀行業務、および財務顧問サービスを提供する企業。1971年に創業。オンラインでの株式、ETF(上場投資信託)、オプション取引の手数料をゼロにするなど、業界をリードする取組みを次々と打ち出している。

イン」を開発したアライン・テクノロジー（Align Technology）〔訳注10〕を紹介する。同社のイノベーションのカギはデジタル画像技術と3Dプリント技術を組み合わせ、取り外し可能で、目立たず、装着しやすい矯正装置をカスタマイズした点にある。また、歯科矯正医師だけでなく歯科医師とも提携し、これまでにない方法でより多くの潜在顧客にリーチする革新的なビジネスモデルを生み出した。

扁桃体―共感力

共感は、感情生成を司る扁桃体に例えられる。共感力が高い経営陣は顧客や従業員、外部パートナーをよく理解し、相互の意思疎通を深めることに長けている。

ここで紹介するのは、バーナード・タイソンCEO（2019年11月に死去）が素晴らしい手腕で率いたマネージドケア（アメリカで普及・発展している管理医療システム）の巨大企業、カイザー・パーマネンテ（Kaiser Permanente）〔訳注11〕だ。マネージドケア業界はたいてい柔軟性がなく冷たい業界として描かれるが、タイソンはたえず寛大で温かな人柄として知られていた。従業員には患者に寄り添うことを求め、自分たちが本当に売っているものは医療ではなく健康だと説き続けた。カイザーは、テクノロジーを医療従事者が本当に求めているものの研究に集中させ、関係者すべてのインセンティブを、可能な限り最高のケアサービス提供のためにひもづけた。

前頭前野―リスク管理

前頭前野は、リスクを評価し判断を下す部位だ。狩猟採集生活をしていた私たちの祖先は、未知の危険にあふれた世界に住み、目新しいものはすべて新たな脅威でもあった。そのため、人間には生まれつきリスクを避ける性質がある。しかし、今日の多くの企業、とくに大企業にとっては、リスク回避は重大な不利益となる。昇進や昇給といったインセンティブは、不確実なことに果敢に取り組む人ではなく、現状を維持する人が手にしがちだ。

[訳注10] アライン・テクノロジー（Align Technology） アメリカのアリゾナ州に本社を置く、歯列矯正装置メーカー。1997年創業。生体力学に基づいた透明なマウスピースと、口腔内3Dスキャナーと連動したデジタル治療計画で、歯列矯正業界で勢力を伸ばしている。

[訳注11] カイザー・パーマネンテ（Kaiser Permanente） アメリカのカリフォルニア州に本社を置く、保険およびマネージドケアシステムを提供する企業。1945年創業。単なる保険会社ではなく、39の病院、700以上の診療所、2万3000人の医師、6万3000人の看護師を有するネットワークを統合し、加入者が必要とするサービスを提供している。

世界最大のアルコール飲料メーカー、ABインベブの事例を取り上げよう。カルロス・ブリトCEOは、同社がいつしか過剰にリスク回避するようになったと考え、異例の措置に出た。ペドロ・アープという有望株をCDGOに任命したのだ。面白いことに、アープの成功評価基準は、ABインベブ全体にリスクを取る企業文化を広め、いかに早く自分の役職を廃止できるか、というものだった。

内耳——内製とアウトソーシングのバランス

どの企業も、戦略に関してある根本的な問題に直面している。どの業務を内製化すべきか、また、どの業務をアウトソーシングするか、という問題だ。モバイルコンピューティング、クラウド、データアナリティクス、AIの台頭により、どの企業も技術的解決策をすべて内製化することは困難になった。広範囲にわたるテクノロジー資産を所有すれば、カスタマー・インティマシー（顧客との密接な関係を築くこと）を向上できる一方、所有するテクノロジー資産の範囲を絞り込めば最も重要なことをより容易に獲得できる。両者のバランスを取るという意味で、平衡感覚を司る内耳に例えることができる（正確には内耳は脳の外部にあるが、この点はご容赦いただきたい）。

ここでは食品雑貨の宅配サービスの大手でギグエコノミー（ネットを通じて短期間、単発の仕事を受発注する経済活動）のスタートアップ企業、インスタカート（Instacart）［訳注12］の事例を見てみたい。創業者アプアバ・メフタの巧みなリーダーシップのもと、多くの提携先、とくに同社が提供するサービスの質を左右するスーパーマーケットチェーンとの複雑なパートナーシップをバランスの取れたものにした。一方で、アマゾンによるホールフーズ（Whole Foods）［訳注13］買収（これによりインスタカートの主要提携先が奪われた）、新型コロナウイルス感染症によるパンデミック下に宅配注文数が激増したことへの対応などで、同社は数々のディスラプションに直面し、経営のバランスを回復させる取組みを続けなければならなかった。

次に、筋力側の5つのコンピテンシーについて概略を紹介しよう。

［訳注12］インスタカート（Instacart）　アメリカのカリフォルニア州に本社を置く、食品雑貨の配達サービスを行う企業。2012年創業。ウェブアプリを通じて小売店で売られる食品雑貨をユーザーに即日配達するサービス。近年では、小売店向けのスマートカートや決済サービスなども提供している。

［訳注13］ホールフーズ（Whole Foods）　アメリカのテキサス州に本社を置く、食料品の小売企業。1980年創業。オーガニック食品を中心とした小売業で、2017年にアマゾンの傘下になり、アマゾンプライム会員に対してのディスカウントなどの施策を行っている。

脊椎──ロジスティクス

従来の常識では、ロジスティクス（物流）やサプライチェーン、「適材・適所・適時」のエキスパートが、『フォーチュン』誌の表紙を飾ることはない──アップルのティム・クックCEOのような傑出した人物でもない限り。とはいえ、デジタル化が急速に進む分野でも、良質な顧客体験を提供するためには、強靭な脊椎を持つことが不可欠だ。

この章では、ベスト・バイ、ホーム・デポ、ターゲットの3大小売チェーンが、筋力に脳力を加えることで、「小売業の黙示録」と呼ばれる業界の衰退に抗ってきた事例を紹介する。いずれも、実店舗の利点にeコマース（電子商取引）への革新的なアプローチを融合させることで、脊椎を強化している企業だ。恐竜のように時代遅れだと思われていたこれらの企業は、それぞれ先見の明がある経営陣を擁し、優れたロジスティクスの力を、アマゾンや他のライバル企業には真似のできない、柔軟で満足度の高い顧客体験の提供に転化させている。

手──モノづくり

1990年代に加速したグローバル化の波により、多くの製造業が東南アジアやメキシコを中心とした低コストの地域に自社工場を移転した。しかし、アディティブ・マニュファクチャリング（AM）[訳注14]やロボット組立ライン、3Dプリントなどの新しいテクノロジーが台頭し、いまではアメリカのような高賃金の国でもコスト効率のよい設計や製造が可能になった。モノづくりの先端企業は、手ごろな価格で大量生産を可能にする革新的な方法を見つけ出すことによって彼らの「腕」を磨いている。

この章の事例企業は、3Dプリントの技術を利用し、試作から大量生産まで、顧客が自前で高品質な金属部品を生産できるように支援するマサチューセッツ州の企業、デスクトップメタル（Desktop Metal）[訳注15]だ。同社は、顧客と緊密に連携し、それぞれの顧客に適したソリューションを提供している。プレミアム価格に見合うサービスを提供する信頼できるパートナーとして、顧客と長期的な関係を築いている。

[訳注14] アディティブ・マニュファクチャリング（AM） 積層造形。素材となる金属を積層することでさまざまな形状を作り出す加工方法。通常、金属を加工する場合は素材から削って加工する除去加工が主流。
[訳注15] デスクトップメタル（Desktop Metal） アメリカのマサチューセッツ州に本社を置く。3Dプリントシステムの設計や製品の販売を行う企業。2015年創業。金属AM技術を中心にソフトウェアからハードウェアまで開発。また、試作用から大量生産用とラインナップも豊富で、顧客ニーズに対応可能。

筋肉──企業規模の活用

生産量や生産規模を高め製品単位のコストを下げる「規模の経済」は、依然として競争優位の重要な要素であるが、地域、国、大陸に広がる組織を管理することは、ある意味でかつてないほど困難になっている。「グローカルに」活動する、つまりグローバルな規模とローカル市場の特性に関する知見を同時に最大活用するには、強靭かつ俊敏な筋肉が必要となる。

この章では130年の歴史を持つタイヤメーカーで、世界175カ国で事業を展開し、13万人の従業員を擁するミシュランの事例を紹介する。ミシュランは、グローバル規模の製造・エンジニアリングの利点を活かす一方で、ローカルマネジャーにはそれぞれの地域に合わせて製品をカスタマイズする権限を与えている。たとえば、中国の顧客に購入してもらうため、中国のタイヤはヨーロッパや北米のタイヤよりもはるかに安価で生産する必要があるのだ。

手と目の協調──エコシステムの管理

ビジネスエコシステムとは、関係者相互の利害を調整するために連携する組織の集合体だ。サプライヤー、チャネルパートナー、投資家、規制当局、競合企業の間の関係は変化するので、エコシステムの各メンバーの相容れないニーズを調整するにはジャグリングのような曲芸技が必要となる。手と目の協調（さまざまな種類の能力が総合的に発揮されること）による巧みな協調は、まさにジャグリングといえよう。

流動的で不確実な環境下では、経営者に数多くの難題が降りかかってくる。いかなるときにエコシステムの形成を強く推進すべきか。いかなるときに一歩引いて他社に業界の牽引役を任せるべきか。将来のマーケットに対して、チャネルパートナーや主要な競合他社とビジョンがまったく異なる場合はどのように振る舞うべきか。

この事例として取り上げるのは、グーグルのアンドロイド部門だ。同部門は、世界中のスマートフォンとタブレットの5台中4台に搭載されているOS（オペレーティングシステム）を提供している。アンドロイドそのものは特定業界の特定事業だが、他の業界も巻き込みながら複雑なエコシステムをうまくマネジメントした成功事例として、業界の門外漢にとっても大きな学びとなるはずだ。

持久力——事業の継続化

どのような企業にとっても、事業の長期的な存続は究極の課題であり、いかなる短期的な成功もそれを保証するものではない。よい時期、悪い時期が巡るなかで、組織のレピュテーション（評判）やブランドを維持し続けるには、持久力が必要だ。

この章では、1886年の創業以来、たえず進化を続けているジョンソン・エンド・ジョンソンの事例を取り上げる。同社は1943年にロバート・ウッド・ジョンソン会長によって起草された有名なクレドー「我が信条（Our Credo）」をいまもなお経営理念に掲げ、コアバリューに従った意思決定を行っている。ベビーパウダーから「タイレノール（解熱鎮痛剤）」、実験的がん治療まで幅広い市場で競争力を維持する戦いのなか、新しいテクノロジーは決して万能薬ではなく、一つの手段でしかないと同社では考える。現在同社は、法的にも広報的にも非常に困難な課題［訳注16］に直面しており、その持久力をさらに試されることになりそうだ。

システムリーダー──脳力と筋力の継続的な進歩を牽引する

最終章では、私が「システムリーダー」と呼ぶ、組織の脳力と筋力の双方を最大限に稼動させる方法を考察する。

従来、上級管理職は、オペレーションやマーケティング、エンジニアリング、販売、財務など特定部門の専門性を深めることで昇進してきた。彼らは、たとえ自社やそのエコシステムを見る目が偏狭であっても、足りない知見を補うチームメートがいれば何とかなってきた。しかし今日のリーダーは、フィジカルとデジタル、全体と細部、横展開によってスケールメリットが期待できる汎用型ソリューションと顧客ロイヤルティ（顧客が商品・サービスに愛着、信頼を寄せること）を深める特化型ソリューションなど、明らかに二項対立的なものを同時に対処する能力を含め、これまでよりはるかに広範な専門知識とスキルが必要になっている。システムリーダーには、多大な専門知識を理解するＩＱ（intelligence

［訳注16］２０２１年４月13日にアメリカ食品医薬局（ＦＤＡ）と疾病予防管理センター（ＣＤＣ）はジョンソン・エンド・ジョンソン製のコロナワクチンにおいて稀に重篤な血栓が発生する可能性があることを認識し、同社のワクチン利用の一時停止を推奨している。

quotient、知能指数）とともに、効果的なチームを編成してメンバーを新たな高みへと導くEQ（emotional quotient、心の知能指数）が求められる。システムリーダーはその年の財務目標を達成する一方で、5年かけても元の取れない可能性がある変革を推進しなくてはならない。

最終章では、2人のシステムリーダーを紹介する。1人は、オンライン衣料品小売業スティッチ・フィックス（Stitch Fix）〔訳注17〕の創業者兼会長であるカトリーナ・レイク。彼女はファッション、ビッグデータ、創造性豊かなブランディング、職場カルチャーなど、自社のあらゆる主要な側面でリーダーシップを発揮している。レイクは、顧客の購買決定に関する詳細な質問（「なぜその商品を購入しなかったのか」）や、企業の風土に馴染むカルチャーフィット（fit）と組織の多様性を高めるカルチャーアッド（add）の両方を意識した人事を差配し、イノベーションを牽引している。また、周囲が現状肯定的な道を選択しようとするときにも、彼女は創造的破壊の道を擁護する姿勢を崩さない。

脳力＋筋力＝楽観主義

新型コロナウイルス感染症のパンデミックによる経済的混乱、激化し続けるグローバル競争、とどまるところを知らない技術革新など、いまやあらゆる企業にとって試練の時代が到来している。しかし、本書を執筆するために行った研究の結果、もともと楽観的だった私は、その確信をさらに深めることとなった。デジタルスタートアップ企業によって旧来型の既存型企業がすべてブロックバスター（Blockbuster）〔訳注18〕のように駆逐され、滅び去るということはありえないのだ。また、いま話題となっているスタートアップ企業がすべて、ウィーワーク（WeWork）〔訳注19〕のように限度を超えた拡大を続けた結果、持続的な

〔訳注17〕スティッチ・フィックス（Stitch Fix）　アメリカのサンフランシスコに本社を置く、サブスクリプション型のオンラインスタイリングサービスを提供する企業。２０１１年創業。月額のスタイリング費用を支払うと、ＡＩとスタイリストが本人に合った商品を届けてくれる。気に入ったものを購入すると月額のスタイリング費が無料になる。近年では、サブスクリプションボックスのサービスの需要が減ってきており、従来のｅコマースの位置付けに近づけようとしている。顧客データに基づき商品のキュレーションを行うことができる強みと、従来のｅコマースの特徴を併せ持つことで売上増加を図っている。

〔訳注18〕ブロックバスター（Blockbuster）　アメリカのコロラド州で１９８５年創業。ビデオ・ＤＶＤのレンタルチェーン店事業を一時期は世界的に展開していたが、ストリーミング型インターネット動画配信サービスの普及などにより競争力を失い、２０１３年に事実上の倒産。

〔訳注19〕ウィーワーク（WeWork）　アメリカのニューヨーク州で２０１０年創業。主に起業家など向けにコワーキングスペースを提供する事業を展開。急成長し、グローバル展開しているが、共同創業者の不正会計などの報道があり、現在、経営刷新および企業改革中。

利益を上げられず窮地に陥っているわけでもない。

むしろ、これまで筋力側であった企業が脳力側のコンピテンシーを大幅に向上させ、脳力側の企業が筋力側のコンピテンシーを高める可能性の扉は大きく開かれている。本書の各章を読み進めれば、個人も組織も従来の考え方にとらわれる必要はないと確信してもらえるものと期待する。個人、チーム、部門、企業、あるいは業界全体のどのレベルにも、脳力と筋力の溝を埋め、長期的な競争優位を創出するチャンスがあるのだ。

第2章 抜本的変革に向けた2つの試み

もし世界中のDNAを入手できたらどうなるか、という話をしたのです。すると彼は、それは世界を変えることになるだろうと言いました。

——トゥエンティースリー・アンド・ミーCEO　アン・ウォジスキ

脳力と筋力の枠組みを使えば、従来の指標ほど重視されていなかった10項目のコンピテンシーで、企業評価が可能になる。このプロセスがどう機能するか、企業としての命運がかかる分岐点に立った2つの企業を通じて考察したい。

一つは世界的に有名な巨大企業であり、その「筋力」は広く称賛されているが、現在「脳力」派ディスラプターとの競争が急務となっている。もう一つはシリコンバレーの「脳力」派スタートアップ企業だが、長期的に収益性を高めるために必要な「筋力」系のコンピテンシーを加えようとしている。両社とも「脳力」と「筋力」の適切なバランスを探っている点では変わりないが、正反対の方向から目標に向けてアプローチをしている。

1つ目の巨大企業とは、1885年にガソリン車の開発・販売を開始して以来、自動車業界の象徴的存在であるダイムラーだ。世界的な一流ブランドであるメルセデス・ベンツの優れた性能を守り続けるため、30万人の従業員が日夜、全力を注いで働いている。ダイムラーは2019年に世界で330万台以上の自動車を販売したが、自動車業界は世界的規模で同時多発的に激しい変革の波が押し寄せており、ダイムラーといえども今後数年間はきわめて厳しい状況が続くと見られる。電気自動車（EV）は脚光を浴びているテスラなど競合企業がシェアを握り、激戦市場となっている。ウーバー、リフト、ディディ（滴滴出行［訳注1］）のようなライドシェア［訳注2］企業は、一般消費者向けの自動車の需要を減らし続けるだろう。中国市場は巨大だが、安定的な事業運営はきわめて難しい。そして他方では、安全かつ手ごろな価格の自動運転車を製造するための競争が繰り広げられている。多くの脅威と賭けにさらされるなか、ダイムラーは戦略的に優先事項を決め、研究開発（R&D）とM&Aに数十億ドルを投資し、競争力を維持するために企業文化を再構築している。

2つ目の企業は、家庭用遺伝子検査キットを販売するトゥエンティースリー・アンド・ミー（23andMe）。いまも従業員数は700人に満たないが、DNAテストキット販売数は1200万キットに及ぶ。ヒトゲノムの膨大なデータベースを構築した同社は、その情報をもとに画期的な新薬（後述のがん治療薬）を生み出すことに未来を賭けている。CEOのアン・ウォジスキは、グラクソ・スミスクラインのような筋力派の大手企業と提携し、ヘルスケア業界の変革再構築を成し遂げようとしている。しかし、トゥエンティースリー・アンド・ミーは、新薬開発に失敗し、家庭用遺伝子検査が一時的な流行で終わったら、資本金を使い果たし、あっけなく倒産しかねない。

両社が直面する課題と対策について説明したうえで、脳力と筋力の枠組みに関する10のコンピテンシーについて、それぞれ0点から10点までの点数をつけていく。総得点は、その企業がデジタルとフィジカルのコンピテンシーをどの程度うまく融合させているかを示すとともに、将来の競争力を明確に指標化している。

［訳注1］滴滴出行（Didi Chuxing Technology）中国の北京市に本社を置き、交通移動支援サービスを提供する企業。2012年創業。タクシーの手配、自家用車の手配、ライドシェア、自転車シェアリングなどのアプリを通じた交通サービス、オンデマンド配送サービス、自動車の販売、リース、融資、メンテナンス、車両運用、電気自動車の充電、自動車メーカーとの共同開発などの自動車サービスを提供している。なお、中国国内だけでなく、アジア太平洋地域や南米などの海外市場にも進出している。

［訳注2］ライドシェア　自動車に乗りたい人と自家用車の所有者をマッチングする移動サービス。乗客がアプリを使って移動をリクエストし、近くにいる運転手が乗車を承諾すると、運転手が乗客を移動先まで有料で送迎する。ライドシェアには、純粋な相乗りサービスの「カープール型」、多人数が乗車できる「バンプール型」、ヒッチハイク型の相乗りサービス「カジュアルカープール型」、海外で主流となっている有償ライドシェアサービス「TNCサービス型」などがある。

ダイムラー――伝統を堅守しつつ進化する

２０１７年、私はドイツのシュトゥットガルトに赴き、ダイムラーの上級幹部数人にインタビューした。そのなかには、ＣＡＳＥ（connected：コネクテッド、autonomous：自動、shared：共有&サービス、electric：電動化、の頭文字を取ったもの）と呼ばれる新領域事業部門のＣＥＯ、ウィルコ・シュタルクもいた。シュタルクは、当時ダイムラー会長だったディーター・ツェッチェ直属の部下として、ダイムラーの中核的技術である内燃機関の自動車への風当たりが格段に強くなる時代に向けての準備を任されていた。[*1]

シュタルクは窓から外を眺めるたびに、自分が負っている喫緊の責務を認識した。シュトゥットガルトにある彼のオフィスビルの周りには、自社の工場が立ち並んでいる。屋根には緑が植えられ、環境に配慮した見栄えのよい工場だ。これらの工場群を眺めていると、30万人の従業員の将来がＣＡＳＥ事業の成功にかかっているのを思い起こされる。

オフィスの近くにはもう一つ重要な建物がある。シュトゥットガルトを代表する観光名所、メルセデス・ベンツ博物館だ。９階建て、螺旋形の美しい建物で、カール・ベンツやゴットリープ・ダイムラーといった業界のパイオニアたちが設計した車に始まり、同社の

135年の歴史を物語る160台以上のクラシックカーが訪問者を圧倒する。[*2] この博物館は、企業としてのダイムラーの誇りだけではなく、国家としてのドイツの誇りをも表すものである。自動車産業はドイツのGDPの約5％を占め、世界におけるドイツの地位をGDPの割合以上に高めている。ドイツ国民には、ダイムラーやBMW、アウディ、フォルクスワーゲンといった偉大な自動車会社のない未来は考えられない。

シュタルクは、ダイムラーが失敗するかもしれないという不安は決して表に出さなかった。ただ、従来のヨーロッパや日本、韓国、アメリカからの競合だけでなく、新興勢力の脅威も見据え、率直にこの先想定される大きな困難を直視していた。

ダイムラーは2016年にCASE部門を立ち上げる前、それまでの数年間で順調に成長を続け、過去最高の業績を達成したばかりだった。CASE部門には従業員数百人が配属され、そのほとんどがダイムラー全従業員の平均年齢より若い。予算が100億ドルの独立部門を設立するには絶好のタイミングだった。シュタルクは、経営陣の全面的な支持を得て、あらゆる領域で競争できるリソースを確保するため複数年にわたる戦略を練った。さらにCASE部門は、同社の中核事業体の利益をできる限り犠牲にしないように求められた。従来の自動車部門はすぐになくならないし、ダイムラーにとって利益の柱であることに変わりはないのだ。

それでは、シュタルクがダイムラーの確固たる筋力と新たに成長する脳力を組み合わせ、現業と新規事業の間にあった軋轢を調整し、それぞれ抱えていた課題を解決した経緯を見ていこう。

電気自動車（EV）

自動車業界がEVの開発に乗り出したのは、およそ20年前だ。2004年、イーロン・マスクが750万ドルの資金を調達しテスラの取締役に就任した。その1年前、ゼネラルモーターズ（GM）は初めて手がけた量産型の電気自動車「EV1」の生産を突如終了し、計画を中止した。GMは当時、EVは「長期的に実行できる事業ではない」と説明した。[*3]

2008年、テスラはスポーツカータイプのEV「ロードスター」を発売した。初代ロードスターは、1回の充電で200マイル（約320キロ）以上走行し、市販車として初めてリチウムイオン電池を使用した。テスラはさらにいくつかの新型モデルを発表し、IPO（新規株式公開）後の株価が高騰した2017年までに世界のEV業界を牽引するようになった。予測では、2040年までにEVの台数が5億3000万台となり、内燃機関の自動車台数を上回るとされている。また、2025年までに、リチウムイオン電池の価格低下でEVの生産コストは内燃機関の自動車と同等になる。[*4] 世界の主要自動車メーカーすべてが、否が応でもEVへの流れに乗らざるをえないだろう。

ダイムラーは2010年に中国の比亜迪（BYD）[訳注3]と合弁会社を設立してEVの生産に乗り出したが、2016年までの年間販売台数はおよそ4000台にとどまった。シュタルクは、2022年までに10以上のEVモデルを投入し、2025年末までに世界での総販売台数の15～25％をEVにする計画を立てた。また同社は、バッテリー、リサイクルプログラム、充電ステーションなどを統合したエコシステムとともにEVとハイブリッド車の開発に110億ドル以上を投資し、ワゴン車、トラック、バスの電動化計画も発表し、その予算を計上した。

第1の戦略は、幅広い市場に向けてEVを手ごろな価格で発売するための生産コスト引き下げだ。そのためには、内燃自動車とEVを同じラインで生産できるように工場を再編しなければならないが、これは高額の投資が必要で、回収までに数年を要する。第2の戦

［訳注3］ BYD（比亜迪股份有限公司） 中国の広東省に本社を置き、ITエレクトロニクスと、電気自動車、新エネルギー、モノレールの4大事業を展開する企業。バッテリーメーカーとして創業し、携帯電話やパソコン用バッテリーをグローバルで展開し培った技術力を活かして、2003年に自動車事業に参入。現在では、世界最大手の電気自動車メーカーへと成長を遂げている。

略は、リチウムイオン電池の自社生産だ。ドイツのカメンツに50エーカー（20万平方メートル）のカーボンニュートラルな新工場を建設し、ダイムラーの生産能力を4倍に拡大する計画だ。

同社はまた、10億ドルを投資してアラバマ州タスカルーサにある工場を拡張して、スポーツ用多目的車（ＳＵＶ）型のＥＶの製造を開始し、その近くに新しいバッテリー工場を建設することも発表した。テスラのイーロン・マスクはツイッター上でこの発表を揶揄した。「ダイムラー・メルセデスみたいな大企業なら、大した金額ではないな。もっと増やしてほしいものだ。ゼロが１つ足りないのでは？[*5]」

ダイムラーのツイッターアカウントは翌日、こう返信した。「@elonmusk、あなたの言うとおりです。ゼロが１つ足りませんでしたね。次世代ＥＶに１００億ドル、充電池の生産に10億ドルを投資します[*6]」

自動運転車

第２の重要なトレンドは自動運転車だ。ＧＰＳ、位置センサー、ＡＩなどの技術が発達し、このＳＦのような世界が手の届くところまで来ている。しかし、これまでのところ、高い実現コスト、関心の薄い消費者、厳しい規制、そしてとくに安全性への懸念が足かせとなっている。２０１６年５月、テスラ車のオートパイロット機能の不備で運転手が死亡した。２０１８年３月には、ウーバーの自動運転車が試験運転中に減速しないまま歩行者をはね、死亡させた。こうした障壁はあるものの、交通事故の過失割合を減らし、乗る人のＱＯＬ（生活の質）が向上し、制限速度を徐々に上げて交通渋滞を緩和するといった利点から、最終的に自動運転車は受け入れられると楽観的に予測する人もいる。

２０１６年10月、テスラは今後生産するすべての車両に人間の運転手を上回る安全基準で、完全自動運転機能を実現するために必要なハードウェアを搭載すると発表した。[*7] また、従来型自動車メーカー（ＢＭＷ、アウディ、フィアット・クライスラー、フォード）や大手テック企業（アップル、インテル、百度〈バイドゥ〉、ウーバー）、スタートアップ企業（ウェイモ〈Waymo〉［訳注４］、ニュートノミー〈nuTonomy〉［訳注５］、ズークス〈Zoox〉［訳注６］、ドライブ・エーアイ〈Drive.ai〉［訳注７］）もテスラに追随した。２０１６年12月にアルファベット（グーグルの親会社）の

［訳注４］ウェイモ（Waymo）　アメリカのカリフォルニア州に本社を置き、自動運転車を開発する企業。
［訳注５］ニュートノミー（NuTonomy）　アメリカのマサチューセッツ州に本社を置き、自動運転車と自律移動ロボットを構築するソフトウェア企業。２０１３年にＭＩＴから独立した企業で、２０１７年10月のDelphi Automotive（現在のAptiv）による買収後、Aptivと韓国の現代自動車グループとの合弁企業であるMotional（自動運転事業会社）となった。

自動運転車開発部門から分社化したウェイモは、公道での試験走行距離が累計で300万マイル（約480万キロ）以上に達した。2016年にスタートアップ企業、クルーズ・オートメーション（Cruise Automation）[訳注8]を買収したGMは2017年に、「ドライバー不要の完全自動運転車の最初の製品は量産モデルである」と発表した。[*8]

すでに2013年8月の時点で、メルセデスの自動運転試作車「インテリジェントドライブ」が、マンハイムとプフォルツハイム間の100キロ以上の試験走行を行い、自動運転車として初の長距離走行に成功した。シュタルクは、自動運転だけでなく燃料補給や洗車も自動で行う、未来の自動運転車を構想した。彼は、ダイムラーが2021年後半までに完全自動運転車を商用化し、まずはライドシェア業界に導入することを目論んでいた[訳注9]。2017年に同社はウーバーと提携し、ウーバーの自動運転車のネットワークを開発すると発表した。これは、2016年にリフトと提携したGMや、ライドシェアのスタートアップ企業、チャリオット（Chariot）を買収したフォードと同様の、スタートアップとの提携の動きだった。

自動運転でもう一つ欠かせない要素は、地図データと位置情報サービスへのアクセスだった。ダイムラーは、ノキアの一部門としてスタートし、現在はワイヤレスマッピングシステムを設計しているヒア（HERE）に出資した。グーグルマップなど、特定の地図サービスに依存しないことが重要だった。

ライドシェア

一方、ウーバーやリフトのようなライドシェア企業の台頭で、自家用車所有の需要は世界的に減り始めていた。2009年にウーバーが創業したサンフランシスコのような大都市では、自家用車を購入して維持する意味がどんどんなくなっていった。ウーバーは、2017年までに世界の630都市で事業を展開し、毎月4000万人の顧客にサービス

［訳注6］ズークス（Zoox）　アメリカのカリフォルニア州に本社を置き、自動運転車を開発・提供するテクノロジー企業。自律走行車によって、道路環境の改善や交通規制の解消を実現する、新しい交通システムの開発を目指している。2020年にアマゾンの子会社となった。

［訳注7］ドライブ・エーアイ（Drive.ai）　アメリカのカリフォルニア州に本社を置き、AIを用いて自動運転車技術を提供するテクノロジー企業。自律走行車企業の買収に関心を寄せていたアップルによって2019年に買収され子会社となった。

［訳注8］クルーズ・オートメーション（GM Cruise、通称 Cruise Automation）　アメリカのカリフォルニア州に本社を置き、自動運転技術を提供するテクノロジー企業。自動運転車両の開発、テスト、および実装に注力しており、安全で信頼性の高い自動運転技術を実現することを目的としている。

［訳注9］現状では、大型トラックについてレベル2の自動運転車の量産に漕ぎ着けているが、レベル5の完全自動運転車の商用化については、他社と同様に道半ばといえる。

を提供するようになった。ライドシェアモデルの成功は、アメリカのリフト、中国のディディ、ブラジルの99タクシーズ（99 Taxis）といった新たな競合を生み出した。面倒な自家用車保有を望む人はますます少なくなっており、自動車メーカーは販売減少を埋め合わせる取組みが必要となっている。

その対応の一環として、ダイムラーは配車サービス、交通機関の予約、配送サービス、短期レンタルを提供する企業への買収や出資を始めた。最初の出資先は、都市部向けのカーレンタルを提供するスタートアップ企業、カー2ゴー（car2go）だった。同社は、レンタル期間の長さにかかわらずスマートフォンから簡単に予約できるサービスを提供していた。カー2ゴーは2017年の時点で250万人以上の会員と1万4000台の車両を保有し、世界最大で最も急成長しているカーシェアリングプラットフォームであった。[*9]

ダイムラーのもう一つの完全子会社ムーベル（Moovel）は、さまざまなカーシェアリングやバイクシェアリングアプリを比較して配車予約できるようにした企業だ。2017年時点で、ムーベルは全世界に340万人のユーザーを抱えていた。ダイムラーはまた、スマートフォンのアプリでタクシー運転手と乗客をつなぐサービスで成功したドイツのスタートアップ企業、マイタクシー（Mytaxi）を買収した。マイタクシーは、2016年にロンドンに拠点を置くタクシー配車アプリ企業、ヘイロー（Hailo）と合併し、ダイムラーは合併会社の株式69％を保有した。２０１７年半ばにウーバーがロンドン交通局に営業免許を剥奪されると、マイタクシーは運賃50％オフのキャンペーンを発表し、積極攻勢を仕掛けた。*10 ＣＡＳＥ部門の幹部社員は、カーシェアリングサービス領域へのさらなる追加投資を見込んでいる、と話していた。

コネクティビティ

いまや世界中のドライバーは、車内でスマートフォンやその他の通信機器を使って、アプリで遠隔から燃料残量を確認し、ダッシュボード上でスポティファイ、ウェイズ（グーグル傘下のナビゲーションアプリ）、グーグルマップなどのサービスにアクセスしたいと考えている。このようなコネクティビティへの需要に対応するには、自動車向けテレマティクス［訳注10］との高度な統合が必要だ。自動車メーカーがこうした顧客の需要を満たす手段を提供しなければ、アップルのようなテック大手の参入を許すことになる。

ＣＡＳＥ部門には、コネクティビティ開発に当たり3つの選択肢があった。第1は、アップルのカープレイ（CarPlay）のようなシステムを使ってドライバーのスマートフォンをダッシュボードの画面に接続する方法だ。これは多くの自動車メーカーが採用している。

第2は、サードパーティのソフトウェアを認証して接続し、インターフェースを制御する方法だ。第3の最も野心的な選択肢は、ダイムラー独自のOS（オペレーティングシステム）とインターフェースを開発することだ。ダイムラーは第3の選択肢を採り、メルセデス・ベンツ車専用のコンシェルジュサービスシステム「メルセデス ミー」を開発した。CASE部門は、インターフェースのデザインを内製化すれば、より完璧で洗練されたユーザー体験を提供できると考えたのだ。また、メルセデス ミーは、将来的に追加される可能性があるプレミアムサービスのプラットフォームとなることも視野に入れていた。メルセデス ミーは2017年に提供開始され、駐車スペースの検索や車の施解錠、スマートフォンでの燃料やシステムのデータの遠隔確認など、さまざまな機能を備えていた。またコンシェルジュサービスとして、音声ガイドでレストランのおすすめやイベントのチケット予約も利用できる。さらに、「カートゥエックス（Car-to-X）コミュニケーション」と呼ぶ革新的なサービスも装備された。これは車対車の通信を実現し、将来的にすべての自動車メーカーに拡大すれば無線による相互通信で事故や渋滞を避けることができる。メルセデスのホームページには、次のように書かれていた。「道路の次のカーブからその先のカーブ、さらにその先の状況まで見通せるとしたらどうなるでしょうか。心の準備が万全になって、危険な状況を回避できるでしょう」[*11]。まるでSFのような胸躍る構想だが、2021年の時点ではまだ実装されていない。

中国

２０１９年に自動車販売台数がおよそ２６００万台に達した中国は、世界最大の自動車市場だ。[*12] また、世界1位の自動車生産国でもあり、２０１９年には世界での生産台数シェアが約23％を占めた。同年、中国では１２０万台以上のＥＶが販売されたが、これは世界のＥＶ販売台数の57％に相当し、アメリカとヨーロッパを合わせた台数よりも多い。[*13、14]

中国政府は、既存の大企業がこれまでの競争優位を必ずしも維持しえない新市場であるグローバルのＥＶ分野で一気に先頭に躍り出る「リープフロッグ」［訳注11］を決意したのだ。

中国政府がＥＶに注目するもう一つの理由は、持続可能性の問題だ。人口14億人を抱え、

［訳注10］テレマティクス（telematics）自動車やトラックなどの輸送機器に搭載するコンピューターシステムを用いた通信技術のこと。輸送機器の位置、速度、状態などの情報をリアルタイムで収集、分析し、管理することにより、輸送の最適化、交通管理、安全性の向上などを実現する。なお、テレマティクス（telematics）とは、テレコミュニケーション（telecommunication＝電気通信）とインフォマティクス（informatics＝情報処理）から作られた造語である。

1人当たりの所得が増加し、大気汚染問題を抱える中国が、内燃自動車を造り続けていたら大変なことになる。ダイムラーにとっては、急成長しているこの巨大な、しかし他に類を見ないほど難しい市場で、いかにして成功といえるシェアを獲得するかが課題だった。同社のある幹部は、中国を次のように表現している。「14億人の市場ではありますが、言葉も通じず、文化も理解できず、顧客はヨーロッパとアメリカの顧客よりはるかに若く、われわれには馴染みのない歴史・社会・商業的な背景があります[*15]」

また、ダイムラーは、自国の経済や産業を厳格に統制する中国政府との取引に慣れていなかった。中国は、さまざまな補助金でEVに多額の投資をする一方、外国企業には厳しいガイドラインを設け、中国国内で事業を行うためには中国現地企業との合弁会社を設立しなければならないなどとしていた。しかも、そのルールが唐突に変更されることもあった。ダイムラーのある幹部は、次のように報告している。「まず私たちは、3年前にEV航続距離(バッテリーのみでの最大航続距離)30キロのハイブリッド車を開発しました。その車が完成したとき、『補助金を獲得するには、航続距離を50キロにしなければならない』と言われました。そしていま、航続距離50キロのハイブリッド車を作ったら、『結構だ。だが、韓国製のバッテリー電池ではダメだ。中国製のバッテリー電池を使うように』と言われたのです[*16]」

さらにやっかいなことに、ダイムラーは知的財産の保護が非常に緩いことで知られるこの国で、自社の知的財産の保護に神経を使わなければならなかった。中国の合弁相手がダイムラーの技術仕様を使って何をするかはわからないが、合弁相手なしに中国で事業は展開できない。同社のある幹部はこう説明した。「自社の知的財産の周りに壁を作ろうとすると、長期的にはうまくいきません。うまくいく唯一の方法は、より迅速にイノベーションを起こすことです[*17]」

企業文化と人材

ダイムラーは、技術的、財務的な課題だけでなく、企業文化的な面でも岐路に立っていた。1世紀以上にわたって業界をリードしてきた同社の卓越と精巧へのこだわりが、かえってダイムラーの改革を阻むかもしれないのだ。30万人のダイムラー従業員が、高い品質

[訳注11] リープフロッグ　カエル跳びのように途上国や新興国が新しいテクノロジーの導入で、先進国が漸次的・段階的に進んできた産業や経済成長を、同様のプロセスを踏まずに一気に達成あるいは超越していくこと。本文の例では、自動車産業で、内燃機関の技術革新のプロセスはパスして、EVでの技術、市場、産業面で世界のトップに立つこと。

管理基準を守りながら劇的な変化を受け入れるには、いったいどうすればよいのか。

CASE部門チームは新しいトレンドに敏感な若手従業員を探したが、候補者の選定は容易ではなかった。同社のある幹部は、個人的な意見として私に次のように語った。「当社は素晴らしい車を造っていますが、イーロン・マスクは火星への飛行について語っています。もし、あなたが若い優秀なエンジニアなら、どちらで働きたいですか」

CASE部門の一部の専門職については、グローバル市場からの人材獲得に着手し、インド、アメリカ、イスラエル、シンガポールなどからも採用を進めている。

もう一つの難題は、ドイツの保護的な労働法の制約や、強力な労働組合の圧力への対応だった。2017年6月、南西部のバーデン＝ヴュルテンベルク州シュトゥットガルト近郊にあるウンターテュルクハイム工場の労働者1万9000人が、バッテリー工場を既存工場の分工場として設立せず、東部ザクセン州のカーメンツに新設するという決定に抗議した。組合がストライキでウンターテュルクハイム工場のメルセデス2車種の生産を中断させると、ダイムラーは譲歩し、同地にもう一つのバッテリー工場を設立することに同意した。[*18] CASE部門の取組みに端を発したこのような労働争議は、今後も間違いなく発生するだろう。

販売ディーラーとの関係

ここまで述べてきたような変革は、強力な独立系ディーラーを中心とした自動車業界の伝統的な販売形態にどのような影響を及ぼすのだろうか。自動車ディーラーは、ＥＶではメンテナンスの必要性が減るため、アフターセールスの売上が推定20％減少することを懸念していた。

シュタルクは、自動車ディーラーとは良好な関係を維持していきたいと考えているが、これはダイムラーが安定的に成長し続けられるかどうかにかかっていた。「私たちは現在、全世界で年率10％の成長をしています。したがって、ディーラー網をさらに拡大しなければ、既存ディーラーの売上は増えていきます」と彼は説明した。[*19] テスラが直販モデルで成功し、世界中で同様の試みが行われているにもかかわらず、ダイムラーは、顧客の大半は依然として車を購入する前にディーラーで試乗したいと考え、ディーラー制度がすぐに消滅することはないと確信している。

ダイムラーの将来

ダイムラーは、世界中の競合企業と競争する方法を熟知していたが、テスラとの戦いは独特のものだった。テスラの顧客は失敗にきわめて寛容なため、テスラは大きなリスクを取ることができた。一方、ダイムラーは何としてもブランドとレピュテーション（評判）を守らなければならない責務という制約があった。テスラの投資家は、同社が黒字化するまで辛抱強く待ったが、ダイムラーの投資家は、四半期の業績が振るわなかっただけですぐに批判する。また、ダイムラーは従来型自動車とEVの両方に注力しなければならなかったが、テスラはEV市場を支配するという目標に専念できた。

さらにダイムラーは、これまで自動車業界とは関わりのなかった大手テック企業の進出にも対策を講じなければならなかった。ウェイモと百度は自動運転車に大規模投資し、アップルとアルファベットはコネクティビティのソフトウェアで競合していた。これらの大企業は、どの施策にもダイムラーの10倍ものエンジニアを投入する余裕があった。

シュタルクにとって最善の対応は、ダイムラーのコアミッションである優れた自動車の設計と製造においてナンバーワンであり続けることだった。しかし、彼はまた、ダイムラーが台湾の電子機器メーカー、フォックスコン（Foxconn）［訳注12］のようになる危険性も懸念していた。フォックスコンは低付加価値でコモディティ化されたハードウェア製造サービスを提供していて、業界内での立場が弱いため、アップルなどの顧客よりもはるかに低い利益率に甘んじていた。ダイムラーは、他社が画期的な新技術を実現するための、単なる下請けになることは避けなければならなかった。

ダイムラーの挑戦は、2021年を迎えても一向に上向く気配はなかった。アマゾンは、2020年にシリコンバレーの自動運転車企業、ズークスを12億ドルで買収し、アップルは、自社の自動車事業の一環として日本や韓国などアジアの大手自動車メーカー複数社と交渉中と報じられた（その後進展はない）。[20,21] マイクロソフトも、積極的に多くのグローバル自動車メーカーにクラウドサービスを提供している。[22] ダイムラーを取り巻く競争環境はいっそう複雑になっており、舵取りはさらに困難になっている。

［訳注12］フォックスコン（鴻海精密工業股份有限公司）台湾の新北市に本社を置くEMS（電子機器受託生産）企業。主に携帯電話やパソコン、ゲーム機などの消費者向け製品を生産している。また、自動運転技術開発などの新しいビジネス分野にも進出しており、車両メーカーやテック企業とのパートナーシップを結んでいる。

ダイムラーの評価

ダイムラーは、優れた製造技術と業界リーダーとしての伝統を守りつつ、こうした同時多発的な変化をどのように乗り越えていくのだろうか。とくに自動車業界は、世界経済の状況に大きく左右され、2020年以降のパンデミックによる景気後退で大打撃を受けたため、結論を出すのは時期尚早だろう。しかし、経済状況ではなく、企業のファンダメンタルズに基づき、脳力と筋力の枠組みの10のベンチマークを用いてダイムラーを評価すると、以下のようになる。

●**左脳：分析力＝5**

ダイムラーは、顧客データの活用で進歩が見られる。しかし、テスラはすでに、販売したすべての車両から随時利用状況データが送られてくるようになっており、ソフトウェアのバグはリモートアップグレードで修正している。ダイムラーは、まだその域に達していない。

●**右脳：創造性＝6**

ダイムラーは多様なイノベーションに取り組み、投資し、試行しているが、まだ競争優位を実現できているとはいえない。

●扁桃体：共感力＝4

ダイムラーは依然としてファクト重視の企業であり、外部に対する共感力に重きを置いてはいない。しかし、中国のようにまったく異なる背景や考え方を持つパートナーとの協働では前進を見せている。

●前頭前野：リスク管理＝5

ダイムラーは以前よりもかなり多くのリスクを取るようになったが、十分に積極果敢で迅速とまではいえない。

●内耳：内製とアウトソーシングのバランス＝5

ダイムラーは過大と思われるほどの多様な技術を内製化しようとしている。たとえば、現在、多くの顧客は自分のスマートフォン経由で車に接続することを好むが、それに反して、独自の接続プラットフォームを構築したことは間違いだったかもしれない。

スタンフォード大学で一緒に教えているSAPのマックス・ヴェッセルの言葉を借りれば、次のように言える。「すべてを行うことがあなたの戦略なのであれば、あなたは戦略を持っていないことになる」

●脳力の合計得点＝25／50

○脊椎：ロジスティクス＝9

世界中に自動車を出荷することは、ダイムラーのコアコンピタンスの一つだ。彼らはそれを熟知している。

○手：モノづくり＝9

これまで見てきたとおり、ダイムラーは製造面で手を抜いたりいっさい妥協しない。

○筋肉：企業規模の活用＝9

ダイムラーは世界中の主要国に自社製品を適応させることも得意としている。

○手と目の協調：エコシステムの管理＝5

ダイムラーは、社外との関係を巧みに調整したり、パートナーとの広範なエコシステムに参加したりするのはまだ得意としていない。

○持久力：事業の継続化＝8

歴史的に見てダイムラーは持続力に優れているが、今後10年間で同社の評判とブランドをどれだけ維持できるかはわからない。

○筋力の合計得点＝40／50

◉総合得点＝65／100

トゥエンティースリー・アンド・ミー——DNA検査から世界を変える医薬品まで

さて次は、同じく企業としての命運がかかる分岐点に立った、まったく異なる企業について考えてみよう。
2019年5月、私はトゥエンティースリー・アンド・ミー（23andMe）のCEOアン・ウォジスキにマウンテンビューのオフィスでインタビューした。そこは、エレベーター近くの廊下に面し、ガラス張りで狭苦しい、飾り気のない金魚鉢のようなCEOの仕事部屋、という風情だった。マホガニー材の家具や豪華な装飾品は見当たらず、典型的な脳力派スタートアップ企業の雰囲気だった。[*23]
2006年の創業以来、ウォジスキは同社を最大の競合企業であるアンセストリー・ドットコム（Ancestry.com）［訳注13］に迫る、世界最大級の遺伝子情報データベースに成長させた。彼女の独創的な遺伝子検査キットは、1200万人以上に販売されているが、顧客のほとんどが自分の家系、既往歴（これまでにかかった病気の記録）、遺伝子型、表現型（一定の遺伝子型を持つ生物の示す形態的・生理的な性質）の情報を医学研究に利用することに同意している。2015年以来、トゥエンティースリー・アンド・ミーはこうした遺伝子データのすべてを、がんから喘息まであらゆる疾病を対象とした強力な新薬開発につなげるための最善策を探ってきた。「遺伝子データを使って、ヘルスケアに革命を起こす[*24]」と言うウォジスキの熱意は、これ以上ないほど大きい。
トゥエンティースリー・アンド・ミーの創薬事業への進出は、経営陣には新しい大きな試練となった。同社の検査キットの需要は2019年にピークを迎え、自宅でできる遺伝子検査のブームが終わる前に、医薬品の開発と市場投入への足がかりを確立しなければならなかった。トゥエンティースリー・アンド・ミーに高収益の明るい未来が待っているか、あるいは数年後に終焉を迎えるかは、創薬事業次第かもしれない。

6年間でゼロから40万人のデータベースに

1996年にイェール大学で生物学の学士号を取得した後、ウォジスキはウォール街のヘッジファンドでヘルスケアアナリストとして働いた。しかし、ヘルスケアについて知れば知るほど、疑念が大きくなるばかりだった。医師、保険会社、病院など、ヘルスケア業界のメインプレイヤーの多くが、業界独特の複雑な組織構造や財務の仕組みから抜け出せず、自分たちが本来奉仕すべき患者に向き合えなくなっていたのだ。ワシントンDCで開催されたヘルスケア関連の会合に出席して失望した彼女はウォール街を離れ、このシステ

[訳注13] アンセストリー・ドットコム(Ancestry.com) アメリカのユタ州に本拠を置く。系図、歴史的記録からスタートし、現在は遺伝子治療などのDNA解析も手がける。

ムを改善しようと決意した。「ヘルスケアの非効率性を利用してこれほど多くの人々が儲けているのだから、内部から変わることはないと悟った」と、ウォジスキは当時を振り返る。[*25]

彼女はその数カ月前、当時ロックフェラー大学で分子科学を研究していたマーカス・ストフェルに、投資家向けの夕食会で出会った。彼は、ミクロネシアのコスラエ島に住む小さな集団に見られる症状の原因を探る、遺伝学の研究プロジェクトについて説明した。「ストフェルは、あまりにもデータが膨大で圧倒されるが、それでも研究には不十分だと言いました。そして、もし世界中のDNAを入手できたらどうなるか、という話をしたのです。すると彼は、世界を変えることになるだろうと言いました」

当時、ウォジスキはグーグルの共同創業者セルゲイ・ブリンと交際していた。ブリンは、ウォジスキがDNAに関心があることを知り、アフィメトリクス（Affymetrix）［訳注14］の幹部で、遺伝子研究ツールの先駆者となったリンダ・エイヴィーとの会合に彼女を招待した（ブリンの母親はパーキンソン病を患っており、アフィメトリクスはパーキンソン病関連に取り組んでいた）。ウォジスキとエイヴィーはともに、遺伝学と消費者の啓蒙に情熱を注いでいた。そして、エイヴィーの元上司ポール・クセンザとともに3人で、ヒトのDNAに含まれる23対の染色体から名付けた「トゥエンティースリー・アンド・ミー」の事業構想を練った。

トゥエンティースリー・アンド・ミーはグーグルからの資金調達で立ち上がり、2007年11月に999ドルで最初の一般消費者向け遺伝子検査キットを出荷した。

トゥエンティースリー・アンド・ミーの検査を申し込むと、顧客は既往歴を記入するよう求められ、オプションとして、匿名化された遺伝子情報と診断結果を研究目的で使用することを許可するかどうかを決める。また、トゥエンティースリー・アンド・ミーが今後の研究のために利用者に再接触することを許可するかどうかも決める。利用者は遺伝子検査キットを郵送で受け取り、唾液のサンプルを採取し、研究所に郵送すると、そこで遺伝子型判定と分析が行われる。その後4〜6週間ほどで、健康や家系に関する分析レポートが届く、という仕組みだ。

診断書には、遺伝性疾患のキャリア（発症リスクのある保因者）かどうかや、さまざまな薬物に対して起こりうる反応、家系の出自など、260以上の項目が含まれており、利用者には大変好評だった。わずか6年後、トゥエンティースリー・アンド・ミーはデコード・ジェネティクス（deCODE Genetics）、ナビジェニックス（Navigenics）、パスウェイ・ゲノミ

［訳注14］アフィメトリクス（Affymetrix）　アメリカのカリフォルニア州で1992年創業のバイオテクノロジー研究開発・製造会社。

クス（Pathway Genomics）、カウンシル・ジェネティクス（Counsyl Genetics）といった競合を上回る、世界有数の遺伝子検査プラットフォームとなった。２０１３年後半には、同社のデータベースには40万人以上の結果が登録され、そのうち80％が自分の健康や遺伝に関する情報を研究のために提供することに同意している。

同社の研究者たちは専門家による査読付き学術論文を発表した。そのなかにはパーキンソン病に関連する３つの遺伝的変異を明らかにした論文や、乳房の大きさに関連する遺伝子と乳がんリスクの上昇を関連づけた論文などがあった。また、トゥエンティースリー・アンド・ミーは、従来の研究手法とは大きく異なり、自己申告の病歴を用いることで、１８０以上の画期的な遺伝的関連のエビデンスを発表している。

アメリカ食品医薬品局（FDA）による締め付け

消費者向け事業と研究の両面で成果が出たことから、トゥエンティースリー・アンド・ミーは、継続的な拡大のために９０００万ドル近くの資金調達に成功した。しかしその後、２０１３年11月に同社の事業は大きく後退した。アメリカ食品医薬品局（ＦＤＡ）から、アメリカ内での診断書の販売停止を命じられたのだ。ＦＤＡは、トゥエンティースリー・

アンド・ミーは政府が定めた承認基準を満たしておらず、不正確な診断結果が公衆衛生に影響を及ぼすと主張した。

トゥエンティースリー・アンド・ミーは2015年10月、FDAの承認を得て、より限定的な診断書セットの販売を199ドルの価格で再開した。この検査では、健常者が嚢胞性線維症、鎌状赤血球貧血、テイ・サックス病など、36の遺伝性疾患に関連する遺伝的変異を持っているかどうかを通知できた。しかし、規制を受けた製品の販売にはコストがかかり、同社はコンプライアンスと品質管理プロセスの全面的見直しを余儀なくされた。2017年4月、FDAはパーキンソン病やアルツハイマー病のリスクに関する検査など、追加の診断書作成を承認した。[*26]

2018年、同社はFDAからさらに2つの承認を得た。一つは特定の集団における乳がんおよび卵巣がんに関連する遺伝リスク因子を通知すること、もう一つは遺伝的変異が特定の薬物に対する反応にどのように影響するかについての情報を提供することだった。2019年初めには、遺伝性大腸がんの遺伝的リスクについて顧客に警告する承認も得た。

しかし、FDAとの間で問題が解消されたように見えた矢先、2019年4月に遺伝子検査の競合企業インビテ（Invitae）〔訳注15〕が衝撃の発表を行った。同社の研究から、BRCA遺伝子（損傷を受けたDNAを修復する機能を持ち、細胞ががん化することを抑える働きをする）

の変異を持つ参加者の90％近くがトゥエンティースリー・アンド・ミーのＢＲＣＡ検査では見逃されていることがわかった、というのだ。一部の乳がん専門家は、この研究結果は顧客がトゥエンティースリー・アンド・ミーの検査の限界を理解していないことを示す、と主張した。ＢＲＣＡ１のゲノム領域を発見したメアリー＝クレア・キング博士は、『ニューヨーク・タイムズ』紙に対し次のように述べている。「ＦＤＡは、この時代遅れの手法を医療目的で使用することを承認すべきではありませんでした。その不完全な検査で誤解を招くような結果により、誤った安心感を与え、女性の命を奪うことになりかねません」[*27]

しかし、この批判は不当と思われる。トゥエンティースリー・アンド・ミーは、既知の変異体すべてではなく、アシュケナージ系ユダヤ人に広く見られる３つの特定の変異体のみを検査することを、顧客にはっきりと繰り返し警告している。ＦＤＡの審査プロセスの一環として、同社は、顧客が検査の限界を理解していることを示すユーザー理解度調査の提出を求められていた。

トゥエンティースリー・アンド・ミーはまた独自に研究を行い、同社が検査した３つの変異型のうちの１つを持つ人の44％がＢＲＣＡ関連のがん家族歴を持たないことを発見した。さらに他の21％は、ユダヤの家系を自己申告していなかった。つまり、従来のＢＲＣ

Aスクリーニングのガイドラインでは検出されなかったということだ。トゥエンティースリー・アンド・ミーは、この検査で警告が出た場合は、医師によるフォローアップ検査が必要であることを強調した。

ウォジスキはこの論争に苛立ちを覚えたが、驚きはしなかった。トゥエンティースリー・アンド・ミーは、従来の遺伝学研究にディスラプションをもたらしただけでなく、消費者に健康情報を直接手渡すことで、遺伝カウンセラー（臨床遺伝学およびカウンセリングの専門教育を受けた専門家）を不要にした。患者は自分の診断結果を受け取るストレスに対処できないから、医師がデータの意味を理解したうえでそれを患者に伝えなければならないという前提や、従来の医療の権威主義に挑戦したのだ。当然、既得権集団からの反発は避けられなかった。

［訳注15］インビテ（Invitae Corporation）　アメリカのサンフランシスコ州で2010年に創業したバイオテクノロジー企業。

収益確保への道

情熱的にそして実直に事業に取り組んだウォジスキは、大型の資金調達に挑んだ。トゥエンティースリー・アンド・ミーの最初の投資オファーには応じず、代わりに競合のナビジェニックスを支援していたセコイア・キャピタルに対し、彼女は2017年半ばからインベスターピッチ（投資家向けの自社の売り込み説明）を開始した。彼女は当時を次のように振り返る。「私は、自分たちがやっていることを伝えるためにここにいるのであって、あなた方を口説くつもりはありません。私たちは勝つつもりでいます。いろいろなところでピッチをしましたが、どこからも断られました。IPO（新規株式公開）や短期の回収を求めている人々とは、当社は折り合いがつきません。ビジョンに純粋に賛同し、ともに歩んでくれる人々を探していますが、その道のりはジェットコースターのようになるでしょう。物事が予定どおりに進むことも、どのように進展するかも約束できません。しかし、確固たるビジョンがあることは約束します[*28]」

セコイアにとって、トゥエンティースリー・アンド・ミーが指数関数的にユーザー数を増やしているのは印象的だったが、投資を決定づけたのはウォジスキのピッチだった。同社は2億5000万ドルの資金提供に同意した。セコイアのパートナーであるロエロフ・

ボサは、次のように述べている。「私にとっては、道徳的正しさ、ビジョン、情熱を追求する創業者こそが、本当に支援したい対象です」[*29]

しかし、ベンチャーキャピタル（VC）から投資を受けると、時間をかけずに安定した利益創出につなげ、リターンを実現しなければならない。99ドルのアンセストリー（祖先のルーツ）診断（競合企業のアンセストリー・ドットコムのものではない）と、199ドルの健康・アンセストリー診断だけでは、利益率が改善しつつあるとはいえ、まだ赤字から脱却できなかった。経営陣は、成長鈍化を覚悟して、値上げで利益を出すか、安価な検査でユーザー数の拡大を維持するか、決断を迫られた。結論は、ウォジスキの当初のビジョンである、「遺伝子データを使って、ヘルスケアに革命を起こす」から導かれた。すでに850万人分の遺伝子型が登録されたデータベースは、増えれば増えるほど医薬品研究者にとっての価値が高まるため、拡大を続けなければならない。科学的インパクトという点で価値が減衰することはない。そこで、家庭用遺伝子検査の価格を低く抑えつつ、短期的・中期的な収益化への道を他に求めた。

その一つが、驚異的なユーザーエンゲージメント率の高さを収益化する道だ。たとえば、サービス開始当初からの顧客の48％が少なくとも90日に一度はトゥエンティースリー・アンド・ミーのプロファイルを開き、自分のゲノムの意味を探っているという統計がある。

このような高いユーザーエンゲージメントを背景に、ウォジスキは一部のユーザーが健康・アンセストリー診断の追加サービスに対してお金を払うだろうと確信した。そこで同社は、売上を増やすためのサブスクリプションのオプションサービスを検討し始めた。

もう一つの道は、疾病マネジメントプラットフォームを提供するラークと2019年に提携し、同社の健康プログラムに遺伝子情報を統合することだった。ウォジスキは提携のプレスリリースでこう述べている。

「遺伝子情報へのアクセスは、本当に始まりにすぎません。その情報を使って、深刻な健康の悪化を防ぐことが、次の重要なステップです。ラークとの提携により、トゥエンティースリー・アンド・ミーの顧客は、臨床評価済みのプログラムで提供される自分の遺伝子情報をもとに、ライフスタイルを変え、健康増進につなげることができます[*30]」

3つ目の有望な選択肢は、治験モニター募集事業への参入だ。高額治験者募集には、治験者1人当たり数千ドルの費用がかかることもあり、臨床試験のスケジュールの長期化、費用増につながっている。トゥエンティースリー・アンド・ミーのデータベースにある数百万人の顧客は、電子メールでの問い合わせに同意しているため、同社は、特定の健康状態にある人々を必要とする臨床試験と彼らをマッチングするのに有利な立場にあった。

しかし、究極的には、これらの収入源も創薬事業参入という大きなチャレンジの重荷を軽減するものではなかった。

「筋力」が問われる創薬事業へ

ウォジスキは、バイオテクノロジーのパイオニアであるジェネンテックの研究開発担当執行副社長だったリチャード・シェラー博士を迎え入れ、遺伝子情報を使った創薬に着手した。彼は経験豊富な研究チームを編成し、南サンフランシスコに最新鋭の研究所を設立した。トゥエンティースリー・アンド・ミーは、ジェネンテックやファイザーとの共同研究も開始した。

2018年7月にはさらに大きな賭けに出た。グラクソ・スミスクライン（GSK）と折半で創薬合弁事業を立ち上げたのだ。GSKはトゥエンティースリー・アンド・ミーに3億ドルの資金を提供し、4年間の排他的パートナーシップ契約を締結した。その間、両社はそれぞれ創薬費用の50%を負担し、商品化された治療薬売上の50%をそれぞれ取得することになった。両社の研究者は、この膨大なデータセットを使ってより安全かつ効果的なプレシジョン・メディシン（患者個人に合わせて遺伝子レベルで最適な治療を行う医療）の開発のために、小規模な患者サブグループをターゲットにし、臨床研究に理想的な治験者を特定して募集できた。

両社は、この合弁事業がさまざまな疾病の画期的な治療法につながると考えていた。しかし、多くの研究プログラムを同時に進めるには、膨大な資金と人材が必要となる。創薬事業は高リスクビジネスであり、第I相臨床試験に到達したプログラムの通常の合格率は9～14％にすぎず、そこに至るまでに数千万ドルの資金が必要であった。一方、リピトールやアドエアのようなヒット商品が一つでもあれば、数百億ドルの売上になる。しかし、中途で開発が頓挫すると、膨大なコストのみが積み上がってしまう。

トゥエンティースリー・アンド・ミーで事業開発を担当する副社長のエミリー・コンリー博士は、この脳力と筋力のパートナーシップをこう表現している。

「当社は、この驚くべきデータベースと、素晴らしい遺伝子科学、そして、効果的な治療法になりうる新規ターゲットを見つける能力を提供しました。一方、GSKは、10万人規模の組織と、実際にターゲットから新薬開発を成功させ、企業を成長させてきた実績があります[*31]」

2020年8月、トゥエンティースリー・アンド・ミーとGSKは、共同開発した初のがん治療薬の臨床試験に着手することを発表。それは、商業化への道のりにおける大きなマイルストーンとなった。

トゥエンティースリー・アンド・ミーの未来

トゥエンティースリー・アンド・ミーは、GSKとの合弁事業が自社の創薬事業を確立するのに十分な開発、生産、マーケティングの価値をもたらすかどうかを2022年いっぱいで判断しなければならない。不可の場合は、複数の製薬会社との非独占契約など、ほかの選択肢を探らなければならない。

また、組織的な懸念も浮き彫りになった。コンシューマー（一般消費者向け）ビジネスと創薬ビジネスでは、リスクの種類が大きく異なる。コンシューマービジネスは持続性と収益性を目指すのに対し、創薬ビジネスは常に試行錯誤することになり、ハイリスク・ハイリターンである。しかし、この2つは戦略的に密接に関係しており、創薬ビジネスにはコンシューマーデータの継続的な増加が欠かせない。リソースをめぐる内部競争は、事業部門間の軋轢を生む可能性がある。

こうした課題を抱えながらも、ウォジスキは今後のビジネスチャンスに心を躍らせている。医療費の大半は慢性疾患で占められるが、こうした疾患の多くは予防可能だと彼女は指摘する。トゥエンティースリー・アンド・ミーの健康レポートは、手遅れになる前に消費者が生活習慣を変えるのに役立つはずだ。たとえば、健康的な食事と運動の重要性は誰もが知るところだが、遺伝子的に糖尿病にかかりやすいとわかれば、ジムに通ったりサラダを多く食べたりする大きな動機づけになるだろう。

トゥエンティースリー・アンド・ミーは無限の可能性を秘めた企業だが、その成功の次にはさらなる困難が待ち受けている。ウォジスキは、私にこう語った。「私たちは、間違った決断を多く重ねることになるでしょう。試行錯誤を繰り返さないとわからないことがあります。ただ、長い目で見れば、正しいことをすれば必ず報われると信じています。ヘルスケア業界の大きな課題は、多くのビジネス行動の動機が根本的に間違っていることです。いまは流れに逆らうしかありませんが、やがて時が経てば、状況は変わるでしょう[*32]」

トゥエンティースリー・アンド・ミーの評価

きわめて筋力的な新事業に進出したこの脳力派ハイテクベンチャーの評価は、次のとおり。

●左脳：分析力＝10

データアナリティクス（分析力）はトゥエンティースリー・アンド・ミーのコアコン

ピタンスであり、同社のあらゆる価値の源泉だ。

●右脳：創造性＝9

創業の際の構想から、ビジネスモデル、マーケティングメッセージに至るまで、あらゆるレベルで創造性を基盤とする会社だ。

●扁桃体：共感力＝8

ウォジスキは、患者との信頼関係を築くことが最優先だと語る。ヘルスケア業界は患者への配慮が不十分だと批判している。乳がんのBRCAマーカーを持つ女性への警告発信をFDAが阻止した際には怒りを覚えたという。

●前頭前野：リスク管理＝9

FDAがトゥエンティースリー・アンド・ミーの診断レポートを停止したとき、競合の何社かはリスクを回避してこの事業から撤退したが、トゥエンティースリー・アンド・ミーはリスキーなビジョンを堅持した。現在、同社は創薬事業というさらに大きなリスクに挑戦している。

●内耳：内製とアウトソーシングのバランス＝8

重要なパートナーシップ、とくに命運を左右するGSKとの合弁事業は、現在のところうまくいっているようだ。

●脳力の合計得点＝44／50

○脊椎：ロジスティクス＝9

トゥエンティースリー・アンド・ミーは、検査キットの出荷、配送、顧客サービスを効率的に管理マネジメントしている。

○手：モノづくり＝5

この点は、将来的にも疑問符がつく。創薬は、一般消費者向け遺伝子検査キットの製造よりはるかに難しい。

○筋肉：企業規模の活用＝7

トゥエンティースリー・アンド・ミーが、膨大かつ増え続ける顧客基盤をマネジメントし、さらに多くの検査キットを販売するためにアメリカのドラッグストアチェーン大手のウォルグリーンやその他の企業と提携し、さらに規模を拡大していることは称賛に値する。

○手と目の協調：エコシステムの管理＝9

トゥエンティースリー・アンド・ミーはサプライヤー、小売店やオンラインショップ、GSKやラークなどのパートナーとともに強力なエコシステムを構築している。FDAとの関係は現在大きく改善している。

○持久力：事業の継続化＝8

FDAによる停止処分という悪評から見事に立ち直ったが、その持続性には将来的に疑問もある。データプライバシーを懸念する人が増え、遺伝子検査の目新しさが薄れるにつれて、苦しくなるかもしれない。

○筋力の合計得点＝38／50

◉総合得点＝82／100

――これらの評価結果から何がわかったか

ダイムラーの評価が厳しすぎる、と思われたかもしれない。これだけの影響力、資本力、名声、収益力を持つ伝説的企業が、将来的に利益をもたらすイノベーションに何十億ドルも投資しているのに、どうしてこんなに低い点数なのか。確かに、数年後にはダイムラーの脳力のスコアはかなり高くなっているかもしれない。しかし、ＣＡＳＥ事業の取組みがどれだけ優れていても、うまくいく保証のあるものは一つもない。世界の自動車業界が抜本的なディスラプションの最中にあることを考えると、10年後にはダイムラーはマイナーな存在になっているかもしれないし、合併や倒産で消えている可能性もある。

同様に、私はトゥエンティースリー・アンド・ミーを評価しているが、5年後、あるいは10年後にまだ存続しているかどうかはまったくわからない。一般消費者向け遺伝子検査の需要は、すでに飽和気味だ。もしそれが、一過性の流行に終わるとしたら、あるいは、同社の研究者が、商用化できる画期的な新薬を開発できなかったらどうなるか。

次に続く10個の章では、脳力と筋力のそれぞれの特性を深く掘り下げ、タイプの異なる企業がそれらをどのように利用しているか紹介する。こうした分析を通じて、あなたの会社が参考にできる成功事例や避けるべき失敗事例の理解が深まるだろう。各章の最後には「システムリーダーのためのメモ」として重要なポイントを付記しておく。これらを踏まえて、最後の第13章では、システムリーダーがいかにして組織変革を推進できるかについての考察を示したい。

Part II

第II部

脳力を持つ意味

長い歴史がありハイテク系ではない組織で、「デジタル化」や「デジタル化の導入」の必要性が叫ばれるとき、それが何を意味するのかはっきりしない場合が多い。手作業のプロセスを自動化し、コスト削減を促されているのか。それとも、シリコンバレーのテック企業のように、アジャイルな製品開発を意味するのか。あるいは、世界中の若い創業者たちのように、カジュアルな服装で出勤し、「早く失敗」する〔訳注1〕ことの意義を語るという意味だろうか。

ここからの5つの章では、分析力（左脳）、創造性（右脳）、共感力（扁桃体）、リスク管理（前頭前野）、内製とアウトソーシングのバランス（内耳）という、脳力に関連するデジタルと感情の側面をより深く掘り下げる。各章では、これらの側面に沿っていくつかの企業事例を取り上げ、1つの組織についてはより深い分析を行う。

この第II部を読み終えれば、5つの脳力派コンピテンシーについて自社を評価し、自社の脳力の合計スコアを出し、改善すべき分野を特定できるようになるだろう。

第3章 左脳―分析力

ディスラプションが起こるのは、企業が顧客の声により注意深く耳を傾けたときか、あるいは顧客が自ら気づく前に彼らがほしがりそうなものをうまく先取りしたときです。ほとんどの企業は、自らをディスラプトする意欲と勇気を持たないためにディスラプトされるのです。

――チャールズ・シュワブ CEO ウォルト・ベッティンガー

私たちはまだデータ分析革命の初期段階にある。あらゆる企業が膨大なデータを利用するようになってきた。既存型企業から最先端のディスラプター、ハイテクからローテクに至るまで、幅広い業界の製品やサービスでデータが活用されている。データは、商品の改善や顧客サービスの向上、マーケティングメッセージの強化に加え、さらには不要なコス

［訳注1］「早く失敗」する シリコンバレーでよく使われている言葉で、グーグルの元CEOエリック・シュミットの口癖“Fail fast, fail cheap, and fail smart”でも有名。

トの削減につながるなど、計り知れない可能性がある。データは現代のビジネスの原動力だといっても過言ではない。私は「脳力と筋力」の枠組みのなかで、データを分析し活用するケイパビリティを、論理的思考を司る脳の部位にちなんで「左脳」と呼んでいる。

しかし、ここに落とし穴がある。データ収集はかつてないほど容易になったが、それを有効活用するのはこれまで以上に難しくなっている。洪水のように流入する情報をマネジメントする戦略が、あらゆる企業に求められる。誤ったデータ分析の指標に気を取られると、データの追跡はしやすくても、ビジネスを成功させる原動力にはなりえない。また、顧客からのデータを悪用する誘惑に逆らえず、その結果、顧客ロイヤルティと信頼を失う場合もある。データが持つ力に精通し、有効活用する知見や能力をバランスよく備えている経営者には、大きな強みがあるといえる。しかし、やりすぎるとかえって自社の利益を損なうこともありえる。

アマゾン――データ分析の力

あらゆる面において、アマゾンは代表的なデータ活用の先端企業だ。アマゾンプライムは送料無料のサービスで、現在はビデオやオーディオの無料コンテンツやホールフーズの割引など数え切れないほどの特典があるが、真の狙いはデータを収集し、それを活用することだ。送料無料のサービスは、プリンターのトナーカートリッジの補充から『マーベラス・ミセス・メイゼル』[訳注2]などのオリジナルテレビ番組視聴まで、プライム会員が生活のあらゆる場面でアマゾンとより深く関わるように背中を押している。購入、クリック、アレクサのコマンドの一つ一つが、アマゾンが保有する膨大で詳細な顧客データに加えられる。その結果、アマゾンのＡＩと機械学習で、顧客が次に何をほしがるかを的確に予測して販促し、さらに売上を伸ばすのだ。

顧客がニーズを満たすのを待つのではなく、彼らのニーズを先取りすれば顧客はより惹きつけられて離れなくなる。プライム会員はこのサービスを支持しており、ジョージ・オーウェルの小説『１９８４年』の〝ビッグブラザー〟のような誰かに自身の日常生活の多くを知られようとも文句は言わない。アマゾンは、ビッグデータと機械学習を組み合わせて顧客を囲い込む。プライム会員の加入期間が長ければ長いほど、解約する可能性は低く

[訳注2]『マーベラス・ミセス・メイゼル』　アマゾンプライムビデオのオリジナルコメディドラマ。人気があり、批評家からの評価も高い。

なる。

　アマゾンの左脳が持つ大きな優位性を、旧来型企業と比較してみよう。ここでは、仮想の傘メーカーを例にする。傘メーカーは提携先の卸売業者や小売業者を介して二次的に顧客の需要データを入手するが、通常、総数のみでセグメント分けされていない。そのため、顧客の属性を推測するほかはなく、適切なマーケティングは難しい。需要動向に変化があったとしても、傘メーカーがそれを知るのは、ＰＯＳ（販売時点情報管理）データをリアルタイムで確認できる小売業者よりも数日あるいは数週間遅れてしまう。19・99ドルの傘を24・99ドルに値上げした場合、顧客はどのように反応するかといった価格感応度を確かめようとする場合も同様である。

　事業規模が小さな傘メーカーにとってさらに恐ろしいのは、アマゾン（および他の大手小売業者）は、自社のデータをもとに最もニーズの高い機能と価格を正確に選択し、独自の傘を製造できる点だ。アマゾンは、自社のサプライヤーの利益に反していると繰り返し非難されているが、[*1] よほどのブランドロイヤルティか資金力がなければ、傘メーカーはとても太刀打ちできないだろう。

フェイスブック――データ分析の危険性

顧客やユーザーの意向を斟酌せずに、機械学習やＡＩを活用してデータ分析を推し進めてしまうのもリスクといえる。何が何でもデータを最適化しようとする企業は、自社のビジネスモデルを支え、進化させてくれるはずだった優良顧客を遠ざけてしまう危険性がある。その最も教訓になる事例がフェイスブックだ。同社は最初の10年間で熱狂的で大規模な顧客基盤を構築したが、その後の5年間でユーザーの怒りを買い、評判を落としてしまった。フェイスブック[訳注3]は現在も成長を続け、収益性もきわめて高いが、私が知る経営者の多くは、データの取り扱いが軽率で、独善的で貪欲すぎるとどうなるかという、反面教師にしている。

当初、フェイスブックのユーザーは、自分の興味に基づいたターゲティング広告に好感を持っていた。ガーデニングが好きなら、ガーデニング用品の広告がニュースフィードに

[訳注3] フェイスブック（Facebook） ２０２１年10月に社名をメタ・プラットフォームズ（Meta Platforms）に変更した。

表示されるのは意味がある。フェイスブックが友人や家族とつながるための無料のプラットフォームを提供する恩恵に報いる、ささやかで妥当な代償のように思えた。そして、それらのガーデニング広告には、実際にユーザーがほしいものが表示されることもあった。

しかし、容赦なく売上の最適化を図っているうちに、フェイスブックはユーザーの信頼に背くようになった。ユーザーに警告することも解約の機会を与えることもなく、2018年のアメリカ大統領選で情報操作し、およそ5000万人のデータを不正利用した悪辣な政治団体ケンブリッジ・アナリティカ〔訳注4〕のような第三者に個人情報を売り渡していたのだ。[*2] データの安全性における欠陥や個人情報の不正利用を報じるニュースの見出しを見て、一部の人々はこのプラットフォームの利用をやめた。フェイスブックが利用規約の細かな文字の中に記した情報公開法の文言を守っていたかどうかの問題ではなかった。フェイスブックの弁護士やコンプライアンスの専門家は、信頼と顧客サービスの全体像を見落としていたのだった。

信頼というガチョウを殺すことなく、データ分析という金の卵を収益化することはやさしいように見えて、実は簡単ではない。それでは、この複雑な問題をより深く理解するため、チャールズ・シュワブ（Charles Schwab）の事例を詳しく見ていこう。

チャールズ・シュワブ――台頭する金融サービス業界の雄

１９７５年の株式売買手数料の自由化以来、シュワブがほとんど途切れることなく成功を継続させているのは、データ分析の力によるところが大きい。とくに２００８年のリーマン・ショックの真っただなかにウォルト・ベッティンガーがＣＥＯに就任して以来、その重要性は増している。この金融サービス業界の巨人は、同意を得たうえで膨大な顧客データを倫理的に活用する、卓越した手法を確立した。

チャック・シュワブ（創業者チャールズ・シュワブの愛称。会社名が同じであるため、以下では本人はチャック、会社はシュワブ）が同社を立ち上げたのは、それまで価格競争のないぬるま湯のような証券業界が、証券取引委員会による規制緩和を目前に控えた１９７１年のことだった。規制緩和されると、シュワブはディスカウントブローカー（相場よりも割安な手数料で、顧客からの委託によりその有価証券を売買する証券会社）の先駆けとして、富裕層向けの高価な

［訳注４］ケンブリッジ・アナリティカ（Cambridge Analytica）　データ分析を用いた選挙コンサルティングを行っていた企業。フェイスブックデータを利用して選挙（２０１６年にイギリスのＥＵ離脱国民投票、アメリカ大統領選挙）を操作していたとの一部報道もあり、２０１８年に廃業。

サービスではなく、ミドルクラスの投資家向けに低価格でシンプルな取引サービスを提供するようになった。その後10年も経たないうちに、シュワブは100支店、120万人の顧客、76億ドルの預かり資産を築き上げた。[*3]

テクノロジーは常に同社の成功のカギであった。1979年、シュワブは社内に自動化を導入した最初のディスカウントブローカーとなった。チャックは、その年の同社の営業収益全額に相当する50万ドルを投資して、独自開発のソフトウェアを使ったバックオフィスの証券決済システムを導入した。[*4] 競争優位確保のために、できるだけ多くのテクノロジーを保有したいと彼は考えた。ほどなくして、業界初のオンライン注文受付システムを導入した。「ほとんど一夜にしてシュワブの注文受付担当者は、業界のどのブローカーよりも少ないコストで2倍の量をより正確に処理できるようになった」と、経営コンサルタントのジョン・ケイドーは同社に関する著書のなかで述べている。[*5] 副次効果として、このシステムは顧客との取引を通じて膨大なデータを生み出し、シュワブはこれをもとに投資の傾向とパターンを掘り当てることができるようになった。

1983年、バンク・オブ・アメリカはシュワブを5500万ドルで買収したが、チャックは1987年に同社を買い戻し、10月のブラックマンデーで株価が大暴落する直前に上場させた。当時シュワブは、個人投資家だけでなく独立系投資顧問会社に対しても、カストディ業務（投資家の代理人として有価証券の保管・管理などを行う機関業務）やバックオフィス業務のサービスを行っていた。また、独自のMMF（マネーマーケットファンド）も立ち上げた。ドットコムブームの最中に24億ドルを投じ、7000人の超富裕層を顧客とする投資顧問会社USトラストを買収した。1997年までシュワブの業績は順調に推移し、チャックはデビッド・ポトラックを共同CEOに昇格させ、自分は日常業務から離れる計画を立て始めた。

「1990年代後半、シュワブのしたことに間違いは何一つありませんでした」と、ベッティンガーは振り返る。「しかし、2000年にインターネットバブルが崩壊すると、シュワブは2004年ごろまでの間、何もかもがうまくいかなくなったのです[*6]」

市場が低迷するなか、同社の取引高は50％減少し、大規模なレイオフや従業員の福利厚生の削減を実施せざるをえなくなった。2003年に単独CEOに就任したポトラックは、会社を支えてきた小口投資家をないがしろにするかのごとく、低額口座の手数料を引き上げる一方で富裕層向けのサービスを拡大した。しかし、その後も営業利益は低下し続け、2004年にポトラックは解任され、チャックがCEOに復帰した。

チャックは、イー・トレード（E*Trade）［訳注5］やTDウォーターハウスといった格安手数料の新興オンライン証券会社に多く流れていた中間層の投資家を、シュワブのターゲットに再設定した。短期的な営業収益減を承知のうえで平均取引手数料を半分以下にし、買収したUSトラストのような非中核事業の排除を開始した。この戦略によりシュワブは、ドットコムバブル崩壊以前に営業利益の50％を占めていた取引手数料への依存度を下げざるをえなかった。2005年までには、シュワブの営業利益の79％は資産運用型の商品とサービスが占め、取引手数料はわずか17％となった。この構造転換で、取引手数料はさらに引き下げられ、シュワブは小口投資家にとってさらに魅力的な存在となった。事業の伸長は2008年のリーマン・ショックまで続いた。

「北極星の原則」を継承

ウォルト・ベッティンガーがチャック・シュワブと出会ったのは、1995年、オハイオ州を拠点としてベッティンガーが経営していた401（k）プラン〔訳注6〕の記録関連業務を取り扱う運営管理会社を、シュワブが買収したときだった。ベッティンガーは、当時の交渉の様子を次のように語っている。「私は億万長者に会ったことがなかったので、とても緊張していました。彼の執務室に入ると、決して趣味がいいとはいえないオレンジ色の擦り切れたカーペットが敷かれ、安っぽい古椅子に腰かけ、だらしない感じでした。彼は、ごく普通の人に見えました」。チャックの素朴な人柄に、ベッティンガーは安心感を覚えた。「チャックは誰に対しても礼儀正しく、敬意を持って同じように接しています。私たちはごく自然な関係でした」[*7]。ベッティンガーは運営管理会社の売却後もシュワブの一部門として事業に携わり続け、後に経営陣に参画してさらに重責を担うようになった。

2005年、ベッティンガーがシュワブの中核的なリテール事業部門を所掌していた際に、2人の間である重要な会議が持たれた。バンキング部門が当座預金サービスを初めて提供しようとしていたが、シュワブには自社ATMがないため、他行のATM利用時の手数料をどうするか決めなければならなかった。ベッティンガーは、ATMネットワークの買収や共同出資など、さまざまな選択肢を分析した80ページに及ぶ資料を用意した。ベッティンガーの分析結果では、アメリカの大手銀行で他行のATM手数料を自社で負担しているところは一つもなく、すべて顧客に転嫁していると指摘した。しかし、「銀行業界の統合が進むなかで、手数料は顧客に負担させない方向になるだろうと予想した」[*8]と15年後

[訳注5] イー・トレード(E*Trade) 個人投資家向けのオンライン取引サービスを1980年代初頭に提供したアメリカの企業。2020年10月に投資銀行のモルガン・スタンレーの100%子会社となった。
[訳注6] 401(k) アメリカの確定拠出年金制度のうち、内国歳入法401条(k)項を根拠とする税制適格年金制度。

に振り返ったように、ベッティンガーは、短期的にはコスト増となっても他行のＡＴＭ利用手数料をすべて自社で負担し、実質的に世界中のすべてのＡＴＭをシュワブのものにすることが、長期的には最善の策だと結論づけた。

ベッティンガーの説明がスライドの３ページまで進んだところでチャックが遮り、顧客は何を望んでいるのだろうかと質問してきた。当然ながら、どのＡＴＭでも無料で引き出せることを望んでいると答えた。数十年の経験を持つチャックは、シュワブが他行利用手数料を顧客に転嫁すれば何百万ドルの節減ができるか、瞬時に見積もることができただろう。しかし彼は、顧客がチェースやウェルズ・ファーゴなどの他行ＡＴＭで引き出しをするたびに、顔をしかめてシュワブの当座預金口座を持ち続けるべきかを再考させるよりも、顧客に毎回笑顔でいてもらうことのほうが長期的にはるかに大きな価値があることも直感できたのである。

チャックは、データ収集・分析の信奉者だが、顧客を喜ばす価値を知るためにはエクセルのデータは必要なかった。また、顧客が喜んでくれれば、それをほかの潜在顧客に伝えてくれるだろうし、そうした口コミはどんな広告キャンペーンよりも効果的だと知っていた。チャックの直感がベッティンガーの正味現在価値［訳注7］の分析と同じ結論に至ったのだから、他の77ページのスライドは見る必要はなかった。チャックが「北極星の原則」として掲げ続ける「顧客満足が最重要指標である」を、ベッティンガーがこの会議で行動として具体化したのである。「まさに天啓を得た瞬間でした。競合他社が何をしようが関係ない。長期的にはこれが最善策なのだと得心したのです」[*9]

ベッティンガーを同志として認めたチャックは、彼をCOOに、そして金融危機が深刻化した2008年にはCEOに昇格させた。市場が低迷し人々が投資を控えたことで、大半の金融サービス会社と同様に、シュワブも大きな打撃を受けた。しかし、ほかの企業とは異なり、シュワブは政府からの緊急援助資金をまったく受け取らなかった。市場が回復すると、口座数の増加は加速し、シュワブは取引手数料以外の営業収益への依存度をますます高めていった。2021年初頭の時点で、同社は2900万以上の証券口座で7兆ドル近い資産を運用している。[*10]

［訳注7］正味現在価値　投資や事業がその期間中に生み出すキャッシュフローを、その期間中の金利などを考慮して現在の価値に換算した総和から、初期投資額を差し引いたもの。プラスであれば一般的にはその投資や事業は行うことが正当化される。

顧客の目を通して

シュワブは大規模なだけでなく、非常に複雑な企業である。投資信託、株式、ETF、オプション、先物、クローズドエンド型ファンド、債券、譲渡性預金（CD）、MMF、個人退職勘定（IRA）、外国証券、普通・当座預金口座、住宅ローン、ホーム・エクイティ・ライン・オブ・クレジット（HELOC）、クレジットカード、生命保険、就労不能保険など、さまざまな事業部門があり、多彩な商品を提供している。CEOがこれらすべての商品・サービスの詳細を把握するのは現実的に不可能だ。

ベッティンガーは、幹部に対して、チャックの「北極星の原則」、つまり最重要指標である顧客満足に基づき行動するよう徹底させた。全社員に、事業のあらゆる面を「顧客の目を通して」捉えるように先導した。案件の大小にかかわらず、顧客満足やロイヤルティに及ぼす影響を考慮して、個々の決断を下すようスタッフに呼びかけるとともに、社員に対して以下の「5つの基本原則」を浸透させた。

1　**信頼がすべてである。**獲得には時間がかかるが、失うのは一瞬だ。顧客との関係と信頼を構築するものなら何でも行い、それを損なうものは決して行わない。

2　価格は重要である。これまで以上に、そしてどんな業界よりも重要だ。自社の規模を活かし、顧客や見込み客が交渉してくる必要のない、業界をリードする価格を提供する。

3　顧客には常に効率的な体験を提供しなければならない。顧客の時間を尊重し、顧客と当社のすべてのやり取りをシンプルかつ容易にする。

4　将来の成長には、規模の大小は問わず、すべての見込み客と既存顧客が重要である。可能なあらゆる機会を利用して、顧客を大切にし、喜びを提供する。

5　言葉よりも行動が大切である。顧客、報道機関、インフルエンサー、そして社員は、私たちの言行一致に信を置くだろう。当社の信念・発言と常に首尾一貫した行動を取るようにする。[*11]

ベッティンガーは、顧客重視の姿勢を貫くためには、新たな成長の追求に当たってときには既存事業の犠牲も必要になることを強調した。「ディスラプションが起こるのは、企業が顧客の声により注意深く耳を傾けたときか、あるいは顧客が自ら気づく前に彼らがほしがりそうなものをうまく先取りしたときです。ほとんどの企業は、自らをディスラプトする意欲と勇気を持たないためにディスラプトされるのです[*12]」

シュワブの顧客調査や顧客からの直接のフィードバックを受けて、オンライン、オフラインの両方で、顧客の生活をより快適にするための適切な改善を行うことに注力している。こうした改善はシュワブと顧客の双方に利益をもたらす。しかし調査はときどき、利益がまったくあるいはほとんど見込めない新しい商品やサービスが顧客から求められることを示すが、それは「5つの基本原則」に照らせば正当化できることもある。こうした場合、事業価値と顧客価値に基づく決定が優先され、分析プロセスは後に回される。

ベッティンガーは、2020年6月に立ち上げた端株投資プログラム「シュワブ・ストック・スライス」がうまくいったことをとくに誇りに思っている。株式分割を行う企業が少なくなったいま、（本書執筆時に）1株3000ドル超で取引されているアマゾンのような株式を小口投資家が購入するのは難しくなっている。「非富裕層の顧客が持つ端株への需要を無視することもできますが、小口投資家を支援することがシュワブ本来の目的です。ですから私たちは、ストックスライス（最小投資額5ドルからS&P指数構成銘柄を購入できるサービス）を設計するために3カ月の調査とユーザビリティの検証を行い、何ら追加取引手数料を課さないにもかかわらず、導入のために数百万ドルを費やしたのです[*13]」

サービス向上とコスト削減のためにデータ分析を活用

ベッティンガーは、毎朝ベッドから起きる前に、シュワブにとって最も重要な指標をチェックする、文字どおりのデータジャンキーだ。しかし、事業の真の健全性を測るための数値を、どのように知るのだろうか。シュワブのコンピューターは、膨大なデータを集めている。売買されているすべての金融商品、schwab.comでクリックされた、あるいはモバイルアプリ上でタップされた全ページ、カスタマーサービスセンターに毎日かかってくる6万件の電話、シュワブをバックエンドサポートと資産保管に利用している1万3000人の独立系ファイナンシャルアドバイザーとの全取引など、データは多岐にわたる。

システムリーダーは、真に重要かつ管理可能な事柄に焦点を当てることで、データの大海で溺れることなく海上をサーフィンしていく（ように仕事を進めていく）必要がある。ベッティンガーは、新規口座数、新規純資産価値、入出金を相殺した純資産価値という3つの日々の指標に焦点を絞っている。彼は次のように説明した。

「新規口座数は、一般投資家の投資意欲の度合いを示しています。新規純資産価値は、顧客が当社により多くの資産を預けるかどうかという、事業全体の健全性を示します。そして、（他の金融機関からの）流入純資産価値は、競争力の観点から見た当社の立ち位置、つまり市場シェアを示す指標となります」[*14]

これらの情報は、彼のスマートフォンのダッシュボードに表示される。目覚まし時計が鳴ってから朝の日課が始まるまでの間に、ベッティンガーはすでに前日のシュワブの競争力、収益性、アメリカの投資環境の概要を把握しているのだ。

それは、彼の一日の始まりにすぎない。シュワブのコンピューターは、商品やサービスごとの営業利益は計算できるが、それだけでは、ベッティンガーと彼のチームがどのような行動を取るべきか判断できない。日々、リソース、スタッフ、マーケティングの優先順位をつけるためには一連の価値判断が必要となる。チャックの言う「北極星の原則」を繰り返すのは簡単だ。しかし、やっかいなのは細部である。

- 既存サービスを毀損せずに、どれだけのコストを削減できるか。
- 新しいテクノロジーの適用にかかるコストは妥当か。
- 競合他社の料金値下げに対して、対抗値下げをする必要が本当にあるのか。また、競合他社の新商品・サービスに対して、対抗商品・サービスで応じる必要があるのか。
- ウェブサイト、アプリ、電話、対面といった顧客体験の細部に至るまでのすべてを最適化するために、どれだけの費用をかけられるか。

- 当社がモニタリングしている指標のうち、顧客が本当に気にかけているのはどれか。カスタマーサービスに電話がつながるのに要した時間か、アプリやウェブサイト上で処理を完了するまでに必要なクリック数か、それとも、カスタマーセンターの担当者にたどり着くまでの待ち時間か。
- 規模の経済により、ますます効率的に業務を行えるようになったが、これらの業務コストの削減をすべて顧客に還元する必要が本当にあるのか。近年台頭してきた低価格のオンライン専業サービスの固定最低料金に対抗する必要がないのであれば、どこまでそれに近づける必要があるのか。
- 一方で、ウェブ、アプリ、電話、対面など、あらゆる接点で顧客に満足してもらうために、どの程度きめ細やかな対応が必要か。

シュワブがこれらの問いに人間的な視点から応えた好例が、2013年に設立された金融サービスアプリのスタートアップ企業、ロビンフッド（Robinhood）［訳注8］への対応だ。ロビンフッドは、100％バーチャル取引に集中して株式とファンドの取引を無料にし、その代わりに現金残高の利息、信用取引に伴う貸し出しの利ざや、注文を処理する高速取引業者からのコミッションで営業収益を上げるという合法的とはいえ物議を醸した「注文回送に対する支払い（ＰＦＯＦ）」〔訳注9〕を利用する企業である。『ウォール・ストリート・ジャーナル』紙によると、ロビンフッドはまた、これらの高速取引業者から得た市場価格より少し高い金額を顧客に課している。「同じくＰＦＯＦを利用するイー・トレードやチャールズ・シュワブとは異なり、ロビンフッドは顧客に指し値価格と約定価格の差異〔訳注10〕がどれだけ生じたかに関するデータを公開していない。結局、ロビンフッドで株式を売買する場合、ほかのブローカーよりも少し高い手数料で取引を実行している可能性が高い」と、市場の消息通は語る。[*15]

ロビンフッドの顧客は「無料」取引でより高い金額を支払っていたにもかかわらず、そのコストはほとんど可視化されていなかった。シュワブの顧客はこれに対して、取引ごとに4・99ドルという明瞭な手数料を払っていたが、同社の巨大なマーケットメーカーとしての地位のおかげで、最良の市場価格で取引することができた。シュワブは、ロビンフッドが登場するかなり前から、取引手数料ゼロの競合他社の脅威を予測していた。ベッティンガーは、２００４年の段階で社内の議論になったことを覚えている。「取引手数料収入が当社のアキレス腱であることを知っていたので、新たなサービスを検討するたびに、それが当社を取引手数料ゼロへと近づけるのか、あるいは離れるのか、常に自問自答してきました」[*16]

2019年春までに取引手数料がシュワブの営業利益全体の10％を下回るようになり、ベッティンガーは機が熟せばいつでも大きく動ける準備を整えていた。

機が熟したのはそれからわずか数カ月後、イー・トレードとTDアメリトレード（TD Ameritrade）〔訳注11〕が劇的な価格変更を行おうとしていることをシュワブが察知したときだった。シュワブは先んじてウェブ経由の株取引、ETF取引の手数料を無料にすると発表した。発表当初、同社の株価は下落したが、チャック・シュワブはビジネスニュース専門テレビ局のCNBCに出演し、自らこの決定を弁護した。「アドバイスがほしい、あるいは固定収入がほしいなどといったお客様との関係から、手数料以外で当社は利益を上げています。私たちが心がけているのは、お客様が本当に望んでいるものを提供することであ

〔訳注8〕ロビンフッド・マーケッツ（Robinhood）　アメリカのカリフォルニア州に本社を置く投資アプリ「ロビンフッド」を運営する企業。2013年創業。アプリでは株式、上場投資信託、暗号通貨などを無制限に手数料なしで取引でき、同社は2021年にNASDAQに上場した。

〔訳注9〕PFOF　証券会社が顧客からの注文を機関投資家である高速・高頻度取引業者などのマーケットメーカー（値付け業者）に回し、それと交換にリベート（報酬）を受け取る仕組み。

〔訳注10〕指し値価格と約定価格の差異　買い注文であれば指し値価格以下、売り注文であれば指し値価格以上で約定した際の価格差異を指す。

〔訳注11〕TDアメリトレード（TD Ameritrade）　アメリカのネブラスカ州に本社を置き、オンラインでサービスを提供する証券会社。前身となるFirst Omaha Securitiesは1975年に創業。2019年にチャールズ・シュワブによる買収が発表された。

り、お客様は間違いなく低価格を望んでいます」[*17]
シュワブは15年かけて手数料収入への依存度を着実に下げてきたため、業界全体で起きた手数料ゼロの競争に不意を突かれた競合他社よりもダメージははるかに軽微だった。

データ分析を活用して信頼を堅持し、ロイヤルティを強化

ベッティンガーをスタンフォード大学の講義に招いたとき、彼は信頼について繰り返し言及していた。それこそがベッティンガーの最大のこだわりである。なぜなら、シュワブに対する顧客の信頼を損なうようなことがあれば、すべてが崩壊する可能性があり、その脅威はいつ何時やってきてもおかしくないことを知っているからだ。

第一の脅威は、2008年の金融危機後に一時的に起きたように、金融サービス業界全体への信頼が失われることだ。規制改革にもかかわらず、まだまだ情報の非対称性を利用したビジネスや利益相反があり、業界の信頼度は低い。ベッティンガーは、この業界の信頼度は「中古車販売業界より1~2段階低いかもしれません」と語る。さらに、「信頼がなければ、私たちが行うすべてが無意味になってしまいます。靴や車、ネクタイやコーヒーを買うのとはわけが違うのです。金融サービス業界が提供するのは人々の未来であり、

家族の未来であり、人々が働く目的です。だから、信頼は私たちが行うことすべての核心にあるのです」と、彼は付け加えた。[18] この基準からすると、シュワブは1975年以来獲得しているクリーンな評判から恩恵を受けている。シュワブが新商品を発売するたびに、金融サービス業界のよきパートナーであるというブランド価値が、顧客に安心感をもたらしている。

第二の脅威は技術的なものである。個人ハッカー、組織犯罪、テロリスト、アメリカの外敵などによるハッキングやサイバー攻撃のリスクだ。2007年から2017年までシュワブのCFOを務めたジョー・マルティネットは、「いくらでもお金をかけることはできますが、システムに侵入できないよう100%保証できると言う人がいたら、それは嘘です」と指摘している。[19]

シュワブの技術専門家は、新しいセキュリティ技術を幅広く検討しているが、そのROI（投資利益率）を算出するのは困難だ。音声認証技術、顔認証、網膜スキャン認証、指紋認証、その他の生体認証など、どんな認証技術を導入すべきか。マルティネットは次のように述べている。「コスト的にはどんなテクノロジーの採用も差し支えありません。少しでもよい認証技術を採用したいのです。なぜなら、顧客の本人確認さえできれば、より容易に、よりよいサービスをより迅速に提供できるからです[20]」

おそらく、顧客の信頼を損ねる最も恐ろしい脅威は、顧客データの不正利用だろう。それは最も魅力的でもあるからだ。シュワブがフェイスブックその他の企業に続いてダークサイドに落ち、日々収集する膨大なデータを不正利用するのは、きわめて容易に思われる。企業が顧客の行動を知れば知るほど、AIによってより多くのことを推論できるようになり、低い限界費用（生産量を一単位増加させるときに追加でかかる費用）で個人に最適化された提案をする機会が無数に広がる。しかし、ターゲットマーケティングと、顧客のプライバシー侵害との間の線引きはどこでするのか。この問いに機械学習は答えを出せないし、法務部門も答えられない。答えは全社的なミッションやバリューに基づく良識のなかに見出すほかないのだ。

ベッティンガーが挙げている、次のような例を考えてみよう。「もし、あなたがschwab.comで『ライフイベント：離婚』のセクションをクリックすると、あなたの配偶者よりも先に私たちが何かを知ることになるかもしれません」。「離婚に伴う経済的な影響について調べているようなので、サイトをご紹介します。あなたの計画に役立つ記事やオンラインのシミュレーション計算のリンクはこちらです」というようなメールを自動送信するのは簡単だ。データのプライバシーについてほとんど気にしない顧客でさえ、「ビッグブラザー」のような誰かに監視されている気分になるだろう。このメールは一時的な利益増になるかもしれないが、顧客の離反や悪評が会社にダメージを与えることになる。

2021年、ゲームストップ（GameStop）[*21] [訳注12] の株式をめぐって異常にボラティリティ（変動性）の高い取引が急増し、金融サービス業界では信頼がまたもや取りざたされた。論争の中心は前出のロビンフッドであり、同社がゲームストップを含む特定企業の取引を制限したことで、顧客はゲームストップの株価が下落しているときに株を空売りすることができなかった。ロビンフッドは個人顧客に取引をさせないことで痛手を被らせたが、大手ヘッジファンドはその時点でもなお売買が可能で、同社の株価が急落すると売り逃げできたと断言する者もいた。後に、ロビンフッドは顧客の取引行為をカバーするために追加資本 [訳注13] を調達する必要があり、同社の事業運営のために取引を制限したことが明らかになったが、その行動は信頼を失い、CEOが議会に召喚され、証言することになった。金融取引制限の理由が不透明だったため、数週間にわたって激しいやり取りが続いた。金融取引に関する安心という、きわめて重要なものを扱う業界では、ロビンフッドのアプローチ

[訳注12] ゲームストップ（GameStop）　アメリカのテキサス州に本社を置くゲーム、スマホ、パソコン周辺機器、その他電子機器を扱う小売店。前身となるバベッジズ（Babbage's）は1984年に創業。
[訳注13] 株式売買の約定から実際の受け渡しが行われるまでの間、不払い不渡しのリスク回避のためにアメリカ証券取引所決算機関から預託金を要求される。この額が多額（30億ドルほど）にのぼった。

は、あくまで顧客の信頼にこだわるシュワブとはまったく対照的であるといえよう。

ベッティンガーによると、シュワブの経営幹部は、信頼に関わる意思決定について社内で意見の相違が生じることがほとんどないという。「5つの原則は非常にシンプルで明確なため、意思統一に大いに役立っています。私たちはこの5つの原則を、成長へのロードマップであると同時に、トラブルを回避するためのガードレールと考えています[*22]」

データ分析を活用して競争環境を再構築

「自社の競合相手はどこか」。この問いは、とくに金融サービスにおいては、必ずしも単純なものではない。シュワブは、モルガン・スタンレーやメリルリンチといった「ワイヤーハウス」[訳注14]と呼ばれる伝統的なフルサービスのブローカー・ディーラーに対する低コストの競合会社としてスタートした。その後、イー・トレードなどのオンライン証券会社、フィデリティなどのミューチュアルファンド、銀行、これらのサービスを組み合わせた金融スーパーマーケット企業と競合になった。最近では、ロビンフッドやベターメント(Betterment)[訳注15]などの新しいテック企業が、ローエンドの市場シェアを奪おうとしており、シュワブの事業の一部を侵食している。シュワブのCTOティム・ハイヤーは、私に次のように語った。「多くの金融テクノロジー企業が猛スピードで実験を行っています。シュワブのような地位を確立している企業からの顧客奪取を目論み、『無料トレードや自動資産配分ができます』と宣伝しています。彼らは巨大企業の全体を複製しようとはしませんが、事業の一部を奪い取ろうとしているのです[*23]」

シュワブはロビンフッドに対抗するために無料取引に移行したときのように、こうした小さなディスラプターとも競争すると、ハイヤーは付け加えた。

しかし、アマゾンやグーグルといった巨大テック企業が金融サービス業界への進出を決めたり、他の破壊的な勢力が潜んでいたりしたらどうだろうか。ハイヤーは、「本物のディスラプターによるディスラプション」を懸念していると述べた。「ある企業が新規市場に参入し、グーグルが検索で行ったような、根本的に異なるまったく新しいサービスを提供する可能性があります。そうした場合には、おそらく防御するのがいっそう難しくなる

［訳注14］ワイヤーハウス　個人向けの証券業務を行う4大証券会社（モルガン・スタンレー、メリルリンチ、ウェルズ・ファーゴ、USBアメリカ）のこと。
［訳注15］ベターメント（Betterment）　アメリカのニューヨーク州に本社を置く投資アドバイス、投資仲介サービスと有価証券管理業務を行っている企業。２００８年創業。投資アドバイスでは人に代わりアルゴリズムがアドバイスを行うロボアドバイザーサービスを提供している。

でしょう。このようなディスラプターは、当然ながら投資資金を潤沢に持っているはずです。そして、やると決めたら、徹底的にやってくるでしょう[*24]」

ベッティンガーのチームは、こうしたすべての潜在的脅威に備える一方で、競合他社との間での現在のシュワブの立ち位置には希望が持てると考えている。経営陣はアメリカの「投資可能な富」の総額を、2020年の景気後退前の55兆ドルから減少して、45兆ドル程度と見積もっている。シュワブのTDアメリトレードの買収（2019年11月に発表した260億ドルの買収[*25]）を含めても、まだ国内の投資可能資産の12〜14％しか運用できていない。依然として大きな成長余地が残されている。「当社は大手ワイヤーハウスや銀行からシェアを奪い続けています」と、企業開発・企画・戦略担当上級副社長のマイク・ヘクトは述べている。「これが過去40年間の成長の原動力であり、今後10年以上にわたって成長の原動力にもなると考えています。なぜなら、アメリカでは依然として、7ドルのうち6ドルがワイヤーハウスにより運用されているからです[*26]」

データ分析を活用したフォロー・ファスト戦略

チャック・シュワブは1970年代に、先端テクノロジーを競争優位の一つと考えた。

元CFOのジョー・マルティネットは、「自社ですべてを構築していた時代でした」と語っている。「何が本当の競争優位につながるのか、私たちは優先順位について、より厳密に考えるようになったと思います。私たちは、汎用製品は購入して済ませ、差別化できると思うものだけを自社で構築するのです」[*27]

このような方針の背景には、シュワブが早くから多くのテクノロジーを導入したことで、複雑なレガシーシステム（過去の古い技術や仕組みで構築されたシステム）の問題に直面していたことがある。たとえば、マルティネットのグループは、初期のコンピューターシステムの整理とアップグレードに丸10年を費やした。「私たちは40年前に、あるブローカー・ディーラーのプラットフォームのライセンスを取得して、それを社内導入しました。その後、アップグレード委託をやめ、40年間、自分たちで拡張やカスタマイズ、メンテナンスを行ってきました。その結果、どれほど複雑な状態になったかは、容易に想像できるでしょう。メインフレームのコードベースは約3900万行にも及んだのです」[*28]

ベッティンガーのチームは、独自の技術を追い求めるのではなく、取り込む価値のあるイノベーションを見極めたうえで、シュワブの規模の優位性を活かして素早くそれを模倣する、「フォロー・ファスト（follow fast）」戦略を採用した。先陣を切ることの優位性は往々にして短命に終わるが、ファスト・フォロワーはわずかな資源投資で実質的に同じメリットを享受できる。自動車のクルーズコントロール（アクセルの操作なしで車のスピードを一定に保つ機能）もそうだ。この機能を発明した自動車メーカーは、ほかのどの企業もクルーズコントロールを提供するようになると、あっという間に優位性を失ってしまった。つまり、どの新機能が長期的な競争力に資するか、どれが一時的な流行りにすぎないかを見極めることが課題となる。

CTOのハイヤーは、次のように述べている。「期待されるものがどんどん変わっていくので、ソフトウェア開発チームには重圧がかかります。顧客と音声でどのように対話するのかを考えなければならない場合、それは電話を取ってコールセンターや電話問い合わせ先を経由するとは限りません。バーチャルアシスタントを使うことだってできますが、それはまったく別のソフトウェアが必要になります。プログラムを自社開発するのか、他社からソフトウェアを購入するのか、他社と提携するのか。提携するには時期尚早か。長く待ちすぎると、遅れを取ってしまうのではないか。すべてにおいて、一番乗りは費用がかかります。ですから、私たちは見て、学び、イノベーションを行うスキルとプロセスを磨いてきたのです[*29]」

シュワブの「フォロー・ファスト」戦略を最もよく表す事例は、「ロボアドバイス」のトレンドへの対応だろう。かつてパーソナライズド・ポートフォリオ・マネジメントは、少なくとも25万ドルか50万ドル以上の投資家向けの、高価でハイエンドなサービスであった。そこに２００８年創業のスタートアップ企業、ウェルスフロント（Wealthfront）［訳注16］が登場し、ウェルスマネジャーや銘柄選定者の投資戦略を自動化した資産運用サービスを提供するようになった。年齢、家族の状況、目標、リスク許容度などの関連情報をすべて入力すると、投資戦略の最上級プランナーがハイエンドの顧客に伝授している投資アドバイスをベースとした推奨ポートフォリオが表示される。ウェルスフロントは、優れたプランナーが提供できるほぼすべてのサービスを、わずか５０００ドルの最低投資額に対して低料金で利用できることを売りにした。小口投資家はこのサービスに飛びついた。２０１０年に、同様のスタートアップ企業であるベターメントがこれに続き、２０１９年半ばまでには、推定４４００億ドルがロボアドバイスサービスで運用されるようになった。[*30]

２０１４年、ロボアドバイスが単なる一時的流行ではないと判断したシュワブは、シュワブ・インテリジェント・ポートフォリオと呼ばれる自社サービスの検討を開始した。シュワブをカストディアン（投資家のために証券を保護預かりする保管機関）として利用する約

［訳注16］ウェルスフロント（Wealthfront）　アメリカのカリフォルニア州に本社を置くロボアドバイザーで個人投資家に資産管理や運用関連のサービスを提供する企業。２００８年創業。

7500の顧問会社からは抵抗や懸念を示す声もあったが、ベッティンガーのチームはデータを見て、高コストできめ細やかな人間によるアドバイスと、低コストの自動アドバイスの両方が市場に並存する余地は十分にあると確信した。2015年のサービス開始からわずか2年で、シュワブ・インテリジェント・ポートフォリオは顧客資産250億ドルに達した。そして2020年には、3億6000万の口座で410億ドルを運用するようになった。

ロボアドバイスによってシュワブの一部の顧客は高額手数料のアドバイスサービスを解約し、減収となったが、ベッティンガーのチームは長期的には利益にプラスの影響を及ぼすと見ている。ロボアドバイスは、こうしたテクノロジーを活用したサービスを好むミレニアル世代を中心に、多くの新規顧客を獲得したのである。

倫理に基づき、データの導く所へと向かう

シュワブは、大胆なディスラプター的機敏さと、実績を積み重ねた企業のリソースや規模を兼ね備えた企業のロールモデルである。ベッティンガーが率いる経営陣は、自分たちの評判に安住せず、ロビンフッドやウェルスフロントなどのスタートアップ企業から多く

のことを学んでいる。自己満足に陥らないよう、常に厳戒態勢を敷いている。シュワブのような安定した大企業が破綻するはずはないとは、決して考えない。

データ分析に関しては、顧客がどんな場面で何を本当に求めているのかを示すデータの分析に余念がない。2030年の投資家たちが、アマゾンが提供するアレクサやアップルのSiri（シリ）といったAIの音声インターフェースで取引をしたいと思うなら、シュワブはそれに対応するだろう。しかし、同社は依然として、データのプライバシーを保護し、顧客の信頼を守ることに重きを置いている。どんなにビッグデータに精通したとしても、人間による洞察や共感を伴った意思決定と組み合わせなければ、データには価値がないことを理解している。データの利用方法の許諾に当たっては、細かい字で書かれた利用規約に小さく記載するのではなく、透明性を確保し、目につく場所に平易な文言で記載する。企業が敬意を持って顧客と接し、その信頼と引き換えに真の恩恵を受けられる限り、ほとんどの顧客は個人情報の共有に抵抗がなくなることをシュワブは知っているのだ。

ベッティンガーのチームは、「素早く行動し、破壊せよ（Move fast and break things）」というシリコンバレーの常套句を拒否し、むしろ、「破壊することなく、できる限り素早く行動せよ（Move as fast as you can without breaking things）」というスタイルを取っている。競争環境を研究し、時代に合わせて進化させ、必要とあらば事業の一部が失われることもいとわない。スタートアップ企業を無視するのではなく、そこから学び取る。しかし、決して顧客からの信頼を危険にさらしたり、顧客から小銭をかき集めて利益を増やしたりはしない。そして、正しいことをすれば、それが長期的なロイヤルティを獲得するための最善の道になることを忘れない。

もちろん、シュワブには、リソース、評判、45年にわたるブランド価値以外にも大きな競争優位がある。83歳の創業者兼会長であるチャック・シュワブは、その価値観を自社のDNAに組み込むとともに、経営陣がその価値観を思い出す必要がある場合に備えて、いまでも株式の10％弱を保有している。私はベッティンガーに、みんなを鼓舞するチャックがいなくなった後も、同社の強力な文化が持続するだろうかと尋ねた。

「いつの日かチャックがいなくなっても、彼が築いてきた文化は残ると思います。危険なのは、思い切った勇気が必要な大きな決断を迫られたときでしょう。15年後にシュワブが困難に陥ったとき、誰かが取締役会に出席して、『この問題を解決するためには、営業利益の20～25％を諦めなければならない。しかし、この対応を行えば、顧客はこれまで以上の金銭価値をもたらしてくれると信じよう』と言えるかどうかです。もし、自社の1～2％以上の株式を所有し、チャックのように大局から意見する者がいなくなれば、このような大きな判断は難しいものになるかもしれません」

システムリーダーのためのメモ

分析力

●可能な限り、やり取りをデータ化して蓄積する。これらのデータを分析することで、どのデータが自社事業にとって重要であるかがわかってくる。

●規模を競争優位に活かす。ディスラプターは、データの参入障壁を築くことで迅速に規模を拡大しようとするかもしれない。一方、既存企業は、その規模を活かした大規模データ群を活用して積極的に自社の得意領域を守ることができる。

●既存業界の変革は一夜にして起こらないことを肝に銘じて忍耐強く行動する。ビッグデータからただちに洞察が得られると考えてはいけない。データの収集と分析が本当に成果を上げるには、相応の年月が必要である。

第4章 右脳——創造性

それがアナログかデジタルかの選択であったとは、誰一人考えもしませんでした。そして、そこに思い至ったのなら、アナログが勝利したケースが一つでもあっただろうかと問わなければなりません。

——アライン・テクノロジーCEO　ジョー・ホーガン

革新的なアイデアは突然のひらめきから生まれるという神話を多くの人が信じている。コンピューターの代わりになるスマートフォンや、快適なウェブの検索方法、重力理論（確かに、ニュートンは偶然落ちてきたリンゴを見て法則を発見した）など、突然頭脳が作動して革新的なビジョンが思い浮かぶ「ひらめきの瞬間（light bulb moment）」だ。しかし、電球を発明したトーマス・エジソンはニュートンに劣らない理論家だが、「天才とは1％のひらめきと99％の努力である」という格言を残している。

私は偉人のひらめきを否定しないが、大胆なアイデアや革新的なビジネスモデルは通常、既存の製品やサービス、市場を新たな視点で見直すことから生まれると考えている。一歩ずつ、少しずつアイデアは生まれ、進化していく。その最終結果として、より効率的なサプライチェーンプロセスや、これまで見過ごされていた収益源を開拓するブランドの拡張、大胆なビジネスモデル、いままでにない製品などが生まれるのだ。同じように、より多くのアイデアを真剣に検討すればするほど、組織が持続し、成長する可能性が高まっていく。

この「右脳」の活用方法を、私は創造性の「研磨」と見なしている。文字どおり、輝きを放つまでアイデアを磨き上げるのだ。創造性を研磨する際の骨の折れる作業は、『ウォール・ストリート・ジャーナル』紙や『ファスト・カンパニー』誌に取り上げられるような華々しいものではない。しかしそんな作業こそが、旧製品に新たな市場を見出したり、異質なものに抵抗感があると思われてきた旧来の市場に新商品を提供したりするのに役立つ。その可能性はまさに無限大だ。

本章で主要なケーススタディを掘り下げる前に、いくつかの事例を手短に見てみよう。

レゴ――古い商品を新しい市場へ

レゴ・グループは、1932年に木製玩具を製造するデンマークの家族経営企業として始まった。第二次世界大戦後、ヨーロッパでプラスチックが普及すると、この玩具メーカーは連結できるプラスチックブロックを導入し、これが1960年代までに世界中に拡がっていく。このブロックはレゴ独自の創造性を遺憾なく発揮し、アメリカのほぼすべての家庭に浸透していった。

レゴはその後数十年にわたって主力製品の改良と進化を続け、多種多様の特別機能とカスタマイズしたキット商品を追加していった。1990年代には、映画「スター・ウォーズ」など、ライセンス契約したキャラクターもののレゴ製品が多く発売された。2009年には、アメリカでの売上の約60%がライセンス契約に関連しており、これは2004年と比べておよそ2倍になっていた。[*1] また、「スター・ウォーズ」に登場するミレニアムファルコン（宇宙船）の巨大なレプリカなど、複雑な作品を作りたいという大人のマニア層顧客向けの売上も伸長した。古い商品を新しい市場に適応させた一例といえるだろう。

レゴは事業拡大のために、より創造的な方法を見つけ、投資し続けた。この20年間で、同社は単なる玩具会社から、あらゆる年齢層を対象としたエンターテインメント企業へと、そのアイデンティティ全体を再構築することに成功した。レゴランドというテーマパークを世界中に展開しているのもその一環だ（2022年現在、レゴランドは世界10カ所で運営されている）[2]。

２００9年に『ニューヨーク・タイムズ』紙は次のように指摘している。「他の玩具メーカーが苦戦するなかで、レゴは2桁の売上増と大幅な利益増を実現している。近年レゴは、多くの親が自分の幼少時代には見たこともなかったような玩具にますます力を入れるようになった。ハリウッドをテーマにした商品が店頭の棚を占めるようになり、長年同社の事業を牽引してきた空想や想像力を育む遊びからかけ離れてきている[3]」

ブロック以外のレゴ・ブランドのエンターテインメントが登場するとは、20年前には想像もつかなかっただろう。２０１４年に公開されたコンピューターアニメーションのアドベンチャー映画「レゴムービー」は、各界から絶賛された。世界興行収入は４億６８００万ドルを記録し、史上最大のアニメーション映画の一つとなった[4]。「レゴバットマン ザ・ムービー」やその他の続編も多くの観客を動員した。同社は、「レゴ・マスターズ」という大人向けのゲームショーのテレビ番組まで立ち上げている。『ニューヨーク・タイムズ』紙によれば「この競技では、アメリカ全土から集まったチームがレゴを組み立てるさまざまな課題に挑戦して競いあう。出場者に最初に課されるのは、テーマパークの模型を作ることだ。制限時間は15時間。総合優勝者に与えられる賞金は10万ドルで、作業中にブロックを踏むと失格となる[5]」

2020年3月、レゴ・グループは、前年度の一般消費者向け販売高、総売上高、利益のすべてにおいて業界平均を上回る成長を達成したと報告した。[*6] しかし、もし同社が子供向けのプラスチック製組み立てブロック作りだけに固執していたら、どうなっていただろうか。

アドビ――新しいビジネスモデルの契約締結

アドビは1982年の設立以来、フォトショップ、ページメーカー、インデザイン、ポストスクリプトなど、世界で最も広く使われているソフトウェアと、その他多くのプログラムを開発してきた。最初の30年間は、同社は以下のようなシンプルなビジネスモデルを採用していた。

1 パソコンとMacのための優れた新しいソフトウェアツールを設計する。
2 それをディスクに格納し、小さな箱に詰めて数百ドルで販売する。従業員用にソフトのライセンスをまとめて購入する企業には、割引提供する。

3　2〜3年ごとに改良版をリリースし、そのソフトを利用している顧客に最新版を購入するよう仕向けるが、その過程で顧客を苛立たせることも多い。

4　これを繰り返して利益を得る。

しかし2013年、アドビは大胆にも、ソフトウェアのまったく新しいビジネスモデルの採用に踏み切った。販売方法をサブスクリプション方式に限定したのだ。たとえばフォトショップを使用するグラフィックデザイナーであれば、月額30ドルあるいは年間契約なら240ドルが課金され、インターネット経由で無償のアップグレード版が自動的にダウンロードできる。また、イラストレーター、インデザイン、プレミアプロなどを含む統合パッケージのアドビスイートを年間600ドルで契約すれば、費用を節減できる。[*7] ほかに選択の余地がないため、この変更を嫌がる顧客も多かった。しかし、アドビ製品を必要とする人は、早晩この新しい利用形式を受け入れざるをえない。

ソフトのサブスクリプション方式はアドビが発明したわけではなく、世界の主要ソフト企業のなかには、すでにサブスクリプションサービスのオプションを提供し始めているところもあった。マイクロソフトはすでにオフィス365を年額100ドルで提供していた。しかし、100%サブスクリプション方式に移行することの利点に気づいた最初の大手ソフトウェア会社がアドビだった。

　サブスクリプション方式であれば、何百万もの商品梱包箱を製造・配送するリソースや労力が不要になる。さらに重要なのは、アップグレードの方式が変わったことだ。多くの改良を加えた新バージョンを1年半から3年ごとにリリースする代わりに、使い勝手を改善するために小さなアップグレードを頻繁に行うことができるようになった。アップグレードはサブスクリプション料金に含まれており、ウェブ経由で簡単にリリースできるため、顧客は新バージョンのインストールをより頻繁に行うことをいとわなくなった。また、ソフトにバグが見つかっても、年単位ではなく数日から数週間で全ユーザー向けに修正できるようになった。さらに、主要なソフトウェアのアップグレード版が発売される前後に売上が急激にアップダウンすることがなくなり、売上高推移の流れは安定したものになった。

　いまにして思えば当たり前に見える戦略シフトだが、アドビが競合他社に先駆けてこのような劇的な転換を行うことができたのは、創造的なビジョンと気概があったからだ。経営陣がより慎重な姿勢だったら、サブスクリプションをオプションにして数年間試す形にして、結果としてサブスクリプション方式のメリットをフルに享受できず、競合他社に先行を許してしまったであろう。アドビはそうならなかった。真っ先に完全サブスクリプション方式を採用し、業界を再構築したのだ。

ナイキ――新たな顧客獲得に向けて走る

ナイキは、レゴと同様、中核ビジネスで競争優位を得た後、創造性を発揮して、創業者のフィル・ナイトとビル・バウワーマンが当初定めていた目標をはるかに上回る事業拡大を実現した。1960年代の事業創成期のランニングシューズ（当時の社名はブルーリボンスポーツ）から1970年代まで、ナイキは本格的なアスリート向けの高性能用品の製造とマーケティングに注力してきた。着実に利益を上げて成長したが、その市場では今後の成長に限界があることは明らかだった。ナイトは自伝『SHOE DOG（シュードッグ）――靴にすべてを。』（邦訳は、大田黒奉之訳・東洋経済新報社、2017年）のなかで、次のように回想している。「バウワーマンは、『多くの人々が、アスリートとはエリートのオリンピック選手のような特別の人のことだと勘違いしている』と、いつも不平をこぼしていました。そうではなく、誰もがアスリートだと彼は言うのです。身体さえあればアスリートなのだと」[*8]

1980年、新規株式公開に成功したナイキは、「ウィークエンド・ウォリアー（週末または休日だけスポーツや運動をする人）」や、10代の若者たち、そして、ただクールに見せたいノン・アスリート層にも焦点を当てるようになった。この戦略的転換の主な契機となったのは、1984年に全米バスケットボール協会（NBA）の新人選手マイケル・ジョーダンと契約し、「エア ジョーダン・ブランド」のシューズを発売したことである。このシューズはすぐに世界中で大ヒット商品となり、「一番ほしいスニーカー」となった。また、1988年には「Just Do It」という広告キャンペーンを展開し、ゴールデンゲートブリッジをジョギングしながら渡る80歳の市民ランナー、ウォルター・スタックのCMが、多くの人々の心を動かした。

2000年代初頭には、ナイキは世界的なライフスタイルブランドとしてとどまることを知らないように見えた。熱狂的なファンは、「スウッシュ（ナイキのロゴマーク）」ロゴのタトゥーを自分の身体に彫ったほどだ。しかし、大胆に考え続けることへの欲求に決して終わりはなかった。2018年、ナイキは、元サンフランシスコ・フォーティーナイナーズのクォーターバック、コリン・キャパニックを起用した新しい広告キャンペーンを発表した。黒人が警官に殺害される事件や有色人種への差別・暴行に対する抗議運動「ブラック・ライヴズ・マター（BLM）」を支持したり、試合前の国歌斉唱中に起立することを拒否したりしたために、実質的にアメリカ・プロフットボールリーグ（NFL）から追放され、トランプ大統領（当時）からも糾弾された選手だ（キャパニックは2022年11月時点でも、どのチームにも所属できていない)。ナイキは、キャパニックを支持すると多くの保守的な顧客が離反すると予想していた。案の定、ナイキ商品を投げ捨てたり、燃やしたりする人々の写真や動画がソーシャルメディアにあふれた。

しかしナイキは、そうした顧客を失っても、制度的人種差別に対するキャパニックの抗議を支持することは、より若い、より先進的な顧客の尊敬を勝ち取るための小さな代償だと考え、賭けに出たのであった。ナイキの経営陣は2018年に彼を広告に採用した。彼の白黒写真に、「何かを信じるんだ。すべてを犠牲にすることを意味しても。(Believe in something. Even if it means sacrificing everything.)」というコピーを載せた広告だ。彼の姿を通じて、ナイキの企業価値と同社が求める顧客像を大胆に示したのだ。もし同社が安全策を取り、BLMへの支持が世論の主流になる2020年を待っていたら、このキャパニックの広告は、メッセージ性のない日和見主義の広告に見えていたかもしれない。BLMを支持することのリスクとリターンのトレードオフが明確になる前にリスクを冒したからこそ、価値とインパクトが生まれたのだ。ナイキはいまや年間売上高390億ドルを超える世界的な大企業になったが、こうして新境地を切り開くことで、ナイトがわずかな資金で立ち上げたときから変わらぬ、向こう意気の強い企業であることを示したのだ。[*9]

アライン・テクノロジー――あらゆる面での創造性の発揮

さて、いよいよこの章のメインとなるケーススタディとして、スポーツ用品や玩具、ソフトウェアよりもはるかに地味な業界における「創造性の研磨」の事例として、矯正歯科を掘り下げてゆこう。デジタル治療プランニング、マス・カスタマイゼーション、コンピューター支援設計・製造（CAD／CAM）の力を組み合わせることで、アライン・テクノロジー（Align Technology）は矯正歯科業界に革命を起こした。現在では900万症例を超える膨大なデータを活用し、アライナー（マウスピース型の矯正歯科装置）の素材やソフトのアルゴリズム、ロジスティクス、プロセスにイノベーションを起こし続けている。[*10]

ジア・チシュティとケルシー・ワースは、スタンフォード大学ビジネススクールでMBAを取得した後、1997年にアライン・テクノロジーを設立した。2人とも矯正歯科学を専門的に学んだことはなかったが、3Dコンピューター支援設計（CAD）ソフトウェアや3Dコンピューター支援製造（CAM）を活用した矯正歯科には大きな潜在的市場があると考えた。透明なプラスチック製アライナーを発明したのは彼らではなかったが、プロセスをデジタル化してこのアライナーを大々的に販売しようとしたのは、2人が初めてだった。このアライナーは、装着が簡単で手入れがしやすく、他人から見てあまり目立たないことに加え、矯正歯科の目的も十分達成できる。金属と針金を使った従来の矯正装置と比較して、あらゆる面で魅力的だと2人は考えたのだ。[*11]

チシュティがCAD／CAMシステムを使ってアライナーの試作品を設計した後、彼とワースはシリコンバレーの一流ベンチャーキャピタル数社から資金調達を開始した。2人は1999年に、レッドウッドシティの小さなアパートで従業員わずか5人のチームとともに、「インビザライン」と名づけた製品を発売した。矯正歯科医師や患者からの需要は彼らが思ったとおりのものだった。2001年までに、アラインは自社独自のクリアアライナー100万個を製造し、何百人もの患者の治療を支援し、1万人以上の矯正歯科医師に使用方法のトレーニングを行った。[*12] 2002年までには売上高は4600万ドルに達し、経験豊富なトーマス・プレスコットをCEOとして迎え入れる企業へと成長していた。

その後の十数年にわたりアラインは成長を続け、売上高は8億4500万ドルに達した。成長はすれども、経営陣は自社のポテンシャルを十分に発揮できているとはいえないと認識し、2015年にはGEで長年活躍してきたジョー・ホーガンを新CEOに招聘した。彼はアラインの成長に足かせになっているものがあるという認識に同意した。世界中で急成長している矯正歯科サービスは、毎年3億人もの新規患者を生む可能性がある市場である。彼はこの市場において、アラインのシェアを大幅に拡大する取組みに着手した。[*13]

本章の後半では、ホーガンがCEO就任後の5年間で、どのようにアラインの売上高を2倍以上の20億ドル強にまで伸ばしたのかを紹介する。彼の野心的な成長戦略に触れる前に、アラインを有名にしたいくつかの創造的な取組みから見ていきたい。

創造的なテクノロジー

まず、技術的な創造性が挙げられる。すなわち、伝統的な業界をディスラプトした、より優れたマウスピースを開発したのだ。ワイヤーとブラケットを用いる従来の歯列矯正では、ひとたび歯科医師が患者に矯正装置を装着すると、容易に調整はできなかった。一方、インビザライン・アライナーは、1本の歯、数本の歯、あるいは全体の噛み合わせを矯正できるため、カスタマイズできる領域が格段に大きくなった。また、飲食の際には取り外すことができるので、10代の若者が常に不満を感じてきた要因を取り除くことができた。しかし、インビザライン成功のカギは、アライナーそのものだけでなく、以下に挙げる3段階のプロセスにあった。

第1段階：アラインは矯正歯科医師に、アライナーのために患者の口腔内を正確に計測する方法を提供した。当初はシリコンによる型取りが必要だったが、後にデジタルスキャナーで計測できるようになった。その後、2011年に、同社は最先端の口腔内スキャナーのアイテロエレメント（iTero Element）を製造する会社を買収した。アイテロについて、アラインは次のように述べている。「われわれはアライナー単体事業からデジタル活用治療へと自然な流れで拡張しています。これは、計測精度の改善とともに、計測時の患者様の不快感低減にも寄与しています[*14]」

第2段階：アラインは、ロジスティクスの課題を解決した。測定結果をもとにアライナーを製作し、迅速かつ高いコスト効率で矯正歯科医師に届ける手法を確立したのである。従前は、型取りしたシリコンをアラインの3Dプリント施設に郵送しなければいけなかったが、デジタルスキャンの測定結果を電子メールで送信すれば済むようになった。同社の施設は、メキシコ、パキスタン、コスタリカ、中国、ドイツ、ポーランド、スペイン、日本へと拡大した。

最終的には3000人以上のCADエンジニアが、各患者の歯並びと噛み合わせのスキャン画像をもとに詳細な治療プラン（各々の歯を6軸方向で調整する）に落とし込むことになる。これには、歯と歯の間の隙間をなくす、過蓋咬合を修正する、乳歯が抜けた後に永久歯が生えてくるスペースを確保するなど、さまざまなプランが含まれる。こうした治療プランは、各患者の口腔に合わせ、一つとして同じものはなかった。矯正歯科医師（最近では歯科医師）は、この治療プランを検討し、調整したうえで最終化できるようになった。

第3段階：CADエンジニアがアラインのCAM施設にデジタル治療プランを提出し、そこで3Dプリンターが、計画の各段階に対応した患者の歯型を作成する。治療過程の2週間ごとに新しい歯型を作成することになる。そして、特許取得済みの3Dプリンティングの工程を経て、アライナーの実物がこれらの歯型の上に真空成形される。アライナーは、患者の歯を動かすのに十分な硬さがありながらも快適な装着感が得られるように、柔軟性と強度を兼ね備えている必要がある。アラインのグローバルオペレーション担当上級副社長のエモリー・ライトは、「アライナーは形状記憶特性が必要です」と語っている。[*15]

製造後、各患者のアライナーが歯科医師または矯正歯科医師に配送される。患者は最初のアライナー一式を受け取り、1日20〜22時間アライナーを装着する。その1〜2週間後、次のアライナー一式を受け取り同じプロセスを繰り返す。その間、6〜8週間ごとに経過確認を行い、最終的に全体のプロセスは約1年続くことになる。

創造的なビジネスモデル

テクノロジーにおける創造性を測るには、特許数を数えるのが手っ取り早い。アラインは、2020年9月現在、治療用ソフトウェア、アライナー、スキャナー、その他の技術革新に関して世界で1068件の特許を取得している。[*16] それは創造性に優れていることの証だろうが、それより興味深いのは、事業戦略における創造性だ。

創業当時、アラインは矯正歯科医師とのチャネルパートナーシップ戦略に重点を置いており、彼らがアライナーを卸売価格で購入できる長期契約を設定したほか、大量購入と長期契約には特別割引を適用していた。矯正歯科医師は、矯正装置の取り付け、調整、取り外しに多くの時間を要する旧式の矯正患者と比較して、インビザラインでは1日により多くの患者を診ることができるため、それを推奨するインセンティブがあった。平日の放課後の時間帯に矯正歯科医院を訪れたことがある人なら、たくさんの若い患者を効率的に診察するために病院スタッフがどれほど苦労しているかがわかるだろう。矯正歯科医師にとって、より多くの患者を受け入れることができるものは何であれ、大きなメリットとなる。

しかし、矯正歯科医師にとっての魅力は患者数だけではなかった。インビザラインの登場以前は、10代で矯正治療を受ける機会がなかった場合、大人になってから矯正治療を受けようとする者はごくわずかであった。ずっと気になっていた笑ったときの歯並びを直すために、20代や30代になってから矯正装置を着けて恥ずかしい思いをしながら治療を受ける人もいたが、何千ドルもの費用がかかった。しかし、そのような患者は、インビザラインが大人向けにより便利で目立たないクリアアライナーの提供を開始するまでは、例外的な存在だった。ほどなくして、矯正歯科医師はさらに多くの成人患者から相談を受けるようになった。

そして、ビジネスモデルの創造性がさらに大きく開花した。アメリカでは連邦政府の規制により、矯正歯科医師は自分の専門分野しか診療できず、一般歯科診療はできないことになっていた。逆に、一般歯科医師が矯正歯科治療を行うことを止める規制はなかった。ただ、従来の歯列矯正は非常に難しく時間もかかるため、歯科医師が歯列矯正を行うことはビジネス上あまりメリットがなかった。そのため、歯科医師は自動的に患者を地域の矯正歯科医師に紹介するのが慣例化していた。

しかし、アラインの創業から4年も経たないうちに、ある歯科医師のグループが、インビザラインのプロセスを用いれば自分たちが患者に基本的な矯正歯科治療を提供できることに気づいた。彼らは2001年2月、矯正歯科医師のみと取引しているとして、アラインに対して反トラスト訴訟を起こした。[*17] この訴訟は裁判には至らず、その代わりに、アラインは歯科医師グループと和解し、新たなチャネルとして一般歯科医師にアプローチするチャンスをつかんだ。これは、矯正歯科業界を大きく変える出来事だった。

アメリカでは、矯正歯科医師1人に対して一般歯科医師が約15人いるため、この変化は一大事件だった。[*18] しかも、これには単なる数の問題を超えた意味があった。歯科医師のもとには、自分の歯並びが気に入らないと思いつつも、矯正歯科医師に相談しようとまでは思わない大人たちが通っている。いまや歯科医師を通じて、この何百万人もの潜在顧客に対し、半年に一度の定期健診の際にインビザラインの製品について説明してもらうことが可能になったのだ。歯科医院の診察台に座っている間、患者はじっとしているしかない。これは、患者の歯を診察しながら、最適な顧客に最適なタイミングでインビザラインの提案ができるという、絶好の機会なのだ。

現在、アメリカの約15万人の歯科医師のうち、アラインは現在約6万5000人に研修を施し、そのうち4万人がインビザライン・プロバイダー（アライン・テクノロジーが設けている公式の認定資格）として活動している。[*19]

創造的なマーケティング

アラインの成功はまた、エンドユーザーに直接矯正歯科サービスを売り込むという、従来とはまったく異なる創造的なマーケティング手法に依るところも大きかった。それまでの矯正歯科機器メーカーは、矯正歯科医師にのみ装置を販売し売り込むのが一般的で、このような試みをした企業はなかった。長年アラインのコミュニケーションコンサルタントを務めるシャノン・ヘンダーソンは、次のように振り返っている。「消費者への直接広告によって需要を喚起して、医師による採用を促すという手法は、商品においては歯ブラシや歯磨き粉以外ではインビザラインが初めてでしたし、医療機器メーカーとしてはアラインが初めてでした[*20]」

これは、「創造性の研磨」の好例といえるだろう。新たなアイデアやブレークスルーを反復・蓄積してゆく様は「稲妻に打たれたようなひらめき」とは対極のものといえる。この事例でアラインは、別の業界から戦術を学び、新しい方法でこの業界に適用したのだ。1980年代後半から90年代前半にかけて、製薬会社は処方薬の消費者向け直接広告という手法を開拓し、抗うつ剤のプロザックやゾロフト、抗ヒスタミン薬のクラリチンといった大ヒット商品を世に送り出した。一般人の認知を高めるキャンペーンによって患者が抗うつ剤や抗ヒスタミン薬について医師に相談するようになったというのなら、アライナーについて患者が歯科医師に相談するようにならないはずがない。

アラインは2000年代、魅力的な笑顔のモデルを起用した高級雑誌広告、陽気なテレビコマーシャル、最先端のバナー広告、ウェブでの検索広告など、あらゆる種類のマーケティングに投資した。大人への売り込み文句はシンプルだった。インビザラインはつけ心地がよくメンテナンスが簡単（食事のときに取り外せるため）、そして他人からはほとんど見えない。従来の歯列矯正装置よりも壊れにくい。中学生の子供たちに囲まれながら、矯正歯科に長期間通う必要がない。通常、1年以内にすべてのプロセスを完了できる。そして、ほとんどの場合、インビザラインにかかる費用は従来の歯列矯正装置とほぼ同じだ。広告では、フリーダイヤルやアラインのウェブサイトで詳細を確認したり、施術ができる近隣の矯正歯科医師や歯科医師を探索したりするよう、顧客に呼びかけた。

このマーケティングキャンペーンは成人向けに効果を発揮し、いくつかの調査ではインビザラインのブランド認知度は80％まで上昇した。従来、矯正歯科の市場は10代と成人の比率が80対20であったが、アラインはこれを逆転させ、成人が75に対して10代が25の比率となった。[*21] そして、同社のブランド名は透明なプラスチック製アライナーの総称として使われるようになった。アラインは、ティッシュといえばクリネックスを想起してしまう、いわゆる「クリネックス問題」を抱えることとなったが、先行企業に追いつこうとする他のアライナーメーカーにとってはより大きな問題となった。

創造的な市場再構築

2015年にGEからアラインの新CEOに着任したジョー・ホーガンは、8億4500万ドルの売上高と強力なブランドイメージを持ち、成功し、利益が出ている会社を受け継ぐことになった。しかしホーガンは、GEの経営システムから、大局的な考え方、市場浸透度の再定義について、徹底的に叩き込まれていた。ホーガンは、製品戦略と営業戦略の両方を驚くほど深いレベルで理解するシステムリーダーの典型だ。彼はこれまでのアラインの取組みを尊重しながらも、未来に向けてさらに成長するため、創造的なアプローチを取ろうとした。[*22]

彼はまず、インビザラインが成人向けの矯正歯科市場で優勢である一方、規模がはるかに大きい10代とその少し手前の年齢の子供向け市場ではまだ4%のシェアしか獲得していないことに気づいた。アメリカの一般的な矯正歯科医師が、子供とその保護者に対し、従来の矯正歯科装置ではなくアライナーを選択するように促していないのだ。その状況を変えるにはどうすればよいだろうか。

成人向け市場で、アラインのマーケティング効果の可視化はほとんどできていなかった。何人の人が広告を見たのか、何人が広告をきっかけにウェブサイトを訪れたのか、何人がインビザラインについて尋ねるために歯科医院を予約したのか、測定できていなかった。新規患者の多くは、通常の歯科治療中に歯科医師から薦められただけだった。ホーガンは、この不完全な情報の問題を「穴の空いたバケツ」と呼んだ。何が新規患者獲得につながり、何が効果がなかったかについて理解を深めることが、アライン・歯科医師・患者にとって大きなウィン・ウィン・ウィンにつながりうると考えた。

ホーガンはまた、海外展開を拡大したいと考えていた。インビザラインの治療を受ける経済力があり、その恩恵を受けることができる人は世界中にどれだけいるのだろうか。その人たちに対して、どのように売り込めばよいのか。アライナーをさまざまな地域に発送することは、物流的にどれほど大変なことなのか。

ホーガンは市場環境と事業プランを精査した後、3年以内に全体の売上高を2倍にするという挑戦的な目標を古参メンバーたちに提示した。

国内での創造的な成長

10代とその少し手前の子供たちにインビザラインをもっと使ってもらうには、従来の矯正歯科医師への売り込み手法を改善する必要があった。ホーガンは次のように説明している。「矯正歯科医師は宝石職人のようなものです。彼らにとっては、すべてが完璧でなければなりません。彼らは私たちにも完璧主義者であることを求めたのです」[23]。この完璧性を求める職業倫理により、矯正歯科医師は当初透明なアライナーの採用に消極的であった。しかし、アラインの製品が改善されるにつれ、矯正歯科医師は抵抗なくアラインを処方するようになった。ホーガンは次のように述べている。「長年にわたって、矯正歯科医師はワイヤーとブラケットか、プラスチックか、どちらを選ぶのがいいのかの選択の問題と思っていました。それがアナログかデジタルかの選択であったとは、誰一人考えもしませんでした。そして、そこに思い至ったのなら、アナログが勝利したケースが一つでもあっただろうかと問わなければなりません[24]」

歯科医師への売り込み手法を改善するのは、より困難だった。なぜなら、矯正歯科は、歯科医師のビジネスのなかで比較的小さな割合だったからだ。矯正歯科治療は、1300億ドルに上るアメリカの歯科業界全体における売上高の9%にも満たない[25]。アラインの戦略責任者であるラファエル・パスコーは、歯科医師への営業の難しさについて次のように説明した。「私たちがインビザラインしか提供しないと、歯科医師にとっては重要な取引相手になりにくい。歯科医師が時間を取ってくれる5分余りで効果的にアピールするのは困難です[26]」。しかし、アラインが歯科医師にインビザライン以外も販売できるようになれば、より多くの価値を提供し、両者の関係をいっそう深められるだろう。その背景には、デジタル技術により、あらゆる歯科サービスのカスタマイズと顧客セグメンテーションが可能になっていたことがある。

アラインは、新しいデジタル口腔内スキャナーの性能を強調し、時代遅れのアナログシステムからワークフローを進化させられるというセールストークを展開した。これは、高速で正確なスキャンによって患者が治療後の自分の歯並びを視覚化できるという、革新的なソフトウェアを歯科医師や矯正歯科医師に提供し、「治療室の診察台に座った患者への売り込み」に役立ててもらえるというものだ。

2019年半ばには、歯科医師が診療行為全体をさらにデジタル化させる、コンサルティングパッケージの試験的プログラムも立ち上げた。最初に契約した数軒の診療所は、それぞれコンサルティングサービスを受けるのと引き換えに、インビザラインの販売目標を達成することを約束した。私がアラインのチームにインタビューした時点では、成功かどうか判断するには時期尚早だったが、彼らは将来を前向きに捉えていた。パスコーは次のように述べている。「診療を完全にデジタル化されたエコシステムに変えるまでは、インビザラインの可能性を完全に引き出すことはできないでしょう[*27]」

アラインの見解では、これらのデジタルツールは、歯科医療のよりデジタル化された未来の実現に向けての歩みに資するものだという。しかし、歯科医師にとっては、デジタル化はそれほど簡単なことではなかった。いっそうカスタマイズされたオーダーメイドのサービスを提供するデジタル診療が利益率と診察件数の向上につながることは、多くの歯科医師が同意する。しかし、歯科医療はいまだ家内工業であり、間違ったプラットフォームやITシステムに投資すると、小さな診療所に大きな打撃を与える可能性があった。ヘンダーソンは次のように語った。「歯科医師は技術者ではありません。自分で医院を経営してはいても、彼らはまず臨床医であり、経営者という側面は二の次なのです。歯科実務のコンサルタントが歯科医院のデジタル変革を説いたとしても、それが新しい分野であるがゆえにうまくいくときもあれば、そうでないときもあると受け止められがちです。それが現実です。歯科医療全体のデジタル改革について、歯科医師をどう指導するか。歯科医師は何をしたらいいのかわからないと思います[*28]」

創造的な国際展開

アライン・テクノロジーは、創業当初からグローバル企業として活動していた。創業後間もなく、人件費のあまりかからないエンジニアが豊富にいることを活かし、パキスタンにＣＡＤ／ＣＡＭの設計スタジオを開設した。また、テキサス州のエルパソと国境を接するメキシコのファアレスに製造施設を設立した。カリフォルニア州よりはるかに経費を抑えられるからだ。

２００１年９月11日のアメリカ同時多発テロ事件の後、アラインは不安定化するパキスタンの情勢から、混乱や破壊に見舞われるリスクを減らすため、エンジニアリング拠点の代替地を探した。そして、エンジニアリングと歯科医療の専門家が豊富ではるかに安全なコスタリカを選んだ。コスタリカでのアラインの事業は拡大し、２００１年に32人だった従業員が現在では３０００人以上に増えている。治療プランの立案、顧客サポートセンターの運営、財務、人事、ＩＴなどの管理業務をこの地で行っている。一方、アラインの３Ｄプリンティングと製造施設は、アメリカへの交通アクセスのよさから、製造には理想的な立地のメキシコのファアレスで拡大を続けている。

アラインは当初、アメリカの患者のみを対象としていたが、ホーガンは、とくにヨーロッパ、韓国、日本、中国、ブラジルなど、グローバルな顧客とのつながりを強化した。海外進出は、大規模経済圏で市場シェアを拡大する「近道」であると同時に、インビザライン・ブランドを成長させ、競合他社の機先を制するために必要な戦略だと考えたからだ。アラインが進出した国にはそれぞれ、現地のロジスティクスや規制の複雑さがあった。

さらに驚いたことに、顧客のニーズに関しても各国で特色があった。それは現地の文化的な特色で、個々の消費者にとって「いい」笑顔とはどのようなものかを理解する一助となった。たとえば、アメリカ人やヨーロッパ人は大きく満面の「ハリウッドスマイル」を好む傾向があるのに対し、東アジアの消費者は幅が小さくあまり目立たないスマイルを好む傾向があった。[*29]

アラインはこの文化的なカスタマイズを、現地の矯正歯科医師や歯科医師に大きく委ねる形で対応した。彼らを完全にサポートするために、アラインは営業とマーケティングのチームに分権化し、現地の歯科医療の専門家が必要とするものを現地それぞれで判断できるようにした。パスコーは、「顧客との距離を一歩一歩縮めること、それがとてつもなく重要なのです」と述べている。[*30]

このローカライゼーション活動の一環として、アラインは中国、スペイン、ドイツに新しい施設を開設し、ロシアに研究所を、イスラエルにアイテロの口腔内デジタルスキャナーの製造施設を開設した。現在では、戦略的に配置された製造拠点から、世界各地の顧客にサービス提供をしている。

創造的自己防衛──イノベーターが攻撃を受ける既存企業になるとき

ホーガンは、世界各地からの新規参入企業、3Dプリンティングや材料科学分野の企業など、アラインをディスラプトしようとする可能性のある企業への監視の目を光らせていた。昨日まで果敢なディスラプターだった企業が、明日には攻撃を受ける既存企業になりかねないことを、彼はよく知っていた。とくに2017年10月からは、アラインのいくつかの主要な特許が期限切れとなっていく。これを受けて、キャンディド（Candid）、スマイルラブ（Smilelove）、スナップコレクト（SnapCorrect）など消費者直販のスタートアップ企業をはじめ、薄利多売を狙う後発の競合他社が参入してきた。パスコーはこの難題を次のようにまとめた。「私たちは、クリアアライナーが有効であると人々を納得させることに注力してきました。いままでは誰もがそれを認めていると思います。次の5年は、当社のクリアアライナーがほかのどのメーカーのものよりも優れていると納得させることに費やすことになるでしょう[*31]」

しかし、ハーバード・ビジネス・スクール教授だった故クレイトン・クリステンセン（2020年に逝去）が『イノベーションのジレンマ』（邦訳の増補改訂版は、玉田俊平太・監修、伊豆原弓・訳、翔泳社、2001年）で説いているように、最高のネズミ捕り器を販売する企業が常に勝つとは限らない。場合によっては、そこそこの性能のネズミ捕り器で、コストを削減し、価格に敏感な消費者に魅力的なオファーを提供する企業が勝つのである。「当社は市場をディスラプトしました。いま、私たちがディスラプトされようとしています」と、パスコーは淡々と語った。「イノベーターのジレンマがここにあるのです」[*32]

脅威の一つは、2006年に設立されたものの、2017年にスイスの歯科用品会社ストローマン・グループ（Straumann Group）に買収されるまで伸び悩んでいたクリアコレクト（Clear Correct）という企業だ。歯科業界でのストローマンの豊富なリソースと幅広い販売網を通じて、同社は歯科医師や矯正歯科医師への直接のパイプラインを手に入れ、インビザラインに対抗してより安価な代替製品を提供しようとしている。

さらに脅威となる競合企業は、2013年に創業してすぐ、アラインよりも速いスピードで成長し始めたスマイルダイレクトクラブ（Smile Direct Club）だ。同社は、チャネルパートナー戦略を採用せず、代わりに矯正歯科医師によって構成される小規模なチームがリモートでスキャン結果を確認し、治療開始を承認するモデルを取っている。患者は地元の矯正歯科医師を訪問したり、歯科専門家からアライナーを受け取ったりする必要がない。患者はスマイルショップという店舗で歯のスキャンをするだけでよく、治療開始後、アライナー一式が自宅に郵送される。スマイルダイレクトクラブによると、同社のサービスは

「他社のタイプの矯正治療」よりも60％安く、治療期間も平均6カ月と短い。彼らはアメリカ矯正歯科医師会の怒りを買ったが、その消費者直販のビジネスモデルは合法だった。そして、その急成長ぶりは、ベンチャーキャピタルに続きプライベートエクイティからの投資も引き寄せた。２０１８年までに10億ドル以上を売り上げ、非公開の企業評価額は32億ドルに達した。[*33]

材料科学と３Ｄプリンティングにおけるイノベーションの優位性を維持するために研究開発への投資を続けることに加え、アラインは２０１５年に特許権侵害でスマイルダイレクトクラブを提訴した。この訴訟の和解条件として、翌年アラインは４６００万ドルを投資してスマイルダイレクトクラブの株式の19％を買収し、非競合条項に合意したうえ、アラインがスマイルダイレクトクラブのクリアアライナーの一部を製造するというサプライヤー契約も締結した。この投資に対する矯正歯科医師の業界団体や業界紙の反応は冷ややかだったが、その後株価は急騰した。

しかし、２０１８年2月、スマイルダイレクトクラブは、合意した非競合条項に違反したとしてアラインを提訴した。アラインは、消費者向けマーケティング活動を支援するためにショールームを設置する試験的プログラムを開始していた。これらのショールームではインビザライン製品を販売していなかったが、消費者にコンサルティングを提供し、インビザラインのトレーニングを受けた歯科医師や矯正歯科医師を紹介していた。ヘンダーソンは次のように指摘している。「ショールームは本当に重要な対話をするための方法だったと思います。矯正歯科医師の診療所を通じてか、あるいは歯科医師を飛び越して消費者に直接販売するか、どちらかである必要はありません。ショールームは、診療所主導の治療を提供しつつも、消費者に親身になってサポートする場なのです[*34]」

スマイルダイレクトクラブの訴訟は仲裁が入り、2019年3月、仲裁人はすべての申し立てについてアラインに不利な判断を下した。当月内に12カ所の試験的ショールームのすべてを閉鎖し、2022年まで再開できなくなった。アラインはまた、2017年10月時点の評価額でスマイルダイレクトクラブの株式をすべて売却するよう命じられたが、これは直近の資金調達ラウンドに基づく評価額をはるかに下回るものだった[*35]。

ホーガンはこのような競合の出現を予見していたが、出資とコラボレーションによって攻撃をかわすという計画は頓挫してしまった。まさに『イノベーションのジレンマ』が警告していたように、品質の劣る薄利多売の競合企業がいまや深刻な脅威となったのである。

創造性の戦いは終わらない

2019年3月に私がインタビューをした際、ホーガンは自身の数々の決断と、着任以降加速したアラインの成功を振り返った。終わったばかりの前年度の売上高は過去最高の24億ドルに達し、株価は700%近く上昇していた。しかし、この好調なトレンドを維持するためには、ホーガンは自社のメンバーが新しい市場に深耕し続けなければならないことを理解していた。矯正歯科医師と歯科医師の両方で「患者へのサービス提供機会」を拡大する必要がある。また、保護者へのマーケティングを強化し、インビザラインが10代の若者にとってよい選択肢であることを伝えなければならない。そして、歯科業界全体のデジタル変革を支援し続けることも必要だ。そのためには、自社の領域に関連するほかの製品やサービスにも進出しなくてはならないだろう。

何よりも重要なのは、アラインが警戒を怠らず、あらゆる方向で革新を続けなければならないことだ。とくに現在は、自社の特許の多くがすでに失効しているか、間もなく失効するため、安価な後発の競合他社によるリスクが高まっている。ホーガンは、これらの新興企業と市場の低価格帯で競争するのではなく、最高品質の製品とカスタマーサービスにより、マーケットリーダーとしてのアラインの地位を維持しつつ、未開拓の市場に進出することが最善の戦略と考えた。

偉大なシステムリーダーの例に漏れず、ホーガンは、戦いに終わりはなく、継続的な創造性にも終わりがないことを理解している。

創造性

●技術的な発明やイノベーションを形成する力を研究し、既存のアイデアと相互に作用させて新しいアイデアを見出すべく努力を重ねる。これまで気づかなかった他の産業や市場とのつながりを探す。

●顧客の成果、とくに、顧客の損益計算書、貸借対照表、あるいはQOL（Quality of Life）の改善に、自社の製品やサービスがどのように貢献できるかに自らの創造力を集中させる。

●変化の激しい時期に、安全策を取りたい誘惑に抗う。むしろ、ディスラプションに向かって突き進む。ディスラプションに伴う新しい世界を受け入れ、それを自社にどのように活かすかを見出す。創造性の反対は標準化だ。不確実性の高い時代には、よりクリエイティブであるよう従業員に働きかける。

第5章 扁桃体――共感力

これから共有するわずかな時間のなかで、みなさんが私の意見に賛同してくれるかどうかはわかりません。でも私のことは忘れないはずです。

――元カイザー・パーマネンテCEO　バーナード・タイソン（1959〜2019）

共感とは一般的に、「他人の感情、考え方、あるいは経験が客観的、明示的な方法で十分に伝えられることなしに、これらを理解し、認識し、敏感に感じ取る、我がことのように感じること」[*1]と定義されている。そもそも共感とは、ビジネススキルに不可欠なものとは考えられていなかった。企業のほとんどが、顧客のニーズや要望を客観的に測ろうとし、そのために売上パターンを精査したり、調査やフォーカスグループ〔訳注1〕を利用したりし

〔訳注1〕フォーカスグループ　市場調査の手法の一つ。調査したい自社の製品やサービスに対する顧客の考えをグループインタビューにより収集し、マーケティングに活用する。

ている。同様に、従業員向けの方針を定める際にも、会社のニーズに焦点を合わせることがほとんどだ。しかし、より直感的で右脳的なアプローチを用いて、顧客と従業員双方の体験を最適化しようとする企業もある。両者を心から大切にしているからこそ、そうした企業は売上データや調査結果、そのほかの従来の指標には表れない、わずかな兆候でも感じ取ろうと彼らの声に耳を傾けている。

アメリカの大手PR会社フライシュマン・ヒラードは2018年の調査で、アメリカ人が強い親近感を覚えるのは、共感力を備え、それを発揮している企業であることを示した。調査レポートでは、「企業は共感力をソフトスキル（個人の習慣や特性で得られるスキル）ではなく、CEOをはじめ全社員に不可欠なハードスキル（個人の経験や教育、訓練で得られるスキル）と見なす必要がある」と記されている。[*2] この調査では、消費者に企業の組織行動について質問し、どんな行動が表面的で見せかけの共感ではなく、真の共感に基づく企業文化を示しているのかを調査した。その結果、アメリカ人のほとんどが、共感力を備えている企業か否かを判断する際に、「次に挙げるすべての資質」がきわめて重要、あるいは非常に重要だと考えていることが明らかになった。

- 思いやり――心で思っていることが人の扱い方や人に対する考え方に表れる。（59％）

- 積極的なコミュニケーション――双方向かつ協働プロセスとして意思疎通を図る。（59％）
- 自制心――まずは相手を理解しようと努め、それから行動に移す。（59％）
- 有害な行動への嫌悪感――行動規範に違反するスタッフに対して厳格な境界を設ける。（58％）
- 理解力――顧客や従業員の調子はどうか、彼らが何を必要とし、どのように感じているかを常に理解しようとする努力を継続する。（57％）
- 自己認識――経営上の課題や懸念をオープンにし、従業員や顧客のサポートに利用する。（56％）
- 無私無欲――得るよりも与えることが先んじることを理解する。（55％）[*3]

　これらの資質が実際の現場でどのように活かされているかを示すため、象徴的な企業3社の事例を挙げ、それぞれ異なるやり方で共感力を発揮した方法について説明する。その後で、カイザー・パーマネンテのカリスマ的ＣＥＯバーナード・タイソンから得た、共感についての教訓を共有しよう。

サウスウエスト航空――従業員を顧客のように扱う

データ分析と消費者情報の調査会社のJ・D・パワーによると、サウスウエスト航空(Southwest Airlines)は北米の航空会社のなかで最高の顧客満足度を誇り、大手と格安の航空他社を大きく引き離している。旅行客は同社のサービスをこう評している。「他の航空会社に比べ、不機嫌で横柄な態度を取るスタッフははるかに少ないと感じます。サウスウエストの乗務員が完璧というわけではありませんが、彼らが業務をこなしながら、笑ったり、冗談を言ったり、歌ったりしているのをよく目にします。また、サウスウエストのコールセンターにはこの業界で最高に素晴らしいオペレーターが何人もいます」[*4]

サウスウエストの人気の理由はさまざまだ。変更手数料が不要、持ち込み手荷物2個まで無料、テレビや映画のストリーミングが無料、自由席でファミリー優先搭乗(小さな子供連れのファミリーを、優先搭乗グループのすぐ後に機内に案内する)がある。これらを含め、同社の特徴的なサービスはコストをほとんどかけずに、きめ細やかな心遣いで顧客のフライト体験を豊かなものにしている。顧客の不満を適当にあしらっているような航空会社とは雲泥の差だ。[*5]

わかりやすい例として離陸前の安全情報アナウンスを比較してみよう。現在ほとんどの航空会社では、離陸前にビデオを流し、シートベルトや酸素マスク、非常口の案内といった面白みのない情報を一通り案内するが、その中には広告的なメッセージもいくつか織り込まれている。乗客の多くはこのビデオに見向きもしない。しかし、サウスウエストでは、いまもなお客室乗務員が安全情報のアナウンスをしている。それどころか、彼らはアドリブでジョークを飛ばして歌い出すことさえあるが、これが許されるのは乗客の注目を集めるためのパフォーマンスだからだ。ある航空評論家はこう解説する。「このユニークな取組みは2つの面でよい結果をもたらしています。1つ目は機内で乗客がこのショーを楽しんでいること。2つ目は乗客がこの即興の安全情報アナウンスショーを撮影し、その動画をソーシャルメディアにアップし、その動画が拡散されていることです」と記している。[*6]

コンサルタントのファティ・エルナジは、サウスウエストの企業文化のルーツは同社の創業者にあると話す。「ハーブ・ケレハーは気さくな雰囲気作りに努め、スタッフには仕事を楽しんでもらいたいと考えていました。彼はスタッフを大切にし、出産や結婚には祝辞、葬儀には弔辞のカードを送っていたのです。スタッフは協力しあうことを奨励され、とくに搭乗手続きでその協力が活かされるために、サウスウエストの着陸から離陸までの所要時間（ターンアラウンドタイム）は業界平均の半分以下なのです」[*7]

ケレハーは「振る舞いを見て人材を採用し、スキルを教え込む」ことを経営陣に推奨した。彼曰く、従業員に心遣いを教えることはできない、それは「両親の仕事」だからだ。[*8]この採用・教育施策を考えるうえで、同社が客室乗務員を採用する際の集団面接を見てみよう。

サウスウエストは、採用候補者を8〜10人の小グループに分け、これまでの人生で一番恥ずかしい思いをした瞬間について一人ずつ話すという課題を与える。順番が回ってきたら、それぞれが自分の恥ずかしかったエピソードを披露するルールだ。みなさんは、彼らがいかにしてその逆境を乗り越えたかを知ることが面接官の目的だと思うかもしれない。あるいは、深刻に考えすぎない性格かどうか、もしくは、人前で恥ずかしい話をさせることでその人の心の広さを測っているのではないかと考えるかもしれない。答えは、ノーだ。面接官は、エピソードを話す人物には目を向けない。視線の先にあるのは、語り手以外のすべての候補者の表情だ。つまり、話に共感しているかどうかを見ているのだ。自分のすぐ隣で一番恥ずかしかったエピソードが語られていたら、共感の気持ちはわかりやすく表情に表れる。ただし、共感力を備えていればの話だ。[*9]

共感力のあるスタッフを雇うことに加え、彼らがハッピーな気持ちで仕事をしてもらうために会社はできる限りのことをすべきであり、そうすることでスタッフの雰囲気のよさが顧客にも伝搬すると、ケレハーは確信していた。経営学の権威トム・ピーターズは、成功へのカギとなるケレハーのこの金言を、一言でこう表現した。「従業員を顧客のように扱うべきである」[*10]。競争の激しい業界で驚くほどの好業績を上げ続けているサウスウエストの事例を紹介する記事や書籍は枚挙にいとまがない。そのほとんどは、社内のあらゆるレベルでスタッフと顧客双方への共感に深くコミットする姿勢を成功の主因と見ている。

パタゴニア──環境に不必要な悪影響を与えない

パタゴニア（Patagonia）は世界中で優れたアウトドア用品を多数製造販売しているが、ロッククライマーのイヴォン・シュイナードが1973年に創業した当初から、同社のビジョンは利益追求のはるか先にあった。同社のあらゆる新商品やマーケティングメッセージ、チャリティ活動は、自然を保護し、賛えることを目的としている。パタゴニアは、同社のサステナビリティへの情熱を分かちあう顧客に対して変わらぬ共感を示し、企業理念である「最高の商品を作り、環境に与える不必要な悪影響を最小限に抑える。そして、ビジネスを手段として環境危機に警鐘を鳴らし、解決に向けて実行する」ことを忠実に実践している。[*11]

たとえばパタゴニアでは、数年前からコモン・スレッズ・イニシアティブ（Common Threads Initiative）を展開し、パタゴニアから買う商品を減らすよう実際に消費者に呼びかけている。「当社は長持ちする有益な商品をデザインし、販売しています。ですが、お客様には必要のないものや使い道のないものを買わないようにお願いしています。当社に限らず、人間が作るものはすべて、人間の手で回復させられないほどのダメージを地球に与えているのです」[*12]。２０１１年のブラックフライデーに『ニューヨーク・タイムズ』紙に同社が出した広告には、「このジャケットを買わないで」という目を引く見出しがつけられた。[*13] 現在はウェブサイト上で衣類のリサイクル活動〝ウォーンウェア（Worn Wear）〟を展開中だ。そして、こう語りかけている。「ウォーンウェアは商品をずっと使い続ける活動のハブです。私たちが地球にできる最善のことは、消費を減らして、手持ちの衣類をより長く活用することです。商品の修理、共有、リサイクルを一緒に推進しましょう」[*14]

金儲けよりも自然環境への懸念を重視するパタゴニアのこういった取組みは、同社の売上を押し上げ続けている。あるマーケティング評論家はこの状況を次のように分析している。「パタゴニアのブランド戦略は、明らかにターゲット層の共感をベースにしたものです。パタゴニア製品の購買者はアウトドアに多くの時間を費やす傾向があります。バックパック旅行やキャンプ、あるいはハイキングの計画中に装備や衣類が必要になったら、顧客は自分の関心事を尊重してくれる企業から買おうとするという想定は理に適っています。パタゴニアは自社の価値観とユーザーの価値観の一致点を見つけたのです」[*15]

長年にわたって、パタゴニアは廃棄物の多い企業や倫理観に欠けると思われる企業との提携を拒絶してきた。2016年、経営陣はブラックフライデーで得た1000万ドルの利益すべてを環境保護団体に寄付した。[*16] この行動からもたらされる価値は計り知れない。パタゴニアの顧客は、同社が価値観を共有し、実際にその価値観を体現することを決して疑いはしないだろう。

この共感は従業員にも広げられ、長期的な従業員ロイヤルティ獲得の一助となっている。2014年以降、パタゴニアはプライベートを充実させる権利は誰にでもあるとして、感謝祭の祝日を休業としている。育児休暇についても、同社はアメリカ内でいち早く、父親と母親のどちらにも2カ月間の有給育児休暇を与えた。また、社員が勤務時間を自分で設定できるほか、環境保護プロジェクトに従事するための2カ月の長期有給休暇、職場での託児サービス、医療費の全額負担などを実施している。[*17] パタゴニアのスタッフの年間離職率は4%。小売や消費者製品業界の平均である13%よりも圧倒的に低いことは、当然の結果であろう。[*18]

SASインスティテュート――与えるものが多いほど得るものも多い

ノースカロライナ州を本拠とするソフトウェア開発会社、SASインスティテュート(SAS Institute)もまた、従業員への共感を有言実行する企業だ。同社は、従業員が幸せだと業務への積極性と生産性が高まり、結果的に離職率の低下と長期の業績向上につながると確信している。創設者でCEOのジェームズ・グッドナイトは「会社の資産の95%は毎晩正門から退社します(従業員を意味する)。CEOの仕事は、彼らが次の日に戻ってくるよう取り計らうことです」[*19]というセリフを好んで使う。SASは常に「働きがいのある会社研究所(Great Place to Work)」[訳注2]が認定する「働きがいのある会社」の上位にランクインされている。同社の並外れた好業績の持続の理由はこれだけではないが、同社は1976年の創業から2020年まで44年間途切れることなく増益を続けている。

リーダーシップコンサルタントのマーク・C・クロウリーは、SASの共感力について次の4つの主な特徴を挙げている。これらは同社の職場環境の最適化に大きな影響を与えるものだ。

・何よりも従業員を大切にする。大不況のおり、売上高が急減した競合企業は大量解雇に走ったが、グッドナイトは同社の1万3000人の従業員を誰一人として辞めさせることはないと宣言した。彼が従業員に要求したことは、無駄使いをしないことだけだ。後に彼はこう説明している。「一人も解雇しないことを明らかにした途端、無駄なおしゃべり、あるいは懸念や心配に費やされていた膨大な時間が削減されました――みんな仕事に戻ったのです」

・与えるものが多いほど得るものも多い。SASの従業員はジム、テニスコート、バスケットボールコート、ウエートトレーニング室、温水プール、あるいはストレス管理に役立つ「ワークライフカウンセリング」を無料で利用できる。また、企業内診療所も無料であり、保育には大幅な補助が提供されている。福利厚生を提供しない代わりに給料をアップする選択肢もあるが、グッドナイトはこのような特典は、SASが自社のスタッフを常に大切にしていることを示すのによりよい手段だと信じている。年間離職率は業界平均が22%なのに対し、同社はわずか2~3%だ。

［訳注2］働きがいのある会社研究所　世界約100カ国で従業員の意識調査を行い、結果が一定水準を超えた企業を「働きがい認定企業」、さらにその上位企業を「働きがいのある会社」ランキングとして発表している。

- **相互信頼の文化を構築する。** 同社は従業員に職場の信頼関係に関する調査を毎年実施し、オープンなコミュニケーション、敬意、透明性などの項目をチェックしている。管理職への昇進には、他の社員へのサポートや手助けがごく当たり前にできることが条件となる。他人に対して献身的に行動できるマネジャーは昇進においてより優遇される。
- **会社に貢献するすべてのスタッフの重要性を認識する。** グッドナイトは、スタッフが自分の仕事に誇りを持てるように仕向けるのも自らの役割だと考えている。たとえばプログラマーは、SASの社員である限り自分が開発したソフトウェアのアップグレードの責任が付与される。この責任が当事者意識をより高める。同様の原則が、働く者すべてに適用される。同社では、敷地の手入れをする造園師たちにも個々に責任区画が与えられているため、それぞれが自分の庭のように大切に扱うようになる。[20]

サウスウエスト、パタゴニア、そしてSASのいずれも共感力を競争優位の確立に活用しているが、これらの企業が属する業界はヘルスケア業界ほど複雑ではない。次は、あるヘルスケアの大手企業が共感力を駆使し、この業界を根本から変革していった過程を見ていこう。

カイザー・パーマネンテ――共感力を活用してヘルスケア業界をディスラプトする

カイザー・パーマネンテ（Kaiser Permanente）は年間4兆ドル規模のアメリカのヘルスケア業界の既存型企業であると同時に、業界のディスラプターでもある。このマネージドケア〔訳注3〕システムを提供する非営利組織は、年間収入が800億ドルで、30万5000人の従業員が8つの州とコロンビア特別区において1220万人を超える加入者にサービスを提供している。カイザーは39の病院、700以上の診療所、2万3000人の医師、6万3000人の看護師を擁するネットワークを統合し、同社の加入者が必要とするすべてのもの――かかりつけ医、専門医、病院での治療、検査機関、薬剤管理サービスを提供している。

カイザーはこの統合サービスモデルを活用して、アメリカのヘルスケア業界で慣習とな

〔訳注3〕マネージドケア　アメリカなど主に公的医療制度が充実していない国で導入されている管理医療システム。医療機関と保険会社の間に第三者が仲介して、患者の医療費高騰の抑制と医療の質の向上を図る。マネージドケア事業者は医療機関に対して医療費の支払い、請求代行を実施するほか、患者が受ける内容審査、投薬料、入院回数の適正化、適切な医療機関の紹介などを行っている。

っている、愚かと言っても過言ではないほど非効率的で細切れの「診療ごとの出来高払い」を変革しようと挑んでいる。カイザーは保険会社であると同時に医療提供者でもあるため、この両者間でたびたび生じる利益相反に煩わされることはない。アメリカでは慣習的に、医師や病院にとって、患者の症状に照らして必ずしも必要とはいえない検査や治療を行うことに金銭的なインセンティブが働く。一方、保険会社には真逆のインセンティブが働く。保険適用を承認する検査や治療が少ないほど、支払いも少なくなるからだ。

カイザーは保険会社としてのみならず、医師と病院のネットワークとしての役割も果たし、患者のヘルスケアコスト全体を管理している。だからこそ、カイザーは、適正な医療行為だけを実施して加入者の健康を維持するという同組織のインセンティブを最大限に実現することができる。このように組織の目標が整合性の取れたものであるため、従事者すべてに加入者への共感の気持ちが自然に生まれてくるのだ。

不要な検査や必要以上の長期入院は増益とならず、コストだけが跳ね上がるので、カイザーは傘下の病院を純粋なコストセンターと見なしている。カイザーでは、退院した時点で患者と病院との関係が終わるわけではなく、患者はカイザー所属の医師のもとで外来診療や経過観察を継続することになる。その一方で、入院中の患者に適切な検査や治療を確実に行うことは、カイザーにとってのインセンティブとなる。健康上の問題が解決していなければ、患者は再び病院に戻ってくることになり、入退院を繰り返すのは、患者を失望させるだけでなく、カイザーにとっても費用負担ばかりが増え、それに伴う増収は見込めないからだ。

カイザーはこの特異な事業構造によって、一般的にはヘルスケアにバラバラに関わる組織群がお互いに隠しあうデータを、組織内で共有できるというユニークな強みを享受している。カイザーは、病院、かかりつけ医、専門医のいずれか一つから得られたデータしか持たない企業には気づくことのできない傾向を把握できる。患者のプライバシーに関する厳格な法律を尊重しながらも、統合型企業だからこそ、バラバラに存在するデータを結合させて顧客の生活をよりよいものにできるのだ。

私が、共感力の戦略的な利用方法についてさらに多くのことを学んだ人物がいる。同組織の歴史のなかで最も大きな影響を与えたCEO、いまは亡きバーナード・タイソンだ。

忘れえぬ人　バーナード・タイソン

タイソンのカイザーでのキャリアは30年を超え、病院管理責任者から部門長まで幅広い部門のリーダーとして従事した。彼は2013年にCEO、その後、2014年に取締役会長へ昇進した。タイソンはこの2つの職務を、2019年11月に不幸にも60歳で早逝するまで全うした。その影響力は、国内だけでなく海外にも及んだ。『タイム』誌、『ファスト・カンパニー』誌、『モダン・ヘルスケア』誌など、数々の出版物が彼をヘルスケア業界に最も大きな影響を与えた人物と称している。[*21] マネージドケア業界は一般的に柔軟性に欠け、冷淡な、また、ときには無慈悲な業界として描かれるが、タイソンは常に寛大で温厚な人柄として知られていた。彼は、従業員が患者への共感に焦点を当てるように促し、自分たちが本当に売っているものは医療ではなく健康であることを訴え続けていた。

2016年と2019年にスタンフォード大学の私の講座で行われた彼の講演は、それまでになく学生の心を捉え、熱のこもったものとなった。MBA課程の学生は「まがい物」を敏感に察知するが、その彼らがタイソンの信念には偽りがないと認めた。彼は共感について、ビジネスにおける理論的な原動力として語っただけではなく、初対面の85人の学生たちと即座に人間関係を築く彼の才能を実演して見せてくれた。

2019年の講演の際、彼は最初の一言で学生たちの心をつかんだ。「これから共有するわずかな時間のなかで、みなさんが私の意見に賛同してくれるかどうかはわかりません。でも私のことは忘れないはずです」。彼は、自殺した人の家族との面会をつい先ほど終えてこちらに来たと話し、カイザーが自殺を防ぐためにできたかもしれないこと、同じような悲劇を繰り返さないために今後すべきことについて議論してきたことを明かした。彼が、アメリカのヘルスケア業界の問題の元凶がインセンティブの不整合にあると語っているとき、私たちは彼の苦悩、怒り、決意を目の当たりにした。講義室は水を打ったように静まり返っていた。

タイソンはまた、カイザー傘下の病院や診療所、その他の施設を可能な限り改善するためにさまざまな努力をしており、それはビジネス上必要だからではなく、彼らが一連のオペレーションを遂行するコミュニティにとって不可欠な存在だからだと説明した。話題は、内外から組織を支えるすべての関係者に対する彼の責任感にも及んだ。ここには、個人顧客、法人顧客、医師、看護師、その他スタッフ、技術提携パートナー、さらには安全基準から患者のプライバシーまでのあらゆる領域を監督する政府の規制担当者たちも含まれた。

他のシステムリーダーと同様に、タイソンもあらゆる方面に引っ張り出されていたが、どこに重点的にエネルギーを傾けるかを強く意識しなければならなかった。そして、彼はカイザーの従業員、とくに医師や看護師と過ごす時間を最優先した。彼は、会社の全体像と細部のどちらをも把握することに長けていたが、医師と患者との関係を守り、さらに強化することがカイザーの成功を継続させる最大の推進力になると確信していた。

タイソンのCEO在任中に制定された医療保険制度改革法（Affordable Care Act、通称オバマケア）によってヘルスケア業界の様相は一変した。多くのアメリカ人、たとえば、雇用主から保険適用が認められなかった個人事業主やギグワーカーなども、これまでよりもずっと容易に医療制度に加入できるようになった。しかし一方で、保障内容、掛け金、免責条項、保険提供者のネットワークなど、健康保険には多種多様なレベルの選択肢が用意されたため、個人の顧客を悩ませることにもなった。これはカイザーにとって、法人顧客よりも、より親身なアプローチを必要とする個人顧客のほうが今後の大幅なシェア拡大のカギを握っていることを意味した。タイソンはこの変化をカイザー独自の強みを発揮することによって、自社を成長させるチャンスと捉えたのだ。

共感力を活用してインセンティブを再構築する

タイソンは私の講座でこう語った。「当院での入院生活がこの業界のどこよりもよりよいのは、入院中の治療が終わった患者を外来診療部門へていねいに引き継いでいるからです」[*22]。従来型の病院では、入院患者の退院後について配慮してても何のインセンティブもないが、カイザー傘下の病院では当初のかかりつけ医と専門医が属する同じチームで治療が継続される。退院後、外来診療に引き継がれ、再入院することになったら誰のメリットにもならないからだ。彼はこう続けた。「私がすべてを責任持ってやります。医療サービス全体にかかるコストを考え、入院を続ける、介護施設に移る、診療所に通うなど何が必要かを判断し、患者にとって最適な予算配分を当社の医師と一緒に考えるのです[*23]」

タイソンによれば、診療ごとの出来高払いの仕組みは、医療提供者同士を競わせるだけでなく、医療提供者と保険会社を競わせる。また、この仕組みは、アメリカの超高齢者や重病患者への過剰診療の大きなインセンティブを生み出す一方で、それ以外の患者への治療は不十分となり、業界全体のリソース配分が不適切なものになってしまう。「現在の医療制度は、人生の最期の1年半に財源が充てられています。医療予算の約75%は人口の約20%に対して支出され、そのうちの約90%は、亡くなるまでの1年から1年半の間に費やされるのです。私がやろうとしているのは、カイザー・パーマネンテの存在意義ともいえる予防医療の考え方に基づいて業界を変えることです。最善の治療は、予防あるいは早期発見です。そうすれば、より効率的で効果的な方法で治療を受けられ、各個人の健康寿命を伸ばすことが可能になるのです[*24]」

タイソンは、カイザーがロールモデルとなり、「私たちはあなたの病気を治す」から「私たちはあなたの健康を手助けする」へと、ヘルスケア業界をパラダイムシフトさせると熱く語った。彼は同社の活動のプライオリティを、医療サービスにかけるコストを人生最期の1年半から、加入者の生涯に配分し直すことに振り向けた。このなかには、食事管理や運動、睡眠、飲酒や喫煙など、加入者が自身の健康にもっと責任を持つように強く働きかけることも含まれた。こういったライフスタイルの習慣や選択は、がん、糖尿病、心疾患などの医療費支出の大部分を占める慢性疾患と大いに関係がある。カイザーは、加入者の〝健康寿命〟を伸ばす行動を手助けできれば、コスト削減となり、財政的メリットも得られるようになる。これこそがインセンティブの整合性を完全なものにするのだ。

共感は患者を救う

カイザーは、加入を検討している人々に安心を与えるようなマーケティングを展開している。CMのナレーターには、穏やかな印象を与えるために人気テレビドラマ『ザ・ホワイトハウス』に出演したアリソン・ジャネイを起用した。ある評論家はこうコメントしている。「ジャネイの声を一日中聞けたなら幸せな気分になるでしょう。それがカイザー・パーマネンテのCMにチャンネルを合わせることでかなうなら、私はそうします。複雑で頭を混乱させる医療保障を、とても穏やかに、知的に、そして適度に朗らかに伝えることができるのは、彼女以外にいません[*25]」

カイザーの加入者や加入を検討中の人が同社のウェブサイトにアクセスすると、次のように、常に患者目線であらゆる物事を考えている姿勢がうかがえる。

- **年中無休で必要なときにはいつでも対応します。**突然の病気や小さな怪我も、まずは年中無休の相談ダイヤルにお電話ください。治療のアドバイスや同日中の診察予約、あるいは現在地から一番近い緊急医療センターの所在地をお伝えします。
- **あなたの専属チームがあなたに合ったケアを提供します。**アレルギー症状が出た、息子さんの耳の痛みがぶり返した、お母様が糖尿病の薬を飲み忘れた、このようなときは昼夜問わず相談ダイヤルにお電話ください。あなたのご家族の状況、投薬、アレルギー、そしてどうすれば症状が緩和するかを把握しているケア担当者がお話を伺います。
- **外出の手間を省きます。**一般的な風邪や原因不明の発疹などのちょっとした問題でしたら、ケア担当チームにお電話またはビデオ通話でご相談いただくことで時間を節約できる場合があります。また、緊急性がない場合には、担当医の診療所に質問内容や写真を添付して電子メールを送っていただくと、通常2営業日以内に回答されます。[*26]

アピールポイントの大半は、患者の病状が悪化して助けを求める状態になるまで待つのではなく、次のように、病気を予防することに焦点が当てられている。

- **よりよいライフスタイルのお手伝いをします。** 健康生活アドバイザーが電話で食生活の改善、ストレス軽減、禁煙などのお手伝いをします。追加料金はかかりません。さらに、鍼治療などの代替療法に対する費用割引もご用意しています。
- **心と体のすべてをケアするプランがあります。** 気分の落ち込みや不安感、あるいは依存症状に対処したいとお考えでしたら、担当医があなたに合う治療法を探すお手伝いをします。メンタルヘルスケアへの紹介状は必要ありません。
- **担当医師はあなたの専属サポーターです。** 健康診断のフォローアップから緊急時の治療に関するコーディネートまで、担当医師が立ち会って専門医へ橋渡しをし、適切な治療を受けられるようにお手伝いします。[*27]

2016年の講演で、予防医療サービスを継続的に改善できる手段として、フィットビット（Fitbit）などのウェアラブル型モニターの流行について、タイソンは熱く語った。将来的には、これらのモニターは運動だけでなく、睡眠、食事療法、血糖などのデータも測定できるようになると想像していた。「カイザー・パーマネンテが期待するのは、食料品・

店に一歩入った瞬間により大きなインパクトを与えられる機能です。人間は何を食べたかで何が起きるかが決まります。当社が目指すのはデジタル版ライフアドバイザーです」[*28]。医療システムがもっと理に適ったものなら、このような予防医療に関してもっと広く語られるようになるはずだが、業界内の有力企業からこういった話題が上ることはめったにない。

タイソンはまた、個々人の微妙なニーズの違いに着目し、この違いを踏まえてサービス提供のモデルを最適化していることについても語った。「この微妙なニーズの違いに配慮すれば、サービスに驚くような差が生まれます。当社が地域の理髪店で血圧測定を実施している理由は、そこにあるのです。たとえば、アフリカ系アメリカ人男性に前立腺がんの検査の必要性や、ほかの場所で聞かされれば不快に感じるようなことを教える場合、理髪店というコミュニティセッティングは最適な場所なのです」[*29]

タイソンがここで語っているのは、カイザーが2016年に立ち上げたプログラムだ。ボルチモア市内の理髪店や美容院と提携し、検診車を使ってインフルエンザの予防接種や心と体の健康に関するさまざまなサービスを提供した。地域住民は、保険に加入しているか否かにかかわらず、費用をいっさい払う必要はなかった。この公衆衛生プログラムはその後、ボルチモア西部のショッピングモール内にも2つの「期間限定ショップ」を設置し、

HIV検査や血糖値検査などの臨床サービスだけでなく、キャリア支援、フィットネス指導、家計相談などのサービスも提供した。[*30]

タイソンがこうしたチャリティ活動に力を入れる理由の一つは、彼自身の家族の経験にあった。カイザーに入社した当時、彼も彼の母親も質の高い医療を受けられることについて心配する必要はなかった。「母にとっても私にとっても、かかりつけの医師はいつも身近にいる存在でした。みんな同じだろうと思っていたのです。その後、そうではないことを知り、この問題に注力しようと決めました。アメリカには医療格差や医療システムの不公平が存在し、この国の人々には医療への平等なアクセスや公平な医療が与えられていません」。[*31]検診車や期間限定ショップが採算に合うかどうかにかかわらず、こういった活動は、心から人を大切に思う会社として、カイザーというブランドをより強固なものにした。

患者とスタッフへの共感を深めるツールとしてのテクノロジー

タイソンは最先端のテクノロジーを活用すれば、3つの側面――患者の利便性、医師や看護師の効率性、カイザーの利益を生み出すコスト効率――すべてにメリットがもたらされることから、その重要性を繰り返し説いた。彼は時代を先読みし、将来は遠隔医療がもっと受け入れられるようになると予想していた。彼は私の講座でこう述べた。「遠隔医療はiPadやiPhone、テレビなどの機器を介して実現する未来の姿です。このシステムは、加入者と医師の診察の場を作り出し、さまざまな点から効率化以上のものをもたらします。加入者は、車を運転し、駐車スペースを探し、受付し、上着を脱ぎ、待合室で順番を待ち、最新刊の雑誌を持っているのに、待ち時間が長くなって古い雑誌を手に取るということもなくなるでしょう」[*32]。タイソンにとってテクノロジーはコスト改善のためだけではなかった。より重視したのは、便利で迅速なテクノロジーが、加入者の生活をいまよりも楽に、よりよくさせることだ。

カイザーが一つの病院からスタートし、やがて統合医療システムへと成長していったことについて、タイソンはこう話している。「もし、いまから私がカイザー・パーマネンテを設立するとしたら、まずはテクノロジープラットフォームから着手し、それ以外は後回しにします。いままさに、完全なデジタルプラットフォームの構築に3億ドルを投じようとしているところです」[*33]。カイザーはデジタル診療に追加料金を課さないことを決定したため、このプロジェクト投資はかなり思い切ったものといえよう。しかしタイソンは、そう遠くない日に、多くの患者がビデオチャットを通して医師の診察を受けるようになると予見していた。

2018年の『ウォール・ストリート・ジャーナル』紙はこう報じている。「この1年で、カイザーの保険加入者のうち、オンラインでの処方箋発行や、予約や検査結果のツールを利用した人の割合、カイザーと患者の連絡にセキュアな電子メールを利用する人の割合が増えている。また同社は傘下の病院のプロセスを見直し、テクノロジーを活用して、受付の手続きから医師と患者とのコミュニケーションまで、患者の病院訪問の効率化を進めている。医師はオンライン診療が可能なプラットフォームにアクセスできる[*34]」

私自身が遠隔医療の有用性を実感したのは2020年4月、内分泌科医との年1回の診察の予約日にコロナウイルスによるロックダウン期間が重なってしまったときだった。この診察は、10年前に発症した甲状腺がんが再発していないかどうかを確認する、絶対に外せないものだった。予約日の前の週に血液検査と超音波検査を直接受けることに変わりはないが、医師とのビデオ通話はスムーズで簡単だったし、何よりも診療所まで車で出向くいつもの煩わしさから解放されたことが大きかった。

タイソンは、時代遅れのさまざまなレガシーシステムを一新するための新技術にも多額の投資をした。なかでも、とくに患者情報の追跡の改善に注力した。「前の年に完成した新たな薬剤管理システムは、当初5億ドルと見込んでいましたが、実際は10億ドルを超えてしまいました。加入者向けに全データを統合してアプローチできるシステムを構築するため、この新システムを当社のほかの全システムに接続する必要があったからです」。これにより、患者の治療改善に関するあらゆる主要データと通知を結びつけられるようになったため、この巨額投資に見合う価値があったとタイソンは述べている。「たとえば、糖尿病治療薬を30日分だけ処方したのに、35日経っても次の処方の依頼がなかったら、患者が服薬していないのではないかと確認できるようにする。これがきわめて重要なのです」[*35]

医師や看護師に共感を示す

カイザー傘下の病院や診療所の医師や看護師の業務は、診療ごとの出来高払いをベースにした従来型の医療機関で働く場合と大きく異なる。カイザーでは、提供した医療サービスの量ではなく、ケアを担当する患者の人数に応じて報酬が支払われる。こうすることで、検査や治療の数を増やすのではなく、患者の健康寿命を伸ばすためにできる限りのことをしようというモチベーションを維持できるようになる。2018年にCIO（最高情報責任者）のディック・ダニエルズはこう述べている。「カイザー・パーマネンテの医師はバーチャルでも対面でも、診察件数に応じて報酬を受け取るわけではありません。医師には個々の患者に対するケア全体に対して包括的に報酬が支払われます。これにより、質の高いケ

ア と適切なリソース配分のバランスが実現できるのです」[*36]

この報酬システムで、医療従事者は安定した収入と安心感を持って仕事に取り組める。アメリカでは医師が必要と判断した治療に対しても、保険契約の内容によっては保険が下りないことがある。しかし、この報酬システムであれば保険会社が契約内容を変更し、そのせいで診療の継続が難しくなる、といった心配は無用になる［訳注4］。かねてより保険会社に対して懸念や不満を持つ医師は多いが、カイザーとの専属的な契約関係では、こういった感情は起こらない。タイソンはこう語った。「当社のビジネスモデルは、保障と治療の両方を担当しています。ですから、医師たちは私と一緒のテーブルに着き、当社を選んでいただいた加入者のケアについての話を進めるだけなのです」[*37]

カイザーは、テクノロジーを駆使して、仕事をやりやすくするために医師や看護師が本当に必要としているものが何なのかに関する調査もしている。しかし、イノベーションに対して懐疑的だったり、慣れ親しんだやり方を変えることに抵抗を示したりする医師も少なくない。電子カルテを例に考えてみよう。電子カルテは、異なる医療提供者間での患者情報の記録を共有できるようにした点で大きな進歩だった。タイソンは「昔ながらの触れ合いと寄り添いを大切にする医師」に共感を抱いていたが、いまや彼らは、診療中にコンピューター上の決められた入力欄に正しい情報を入力することに神経を使わざるをえなくなった。抵抗感を示す医師の多くは高齢で、比較的若い医師は電子カルテのほうが使いやすいと感じる傾向があると認識していたが、このようなジェネレーションギャップは、カイザーが一部の医師に対して辛抱強く対応を続けていけば埋めることができると信じていた。

こういった過渡期をうまく乗り越えるために、タイソンは新技術の導入を計画するときには、必ず医師たちも参加させた。他社のCEOの中には、新規プロジェクトについては技術の専門家だけと話し合い、決定事項をトップダウンで指示する者もいるが、タイソンは「その業務の実務担当者」を議論に参加させることに意義を見出していた。医師をイノベーションに参画させ、より優れた医療を提供できることを腹落ちさせられなければ、それがいかに理論的によいものであっても意味をなさないからだ。

［訳注4］アメリカの民間保険は、保険会社と契約している医師、病院、ラボ、クリニックなどの医療機関（ネットワーク）内でのみ適用される。また、医師が必要と考える治療であっても、保険契約でカバーされたものでなければ保険金が支払われない。診療ごとに出来高払いを行う制度では、契約の変更に伴い提供できる診療内容が変わってしまう可能性があるが、カイザーはケア全体に対しての支払いとしたため、医師も柔軟な治療が可能となった。

スタッフや同僚との間での共感力を強化する

タイソンは、カイザーで働くすべての人に等しく共感を示した。その範囲は、経営幹部から病院の管理責任者、裏方として働く数千人のスタッフにまで及んだ。また彼は、自分のことを「チームのなかで休まずに声援を送り続けるチアリーダー」と呼んでいた。

しかし、優れたシステムリーダーの例に漏れず、彼もまた、企業トップが細部にまで口を出すと致命傷になりかねないことを知っていた。会社全体をサポートする方法はただ一つ、リーダーは、幹部や従業員たちがいつでも最善を尽くせるように自らの時間と関心を振り向けることだ。リーダーはチームを信頼して業務を任せ、リーダーとして果たすべき役割に注力しなければならない。タイソンはこう語った。「将来について考えることが私の仕事です。日々の業務で身動きが取れなくなってしまったら、私の立場をこの仕事に活かすことはできません。ですから、ともに働く優秀な幹部や従業員に対して、細かいことには口を出しません。ただし、目は向けます。つまり、詳しく知る必要があるときには、深く理解できるように細部まで聞き出すのです。そこから傾向やパターンを探し出し、それが例外的な事象なのか、実際に課題として認識すべきかについて調べていきます[*38]」

タイソンは、意見を真摯に受け止め、患者や現場で働くスタッフからの苦情が耳に入った場合には、「深掘り」を実践した。彼がスタッフに訴えたのは、どんな問題であっても、それを隠蔽したり見ないふりをしたりせず、その原因を理解するほうがずっと重要だということだ。共感力を備えた多くのリーダーがそうであるように、タイソンもまた、問題を指摘した人を非難することはなかった。「私は、一人ひとりが『これはチームの問題なのだ』と自覚するような文化を築いてきました。これは誰が悪いのかという犯人捜しではないのです[*39]」

タイソンは経営陣に対し、自分のチーム内にオープンで自由に話せる雰囲気を醸成するよう諭した。「誰かが私の執務室や会議室に入ってくるたびに、『思っていることは何でも発言して構いませんよ』と、繰り返し伝えます。経営陣に対しても同じことを伝えます。歯に衣着せぬ発言もときにはありますが、こういう発言こそ大切です。こうすることで、透明性を保ち、確かな信頼関係を築くことができるのです[*40]」

タイソンはセンシティブな人種問題に対してとりわけ大きな共感を示していたが、この問題は常に、企業トップまで上り詰めたアフリカ系アメリカ人としての彼のキャリアに影響を与え続けた。彼はかつて、自分より年齢も仕事の立場も上の白人の同僚との関係構築に失敗した経験を語ったことがある。その同僚は、アフリカ系アメリカ人のタイソンとどう関わったらよいかわからなかったと認めていた。

「彼は、他人との関わり方についてのロードマップを持っていないとどうなるかを私に教えてくれました。ロードマップには、これまでの歴史に基づいた理論や仮説が書かれていますが、その歴史には目の前に現れた人物——つまり、バーナード・タイソン——のことは書かれていません。目の前の男は病院経営者としては適任であっても、彼はその男との関わり方についてのメンタルマップ（認知心理学において記憶のなかに構成される「あるべき姿」）は持っていなかったのです[*41]」

政府への対応に共感力を利用する

カイザーが直面している財政面、技術面、顧客サービス面での困難についてこれまで述べてきたが、これに加えて、連邦政府や事業を展開している州政府への対応にも常に課題を抱えている。アメリカの医療保険制度は、他国の制度に比べて格段に複雑だ。そのうえ政治に大きく左右される。そのときの大統領や州知事の党派によって、ヘルスケア関連の企業は常に新たなルールや規制に振り回される。これはとくに、保険会社と医療提供業者のどちらの役割も果たしているマネージドケア企業に当てはまる。連邦政府は、カイザーにとって最も重要な規制機関であるばかりでなく、メディケア〔訳注5〕とメディケイド〔訳注6〕

を通じて同社のサービスを利用する主要顧客でもある。

タイソンは、民主党と共和党の二大政党のどちらの代表とも良好な関係を築くことの重要性を説いていた。法律や規制をどう変えたいかについて、彼は確固たる意見を持っていたが、このテーマについて問われたときはいつでも、控えめに振る舞った。民主党であっても共和党であっても、どちらかの怒りを買えば、カイザーにとって大問題となり、反対勢力のレッテルを貼られる恐れがあるからだ。さらにより重要なことは、どちらの政党も市民の代表であり、市民は支持政党にかかわらず、幸せで生産的な生活を送るためにヘルスケアを必要としているという事実だ。

それでもなお、タイソンは、アメリカの驚くほど高い医療費の最大の要因は診療ごとの出来高払いにあると見なし、このモデルを改革したいと強く願っていた。しかし、彼が個々の会社や経営幹部を非難することはなかった。それぞれがこの制度が定めたインセンティブに従って合理的に行動しているにすぎないと信じていたからだ。オバマケアによる改革

［訳注5］メディケア　アメリカの連邦政府が運用する公的医療保険制度。65歳以上の高齢者、身体障害を持つ人、透析や移植が必要な重度の腎臓障害を持つ人が対象となる。
［訳注6］メディケイド　アメリカの連邦政府と州政府が共同で行う医療プログラム。低所得者層、妊婦、子供、高齢者、障害者を対象に医療保険を提供する。

は、タイソンが「ヘルスケアへの入り口」と呼んだ保険加入の敷居を低くしたが、医療費コストの支払いに関する改善は十分とはいえなかった。彼の指摘によれば、2019年までにアメリカ人の91％は医療保険に加入したが、中流家庭の支払い可能な保険プランでは免責金額が高額であり（およそ5000ドル）、重い病気にかかった場合には保険に加入していてもかなりの自己負担が強いられる。結果的に、高騰するコストを抑制できない、加入者が必要なケアを受けられない、制度全体に対する満足感が損なわれる、保険加入を諦める、保険会社はさらなる料金の値上げに踏み切るといった悪循環をもたらすのだ。

しかしタイソンは、このような不合理な状況に怒るのではなく、このシステムの枠組み内で活動し、カイザーの規制担当者と良好な関係を維持した。「選択肢がないのなら、規制環境を受け入れるというのが私たちのやり方です。多くの場合、当社のシステムには何の役にも立たないとしても、規制要件を満たすように物事を進めます。その理由は、現在規制されている事柄を実施するためのテクノロジーはすでに導入済みだからです」。遠隔医療についてカイザーが実現したイノベーションを例に挙げると、HIPAA法（医療保険の相互運用性と説明責任に関する法律）が定める厳格なプライバシー保護要件の観点から問題がないことをタイソンのチームはすでに確認していた。[*42] 政府の規制に従うことはすなわち、加入者に可能な限り健康で長生きしてもらうという、より大きな目標に一歩近づくことであり、タイソンは、カイザーのさまざまの意思決定に政府を巻き込むことを心がけて行動していた。

タイソンの遺志として共感力を受け継ぐ

私はタイソンが完璧なCEOだったと言うつもりはない。ほかの企業と同様に、彼の在任中にもカイザーには数々の問題や論争が起こり、批判的に報道されたこともあった。このなかには、すべての医療ミスに対する賠償請求は裁判所の仲裁を経るようにすべきと同社が求めた訴訟、何千人ものカイザー従業員がストライキする事態に発展した労働組合との紛争、同社が保持する手元資金が十分かどうかに関して物言う株主や複数の規制当局から受けた批判なども含まれる。

タイソンは、こうしたさまざまな問題に正面から取り組み、きわめて誠実に関係者と話し合った。私とプライベートで話しているときでも、私の学生の前でも、答えづらい質問に答えるときに、同社の法務部門やマーケット部門が作成した要点だけのコメントを述べるようなことは決してなかった。それどころか、会社が直面しているビジネス機会や課題についての洞察に満ちた分析や、この業界での数十年間に彼自身が得た経験、あるいはアメリカの医療危機を解決するうえでの複雑な問題を共有しようと努めていた。彼は、ヘルスケアはこのうえなく高潔な天職であると強く信じ、また、CEOとしての責任を果たし、これ以上ないほどの情熱を持って患者に対する道義的責任を果たそうとしていた。

タイソンが予期せず60歳で突然この世を去ったとき、業界を挙げて彼の死を悼んだ。彼はヘルスケアのよりよい未来を目指す先見の明を持った指導者として、あるいはロールモデルとして、また「暗いと不平を言うより進んで灯りをつけよう（元は中国のことわざ）」の言葉を体現した人物として称賛された。私は学生たちに、彼は究極のシステムリーダーだったと称えた。業界を揺るがす多くの変化を理解し、積極的に既存の目標や指標を再定義して賛同者をまとめ上げ（カイザーがベンチマークとして「健康寿命」を採用したことなど）、明確で意欲をかき立てるビジョンを伝える能力に長けていた人物だった。

彼が未来を楽観的に捉え、あらゆる利害関係者に共感を示したことは、いまも私に力を与えている。「組織の長期的な見通しを明確にし、具体性のないビジョンは描かないこと。まず、現在どんな資産を持っていて、10年後にどこにいるべきかについて考える。自分たちが定めた未来に向けて、今後どのように進んでいくかに意識を集中するのです[*43]」

共感力を正しく使う

世界中で何百人ものビジネスリーダーから話を聞き、リーダーに関するケーススタディを多数まとめてきたが、その結果わかったのは、大きな成功を収めたリーダーは他人に対してきわめてオープンで、自らの組織が直面する課題に嬉々として取り組んでいることだ。そして、知性とビジネスに関する知見に加えて、共感力のベースとなる感情認識能力が並外れて高い。彼らは、従業員やパートナー、顧客に対して心からの気持ちを伝えようとするため、事前に準備された論点以上の内容も喜んで話そうとする。また、耳だけでなく心でも話を聞こうとする姿勢も、同じくらい重要だ。

対照的に、きわめて効率の悪いリーダーも存在する。彼らは自分自身や会社、あるいはチームメンバーに課題があると知っただけで、まるですべてを失うかのように振る舞う。私が達した結論は、他人に対してオープンで偽りのない振る舞いができない、あるいはそのように振る舞おうとしない姿勢は、自分が所属するエコシステムのなかの他者の考えを理解することを妨げるということだ。リーダーが、自らが発するメッセージばかりを気にしていると、すべての関係者——従業員、顧客、サプライヤー、あるいは競合企業さえも

——との真の理解やつながりを築けなくなる。こうなると、困難な状況を読み取れなかったり、長期目線で組織に利する対策が取れなかったりする可能性がある。しかし、バーナード・タイソンの事例のようにうまく立ち回ることができれば、共感力は企業を前進させる強力なツールとなりうるだろう。

システムリーダーのための メモ

共感力

- 顧客の成果に向けて取り組んでいる際、顧客の目標は不変でも、道筋は変わるかもしれないということを忘れてはいけない。
- 変化を触発するのに、必ずしも極端に大掛かりで派手な行動が必要なわけではない。組織の内外に向けて明快で簡潔なメッセージを届ければよい。企業のミッションを従業員やパートナーに意欲を与えるような方法で、はっきりと伝える。普段あまり日の当たらない部門やグループにも共感を示す。
- 規制を行う政府機関もエコシステムの重要な一部と捉え、大いに注目し共感すべき相手として扱う。個人的には賛同しない政党や官僚組織であったとしても。

第6章 前頭前野——リスク管理

いまは小さいが、将来的には大きくなる可能性を秘めているものがある。こういったものを育てるには、個別のリソースを持つ独立した専門チームが必要なのです。

——ABインベブCEO　カルロス・ブリト

人間には本来、愚かさではなく賢さゆえにリスクを避ける性質がある。太古の昔から、人類はありとあらゆる脅威から常に身を守らなければ死に至るので、リスク回避は生き残るための重要な手段の一つであった。この性質は、最も古い脳の部位に当たる脳幹に元来備わっているものだ。脳幹は、闘争、そして逃走という原始的な本能をコントロールする部位であり、爬虫類も持っていることから、別名「トカゲ脳」とも呼ばれている。

失敗する可能性が高いことを知りながら行動を起こすのは自然の摂理に反するので、安心安全を確保したいという深層心理にある欲求を乗り越える意志、自制心、決断力を必要とする。そうした防衛本能に打ち勝つには、リスクを見定め、リスクを取る決断を下す脳の部位、「前頭前野」が十分に発達していなくてはならない。より原始的なトカゲ脳に打ち勝つことができるのは、「前頭前野」だけだ。

リスク回避は個人だけでなく、組織にとっても自然な行動だ。組織の場合、必要のないリスクを取ろうとすると同調圧力が働くことがあるため、その傾向はより強くなる。社内の慣例に背を向け、周囲の怒りを買うような事態にでもなれば、いまの地位どころか、仕事を失うことにさえなりかねない。１９７０年代によく知られたスローガン「ＩＢＭを買ったことで首になった者はいない（"No one ever got fired for buying IBM"）」の根底にあるのはリスク回避だ。ＩＴ革命の黎明期、ＩＢＭのコンピューターは知名度の低い競合のものよりも安心だと考えられていた。たとえば、経営幹部が複数のベンダーからの提案を検討する際、よりよいソリューションを低価格で提案する企業がいたとしても、ＩＢＭの提案であれば社内の批判を招くことはなかったのだ。[*1]

しかし現在、企業の多くにとってリスク回避は利点ではなく、むしろ脅威となりつつある。企業がより大きく、より成功するほど、変化を起こすためにリスクを冒す者よりも、現状を手堅く維持する者に対し、社内の昇進や昇給といった報奨制度は有利に働く傾向がある。

協力的な取締役会に支えられているＣＥＯがいかにスマートな冒険的プランを提示して

も、チームを引き従えるのは容易ではない。人間の本能と同調圧力は最も優秀な経営幹部の間ですら働くものなのだ。革新と成長に不可欠だからリスクを取ろうと宣言しても、言うは易く行うは難し、だ。最も安易な道は、自社の中核事業に執着し続けることである。とりわけその事業がいまも収益性が高く、この先何年間も深刻な状況に陥る可能性がなければ、なおさらだろう。それに比べると、トカゲ脳のリスク回避本能に逆らい、「前頭前野」を活用してさまざまな選択肢を合理的に探査することに心を開くのははるかに難しい。

この章では、組織のリスク回避本能に打ち勝つための興味深い方法を見出した企業を紹介する。まずは、シリコンバレーのスタートアップ企業ストライプ（Stripe）と、代表的な業界大手企業ジョンディア（John Deere）が、初期の戦略とコンフォートゾーン（快適な領域、安全地帯）からどのような方法で抜け出したのかについて見ていく。次に、世界最大のアルコール飲料メーカー、ABインベブ（AB InBev）の事例について掘り下げる。同社のCEOは、バドワイザーの消費量が年々減少していくと、全世界での売上が550億ドルあったとしても会社を守れないと認識していた。低成長業界で、M&A（合併買収）によってすでに業界トップに立っている企業が、その後成長し続けるにはどうすればよいか。その答えはただ一つ、リスクテイクの体系的アプローチだ。

ストライプ――大口顧客に軸足を移す

アイルランド人のパトリック&ジョン・コリソン兄弟は、eコマース企業向けにクレジットカード決済を使って簡単に世界中で送金や入金ができれば、大きな商機につながると考えた。彼らはそれぞれマサチューセッツ工科大学（MIT）とハーバード大学を中退し、2010年、シリコンバレー北部のパロアルトにストライプを設立した。加盟店口座の開設、データセキュリティの確保、複数通貨でのクロスボーダー決済、定期払いや複数のマーケットプレイスへの対応など、ストライプと提携することで複雑なグローバル金融・決済システムを介さずにすべて回避できる。そうすれば、決済処理の管理に煩わされることなく、本業の成長に注力できるようになる。[*2]

起業家精神あふれるこの兄弟の狙いどおり、このサービスには高い需要があり、中小規模の小売業者のニーズに合致していた。決済代行サービス業界には、すでに地位を確立した企業が複数存在しており、そのなかでもとくにペイパル（PayPal）がリーダー的存在だったが、幅広く使い勝手がよいストライプのシステムは、これらの競合を追い抜いた。ジョン・コリソンはこう説明している。「ペイパルは加盟店とエンドユーザーの双方が満足するように作られたサービスですが、私たちはそうではなく、eコマースの開発事業者向けに全精力を注ぎました。私たちは彼らが何を欲しているのかを学び、彼らのビジネス構築に必要なツールを提供したのです[*3]」

ストライプの評判は主に口コミで広まり、同社のプラットフォームを利用する加盟店は2012年までに10万店を超えた。同社はサンフランシスコの大きなオフィスに移転し、セコイア・キャピタル、アンドリーセン・ホロウィッツ、ピーター・ティール、イーロン・マスクといった大口投資家からのベンチャーキャピタル投資を得て、さらに成長し続けた。[*4]しかし、それから4年間、コリソン兄弟の中核事業は急成長を遂げているにもかかわらず、彼らはリスクを取ってでも新規市場を拡大しようと動き始めた。

ストライプは、2012年までは特定顧客一社向けのカスタマイズ依頼はほとんどすべて断り、主力の共通サービスの機能改善と規模の拡大に注力していたが、eコマースのプラットフォーム、ショッピファイ（Shopify）［訳注1］からの依頼で、方針を見直さざるをえ

［訳注1］ショッピファイ（Shopify Inc.）　カナダのオンタリオ州に本社を置く、eコマースのプラットフォーム企業。近年はオフラインコマースにも手を伸ばし、オムニチャネル化している部分もあるが、依然としてeコマースに強みがある。世界175カ国以上、200万以上の事業者に利用されている（2022年時点）。2004年創業。

なくなった。ストライプの事業開発部長クリスティーナ・コルドバは当時をこう振り返った。「すでに当社の顧客だったショッピファイは、新しいタイプの決済プラットフォームの構築を検討していました。この時点までは、ストライプと直接契約をして口座開設をしていた加盟店が、ショッピファイのようなeコマースのプラットフォームに出店した場合、改めてストライプの口座を開設しなければなりませんでした。ショッピファイが望んでいたのは、ホワイトラベル（技術提供のみで、利用先企業のブランド名で提供するサービス）のソリューション、つまりショッピファイに出店する加盟店がわざわざストライプの口座開設を作成しなくても簡単に支払い手続きができるシステムです。技術的な観点から言えば、当社にはこの手のプロダクトを作る自信がありました。問題は、やるべきかどうかでした」[*5]

ショッピファイがストライプにとって大口の顧客であることに疑いの余地がなかった。しかし問題は、この特注プロダクトを構築するためにリソースを投入する価値があるかどうかだった。また、ショッピファイの加盟店にストライプの口座開設を要求しないことが、悪しき前例になるのではないかという懸念もあった。リスクと、実現した場合の長期的な利益とを天秤にかけた結果、コリソン兄弟は勝負に出ることに決めた。ストライプは、ショッピファイの加盟店にストライプの口座開設を要求しないようにカスタマイズしたソフトウェアを開発した。このソリューションが大いに受け入れられると、ストライプの別の顧客からも自社のビジネス向けにカスタマイズしたプロダクトを作ってほしいという依頼が舞い込み始めた。

次から次へと顧客からカスタマイズの依頼が殺到したストライプのチームは、身動きが取れなくなる前に「ストライプ・コネクト（Stripe Connect）」を開発した。これは、オンライン上の複数の買い手や売り手とつなげるeコマースのマーケットプレイスやプラットフォームに向けたホワイトラベルのソリューションだ。これにより、ストライプが多種多様な用途をサポートし、高成長を見込める顧客に注力するのにも役立った。コルドバは次のように説明している。「ストライプ・コネクト発売の決断は、私たちがサービスを提供したい相手は誰なのかを考えることを後押ししました――答えは、インターネットビジネスや先端テクノロジーに関わる企業です。『サリーのTシャツ屋さん』といった感じの、ショッピファイに出店している平均的な規模の小売店は、当社のコア顧客にはなりません。一方、ショッピファイは当社のターゲット顧客にぴったり合致しています[*6]」

ストライプ・コネクトは、スクエアスペース（Squarespace）、インディゴーゴー（Indiegogo）、インスタカート（Instacart）、リフト（Lyft）といった、さらに高成長を見込める顧客へ門戸を開いた。各社はそれぞれの用途に合わせてカスタマイズしたストライプ・コネクトを利用し、ストライプの中核サービスはさらに進化、改善した。その後まもなく、ストライプは、キックスターター（Kickstarter）、ポストメイツ（Postmates）、ドアダッシュ（DoorDash）、フェイスブック、ツイッター、セールスフォースといった、カスタマイズされた革新的なソリューションを求める将来有望な顧客を多数獲得していった。創業から10年で、ストライプは飛躍的に進化を遂げた。それは「サリーのTシャツ屋さん」といった中小小売店向けの便利な決済サービスという枠をはるかに超えたものだった。さらに、2019年には融資事業にも進出し、クレジットカードと中小企業向けローンを始めたが、この審査には人間が介入せず、AIによる自動審査を実現させた。[*7] 2019年年末までに同社の取引総額は、年間数千億ドルに達した。

2020年12月、ストライプは、野心的な新サービス「ストライプ・トレジャリー（Stripe Treasury）」を発表した。これは銀行と提携して、「サービスとしてのバンキング（BaaS）」インターフェースを提供し、ストライプの取引先が彼らの顧客用の銀行口座を開設することを可能にした。テクノロジー情報配信メディアのテッククランチは次のようにレポートしている。「ストライプは既存取引先に対して、ストライプ・トレジャリーを使って新しいバンキングサービスを利用するように働きかけた。たとえば、ショッピファイが自社のショッピファイ・バランス（Shopify Balance、ストアの決済と取引を一元管理する資金管理口座）でストライプ・トレジャリーを活用すると、ショッピファイに出店する加盟店は、ショッピファイ口座に資金を保管する、あるいは、ショッピファイのアカウントから支払いや送金をする場合には、ショッピファイ・バランス上に直接銀行口座を開設できるようになるため、従来の銀行口座開設の手順を省略できる。ショッピファイ・バランスの裏側ではストライプ・トレジャリーが機能を提供している。ストライプは徐々に支払いプロセスの連鎖構造のなかでより広い領域をカバーするサービス群を揃えつつある」[*8]

ストライプは、脳力派企業の典型――頭脳明晰な男子学生2人が一流大学を中退し、世のなかで未解決の大きな課題を見出し、それを洗練されたテクノロジーを活用して解決し、ベンチャーキャピタルから巨額の資金調達を受け、Tシャツとジーンズ姿でメディアのインタビューに答える――のように見えるかもしれない。しかし、コリソン兄弟は、ほかのベンチャー経営者たちよりもリスク許容とリスク回避のバランスを取ることに優れていた。小口顧客向けサービスの提供から大手企業とのパートナー提携へと事業拡大に向けて舵を切った彼らの大きな決断は、壊滅的な状況に陥る可能性もあった。彼らの前頭前野が高度に発達していなければ、このストライプのストーリーはウィーワーク（WeWork）――野心が非常に強く、広範囲への事業拡大を性急に進めすぎたスタートアップ企業――の事例のように、負の教訓として語られることになっただろう。コリソン兄弟は、中核事業を育て続けながら、それと同時に隣接する市場へも進出できることを認識していた。また、利益重視への移行時期を遅らせる経営判断も賢明だった。ユーザー基盤が拡張するにつれて利益が拡大するため、事業が未成熟な段階では成長の鈍化を阻止することが重要なのだ。[*9]

ジョンディア——創業183年のテックイノベーター

ジョンディアの企業イメージは、ストライプのようなスタートアップ企業よりも難しい。フォーチュン500社に名を連ねる世界最大手の農業機械メーカー、ジョンディアは、1837年イリノイ州に創業した屈強の企業だ。創業者の鍛冶職人ジョン・ディアが、アメリカの大草原地帯の生い茂った草むらを耕すのに適した革新的な鉄製鋤《すき》を開発したことにルーツを持つ。ジョンディアは自社を次のように紹介している。「ジョンディアを展開するディア・アンド・カンパニーは、農業と建設業に革命をもたらす顧客、すなわち食糧・燃料・住居・社会インフラへの世界的なニーズの高まりに対応するために、土地を耕し、農作物を収穫し、土地を豊かにし、建築を行うユーザーに対し、高度な製品やテクノロジー、サービスを提供している世界的なリーディングカンパニーです[*10]」

ジョンディアの経営は非常に安定しているため、CEOは183年間でわずか10人だ。

それでも、２０１０年から２０１９年までジョンディアを率いた前会長兼ＣＥＯサム・アレンは、惰性や停滞に対して警鐘を鳴らし、賢明なリスクを取り、新しいことにチャレンジするロールモデルとなった。彼は、きわめて筋力系の会社と７万５０００人の従業員を同時に、企業文化とテクノロジーの両面でより高いレベルに到達できるように後押しした。

２０１８年にスタンフォードの私の講座に登壇したアレンの話は非常に印象的だった。彼はパデュー大学卒業後、１９７５年に生産技術者として入社して以来、ジョンディアに数十年在籍していた。彼の話はまるでテック企業の経営者のようだった。彼は、先進的なハードウェアやソフトウェアを利用したソリューションはジョンディアが将来成長するには欠かせないもので、この目的のために良質なデータをより多く収集し、同社の顧客がさらに成功するよう後押しできると信じていた。また、デジタル農業や建設業の自動化の流れが加速するのに伴い、ジョンディアはよりリスクを取らなければならないことも理解していた。システムリーダーとして、アレンは豊富な知見をもとに顧客が必要としているサービスはどんなものなのかを見出し、同時に複数の事業分野や地域に拡がるプロセスを改善できた。私はこのような柔軟性を「垂直・水平双方向のマネジメント（垂直＝業界特化型、水平＝業界横断型）」と呼んでいるが、これに関しては第13章のシステムリーダーに関するトピックのなかで掘り下げていく。

企業文化の面では、アレンが2017年に創業6年のシリコンバレーのスタートアップ企業、ブルーリバー・テクノロジー（Blue River Technology）〔訳注2〕を買収した経緯が最も印象深い。ジョンディアは、雑草を認識して高精度噴霧器で除草剤を吹きつける先進ロボット技術を持つブルーリバーを3億5000万ドルで買収した。ジョンディアの機械にはすでにGPSが搭載されており、農耕用作業車の動きをインチ（約2・54センチ）レベルの正確さで自動制御していた。これにブルーリバーのコンピューター画像認識技術が加わり、ジョンディアは業界をリードし、農業従事者が可能な限り収穫高を高めるのを後押しできるようになった。

『ワイアード』誌はこう評している。「多くの企業はドローンを飛ばして、農作物に関するデータを収集し、農業従事者の薬剤散布などの作業を計画する。一方、ジョンディアはブルーリバーの技術により、地面のすぐ近くで行うべき作業を決められるので、生産性を大きく向上させられる。これまで、殺虫剤などの化学薬品は農地全体、あるいは農作物全体に散布するのが当たり前だと考えられてきた。しかし、ブルーリバーのシステムでは薬剤を必要なところだけに直接吹きつけることができる。従業員約60人のブルーリバーは、本社があるカリフォルニア州サニーベールで、独立したブランドとして事業展開する予定だ」[*11]と。

ブルーリバー買収後もその独立性を維持し、創業者のジュルジュ・ヘラルドに引き続きCEOを務めてもらう決断は、おそらく3億5000万ドルの投資以上に大きな賭けだった。アレンが実行したのは、ブルーリバーの従業員にジョンディアのやり方を教え込むのではなく、ヘラルドと緊密に連携し、リスクを恐れないブルーリバーの企業文化をジョンディアの他部門に浸透させることだった。いまのところ、この措置は機能しており、ヘラルドのおかげでジョンディアは若手エンジニアの獲得に成功している。

次は、ジョンディアよりも規模も市場シェアも大きい企業が、リスクに対してより革新的なアプローチを見出した事例について詳しく見ていこう。

ABインベブ――巨大グローバル企業の台頭

ABインベブは、1980年代から複雑なM&Aを繰り返し、世界最大のアルコール飲

［訳注2］ブルーリバー・テクノロジー（Blue River Technology Inc.）　アメリカのカリフォルニア州に本社を置き、コンピュータービジョン（画像や動画から情報を抽出し、理解するための技術分野）とロボット工学を利用した農業用マシンを開発する企業。2017年にジョンディアに買収された。

料メーカーに成長した。同社は、かつて独立したビールブランドだったステラ・アルトワ(Stella Artois)、ベックス(Beck's)、ラバット(Labatt)、コロナ(Corona)、フォスターズ(Foster's)など、世界中の会社を統合してきた歴史を持つ。2008年、ベルギーを本拠地とするインベブは、アメリカを拠点とするアンハイザー・ブッシュ(Anheuser-Busch)を520億ドルで取得し、同社最大規模の買収を果たした。この買収によって、バドワイザー(Budweiser)、ミカロブ(Michelob)、ブッシュ(Busch)といったアメリカを代表するブランドが加わり、ABインベブは150カ国で630銘柄を取り扱う企業となった。アンハイザー・ブッシュの買収劇は史上3番目に大規模なものとなり、年間売上高550億ドル超の巨大企業を生み出した。これはコカ・コーラの年間売上高を100億ドルも上回っていた。[*12]

M&Aによって誕生したABインベブは20万人の従業員と50カ国に製造拠点を持つが、その企業文化は驚くほど統合されている。ABインベブの起源であるブラーマ(Brahma)の文化的DNAは1990年代にブラジルで醸成されたが、ほとんど変わることなく30年間継承されているのだ。これはCEOのカルロス・ブリトの手腕によるところが大きい。

カルロス・ブリト――強い信念の人

ブラジル人のブリトは、1989年にスタンフォード大学ビジネススクールでMBAを取得後、ブラーマに入社し、ほどなくサンパウロ郊外の小さな生産工場の責任者となった。その工場で素晴らしい業績を上げた彼は、さらに大きな仕事を任されるようになり、2005年にインベブ（InBev）のCEOに就任。2008年のアンハイザー・ブッシュ買収後、この巨大グローバル企業のCEOに就くと、彼が私に「この会社が持つ、他社にはない4つの強み」として教えてくれた点をさらに伸ばすことに精力的に取り組んだ。

1　人材重視　ブリトは優れた人材の採用、維持、育成の緊急性を説き、これを軽視すると「ABインベブは5年で並の会社になる」と強く訴えた。同社は世界中の有力大学から人材を採用し、毎年200人を超える新入社員にグローバルマネジメント養成プログラムを実施している。この目的は、社外からシニアマネジャーを引き抜くのではなく、できるだけ多くの若手幹部を社内で育て、昇進させることにある。ブリトはたびたび、人材採用会場にバドワイザーのロゴ入りシャツに手書きで自分の名前を入れたものを着て現れている。この採用活動が会社にとってどれだけ重要なものであるかを周囲に示すためである。

2　オーナーシップの文化　ABインベブでは、自分がオーナーのつもりで物事を考えるように従業員を指導している。彼らは自分たちが属する事業部門の業績を自分の個人業績と捉え、常に改善に努めている。「私たちは現状に完全に満足することはありません。いつも次のことに意識を向けているのです」とブリットは述べている。

3 コスト管理 ABインベブは、1970年代にテキサス・インスツルメンツ（Texas Instruments）のピーター・ピアーが開発した予算編成プロセス「ゼロベース予算」を採用している。これは各部署が年度ごとにあらゆる予算項目の正当性をゼロから検討する方法であり、前年度の予算をただ修正するだけの通常のやり方とは対照的である。

4 謙虚さ ABインベブは、他社から学ぶことに何ら恥じることはないという考えのもと、ゴールドマン・サックス、ウォルマート、GEなど他業種の一流企業の成功事例も手本にしている。ブリットはこう話す。「私たちが作った会社は常に弱小・傍流の側にいました。創業当時は、どの地域の市場でもトップ企業ではありませんでした。私たちはその立ち位置を勝ち取る必要があったのです[*13]」

現在ABインベブは、世界市場での支配的地位、卓越したオペレーション、一貫性のある企業文化、強力な財務体質を誇っているが、アンハイザー・ブッシュの買収以降の10年間は、重大な長期的課題の兆候が次々に顕在化していった。同社がこれらの課題に立ち向かうために必要なリスクを取るには、優れた前頭前野を持ち合わせている必要があった。

クラフトビールの時代到来

2010年代になると、ヨーロッパやアメリカをはじめ先進国の市場でクラフトビールやワイン、その他のアルコール飲料を好む傾向が高まり、従来のビール市場は停滞し始めた。バドワイザーやクアーズ・ライトといった伝統的なブランドは、ニッチ製品であるクラフトビールに比べて風味が物足りないと消費者が感じるようになり、事態はより深刻になった。

また、消費嗜好は先進国市場から新興国市場に伝播することが、ABインベブの未来を暗雲立ち込めるものにした。短期的には、他国の市場が好調であれば、アメリカ市場の不況を補うことが可能だが、近い将来に世界的に状況が厳しくなることは目に見えていた。

1980年代初頭から始まったクラフトビールのブームに火をつけたのは、サンフランシスコのアンカー・ブリューイング・カンパニー（Anchor Brewing Company）やシエラネバダ・ブリューイング・カンパニー（Sierra Nevada Brewing Company）、ボストン・ビール・カンパニー（Boston Beer Company）といった新興企業だ。1990年代と2000年代には、数百のクラフトビールメーカーが、長い間アメリカ市場を独占していたライトラガーに取って代わる製品を供給するようになり、クラフトビール人気が一気に高まった。このようなクラフトビールの一部（サミエル・アダムス〈Samuel Adams〉、グース・アイランド〈Goose Island〉、バラスト・ポイント〈Ballast Point〉など）は、2010年代までに高い利益率を誇る大企業に成長した。アメリカのビール市場全体で、1987年にはわずか0・1％だったクラフトビール製品の割合は、2017年までに20％を超えたのだ。[*14]

これに対し、ABインベブやコンステレーション・ブランズ（Constellation Brands）［訳注3］といった巨大グローバル企業は、大成功を収めているクラフトビールのブランド買収に向けて動き始めた。2010年代初頭に、ABインベブは急成長を遂げたクラフトブランド8社を買収した。しかし、2017年ごろには、過熱した競争と、より狭い地域限定ビールの台頭で、将来最も有望と見込んでいたクラフトビールのブランドでさえも売上の成長が鈍化し始めた。

ABインベブはマーケティング予算を増強してこの流れに対抗しようとしていたが、ちょうどそのころには、従来型の広告がオンラインやソーシャルメディアを活用したマーケティング手法ほどの効果を出せなくなってきていた。企業は、消費者個々人が示した興味関心をもとにパーソナライズされたコンテンツを使って消費者をピンポイントに狙い始めたのだ。しかし、このような手法がバドワイザーのようなブランドに効果があるだろうか。バドワイザーは、スーパーボウルにおける広告を含めてありとあらゆるマスマーケティングに毎年数千万ドルを投じ、可能な限り広範な消費者にリーチする活動を続けてきたのだ。

当初、ブリトのチームは、いくつかの中核ブランドを再び盛り上げることで、こういった不安材料に対処しようと考えていた。たとえば、低糖質のミケロブ・ウルトラ（Michelob Ultra）というビールは、「糖質を減らしても、味は落とさない（Lose the carbs, not the taste）」のキャッチコピーで2002年に発売を開始した。しかしほどなく、同社はそのターゲット層を、アスリート志向の強いアクティブな消費者に切り替え、かなりハードなスポーツで競いあう男女の姿を映し出す広告を展開するようになった。新しいキャッチコピーは「もっと上を目指すあなたのためのビール（Brewed for those who go the extra mile）」。2017年までに、ミケロブ・ウルトラは業界で最も急成長を遂げたビールとなった。[*15]

しかし、ブランドを一つ一つアップグレードし、これにマイナーな活動を付け足すといった取組みでは、大きなインパクトを生み出すことはできなかった。2014年10月、ブ

［訳注3］コンステレーション・ブランズ（Constellation Brands）　アメリカのニューヨーク州に本社を置き、ビール、ワイン、スピリッツの製造・販売を行う企業。アメリカ最大の売上高を誇るビール輸入会社。1945年設立。

リトは、クラフトビールやほかのさまざまなトレンドへの有効な対応に時間がかかりすぎていることに失望していた取締役会メンバーと会議を開き、丁々発止の議論を交わした。彼は15年以上にわたって、同社の経営陣とイノベーションについて議論してきたが、根本的には大して変わっていないことを認めざるをえなかった。いまこそ、もっと思い切った方法を取り入れ、これからはディスラプションが最も重要となるというメッセージを全社に発信する必要があった。「いまは小さいが、将来的には大きくなる可能性を秘めているものがある。こういったものを育てるには、個別のリソースを持つ独立した専門チームが必要なのです」と、彼は結論づけた。[*16]

自社生え抜きの破壊者

この当時、ブリトにはマトリクス組織に、合計16人の直属の部下がいた。地理的に区分けしたゾーンプレジデント9人と機能別（財務、戦略、人事、販売、マーケティング、供給、調達）のグローバルチーフ7人で構成された。彼はここにさらに1人、新規の独立ユニットのリーダー、CDGO（最高ディスラプティブ成長責任者）を加えることを決めた。

同社の企業文化を鑑みて、外部から雇い入れることを避けたかったブリトは、南米の北部地域でマーケティング担当副社長を務めていたペドロ・アープに白羽の矢を立てた。ブラジル人のアープは18年前に研修生としてブラーマに入社し、会社とともに成長した人物だ。CDGOの仕事について最初に話を聞いたとき、彼は真意をつかみかね、次のように感じたと話している。「当社の規模は500億ドル。仮にこれから5年間で成功を収めたとしても、取るに足りない程度のものにしかならないだろう」と。[*17] 彼は、CDGOというこの定義が曖昧なユニットを成功に導いたとしても、その後にどんなポジションが用意されるのか想像できず、ABインベブでの安泰な出世コースから外れることになるかもしれないとも考えた。また失敗したら、期待の星からあっという間に会社のお荷物へと転落することもわかっていた。

それでも、アープはこの役職を受けることに同意した。ブリトは、この新ユニットは期間限定であり、リスクを恐れずにイノベーションを推進する新しい文化を会社全体に素早く広めることがゴールだと明確に伝えた。ミッションは2つ――クラフトビール、eコマース、新しいマーケティング手法といったイノベーションを推進することと、同時にABインベブ全体に蔓延している停滞感を打破する力となることだ。逆説的だが、アープがこの目的をより早く、より完璧に達成するほど、彼のポジションは不要となり、消滅する日が早まる。

このグループは2015年2月に「ZXベンチャーズ」として発足した(Zはzythology＝ビール醸造学、Xはexperienceを意味する)。単なる別部門ではないことを関係者全員に示すために、このユニットは独立採算制と独立企業のような自治権限が与えられた。ブリトは株主向け冊子のなかで、ZXベンチャーズについて次のように説明した。

「消費者にいままでとは違う新鮮な目でビールを見てもらおうとするなら、私たちも同じことをする必要があります。この行動を前進させるために、私たちは破壊的成長チームを発足し、ブランドや醸造法、あるいはマーケティングキャンペーンといった従来の領域を超えた機会を模索していきます。このチームの任務の一つは、流通、パッケージ、その他の消費者の体験を、テクノロジーを使ってよりよいものにする方法を探ることです。また、初めは小さくても、数年でゲームチェンジャーへと成長する可能性のある『金の卵』を多数発掘しています[*18]」

ZXベンチャーズは、社内のベテラン社員と、他業種も含めて外部から採用した人材による混成部隊であった。そして、ほどなくABインベブの文化から逸脱し始めた。アープは次のように述べている。「歴史的に見て、我が社は人材採用において既存のやり方に異議を唱えない人間を集めることで成功してきました。既存のやり方で万事うまくいっていたからです[*19]」。それに対して、ZXに必要なのはリスクを好む創造的な人材であり、こうした外部から迎え入れた人材には、ZXは巨大グローバル企業の内部にありながらも、まるでハイテク系スタートアップ企業のように行動するようにと言い聞かせていた。

5隻の高速艇

ZX内には5つのグループが組織された。特別な商品群(クラフトビールにフォーカス)、eコマース、ブランド体験(体験型販売にフォーカス)、自家ビール醸造、そして探索(ベンチャー企業投資と買収を担当)の5つだ。それぞれがほぼ独立して業務を遂行した。アープはこのグループを海軍になぞらえて次のように言った。「ディスラプトを起こす人が必ず行う最善策は、高速艇を各所に配置することです。大きな目標に狙いを定めた母艦を指揮しつつ、兵隊を乗せた高速艇に任務を遂行させる。ミッションを認識している彼らに任せるのです[*20]」

特別な商品群のチームの規模は最も大きく、ZXの全スタッフの40%を占めていた。このグループはアメリカのクラフトビール醸造会社の買収と投資を実施し、新しい経営方針を押しつけるのではなく、先方の既存のチームとABインベブの既存チームとの連携を目指した。アープの目標は、「クラフトビールに革新を起こすためのエコシステム」を構築することだった。２０２０年までに31社のクラフトビール会社を完全子会社としてＡＢインベブに統合し、５社に対してマイナー出資を実行した。[*21]

ｅコマースチームが取り組んだのは、重くかさばり、規制が厳しく、利幅は低いが配送が面倒なビール商品を、どうやってｅコマースで流行らせるかという課題の解決だった。２０１７年当時、オンライン上での売上はビール全体のわずか１％にすぎなかったが、このチームは、ｅコマースの成長に伴ってこの割合も増えると確信し、ＡＢインベブがアマゾンなどのネット小売業者から大きく遅れを取ることを避けようとした。彼らはいくつかの国でそれぞれ独自のｅコマースプラットフォームを立ち上げた。

このｅコマースのグループは、地域別のビールの人気を追跡調査するオンラインプラットフォームのレイトビア（Ratebeer）にも投資した。レイトビアは２０１７年の時点で世界中の50万種類以上のビールに関するデータベースを持ち、専門家と一般のビール愛飲家の双方からのレビューと評価付けを公開していた。このようなリアルタイムでの嗜好と需要に関するデータには、将来的にｅコマースのターゲット層の選定を改善できる可能性があった。また、このグループが社内開発したレコメンドエンジン「ベルゴリズム（Brewgorithm）」は、ビッグデータを使って、どのビールがさまざまな消費者グループのなかでどこに最もアピールするのかを予想できるようにした。

ブランド体験のグループは、デジタル技術を活用して、ビール愛飲家の記憶に残るオフライン体験、たとえば、バーやパブなどの店舗や醸造所直営パブなどでのイベント、ビールのブランド名の入ったライセンス商品の販売などの活動に力を注いだ。

自家ビール醸造のグループは、自家製ビール作りに挑戦したいビール愛飲家向けの成長市場をターゲットに取り組んだ。２０１６年、自家醸造者向けの原料と器具を販売する、創業して20年のミネソタ州の企業ノーザン・ブリュワー・ホームブリュー・サプライ(Northern Brewer Homebrew Supply)を買収した。ＺＸは、自宅でのビール作りを愛飲家に奨励しても、自社製品の売上には何も影響はないと考えていた。ビール作りに夢中になり、知識が増えるほど、ＡＢインベブのビールをもっと飲んでもらえる可能性も高まるからであり、結果としてビールを愛飲するあらゆる顧客をサポートするほうが得策と考えた。

探索チームは、ビール以外の買収と投資を担当した。同グループは、ピコブリュー(Picobrew、カプセル式コーヒーマシンのキューリグ〈Keurig〉のように自家製ビールを醸造する高額マシンのメーカー)、オーズブリュー(Owl's Brew、ヘルシー志向の缶入りカクテル「ブージー・ティー〈Boozy Tea〉」のメーカー)、スターシップ・テクノロジー(Starship Technologies、食品と小包のデリバリーに特化したロボティクス系スタートアップ企業)といった新興のディスラプターに投資した。また、同社が直面する大きな課題を解決するアイデアを持つ社員を対象にした、

10週間の新規事業創出の支援プログラム「ZXelerator」も担当した。シリコンバレーのインキュベーターと同じように、このプログラムでも最終課題として、各自のアイデアをABインベブの経営陣にピッチ形式でプレゼンテーションする成果報告会（デモデイ）を実施した。そこでプレゼンテーションされたアイデアの3分の1は社内ファンディングを受けることになった。そのなかから生まれた、前述のベルゴリズムや、醸造過程で生じる醸造粕を使用したプロテイン飲料を生産するキャンバス（Canvas）などは、スタートアップ事業として成功を収めている。

賢くリスクを取るには良質なデータが必要

ABインベブにはGCTO（グローバル最高技術責任者）やCIO（最高情報責任者）がいないため、CFO（最高財務責任者）がデータや情報分析を管轄していた。同社は、長年にわたって合併を繰り返し、すべてのブランドのデータシステムが完全に統合されていないことから、こういった役割はさまざまな事業ユニットに分散されていた。ZXが手掛けるプロジェクトの多くは、膨大なデータがないと成功しないため、この分散された状態が大きな足かせになっていることにZXは気づいた。一例を挙げると、eコマースグループがクラフトビールのプラットフォームのために精緻な販売分析を実施しようとしても、関連するデータが散在していてデータにアクセスすることさえ困難な事態がたびたび起きていた。

もう一つの不満は、成熟市場向けのツールや戦略を新興市場と共有するのが難しいことだった。ビール事業は国によって異なるが、類似点も多いため、グローバルデータに簡単にアクセスして傾向を特定し、別の地域ですでに機能しているのと同様のツールを配備できるようになれば、非常に有益だ。しかし、そういったグローバルのデータベースが存在していなかった。

経営陣はデータ技術者の採用人数を増やし、彼らに大きな成果を上げる機会を与えた。CSO（chief sales officer、最高営業責任者）のミシェル・ドゥケリスによれば、「当社にはかつてアマゾンで働いていた男性社員がいますが、彼は『アマゾンには私のようなスタッフが1000人もいて、私はそのなかの一人にすぎませんでしたが、ABインベブに入社したとき、ここでは私の力でデータ活用とデジタル化を実現できることに気づきました』と語っています。これは素晴らしいことです。なぜなら彼らはデジタルネイティブで情報の力を理解しているからです。アマゾンやグーグルでは、彼らは大勢のなかの一人だったかもしれませんが、ここでは彼らがゲームチェンジャーなのです[*22]」

同社がデータへのアクセスを完全に統合して一元化するには何年もかかるため、それまでは手に入れられるデータは何でも活用することで間に合わせなくてはならない。ZXの商品マネジメントのトップを務めるアレックス・ネルソンはこの状況を次のように述べている。「長期的目標は、ABインベブをデータ垂直統合型企業へ変革することです。消費者の志向や、どこで何を飲んでいるのかといった地域密着型の需要に関する情報をリアルタイムで得ることができれば、当社のビジネスやサプライチェーンを根本から変えられます[*23]」

一方で、データ統合にはリスクもついて回る。ネルソン率いるZXのeコマースのデータ担当チームでさえ、社内の別部門が顧客情報を誤った目的で使用することを恐れた。彼はこう語った。「当社のグローバルeコマースを利用する顧客の大半は、クラフトビールの愛飲家です。そういった顧客に、当社の既存部門からバドワイザーや、市場においてクラフトとは見なされない商品の広告が送られてきたらどうなるか。このような行為は私たちが顧客を獲得した販売チャネルでのブランド確立の妨げになるでしょう。ですから、eコマースのクラフトビールストアで獲得した顧客を、突然その価値観にマッチしない別のブランドのターゲットにするようなことは絶対にやってはいけないのです[*24]」

ZXと既存部門との対立

ZXのスタッフは、この新ユニットと社内の既存部門との緊張関係にももどかしさを感じていた。新規採用された人はそのスタイルや個性が目立つだけでなく、ABインベブの中核事業を破壊することを目的として働いていると思われていた（あるいは、彼ら自身もそう思っていた）からだ。とくに、中核事業のスタッフが、自分たちの利益がZXの実験の資金となっていることに反感を持っても何ら不思議ではない。ZXチームはよく「選ばれし者」と揶揄されたが、誰がそんな傘の下で活動したいと思うだろうか。

ZXが多くの点で経営トップに贔屓されていたことは否定できない。長期プロジェクトでは、他部門に比べてより大きな自主性と自由が認められ、ZXのスタッフには、他部門とは異なる基準に基づいた報奨制度が用意されていた。最高人事責任者（CPO）のデビッド・アルメイダは、ZXが中核事業の側からどのように見えるかについて次のようにまとめている。「ZXは中核事業のビジネスからこまごましたものを引き抜いてその権限が及ばない新たな組織を作り、そのテリトリーでビジネスをします。中核組織とは違うインセンティブスキーム、プライオリティ、フォーカスで別々にやるのです。ご理解いただけますか[*25]」

中核事業部門のリーダーのなかには、経営陣がこの不整合を調整しようとせず、あるいは認識さえしていないように見えることに苛立っている者もいた。一方、ＡＢインベブ全体の規模から比べるとわずかなリソースで動いているＺＸを取るに足らない事業と見ている者もいた。それでも、多くのリーダーたちはＺＸを仲間と認めていた。その理由は、地域ごとの既存事業部門とＺＸとの共同プロジェクトで得た売上は各事業部門の損益計算書に計上され、コストはＺＸ側に負担してもらうことができたからだ。この方法で、仲間内の争いをなくし、深刻な問題に発展するのを回避できた。

2021年以降の展望

２０１５年初めにブリトがＺＸを立ち上げた当時、パンデミックはおろか、そこから引き起こされたあらゆる悲劇が、世界中の飲料業界に大打撃を与えるとは予想すらしなかった。２０２０年は、スポーツイベントは無観客開催、パーティーやビジネス会議は中止を余儀なくされ、大学のキャンパスに喉の渇いた学生の姿がない、という年になった。しかし、ＡＢインベブの売上高は、２０２０年の第２四半期に17％以上落ち込んだものの、売上・利益ともアナリストの予想を上回った。第２四半期の結果について下記のようなアナリストノートがある。「BtoBプラットフォーム、eコマースチャネル、デジタルマーケティング向け投資が過去数カ月で進展したため、成長の後押しになったと思われる」[*26]。ZXベンチャーズが手掛けたプロジェクトがパンデミックによる不況の悪影響を緩和したのだ。

一方で、ブリトの予測はこの5年間でいくつか現実のものとなった。量産ブランドのビール全体の売上高は徐々にではあるが着実に減少しており、その傾向はアメリカでとくに顕著だった。従来型の広告は、オンラインマーケティングよりも効果は低減傾向であった。また、M&Aについては、2016年に最後の巨額案件となったSABミラー(SABMiller)との合併の完了後、その機会は失われた(アメリカ規制当局の承認条件として、ABインベブはSABミラーの子会社ミラー・クアーズ〈MillerCoors〉を売却する要求を受け入れた)。ほかに大きな買収ターゲットは、すでにどこにも残っていなかった。ABインベブは今後、ZXから生み出された事業によるオーガニック成長(M&Aでなく自社の内部リソースによる成長)に頼らざるをえなくなるだろう。

ZXの役割は、その大部分が地域ごとの事業部門やその他の部門の利益改善をサポートすることだった。そのため、明確な評価指標を適用するのが難しい。しかし、経営陣はアープが出した成果に非常に満足し、2019年1月、彼をCMO(chief marketing officer、最高マーケティング責任者）に昇進させた。これは、ＣＤＧＯという役職を引き受けた彼のリスクテイクが報われたことを意味した。彼の昇進に関するニュースリリースではこう記載されている。「当社はマーケティングとＺＸベンチャーズを統合し、ペドロ・アープをグローバルリーダーに任命します。業界をリードする当社のマーケティング機能とＺＸベンチャーズの革新的アプローチを組み合わせ、アープは当社のグローバルブランドの成功を積み重ね、顧客トレンドを先取りした取組みを推進する予定です。両組織に共通する責任者を置くことで、それぞれのベストプラクティスを共有し、双方の最大の強みを結合させることが可能になります[27]」

ブリトは当初、リスクを恐れずにイノベーションを推進する文化を組織全体に広めることで、ＣＤＧＯのポジション廃止を目指していたが、その結末についても触れておこう。巨大グローバル企業でよくあるような、官僚主義的で固定観念に縛られ、長期的なディスラプションよりも短期の業務遂行が報われるインセンティブ構造に支配された組織を改革するには、短距離走ではなく、長距離走のような取組みが必要だ。２０２０年の秋、ブリトは誇らしげにこう述べた。「これらの初期投資の一部、つまり多くのクラフト関連投資、ｅコマース・顧客への直販プラットフォームは規模を拡大し、本年度、本社に移管しました。現在当社では、今後5年間で実施するＺＸ２・０について議論を進めています[28]」。アープによると、イノベーションのカルチャーは中核事業部門にも浸透しているという。「おそらく今後2～3年以内に、中核事業部門自身が急ピッチで必要なイノベーション力と技術力を備えるようになるため、ZXは不要になると確信しています」[*29]

リスクを正しく取る

理屈のうえでは、ディスラプターやスタートアップはその性質上、リスクを取りやすいはずだ。彼らには失うものが少なく、新しいものを創造するアイデアこそがベンチャーの本質だからだ。しかし、スタートアップ企業でさえもトカゲ脳――安全を重視し、実証済みの確実な行動に走ろうとする人間の奥深くにある本能――から心理的、社会的圧力をかけられるものなのだ。

ストライプ、ジョンディア、ABインベブの事例に共通するものは、いずれのリーダーも、差し迫ってはいないが、近い将来に企業の存続に関わる脅威になりうる問題を直視したことだ。また、彼らはいずれも、こういった脅威に背を向ける言い訳を探すのではなく、ディスラプションの力を借りて、大きなリスクを取って対処した。ストライプは、中核事業が成長を続けている間に、規模が大きくより難易度の高い顧客にターゲットを絞り始めた。ジョンディアは、イリノイ州モリーンを本拠とする企業でありながら、シリコンバレーの最先端技術や破壊的な新しい文化を受け入れた。ABインベブは、中核事業の周辺部に多少手を加えたり、わずかな効率改善を図ったりしたところで、事業は徐々に先細りになるのを避けられないことを理解していた。これらの企業のリーダーたちは、リスクに背を向けて逃げるよりも、リスクに立ち向かうほうが実は安全だと知っていたのだ。

個人に目を向けると、カルロス・ブリトは自分の首をかけて、旧態依然とした現行体制に揺さぶりをかけ、ABインベブの将来にとってZXが不可欠であると大々的に宣言した。もしZXが失敗したら、ブリトも共倒れになっていたはずだ。またペドロ・アープも、企業内での出世が危うくなること、さらには成功したとしても、彼の新たな任務がそれほど長く続かないことを承知のうえで、定義が曖昧なこのポジションに就くリスクを取った。アープは、CDGOの役割を終えた後、会社側が彼の処遇に配慮してくれると信じるほかなかった。最終的に、彼は素晴らしい結果を出してCMOに就任し、自らが背負ったリスクを見事にチャンスに転換してみせたのだ。

すべてを間違った方法で行っても成功する場合もあれば、すべてを正しい方法で行っても失敗する場合もある。これが不確実性というものだ。システムリーダーは、賢いリスクと愚かなリスクを区別する際、短期間で容易に成果が上がるかどうかではなく、長期的なインパクトに着目する。彼らは、戦略的選択肢が無限にあるなかで、意識的に自分の選択肢を狭めることは、幅広い視野で大胆に考えるより大きなリスクになると知っている。迷ったときこそ、真正面から難問に立ち向かうことを選択するのだ。

リスク管理

●チームメンバーがリスクや不確実性を一つの好機と捉え、進んで受け入れるよう促す。メンバーそれぞれが刺激的な新しいミッションや目標にどれだけ貢献できるか、また、なぜ企業にとってリスクを取ることが現状維持よりもよいかを示す。

●先入観は自身の経験や環境から自然に生まれるものだが、自分自身の持つ先入観を常に意識しておく必要がある。人間というものは、過去にうまくいった振る舞いで成り立っているようなものだから、変化を受け入れるよりも、本能的に古くからのやり方を繰り返し、同じようなバックグラウンドを持つ仲間と付き合おうとしがちだ。

●顧客やその組織を含め、自分たちの業界を再構築する新たなツールやテクノロジーに精通する。このような変化について、部下の説明だけに頼ってしまうと、表面的な意味しか理解できない。いつでも可能な限り、自ら体験し、直接フィードバックを得るようにする。

第7章 内耳——内製とアウトソーシングのバランス

スーパーマーケットの経営者たちと交渉を始めてみると、彼らと協力しあえることはまだまだたくさんあると気づいたのです。そこで私たちは、インスタカートが小売店のベストパートナーになれると思いました。

——インスタカート創業者兼CEO　アプアバ・メフタ

企業には常に、社内で開発すべきか、社外と提携すべきかの決断がつきまとう。ハードウェア製品や物理的なサービスにもデジタルコンピテンシーが求められるにつれ、この問題はますます複雑化している。企業がこうした問題を自社で解決しようとしても、そもそもデジタルに強いDNAを持っていないことが多い。それでも、製品やサービスから価値を創出するためにデジタルスキルが重要になってくると、デジタル分野のソリューションを外注するか否かは、企業の存在意義に関わってくる。私は、このバランスを取る能力を「内耳」に例える。

ビジネスリーダーたちは少なくとも産業革命の幕開けからずっと、内製か、アウトソーシングかの選択を迫られてきた。20世紀初頭、現在でいう垂直統合の代表的な提唱者だったヘンリー・フォード（アメリカの自動車会社フォード・モーターの創業者）は、自動車の製造に必要な要素はシャシー（車台）用の鋼板やエンジン内部の多数の部品も含め、可能な限り内製化を志向してきた。その後、1920年代までには、ホースやバルブ、タイヤに使用する天然ゴムを除き、自動車の製造に必要なほぼすべての天然資源の採取を自社管理下に置いた。イギリスが天然ゴムを独占する脅威が迫った1927年に、フォードはブラジルに100万エーカー（約40万ヘクタール）の土地を購入し、焼き畑方式で森林を開墾し、フォードランディアと呼ばれる天然ゴムのプランテーションを設立した。しかし、この事業は難航し、1934年には事業継続を断念した。自動車製造に長けていてもプランテーション経営はフォードにとって畑違いだったからだ。[*1]

過去1世紀の間に部品の標準化が進み、垂直統合は魅力的な手法ではなくなった。これをビジネススクール用語で表現すると「モジュール性」という。ハーバード・ビジネス・スクール教授のクレイトン・クリステンセンはこう説明している。「製品を構成する部品設計に規格化されていない要素が含まれない場合、そのような製品はモジュラー製品であるという。モジュール性とは、構成要素を物理的、機械的、化学的、あるいはその他の手段によって組み合わせる方法が標準化されているという意味である」。それとは対照的に「ある部品の形態や機能が他の部品の形態や機能に依存する場合には、そういった製品は相互依存的な性質を持つ。つまり、部品間に相互依存性がある場合、どちらか一方の構成要素を社内で開発したいのなら、どちらも同じ組織内で開発する必要がある」[*2]

モジュール性の拡大によって、部品をより安く、より早く製造できる専業の外部サプライヤーとの提携が拡大する。マイケル・デルが1980年代に億万長者になったのは、コンピューター用の汎用モジュラーパーツを注文し、それを寮の自室で組み立て、デル・ブランドのパーソナルコンピューターとして販売できると気づいたからだ。80年代当初、パソコン業界が爆発的に拡大した主な理由は、パソコンがすべてモジュールでできているからだ（ただし、アップルは例外だ。これについては後述する）。デルのように勝者となった企業は、内耳の働きを活かして、外部とのパートナーシップに重心を移したのだ。

同様に、ビジネス思想家の先駆者ピーター・ドラッカーも企業の中核機能に集中し、それ以外の非中核機能はできるだけ多くアウトソーシングすることを提唱した。1980年代当初、ドラッカーはゼネラル・エレクトリック（GE）のジャック・ウェルチCEOに次の有名なアドバイスを与えた。「あなたにとっては裏庭でも、他の誰かにとっては表庭だということがあります。言い換えれば、自社工場の警備は自分でやらずに、それを専門にしている人に任せる。社内での印刷にまつわる雑務など、自分たちが集中すべき領域外の仕事は切り離すのです」[3]。ドラッカーはこのアプローチについて、2004年のインタビューでも振り返っている。「大半の人はコスト削減の視点からアウトソーシングを考えますが、それは思い違いというものです。アウトソーシングは、あなたのために働く人材の質を大幅に向上させることができる手段です。上級管理職への昇進につながらないような雑務はすべて外注すべきだと私は確信しています」[4]

非依存と相互依存の理想的なバランスは自明のものとはいえず、これを見出すには、よく発達した内耳が必要になる。テクノロジーは加速しながら変化し続けているため、モジュール部品を標準化するのがより難しくなり、自組織のコアコンピタンスを定めることすら、見かけ以上に困難なこともある。内製とアウトソーシングの最適なバランスを取るのは、リーダーにとって目まいを起こすほどやっかいな仕事だ。

もう一つ、例え話を紹介しよう。これは私がピクシム（Pixim）というスタートアップ企業で経営幹部だった2000年代初頭から、ずっと頭から離れないものだ。自分の会社を城と考えたとき、その権利を主張すると同時に防御するためには、城の周りにどのくらいの広さの土地が必要だろうか。城の周囲に半径40ヤード（約37メートル）の城壁を築く場合、半径10ヤード（約9メートル）の城壁よりも多くの建築資材が必要となる。だからこそ、自分が本当に目指しているのはどの市場なのか、他人に任せてもよいのはどの市場なのかを真剣に考えるべきだ。隣の城と交渉して、城壁のすぐ外側の土地を共用地とする方法もあるかもしれない。

城壁をどこに築くかについて、さまざまな決断を下した企業の事例をいくつか見ていこう。

トゥエンティースリー・アンド・ミー――スマートなパートナー作り

優れた内耳を備えた企業は、価値のある業務とそうでないものとを明確に区別している。このような企業は、他よりもよい成果を出せる領域にリソースを集中させ、自分たちに競争優位がない領域では積極的に提携戦略を取る。何でも手を出すのでなく、いいとこ取りをするのだ。

この事例は、トゥエンティースリー・アンド・ミーとグラクソ・スミスクライン（ＧＳＫ）との創薬合弁事業を取り上げた第2章で紹介した。トゥエンティースリー・アンド・ミーの経営陣は、消費者のＤＮＡサンプルを入手して整理し、膨大な遺伝子情報のデータベースを活用した基礎研究を行うことが自社のコアコンピタンスだと認識していた。しかし、同社がチャレンジしている超大型新薬の開発には、精密医療（患者の個人レベルで最適な治療方法を分析・選択し、それを施すこと）の設計、臨床試験の対象となる患者の募集、政府の承認を獲得するためのきわめて煩雑な手続きの遂行などの違う種類のコンピテンシーが不可欠で、GSKはこれらをすでに得意としていた。合弁事業なら、どちらの強みも享受できる。理論的にはトゥエンティースリー・アンド・ミーは、単独でやったほうが多くの利益を得られる可能性もあった。しかし、この事業を進めるには3億ドルの資金注入が必要で、一つの新薬の第1フェーズの臨床試験を実施するだけで数千万ドルを要し、しかもこのステージでの承認率は通常9～14％にすぎないというきわめて大きなリスクを考えると、合弁事業はリスク軽減に大いに資するものだった。トゥエンティースリー・アンド・ミーの事業開発担当副社長はこう語っている。「当社は、我が社の膨大データベースと、優れたゲノム科学、そして治療法として効果が見込めそうな患者を見つける能力を提供しました。一方、GSKが提供したのは、10万人規模の組織と、実際に創薬を実現してきた実績でした」[*5]

ダイムラー――自前主義

バランスを取る戦略には2通りの失敗がある――一つは自前でやりすぎてしまうこと、もう一つはアウトソーシングしすぎることだ。やりすぎてしまった例として、第2章で紹介したダイムラーを振り返ってみよう。2010年代初頭には、走行中に燃料残量などの車載機能を管理したり、音声コマンドを発したり、スポティファイ、ウェイズ、グーグルマップといったアプリを使用するには、スマートフォンが便利で望ましいということははっきりしていた。自動車メーカーは、自動車の運転にスマートフォンを組み入れるために、専用の制御システムや娯楽システムを自前で開発するか、あるいはサードパーティと提携するかの選択を迫られた。

アップルは、2014年にカープレイ（CarPlay）を自動車のコネクティビティ市場に投入し、早々にシェアを奪った。ある評論家は、「カープレイは自動車のインフォテインメント（情報〈インフォメーション〉と娯楽〈エンターテインメント〉を融合した情報通信システム）体験に大変革をもたらし、自動車メーカーが独自開発した低品質のソフトウェアを市場から追い出し、ドライバーが所有するiPhoneで操作するインターフェースに置き換えました。

カープレイのおかげで、自動車に装備されているタッチスクリーンのダッシュボードディスプレイから、電話、地図、メッセージといったアプリへ簡単にアクセスできるようになったのです」と語っている。[*6]

ところが、ダイムラーはカープレイやその他の他社製のシステムを採用せず、メルセデス・ベンツ車専用の自社システム「メルセデス ミー」の開発を選択した。ダイムラーは、インターフェースのデザインを自社で握ることによって、より完全で洗練された体験を提供できると確信し、将来において開発を予定していたプレミアム接続サービス向けのプラットフォームも構築した。メルセデス ミーのシステムはデザイン性に優れ、駐車スペースの位置表示や自動車の施錠と解錠、燃料やシステムデータをスマートフォンから遠隔で可視化できるソフトウェアを備えていた。

しかし、何かを自分で上手にできるからといって、自分でやるべきとは限らない。メルセデス ミーが気に入ったから消費者はメルセデス・ベンツを選んだという証拠はどこにもない。実際に、他社の車を所有している友人たちはiPhoneからカープレイにつなげられるのに、自分が所有しているのはメルセデスなので、それができなくてがっかりした人もいるはずだ。ダイムラーは、メルセデス ミーを開発するために投じた数百万ドルで、他に実現できることがあったのではないだろうか。他の事業者との提携を選択していれば、自社のエンジニアたちの頭脳も含め、かなりのリソースを他に振り向けられただろう。

ボーダーズ――過剰なアウトソーシング

逆にアウトソーシングに頼りすぎてしまった事例として、1990年代から2000年代にかけてアメリカ第2位の規模を誇った大手書店チェーンのボーダーズについて考察していこう。

アマゾンが「世界最大の書店」のキャッチフレーズで事業を開始した1994年当時、従来型のリアル書店は、オンライン書店のアマゾンを見向きもしなかった。ウェブサイトは洗練されておらず、オンラインで買い物をする人などほとんどいなかった時代だ。リアル店舗の書店へ行けば、雰囲気を楽しみながら店内を見て回り、新しい本との出合いもあるというのに、注文が煩わしいうえに出荷が遅く、送料も取られるとあっては、誰がアマゾンから本を買いたいと思っただろうか。しかし、その後まもなく、書籍販売にはeコマースならではの利点がいくつかあることが明らかになった。毎年何十万冊もの新刊が出る出版業界では、売れる見込みのある書籍の総数は膨大で、地味ながら長く売れ続けるロングテール型の書籍をすべてリアル店舗で在庫を持ち続けるのは、ボーダーズやバーンズ・アンド・ノーブルなどの大型書店でさえ不可能だった。これに気づいた多くの書店は、独自にeコマースの運営に着手したが、1990年代半ばの時点ではまだ取扱量は少なかった。

2001年の春になってようやく、ボーダーズは自社のeコマースというオプションの欠如を解消する方法として、彼らにとって最も警戒すべき競合のアマゾンにアウトソーシングすると決断した。アマゾンは在庫管理、出荷、サイトの内容、カスタマーサービスを請け負い、ボーダーズは「自社のブランド名を利用した販売促進」と「店舗所在地情報や店内イベントカレンダーなどボーダーズ独自のコンテンツの提供」を行う予定だった。ボーダーズのグレッグ・ジョゼフォウィッツCEO（当時）は、「お客様のオンラインのニーズは、それを誰よりも得意とする人々によって満たされ、私たちは私たちが最も得意とすること——お気に入りの書籍や音楽や映画を魅力的な雰囲気のなかで探すショッピング体験を提供するのです」と語っていた。[*7]

その後の7年間で、eコマースはドットコムバブル崩壊から回復し、オンラインによる書籍の売上が飛躍的に増加した。それと同時に、アマゾンの市場シェアも着実に伸びていった。その過程で、アマゾンはボーダーズの顧客の嗜好に関するビッグデータを収集し、アマゾン自身の顧客アプローチの改善に利用した。２００８年になってようやく、ボーダーズはオンライン市場で自前のコンピタンスを構築する必要性を認識し、アマゾンとの提携を解消して、新しく立ち上げた自社のｅコマースサイトへ移行した。

しかし、時すでに遅しだった。ｅコマースは従来型のリアル書店の存在を脅かすものになると認識できなかった失敗を取り返せなかった。その後3年にわたってボーダーズの業績は下降の一途をたどり、ついに２０１１年、同社は倒産し、会社清算を余儀なくされた。ボーダーズが消滅した原因はほかにもあったが、アマゾンとの提携で同社の競争力が失われたことが致命傷となった。

私はこういった大失敗についてよく「抱っこした赤ん坊を落とす」と例える。子育てに関しては意見が分かれるものだが、赤ちゃんを絶対に落としてはいけないという点は、少なくとも全員の意見が一致する。ボーダーズは内製とアウトソーシングのバランスを失い、自社の顧客との強い結び付きを失うという、絶対にやってはいけないことをしてしまったのだ。

テスラ――独自路線をひた走る

パートナーシップ戦略について考えるうえで知っておきたい事例がもう一つある。「独自路線をひた走る」という希少なタイプだ。起業家のなかには、いまだにヘンリー・フォード式のアプローチを取り入れ、製品やサービスのあらゆる側面を管理しようとする者もいる。彼らの大半は失敗するが、垂直統合戦略が当たり、目を見張るような大成功を収める者がときおり現れる。1980年代初頭から2011年までの間に、垂直統合の成功者として世界に名を馳せたスティーブ・ジョブズは、すべてのアップル製品（初代Macから最新のiPhoneまで）に「クローズド・アーキテクチャー」を採用し、アップル自身が設計したコンポーネントだけを使うことにこだわった。現在、彼の威光は、テスラのイーロン・マスクに引き継がれている。

ジョブズ同様、マスクも社会通念を覆す逆張りのイノベーターだ。インタビューで彼はこう語っている。「私たちは生活のほとんどの場面で、何か似たものと比較することで物事を判断していますが、これは結局、他人の言動を真似して少しだけアレンジを加えた程度のことしかしていないということなのです。そうしなければ、その日一日を精神的に乗り切れないから、みんなそうするのです。でも、何か新しいことをやりたいなら、物理学に基づいたアプローチが必要です。物理学は量子力学のように、直感に反する新しいことを発見する方法を教えてくれます[*8]」

マスクは、2003年のテスラの創業時の共同創業者として、こうした姿勢を同社に持ち込んだ。テスラは、モジュラー部品のアウトソーシングを含め、自動車業界のベストプラクティスを模倣することに何の興味もなかった。マスクは、必要がなければ社外のサプライヤーに頼る理由などないと考えていた。テスラは成長に伴い、社外調達の部品を減らし、より閉鎖的なシステム内での生産を目指すようになった。これは、テスラの電気自動車の成功を左右するハイテクバッテリーやコンピューティング技術（ハードウェアやソフトウェア）にとってとくに重要だった。マスクはこう語っている。「自分のやっていることがディスラプティブな変化をもたらすかどうかについて考えることが重要なのです。漸進的な改善では大きな変化を生み出せるとは思えません。これまでのはるか上を行くものでなくてはならないのです[*9]」

テスラの垂直統合化は同社に多くのメリットをもたらした。同社が生産したすべての自動車から利用状況のデータをリモートで収集し、あらゆるコンポーネントを継続的に改善できるようになった。また、双方向の無線通信で、テスラ側から直接各自動車のソフトウエアをアップグレードできるため、運転手はテスラの整備工場まで出向く必要もなくなった。

自動車専門のブロガーはこう語る。「テスラは、モデルSとモデルXの設計に着手したときに、同社の急速な改革に社外のサプライヤーが追いつけなくなっていることがわかり、徐々に自社内でのオペレーションを増やしていったのです。テスラは自動車メーカーのなかで唯一、座席シートも製造しているといわれています。また、自動運転を実現するコンピューターのサプライヤーだったモービルアイとの取引を中止し、現在は自社内で必要なコンピューターも製造しています[*10]」。最も重要なのは、テスラは自社用のリチウムイオン電池も本格的に製造していることだ。2014年には、ネバダ州に世界最大のバッテリー生産工場「ギガファクトリー」の建設に着手した。テスラはこう説明している。「ギガファクトリーでの生産開始により生産量が増えることで、バッテリーセルの生産コストが大幅に低下します。これは、規模の利益、革新的な製造手法、ムダの排除、ほとんどの生産プロセスを一カ所にまとめることによるシンプルな最適化によるものです[*11]」

ゴールドマン・サックスのアナリストは、2016年までにテスラの垂直統合化は80%に達したと述べた[*12]。また、『フォーブス』誌はこうコメントしている。「既存型企業が複雑なサプライチェーンに依存しているのに対して、テスラの自給自足率ははるかに高い。テスラ車を解体してパーツを見て同じものがつくれると思ったら、それは大きな勘違いだ。テスラ車のパーツはどれも、競合メーカーの何年も先を行っているからだ」[*13]

マスクもジョブズも規格外の人間だ。ほとんどのリーダーは、トゥエンティースリー・アンド・ミーやダイムラー、ボーダーズと同じように、戦略的選択を迫られる。内製とアウトソーシング間で最適なバランスを見出さなければならないのだ。このスキルを習得し、改善していくために、スタートアップ企業がバランス感覚をコアコンピタンスに転換させた興味深い事例を見てみよう。

インスタカート――4つの中核当事者との絶妙なバランスを構築

オンライン食品雑貨の空間には、2000〜2001年のドットコムバブル崩壊を生き残れなかったスタートアップ企業の亡霊がさまよっていた。このなかには、ウェブヴァン（Webvan、倒産、会社清算）やピーボット（Peapod、同社のピーク時の価値に比べるとわずかな金額で売却された）もある。あらゆる人が、食品雑貨の宅配サービスは経済計算が成り立たないと考えていた。カスタマーベースを拡大するためにかかるコストが、顧客が支払ってもよいと思う金額よりも大きく、これを引き下げる手段が見つからなかったのだ。

しかし、かつてアマゾンでサプライチェーンエンジニアを務め、2012年にインスタカート（Instacart）を設立したアプアバ・メフタは、このような経緯を目の当たりにしても業界参入を思いとどまることはなかった。アマゾン退職後からインスタカート設立に至るまでに、メフタは20もの事業を構想し、スタートアップ企業の設立と失敗を繰り返した。そのなかにはソーシャルゲーム会社の広告ネットワークや、弁護士専用のソーシャルネットワークといったものもある。彼は『ロサンゼルス・タイムズ』紙にこう語っている。「私はこれらの分野についてはまったくの無知でした。しかし、私自身、その業界に身を置いて、業界のことを学び、業界の人たちが成しえていない課題解決にトライすることが好きだったのです。次々と新機能をリリースしながら失敗を繰り返してわかったことがあります。失敗の原因は、うまく機能するプロダクトを見つけられなかったのではなく、プロダクトに真摯に向き合う気持ちが私に欠けていたからなのです[*14]」

しかし、メフタは食品雑貨の問題解決にはまさに真摯に向き合った。「2012年になると、消費者はオンラインであらゆるものを注文し、オンラインで顔を合わせ、オンラインで映画を見るようになりました。しかし、食品雑貨だけは、昔ながらのやり方で毎週必ず買い物に行かなければならなかったのです」と彼は述べている。食品雑貨を配達するオンデマンド型プラットフォームのことが頭から離れなくなったメフタは、それから1カ月も経たないうちに、食品雑貨の注文ができるアプリと、買い物と宅配を請け負うギグワーカー（インターネットを介する形で比較的短期間の仕事を請け負う就業者）向けのアプリの試作版をそれぞれプログラミングした。[*15]

ウェブヴァンやその他の1990年代のスタートアップ企業と違い、インスタカートはタイミングに恵まれていた。どこに行ってもスマートフォンを目にするようになり、サービスを利用したい顧客と宅配サービスの仕事をしたいギグワーカーとの間のマッチングサービスの実現可能性も、すでにウーバーが証明していたからだ。メフタは、インスタカートが技術面と物流面での課題を解決できれば、大きな需要が見込まれると理解していた。2015年に彼はこう回想している。「1990年代でも、消費者は食品雑貨品店に買い物に出かけて、重くてかさばる食品雑貨を自宅まで抱えて帰りたかったわけではないでしょう。その状況はいまも変わっていません。しかし、スマートフォンが普及し、歴史上初めてインスタカートのような企業が登場し、買い物代行が可能になったのです[*16]」

メフタは利便性、低価格、幅広い選択肢を組み合わせた独自のサービスを提供すると顧客に約束した。彼が予想したとおり、インスタカートの最初のマーケットとなったサンフランシスコでは需要が急増し、主要なベンチャー投資会社から注目を集めた。同社はわずか8年で、アメリカとカナダの5500の市場に拡大した。2020年6月時点での資金調達ラウンドで、インスタカートの時価総額は何と137億ドルに達した。[*17]

私がメフタに会ったのは2019年初頭、私が担当する「企業家のジレンマ」講座で登壇してもらったときだった。彼は頭の回転が速く、彼の会社のあらゆる側面について深く考えを巡らせていた。そのなかでとくに際立っていたのは、パートナーシップのバランスに関するインスタカートの洗練された手法だった。メフタは、4つのコアグループ――食品雑貨の購入顧客、顧客の注文を受けて買い物を代行する配達員、インスタカートの提携先スーパーマーケット、消費者向けパッケージ商品（consumer packaged goods、CPG）メーカー――との進化し続ける連携について語ってくれた。この4者との連携が、どのようにして、このスタートアップ企業を短期間でユニコーンの地位にまで押し上げたのだろうか。

顧客――コロナの恩恵を享受

2018年の時点で、アメリカの食品雑貨の売上高のうち、eコマース経由は5％未満だったが、その割合は急増していた。フォレスター［訳注1］の分析レポートによると、2022年までにアメリカの食品雑貨のオンライン市場は合計で365億ドルに達し、2018年の267億ドルから大きく増加すると予測されていた。『ウォール・ストリート・ジャーナル』紙はこう報じている。「長い間動きが鈍かったアメリカのスーパーマーケット業界は、急ピッチでオンラインサービスメニュー（宅配サービスやオンライン注文した品物を店舗や駐車場でピックアップできるサービスなど）を増やしている。これは、年間8000億ドル以上の食料や飲料への支出が、アマゾンなどのeコマース企業にシフトしていることを受け、買い物客をつなぎ止めることが目的だ。この過程で、小売業者や主要な食品ブランド企業もそれぞれの基本的なオペレーションを変更することが求められている。変更は、人員配置や供給網から、駐車場や店舗の体制づくりまで、広い範囲に及ぶ[*18]」

インスタカートの強みには、提携している食品雑貨店の多くがサービス料の一部または全額を負担し、これらのコストを消費者に転嫁しないことがある。インスタカートは価格決定を個々の提携店に委ね、これによって顧客はアプリ上で各店の価格を比較した。リアル店舗とアプリとの間で価格差があった場合どうするのかを尋ねると、メフタはこう答えた。「小売業者は彼らが設定したい価格を正確に私たちに伝え、その価格が、私たちが顧

［訳注1］フォレスター（Forrester Research）　アメリカのマサチューセッツ州に本社を置く独立系リサーチ会社。35年以上にわたりグローバルな消費者ビジネスとテクノロジーのリーダーに向けてリサーチサービスを提供している。

客向けに提示する価格です。およそ半数の小売店が、店舗とインスタカートで提示する価格とを同額に設定しています」[19]。しかしそれでもまだ、配送料は顧客が払うことになる。これについては、2020年初頭のインスタカートのサービスについて、同年7月に『ハーバード・ビジネス・レビュー』誌はこう評している。「半年前、オンデマンド宅配はほとんど普及していなかった。利用者は便利であればお金を払う富裕層で、そのなかでも主要都市部の若手専門職に偏っていた」[20]

ところがその直後、コロナウイルスによるパンデミックによって、宅配サービスのオンライン市場は状況が一変した。インスタカートやその競合は、外出制限で宅配サービスに駆け込む新規顧客によって、飛躍的な成長を果たした。需要拡大に向けての課題が、突然、スーパーマーケットの商品棚から商品を集めるギグワーカーの不足という課題に入れ替わった。インスタカートは、2020年4月の最初の2週間に、週当たり7億ドル相当の食品雑貨を販売した。これは、初めての黒字を達成した2019年12月と比べて450%増だ[21]。同年5月、メフタは、5カ月間の売上350億ドルは、同社が2022年の目標としていた年間売上高をすでに上回ったと発表した。その数カ月後のある調査によると、オンライン宅配業界全体の需要は2019年8月から2020年8月の1年間で3倍になった[22]。

この需要増加は、パンデミックが終息してもすべて消滅するとは考えにくい。新規顧客の一部は、再び自分の足でスーパーに出かけるようになるだろう。しかし宅配サービスは、わずかな追加費用でかなりの時間と手間を節約できるので、相当数の顧客がサービスを利用し続けると私は予想している。魅力的な新しいサービスに慣れてきて、手ごろな価格で続けられるなら、人間の習性としてそれを手放しづらくなる。新たな習慣は、しぶとく生き残るものだ。

買い物代行者――労働者とのリレーションシップの再定義が必要

インスタカートの買い物を代行する配達員の大多数は、契約労働者だ。自由に業務のスケジュールを設定し、自らの時間管理に責任を負う独立型の請負業者という扱いになっている。配達員の総数は着実に増加し、２０１８年には5万人の大台に達したが、２０２０年初頭にはさらに4倍の20万人に増えた。その後、パンデミックによって需要が急増すると、増加のカーブは垂直上昇した。同社は、２０２０年半ばにさらに30万人の配達員を募集し、合計で50万人超まで増やした。インスタカートは、パンデミックによる影響が最も大きかった時期にアマゾンよりもすみやかに動員を完了させた。一部の配達員によると、彼らはこれまで以上に手数料を稼げるようになり、１日当たり3回または４回の配達で

100〜125ドルを得ていた。[*23]

インスタカートは、新規配達員の大量増員で同社のオペレーションを拡大できた。しかしその結果、ベテラン配達員からは労働条件の悪化を訴える声が上がり始めた。苦情の多くは、トレーニング不足と安全な業務ができていないことだった。ある配達員はブルームバーグニュースの取材にこう答えた。「新規採用された配達員の多くはレイオフ（一時解雇）された経済的弱者です。彼らは（次の仕事を待つ間）あてもなく店内を歩き回っており、これまで私が仕事をしてきたなかで、店内での買い物代行作業の環境は最悪の状況になっています[*24]」

2020年にはギグワーカーに関する議論が高まり、カリフォルニア州では条例案「プロポジション22」が住民投票にかけられ、インスタカートやウーバーなどの企業は配達員を雇用労働者として区分変更すべきか否かが問われた。カリフォルニア州の住民の多くは、有給病気休暇や残業手当、健康保険などの福利厚生を受けられないギグワーカーに同情を示したものの、投票者の59％は現状維持を選択した。彼らは、福利厚生を企業側に強要すると、企業が今後の収益性を確保できなくなり、カリフォルニア州から完全撤退する恐れがあると考えたのだ。また、ギグワーカーのなかにも、現状の立場だからこそできる柔軟なお金の稼ぎ方や時間の使い方を維持するため、この条例制定に反対している者もいた。

2021年8月、カリフォルニア州高等裁判所は、「プロポジション22」が州憲法に違反するという判決を下した。

マサチューセッツ、ニューヨーク、ニュージャージーなどの他の州でもギグワークを制限する法案が検討されている。訴訟や法律制定の動きが連邦レベルで広がっていくかどうかについては、インスタカートには予測がつかない。しかし、少なくともいまのところ、ギグエコノミーの基本構造は無傷のままだ［訳注2］。

食品雑貨店　パート1──小売店のベストフレンドになる

インスタカートが登場した当時、配達員に特別な扱いはなく、彼らは一般の買い物客と同じように店舗に入り、レジ待ちの列に並んだ。しかし、2015年のインタビューでメフタはこう述べている。「当社の役割は注文した顧客と注文品を揃えて配達する配達員と

［訳注2］アメリカの労働省は2022年10月、ギグワーカーの多くが個人事業主に分類され、最低賃金や残業代、福利厚生を保障するアメリカ厚生労働基準法（FLSA）の適用外となっていることに疑問を投げかけ、ギグワーカーを個人事業主として認めにくくするガイダンスの改正案を示したが、ギグワーカーを雇う企業は、コスト増につながる従業員への分類変更に反対していて、2023年4月段階では決着していない。

をつなぐことであり、このサービスの当事者はこの2者だけでした。しかし、店舗からの購入量が増加し、配送能力が許容限界に達しつつあったのです[*25]」

メフタと彼のチームは、事前に連絡しないまま配達員をスーパーマーケットの店舗に送り続けていたら、魅力あるサービスを提供できないと気づいた。そこで彼らは、できるだけスムーズに商品を受け渡すため、できるだけ多くのスーパーマーケットとの提携を進めた。たとえば、配達員が店舗に向かっていることをスーパーマーケットの店舗が事前に把握できれば、買い物リストの食品雑貨品をバックヤードで用意できる。そうすれば、リストの商品すべてを陳列棚から取り出して支払いを済ませるまでにかかる時間を大幅に短縮できる。

スーパーマーケットの説得はいたって簡単だった。自前での宅配サービスはかなりハードルが高いが、インスタカートと手を組めばシームレスなソリューションを導入できるからだ。またインスタカートは、宅配を利用する顧客へのサービスをより効率化するため、店舗のレイアウト変更をサポートした。メフタはこう述べている。「スーパーマーケットの経営者たちと交渉を始めてみると、彼らと協力しあえることはまだまだたくさんあると気づいたのです。現在、インスタカートは、小売業者向けのソフトウェアを開発しており、これを使えば、分析結果を利用して陳列棚の在庫管理が簡単にできるようになります。このような経験を通じて、私たちは、インスタカートが小売店のベストパートナーになれると思いました[*26]」

インスタカートが成長するにつれて、収集可能な情報や小売店と共有できる情報量も膨大になり、その情報価値も高まっていった。インスタカートは、時間帯別や年齢別・性別・収入別にどの商品が売れ筋かを把握していたが、そういった情報はスーパーマーケットの生データをもとにした推測よりもはるかに詳細だった。またインスタカートは、販売傾向の変化について得た知見をもとに、消費者の動向に合わせた、より効率的な配送センターの利用方法を食品雑貨店にアドバイスした。彼らのなかには、ＩＢＭのような大手企業の情報システムやデータ分析のサービスから、その一部をインスタカートが提供するサービスに置き換えるところもあった。そしてそれは、インスタカートとの提携をさらに魅力的なものにした。

２０１７年３月までに、１３０社以上の食品雑貨店がインスタカートと提携した。このなかにはホールフーズ（Whole Foods）やコストコ（Costco）、パブリックス（Publix）といった大手チェーンも含まれた。セコイア・キャピタルが主導するＶＣ投資の新規ラウンドで４億ドルを調達した際、進出地域を35から70超に倍増させていたことから、インスタカートの企業価値は34億ドルと評価された[*27]。しかし、この華やかなニュースの直後、メフタのもとに最大の難題が降りかかった。

食品雑貨店　パート2―アマゾンにはないメリットを提供する

2017年6月、アマゾンは137億ドルでホールフーズを買収すると発表した。オンライン小売販売と宅配のサービス最大手が、スーパーマーケットチェーン業界に本格参入してきたのだ。ホールフーズは業界のなかでは比較的規模が小さく、市場全体のシェアは約2％だ。しかし、この買収でインスタカートのパートナー企業が、拡張し続ける手強い競合会社の手中に落ちたのだ。ホールフーズは、インスタカートとの現行の配達サービス契約を延長しないと発表した。

メフタは私の講座で、ホールフーズの買収が発表されたときの気分は最悪だったが、翌日にはずいぶん持ち直したと語っていた。アマゾンは素晴らしいが、アマゾンにはないメリットは間違いなくある。ホールフーズ以外の企業は、食品雑貨業界の新しい展開に向き合わなければならなかった。今後数年間にわたってアマゾンは無尽蔵のリソースをホールフーズに投入していく。値下げを続けながら、顧客サービスのレベルを上げ、貪欲に成長を追求し、競合には容赦ない脅威を与えてくるのだ。既存のスーパーマーケットは、顧客によりよいサービスを提供し、企業運営をより効率的にし、オンラインショッピングが増加し続ける世界を生き抜くという課題を解決するために、インスタカートのサポートが必要だと認識していた。

その後まもなく、アメリカ第2位の食品雑貨チェーン、アルバートソンズ（Albertsons）がインスタカートとの新たな契約について、2018年半ばまでにアメリカ国内で1800店舗への追加アクセスを許可すると発表した。アルバートソンズに加えて、クローガー（Kroger）、アホールド（Ahold）、パブリックス、H－E－Bなども新たなパートナーとなった。またインスタカートは、コストコとのパートナーシップを拡大し、国外初進出となるカナダ最大の食品雑貨チェーン、ロブロー（Loblaw）との契約も発表した。メフタは2017年11月、CNBCの番組で「アマゾンのホールフーズ買収以降、状況はがらりと変わりました。あらゆる小売大手がまずは私たちに相談を持ちかけてくれたのです」と語った。[*28]

アマゾンによるホールフーズ買収への対応に対し、メフタは業界メディア『グロサリー・ダイブ』から「グロサリー・エグゼクティブ・オブ・ザ・イヤー」に表彰された。インスタカートがアマゾンの食品雑貨業界への参入に動揺せず、何十社もの食品雑貨チェーンと提携を進め、結果的にこれらの企業が意欲的にオンラインショッピングを推進するきっかけになったことが評価された。同社はその年の1月時点で30だった進出地域を、12月までに150に拡大した。インスタカートはアマゾンと競えるほどの力をつけたことが証明されたのだ。『グロサリー・ダイブ』は、「スピード、アジリティ（機敏性）、そしてビジョンを兼ね備えたインスタカートは、強引に市場参入を試みる競合他社を一気に飛び越えた」と評している。[*29]

2018年10月時点では、テクノロジー関連の専門ニュースサイト『リコード』は、インスタカートについてこう説明していた。「インスタカートは、1兆ドル産業である食品雑貨業界において、リアル店舗型の小売業者にとって最も重要な盟友である。この業界ではeコマースの売上が前年比で29％増加しているが、小売市場全体で見るといまだ5％未満にとどまっている[*30]」。投資家たちの間では、食品雑貨の宅配サービスは大きな流れになりつつあり、市場にはアマゾン以外の企業が参入する余地が十分にあると信じられていた。

2018年末までに、インスタカートは提携先が300社を超え、1万5000店舗でサービスを提供していることから、アマゾンの事業の成否いかんにかかわらず、同社が成功しうる立場にあることが明らかになった。その後、食品雑貨業界の最大手で、未提携だった最後の1社も加わった。ウォルマート（Walmart）だ。2020年8月、ウォルマートはインスタカートと提携し、試験的に4つのエリア（ロサンゼルス、サンディエゴ、サンフランシスコ、（タルサ）で同日配達サービスを開始した。CNBCは「この提携で、インスタカートのオンライン食料宅配サービス市場での支配力がより強固なものとなった」と伝えた。[*31]ウォルマートは、自前の取組みとして、オンラインで受けた注文を2時間以内に配送するオプションサービス「エクスプレスデリバリー」を100店舗で試験的に実施しており、最終的には3000店舗まで拡大する計画だった。[*32]しかし、パンデミック期間中に宅配需要が急増したため、ウォルマートはこの自前の新しいサービスを急拡大させるリスクを冒さなかった。ウォルマートもまた、他の競合企業と同様に、インスタカートに頼ることになったのだ。

CPG（消費者向けパッケージ商品）メーカー――ビッグデータの活用

インスタカートとの関係により、最もイノベーションを享受したのはCPGメーカーだろう。これもまた、データドリブン（データ主導）のビジネスを展開するインスタカートの特性によるものだ。同社は消費者の行動について収集した膨大なデータを利益に換えることができるのだ。2017年初頭までに、インスタカートは160社のCPGメーカーと提携した。そのなかにはネスレ、P&G、ユニリーバ、ゼネラル・ミルズといった数千種類の商品を抱える大手企業も含まれていた。インスタカートは、法人ごと、地域ごとの詳細な販売動向分析を一つにまとまったデータサービスとしてCPGメーカーに提供することができた。また、広告よりも効果の上がるプロモーション活動の機会に関するさまざまな提案を行い、グーグルやフェイスブックによるデータドリブン広告を凌ぐ効果をもたらした。

たとえば、あなたがアメリカの大手食品会社ゼネラル・ミルズの「チェリオス（オーツ麦シリアル）」担当のブランドマネジャーだったらと想像してみてほしい。あなたは大手スーパーマーケットチェーンから送られてくる週次・月次の売上集計データを見て、チェリオスのハニーナッツ味がオリジナル味やブルーベリー味よりも売れ行きがよいことを知るだろう。しかし、このレベルの内容は、インスタカートが毎週数十万件の配送実績をベースにまとめた、より詳細なデータの足元にも及ばない。年齢別・性別・収入別に最も売れているフレーバーは何か、売れ筋はどのサイズか、顧客は価格の影響をどの程度受けているか、販売増につながる商品開発に役立つ可能性のある購買パターンがデータのなかに隠されていないか、チェリオスの新フレーバーを発売するときに、朝食用のシリアルを購入しているインスタカートの顧客を対象にした割引クーポンよりも効果がありそうな施策は何か——インスタカートはこういったデータを提供できるのだ。

アマゾンもこの種類のデータを収集し、活用しているかもしれないが、インスタカートほど広範囲に利用状況や顧客基盤をデータ収集の対象にしていない。またアマゾンは、価格に関する情報すらサプライヤーと共有せず、詳細なデータは自社内にとどめている。

このようなマーケティング手法は、顧客の日々の買い物リストにメモされる商品ではなく、衝動買いに頼るような商品にはとくに効果があるかもしれない。2018年に『ウォール・ストリート・ジャーナル』紙に掲載されたハーシー（Hershey）（アメリカの最も古いチョコレート菓子会社の一つで、業界最大手企業）の事例がわかりやすい。同社はオンラインの買い物客に同社のチョコレートやスナック菓子をカートに入れてもらうように、データを活用して購入履歴に基づくターゲットプロモーションを展開している。ハーシーの最高デジタルコマース責任者を務めるダグ・ストラトンはこう語った。「リアルな世界での衝動買いとオンラインの世界での衝動買いは同じではないのです[*33]」

インスタカートのデータインテグレーターとしての力は、CPGメーカーに対するカスタマーインサイトの提供などを含め、今後数年間でさらに増強されるだろう。膨大なビッグデータは、中核となるビジネスモデルの副産物だが、この宝の山は大きな収益源となる可能性がある。

インスタカートの将来

インスタカートは２０２０年のパンデミックを活かす絶好のポジションにいたため、同年3月から5月までのわずか3カ月間で既存市場での売上を5倍にした。さらに、アメリカの50州すべてに事業を拡大し、サービス提供範囲もアメリカの全世帯の85％以上、カナダでは70％以上が網羅されるまでに拡げている。インスタカートが初めて黒字転換した月以降、同社の名前が「新規株式公開が待たれるいま一番の注目企業」のリストに載るようになり、ウォール街は新規株式公開の可能性を心待ちにするようになった。[*34]

しかし、インスタカートのビジネスモデルはエコシステム内のプレイヤー全員の利益に基づくソリューションだが、２０２０年の動向にすべてのステークホルダーが満足していたわけではなかった。スーパーマーケットのなかには、インスタカートからの注文の対応や、追加コストで従来型の店舗販売よりも利益率が低くなることに不満を漏らすところもあった。『ウォール・ストリート・ジャーナル』紙によると、カリフォルニア州の食品雑貨店、ブリストル・ファームズ（Bristol Farms）はパンデミック期間中に宅配事業を倍増させたが、宅配サービスは店舗販売の代替ではなく、便利さを提供するものと見なしていた。「宅配サービスはコストが高く、利益率も低い。まさに両刃の剣です」と、ブリストル・

ファームズの特別顧問のケビン・デイビス前CEOは語った。アメリカ中西部に展開するハイヴィー（Hy-Vee）を含め、他のスーパーマーケットは、宅配よりも店舗引き取りを拡大しようとしている。宅配について、ハイヴィーのCEOランディ・エデカーは「宅配サービスを無理やり減らそうとは思っていませんが、進んで拡大しようとも思っていません」と述べている。[*35]

一方、インスタカートは1年間でほぼ倍増した配達員の労働問題が、いまも解決しないままだ。ギグワーカーの権利に関する全国的な議論は、さまざまな訴訟や法律制定の議論が続いており、ギグエコノミー全体が混乱に陥ることにもなりかねない。

また、インスタカートの最大の脅威がアマゾンであることに変わりはない。ホールフーズは現在もアメリカ第10位のスーパーだが、2019年の食料雑貨品の売上はウォルマートの2880億ドルに対し、ホールフーズはわずか160億ドルだ。アマゾンが今後10年間で、ホールフーズをどの程度まで拡大しようとしているのかは知るよしもない。「アマゾンが参入や買収を行うのは拡張可能な分野だけです」と話すのは、アマゾンの元幹部で現在はサプライチェーンコンサルタントとして活動するブリテン・ラッドだ。「8400億ドルの食品雑貨業界のなかで小さなパイを奪いあうことが目的なら、アマゾンがこの分野に参入することはなかったでしょう。アマゾンは、消費者の食品需要を満たすリーダーになることを目指しています。私の調査では、彼らの戦略にもよりますが、アマゾンは2023年から2025年までにかけて、2150店舗まで拡大するでしょう」[36]
問題は山積してはいるが、インスタカートは市場での優位を維持し続けると私は確信している。これは、彼らの内耳が優れているおかげである。

正しいバランスの取り方とは

市場の境界線があいまいで、資金とビッグデータを得た想定外の新規参入者がテクノロジーの力で急成長できる世界では、内製重視かパートナーシップ依存かの選択は死活問題になりうる。

大半の新会社が設立して間もないころは、できる限りのことを自前で行い、可能な限り最良の顧客体験を届け、市場シェアを伸ばそうとするのは頷ける。しかし、規模が大きくなるにつれて、アップルやテスラなどのきわめて特殊な例を除けば、パートナーに頼らざるをえない場面も増えてくる。社内に多くの機能を備えておきたいという誘惑にかられた場合には、規模が拡張したらどのようにバランスを維持していくつもりなのか、真剣に考えることが大切だ。私たちが見てきたほぼすべての事例では、外部パートナーとの連携は相互にメリットと成長をもたらす。

システムリーダーは、外部との提携の可能性を評価する際に、「自社にはまだ備わっていない、あるいは、コアコンピタンスに昇華させるまでに時間がかかるような新しいスキルを利用するのに、この提携が役立つかどうか」と自らに問いかける。答えがイエスなら、トゥエンティースリー・アンド・ミーやGSKのように、提携はきわめて大きなメリットをもたらすかもしれない。答えがノーなら、eコマースをアマゾンに引き渡したボーダーズのように、その提携は短期的な売上増と引き換えに長期的な危機の種をまくことになるかもしれない。

アプアバ・メフタにシステムリーダーとしてのスキルが備わっていたおかげで、インスタカートは同社のサービスから恩恵を受ける幅広いタイプのパートナーを見つけることができた。同じエコシステム内にいるプレイヤーのニーズを理解するインスタカートの能力と、彼らが活躍できる領域を確保し、柔軟に対応するスタンスは、絶妙なバランス能力の賜物だ。優れた内耳を備えた企業がバランスの取れた行動をすれば、企業とその従業員、そして株主に圧倒的な成功をもたらすことをインスタカートは証明している。

内製とアウトソーシングのバランス

- 自社が属する業界の地殻変動を分析し、現在の恩恵だけでなく、将来の事業拡張に資するパートナーを選ぶ。自社が属する業界を、必ず勝者と敗者が生まれる「ゼロサム」ゲームと見なさず、複数のプレイヤーが勝者になれる可能性を検討する。常に他のプレイヤーが自らの努力で勝てる領域も作る。
- 本当の顧客、つまり商品やサービスの対価を払っている人たちの利益を最優先することに意識を集中する。とくに重要なのは、委託されているデータを、そのデータを知る権利のないパートナーと共有したいという思いに駆られたときだ。パートナーに便宜を図るために、本当の顧客の信頼を裏切ってはならない。
- 可能な限りいつでも、サプライヤーをウィン・ウィンの関係を構築できるパートナーと考えるべきであり、コスト削減の対象と考えてはならない。

Part Ⅲ

第Ⅲ部

筋力のコンピテンシー

筋力のコンピテンシーは通常、ワクワクするようなものではない。新しいAIテクノロジーの発明のように魅力的でもない。そして、難しい。しかし、筋肉質なケイパビリティに優れていることは、デジタルネイティブのDNAを持っているかどうかにかかわらず、すべての組織にとってますます必須のコンピテンシーとなっている。

このセクションでは、ロジスティクス（脊椎）の重要性、過去からの変化にもかかわらずモノを作ることがいかに重要な属性であるか（手）、グローバルな世界のスケールでの運用（筋肉）、エコシステムの運営と管理（手と目の協調）、そして時間をかけて評判やブランドを維持すること（持久力）について見ていく。再びそれぞれの物理的属性で奮闘している優良企業を各章で紹介しよう。

脳力の探求と同様に、第12章を読み終えるころには、これらの5つのスキルセットをどのように扱っているかを評価し、組織全体の筋力スコアをつけられるようになるだろう。

第8章 脊椎――ロジスティクス

消費者の立場から考えると、買い物をしているときに人はそこがリアルな物理的空間なのか、バーチャルなデジタル空間なのかを意識していません。ほとんどの場合、手にしているスマートフォンから買い物を始め、そこからどの店で買うかを決めます。彼らはリアルとバーチャル両方の利点を活かしているのです。

――ターゲット・コーポレーション〔訳注1〕CEO　ブライアン・コーネル

ロジスティクスは、あらゆる企業にとっての「脊椎」である。その役割は身体を直立させて、手足を動かし、脳から指示を受ける。きわめて重要な機能といえるが、「脊椎」は目立たない存在なので、ケガをして寝たきりにでもならない限り、その重要性は忘れられ

〔訳注1〕ターゲット・コーポレーション（Target Corp.）アメリカのミネソタ州に本社を置く売上高第5位の小売業者。ディスカウント百貨店チェーン「Target」など、小売店1844店を運営（2019年2月現在）。1902年創業。

がちだ。

ロジスティクスとは、製品や部品を製造し移動させ、適材・適所・適時を実現するための技法や科学と定義できる。世界中から原材料や機材装置を調達する、あるいは在庫管理や倉庫管理、隣町であろうが海外であろうが必要な場所へ出荷することも含まれる。従来の常識では、ロジスティクスやサプライチェーンのエキスパートが、『フォーチュン』誌の表紙を飾ることはない――アップルCEOのティム・クックのような傑出した人物でない限り。しかしこうした技能は、業界や組織に関係なく、良質の顧客体験を提供するには不可欠なものだ。

この章では小売業を取り上げる。この業界は卓越したロジスティクス、すなわち脊椎がとくに重要で、この部位が強靭かどうかで大きく差がつく。また小売業はスタートアップ企業やデジタルテクノロジーが優位に立つ業界という神話が根強い――いわゆる「小売業の黙示録」だ。これは、eコマースが実店舗を完全に駆逐するのは時間の問題という見方で、シリコンバレーをはじめ脳力派の根城のような場所ではよく聞く話だ。過去数年間に、アマゾンなどのeコマースにシェアを奪われ、何千もの実店舗が閉鎖に追い込まれたのは事実だ。また、シアーズ（Sears）やJ・C・ペニー（J.C.Penney）、メーシーズ（Macy's）、サーキット・シティ（Circuit City）、Kマート（Kmart）など、有名な小売チェーン店が破産するか、あるいは企業価値の大半を損失したのも確かだ。

しかし、ESPN（アメリカのスポーツ専門チャンネル）のアメリカンフットボール解説者であるリー・コルソが、「我が友よ、早合点してはいけない」としばしば口にするように、小売業者が破綻したり経営危機に陥ったりする原因は、デジタル時代に実店舗を運営していたことだけではない。変化する消費者動向に適応できず、成長よりもコスト削減に重点を置いたからだ。支出の削減は、売上が落ち込む局面では、短期的な利益を確保するうえでは有効な手段だ。しかし長期的には、規模縮小の行き着く先は餓死だ。より多くの顧客により多くの商品を購入するよう仕向けることができなければ、どれだけ効率化しようが、多くの実店舗と優れたロジスティクスを持っていようが、救われることはないのだ。

黙示録に抗う小売チェーンは、筋力に脳力を加え、顧客を惹きつける革新的な新しい戦略を打ち出すことに注力している。そうした小売チェーンは、既存の強力な脊椎に頼るのではなく、実店舗が持つ長所と良質のオンライン体験を提供する新しいアプローチを融合し、脊椎をさらに強靭にしている。利益を維持するために、なりふり構わずコストを削減するのではなく、顧客価値向上の全体的な戦略の一環として、ロジスティクスの高度化に重点投資している。

この章では、脳力派のスタートアップ企業で、強靭な脊椎を作り上げたワービーパーカー（Warby Parker）［訳注2］に軽く触れた後に、強力な筋力を持つベスト・バイ（Best Buy）、ホーム・デポ（Home Depot）、ターゲット（Target）の小売大手3社にフォーカスを当てる。この3社を選んだのは、典型事例を1件だけ取り上げている他の章とは異なり、「小売業の黙示録」という通説を覆すために、それぞれが異なるアプローチを取っているからだ。3社に共通するのは、アマゾンなどの競合との差別化を図るため、優れたロジスティクスを活用して柔軟かつきわめて満足度の高い顧客体験を提供する、先見の明を備えたリーダーシップチームを擁している点だ。

ワービーパーカー――デジタルスタートアップ企業が脊椎を育てる

言うまでもないが、既存の大手企業はロジスティクスに関して、規模の経済の点でスタートアップ企業よりも有利な立場にある。だが、小規模なディスラプターが、ロジスティクスでは競争優位を得られないというわけではない。ワービーパーカーは、購入前の試着や購入後の処方箋に基づく眼鏡の調整など、eコマースが抱えるロジスティクス上の課題を解決し、眼鏡市場を一変させた。

2010年に設立された同社は、レンズクラフターズ（LensCrafters）、パール・ビジョン（Pearle Vision）、サングラス・ハット（Sunglass Hut）といった複数のブランドを展開して高価格を維持してきた独占的なコングロマリット（複合企業）のルックスオティカ（Luxottica）が支配する業界の破壊を目論んでいた。ワービーパーカーのビジネスモデルは理論的にはシンプルだ。低価格と優れたサービスで顧客ロイヤルティを獲得し、ルックスオティカの実店舗チェーンとは異なるオンライン販売によって経費を削減するというものだ。

ワービーパーカーは一度に5本の眼鏡フレームを無料で発送し、ユーザーは自宅で最大5日間、販売員のプレッシャーをいっさい受けることなく試着できる。ユーザーは選んだ眼鏡フレームに取り付けるレンズの処方箋を添え、料金着払いで返送する（同社は処方箋が必要な顧客に対しては、実店舗での検眼士などによる検眼といったオプションをつけている）［訳注3］。やがて、処方されたレンズが装着された新しい眼鏡が送られてくる。眼鏡の基本価格は95ドルと、通常の眼鏡店の3分の1から4分の1程度だ。[*1] ワービーパーカーがサンプルの眼

［訳注2］ワービーパーカー（Warby Parker）アメリカのニューヨーク発のアイウェアブランド。10億ドル以上の企業価値を持つ未上場のユニコーン企業。
［訳注3］アメリカでは眼鏡を作るには、視力測定を行う専門職の検眼士あるいは眼科医が発行した処方箋が必要である。したがって、眼科医で処方箋を発行してもらうか、検眼士や眼科医がいる店舗に行くことになる。

鏡フレームを容易に低コストで、送ったり送り返してもらったりするというロジスティクス上の課題を解決できなかったならば、このビジネスモデルは成り立たなかっただろう。
とくに興味深いのは、ワービーパーカーが当初のオンライン販売にこだわることなく、ハイブリッド戦略を採用したことだ。最初の実店舗をオープンしたのは、オンラインのビジネスモデルを立ち上げてからわずか3年後の2013年であり、現在では北米で120以上の実店舗を運営している。2015年には、百貨店チェーンのノードストローム(Nordstrom)と出店契約を結び、6つのポップアップショップ(期間限定のショップ)を開設した。[*2]
ワービーパーカーの実店舗はたちまち人気ショップとなった。眼鏡の購入という消費行動には外出して訪店するだけの価値があったからだ。また、自分に似合うものは何か、専門家のアドバイスを受けられるオプションも好評だった。顧客は店頭に行くことだけにわざわざ高い金を払いたくないだけなのだ。共同創業者のデイブ・ギルボアは2017年、『Inc.』誌にこう語っている。「私たちが会社を立ち上げたとき、いまごろは、eコマースが眼鏡市場の10～20%を占めると予想していました。以来、大きく成長はしたものの、私たちが予想したほどeコマース市場は広がりませんでした。それが実店舗を出さなければならなかった理由の一つです[*3]」

実店舗はたちまちワービーパーカー最大の成長源となり、しかもオンライン販売の売上を食うこともなかった。ギルボアはさらにこう述べている。「実店舗をオープンすると、その地域でのeコマース事業が一時的に減速することがわかりました。しかし9〜12カ月も経つと、eコマースの売上は新店オープン前よりも加速し、急速に成長していきます。このパターンはほぼすべての市場で見られます[*4]」

実店舗での販売を成功させるには、ビッグデータとハイテク在庫管理の高度化に傾注しなければならなかった。ワービーパーカーは独自のPOSシステムを開発し、販売員はタブレットで、来店客が気に入った眼鏡フレームや、過去の購入履歴、配送、支払い、処方箋に関する情報を即座に確認し、それを活用してよりよいサービスを提供する。来店客が店にあるフレームを気に入った場合、販売員がタブレットでその写真を撮り、客に電子メールで送る。その後、顧客はその眼鏡を簡単に注文できる。ギルボアによると、メールを受け取った顧客の70％以上が開封し、30％以上が最終的に購入するという[*5]。

このような脳力と筋力の統合は、潤沢な資金と多くの店舗を抱える大手小売チェーンが作り上げたどんなオペレーションモデルにも劣らないものだ。それでは次に、はるかに規模が大きく、筋力の強い小売チェーン3社が独自に推進したイノベーションを検証しよう。

ベスト・バイ――価値とサービスの再定義

私は2019年3月、スタンフォード大学の講座にベスト・バイのユベール・ジョリーCEOを招き、彼の見事な企業再生術について講義してもらった。過去10年間、電子機器やテレビ、コンピューター市場をeコマースが席巻し、コンプUSA（CompUSA）、ラジオシャック（RadioShack）、サーキット・シティなどの家電量販店チェーンの経営破綻を招いた。2012年8月にジョリーがベスト・バイの経営を引き継いだとき、同社も危機的状況に陥っていた。しかし彼は、急速に変化する市場に隠れた機会があると見抜いていた。

同社がさまざまな逆風にさらされ、社内外で経営不安が取りざたされるなか、ジョリーはそうした逆風一つ一つを追い風と捉え直した。彼は、家庭用電化製品の市場自体は活況を呈しており、2012年までにはグレートリセッション（2008年のリーマン・ショックをきっかけにした世界的な景気後退）が収束し、その後は新しい製品分野が数多く広まると見込んでいた。彼の目論見どおり、アレクサ（Alexa）を搭載したスマートスピーカーやネスト（Nest）のスマートサーモスタット（家屋の温度調節装置）が人気となった。スマートフォンは、ほぼ世界中の消費者にとっての必需品となり、iPhoneもアンドロイドもともに伸長していた。ベスト・バイがこうしたトレンドを活用するためには、商品を陳列して顧客の来店を待つだけでなく、さまざまなことに取り組む必要があった。それは同社の顧客価値とサービスを再定義することにあった。

ジョリーのチームはこれまでの発想を変え、企業規模とロジスティクスの強みを活かして追い風を活用する主要戦略を2つ考え出した。一つは、顧客が実店舗を一種のショールームとして利用している実態に即して、実店舗を改革すること。もう一つは、長期的な顧客ロイヤルティを強化できるよう、顧客サービスをより幅広く、より親密な関係として再定義することだった。

店舗フロアを改革する

ベスト・バイが直面していた逆風の一つは「ショールーミング」の増加だった。これは、実店舗で商品を見てから、オンラインでより安い価格の同じ商品を注文する消費者行動である。実店舗でのショッピング体験をよりよいものにし、価格を他社のオンライン価格に近づけることができれば、顧客はオンラインに移動することなく、実店舗で購入行動を完結する。

顧客体験を改善するための一つのアイデアとして、アップルやサムスン、ソニー、アマゾンなどのメジャーブランドを含むさまざまなメーカーのアイテムを顧客が比較検討できるよう、店内を仕切って店舗内店舗を設置した。これによって、店舗の専門スタッフは、ホームエンターテインメントシステムをどのように構成するのがよいかや、デスクトップコンピューターにプリンター、タブレット、スマートスピーカーなどをうまく組み合わせて使いたいという顧客の要望に応えることができる。商品の組み合わせや接続がより複雑になってきたため、商品に精通した、特定のブランドに偏らない中立的なサポートに対するニーズは高まり続けている。

ベスト・バイのサプライヤーの多くは、自社店舗を開設し営業するようになっていたが、ジョリーは、アップルでさえも自社ブランド品だけでは顧客を完全には満足させられないと気づいていた。テクノロジーは、単一ブランドではあらゆるすき間分野を満たせないほど、多岐にわたって進化しているからだ。そして顧客は、自分だけのニーズを満たす最適なアイテムを選択し、すべての機器が連携してうまく動くように、ますます専門家のサポートを必要としていた。ジョリーは、アップルをはじめとする主要サプライヤーに対して、ベスト・バイの店舗にブランド専門ごとの売り場を設けることを認めれば、サプライヤーの売上も増加するウィン・ウィンの関係になると説得した。そして、店舗内の各ミニストアには、可能な限り魅力的に見えるようブランド製品が並べられるようになった。

アップルなどのサプライヤーは、ベスト・バイが自社店舗と直接競合するようになったにもかかわらず、ミニストアの展示に投資してメリットを享受した。小売業界のディスラプションに対応するため、プライベートブランドの開発を積極的に進めた多くの小売業者と異なり、ベスト・バイは商品の発売や製品規格の設定などでも重要な役割を果たし、サプライヤーにとってきわめて有益な存在になろうと決めた。サプライヤーを顧客のように扱い、すべての取引でサプライヤーが確実に利益を得られるようにして、ベスト・バイは彼らとの関係性を一気に強化した。

ジョリーとベスト・バイは、アマゾンなど直接競合するサプライヤーさえも支援した。ジョリーは、ベスト・バイの店舗から主要サプライヤーを排除すれば、困るのはベスト・バイの顧客だと説明した。同社は、アレクサをベースとしたスマートスピーカー「エコー(Echo)」を主力商品に据えたアマゾンのミニストアをできるだけ来店客に好まれるものにすることで、アマゾンの流通戦略の一部をベスト・バイが担うように仕向けた。

ジョリーはこう語る。「私たちはたいてい、気軽に買えるものはオンラインで購入します。わざわざ店に行くのであれば、その労力に見合うだけのものがなければなりません。店舗内店舗でなければできないこととは何でしょうか。何をしたいのかわからない場合、新しいテクノロジーに触れ、感じ、体験し、人と対話ができることは非常に大きな価値があります。私たちはまた、展示の場を必要とするベンダーに対しても、貴重なサービスを提供しているのです[*6]」

ミニストア戦略は、各ブランドの製品が適切な時期に適切な場所に在庫があるように、優れたロジスティクスとサプライチェーンに大きく依存している。また、ジョリーによると、BestBuy.comで注文された商品のおよそ半数は、数日後の配達まで待てない購入者が、オンライン注文から通常1時間以内に店舗で引き取るという。これも、「小売業の黙示録」を避けたい小売業者にとって重要なスキルだといえよう。

ウイング・トゥ・ウイング・サービス

ジョリーが実行した2つ目の重要施策は、ますます複雑化するテクノロジーという逆風を、より高度な顧客サービスという追い風に変えることであった。企業のほとんどがIT部門を抱え、コンポーネントの選択やインストール、他の製品への接続、トラブルシューティング、故障の修理などを担当している。だが、個人消費者はつながり合った商品群を自力で何とかしなければならない。そして、多くの消費者がホームテクノロジーに手を焼いている。ベスト・バイが信頼できるウイング・トゥ・ウイング・サービス（ベスト・バイで購入したかどうかにかかわらず、家庭内のすべての電子機器に関する問題解決をサポートするサービス）を提供できれば、その可能性は計り知れないほど大きい。

ジョリーはその目標をこうまとめた。「テクノロジーがどのように生活をよくするかを理解し、それが持続するよう支援したいと思っています。今夜、ネットフリックスが見られなかったとしたら、それはネットフリックスのせいでしょうか。家までの配信が問題でしょうか。それともWi-Fi、あるいはテレビかストリーミング機器が原因でしょうか。製品をどこで購入したかに関係なく、家にあるすべてのものをサポートする素晴らしいサービスがわれわれにはあります」[*7]

この戦略を実行するため、ジョリーはギーク・スクワッド（Geek Squad）の強化に取り組んだ。それは、ジョリーがCEOになる10年前にベスト・バイが買収したものの、それまで十分に活用されていなかった修理・サポート部隊だった。1994年に独立企業として創業したギーク・スクワッドはもともとコンピューター関連のサービスやアクセサリーを提供する会社だった。しかしいまでは、はるかに多くの事業を手がけている。

サービス契約では、デスクトップパソコンやノートパソコンのみならず、スマートフォン、タブレット、インターネット対応テレビ、Wi-Fiルーター、スマートスピーカーなど、ほぼすべての電子機器や白物家電の診断と修理を無制限に利用できる。また、自宅への訪問サービスを希望しない場合は、オンラインや電話で24時間サポートを受けられる。「トータルテックサポート」サービス契約の利用料金は年間199・99ドルで、心の平穏を得るには妥当な価格かもしれない。

ジョリーは、ベスト・バイが提供するサービスの拡大に常に取り組んでいるという。「われわれは、顧客の家に行き、顧客が必要としているものを確認し、ソリューションを生み出す、家庭内アドバイザープログラムのような活動を数多く立ち上げました。どこで購入したかに関係なく、家にあるものすべてをサポートするのです。また、高齢者の健康状態を見守るうえで役立つ取組みを多く用意しています。テクノロジーの助けを借りて、高齢者が自宅で自立して過ごせるよう支援しています。私たちはヒューマンタッチとテクノロジーの活用を融合しようとしているのです[*8]」

私は、ベスト・バイでテレビを2台購入したときに、こうした施策をじかに体験した。配送チームは2台のテレビを私の家の中に運び込み、希望する場所に壁掛け金具を正確に取り付け、テレビを設置してくれた。その後、彼らは十分に時間をかけて、ネットフリックス（Netflix）やフールー（Hulu）といったインターネット配信サービスのセットアップを行い、リモコン一つですべて操作できることを確認した。こうした作業を専門家がしてくれたのは、100ドルの追加料金に見合う価値があった。私はさらに、ベスト・バイとギーク・スクワッド双方のブランド名が記されたトータルテックサポートに1年契約で加入した。こうしたテレビの設置作業から、彼らが自分たちの役割を自覚し約束を履行するロジスティクス能力を持っていることがわかった。

競合他社ではなく、顧客のニーズにフォーカスする

ジョリーは私の講義で、ベスト・バイが競合に目を向けていたら、ロジスティクスを活用したサービス主導型企業になる機会を逸していただろうと語った。徹底して顧客のニーズに向き合うことによって、顧客の生活をシンプルにする手段を容易に見抜くことができたのだ。

ジョリーは2019年6月にベスト・バイのCEOを退任した。新CEOのコリー・バリーは、会社の成功戦略を引き継いだ。技術サポートと顧客とのやり取りの両方に長けた優秀な人材を雇うため、ギーク・スクワッドに追加投資したが、サービス契約が商品の販売を下支えしているように見える。技術サポート契約の満足度が高いほど、顧客は将来発売される製品をベスト・バイから購入する可能性が高くなる。

さらに心強いのは、オンラインと店頭販売の売上が互いに食いあうことなく、並行して成長を続けていることだ。パンデミックや景気後退にもかかわらずベスト・バイの2020年第2四半期の総売上は、アナリストの予測を上回る4％増だったと発表した。『ウォール・ストリート・ジャーナル』紙はこう報じている。「ベスト・バイが店舗販売を再開し始めると、大型白物家電製品やホームシアターなど高額商品の売れ行きが改善し、そうした商品の対面購入の重要性に脚光が当たった。しかし、それはｅコマースの減速を意味するものではない。前四半期の国内オンライン販売の売上高は前年同期比で242％増加し、全売上高の半分以上を占めた。これは、単一の四半期としては過去最高記録だ。店舗販売の再開後も、オンライン販売はさほど落ち込むことがなく、前年よりも180％高い水準を維持している[*9]」

バリーＣＥＯが2021年1月に私の講座で語ったように、企業は現在のビジネスの手法に安住してはいけない。将来成功するためには、顧客との関わり方をどのように変化させるか、常に検証し続けなければならないのだ。

ホーム・デポ——不可避なものに抗うな

ホーム・デポが直面していた課題はベスト・バイとは異なっていたが、ベスト・バイと同じように自らの持つサプライチェーンとロジスティクスの強みを活かした戦略的なイノベーションで課題解決に挑んだ。

クレイグ・メニアは2014年にCEOに就任するまで、ホーム・デポで16年間働いてきたベテランだった。彼はキャリアの大半を、複雑なロジスティクスや、建設業者や住宅改修専門業者との取引、大規模店舗オペレーションの詳細にわたる運営業務に費やしてきた。しかし、CEOに就任した数年後、彼はインタビューでこう語っている。「いま、我が社が事業を継続できているのは、私たちのビジネスに起きている激しい変化に対応し、常に顧客が望むものよりもさらに先を行くために、自ら変化を起こし続けているからです[*10]」

大手小売業者の多くがeコマースを拒絶したり、参入に慎重だったりしたのに対して、ホーム・デポは率先してeコマースを受け入れた。メニアは経営陣に対し、避けられないものと戦うのは何のメリットもないと強く訴えた。その戦いは時間の浪費でしかなく、競合に勝機を与えることになる。代わりに彼は、過去ではなく、現在の顧客と向き合うことが必要だと指摘した。それは、顧客のニーズを満たすために、ビジネスの核となる強みを見直し、独自の能力をどのように活用するかにかかっている。

メニアの目標の一つは、品揃えを頻繁にアップグレードし、サービス担当者のトレーニングや能力開発に投資して、ホーム・デポ店内の顧客体験を改善し続けることだった。彼は私の講座で次のように語った。「私たちは素晴らしい製品を提供するビジネスを展開しています。だから、製品のイノベーションに強い関心を持ち、投資する必要があるのです」。彼は、顧客がホーム・デポの店に足を運ぶ理由は、高品質の製品と優れたアドバイス、満足感に満ちた体験のためだと説明した。これと反対に、小売業者が提供する店内体験が低質で、品揃えが劣悪であれば、どれだけデジタルイノベーションを推し進めても他社と差別化することなどできないのだ。

その基本的な課題をクリアしたうえで、ホーム・デポはより野心的な目標に挑んだ。それは、同社の強靭な脊椎を最大限に活用して、オンラインとオフラインの利点を組み合わせたハイブリッド購買体験を顧客に提供することだった。

キッチン用流し台の配送は難しい

ｅコマースでは、商品が大きくてかさばるほど発送が難しくなり、送料も高くなる。これは一つの大きな真実だ。アマゾンが本やＣＤなど小さくて軽い商品の販売から事業を開始した理由はそこにある。建設用木材や照明器具、さらにはキッチン用流し台を注文した場合を想像してほしい。アマゾンの配送車両では、おそらくそのような品物を玄関先まで届けることはできない。ところが、あなたがピックアップトラックやＳＵＶで地元のホーム・デポに立ち寄り、従業員に荷物を積んでもらうことはできる。

メニアはＣＥＯ就任後、オンラインと実店舗でのショッピング体験を統合すべく、サプライチェーンの再構築に着手した。そこには、配送センターから各店舗への在庫補充と顧客直送のネットワークの開発と展開も含まれていた。約束した商品引き取りの時間に関して顧客を失望させることがないように、すべてのホーム・デポ店舗に迅速に商品を補充することは、ロジスティクス上のきわめて大きなチャレンジだった。

サプライチェーン領域の副社長であるスコット・スパタは２０１５年、業界誌のインタビューで次のように語っている。「私たちは、ｅコマースからｅを取って、単にコマースと呼んでいます。多くの店舗内取引はオンラインから始まります。そこから、顧客が必要とする可能性のあるすべての情報を準備して待ち受ける店舗に誘導できます。あるいは、店頭で商品を実際に見て、触ってみてから、特定のサイズや色をオンラインで注文したいという顧客もいるかもしれません。顧客がどのような取引方法を望もうと、私たちはそれをバックヤードで実現します」[*11]

ホーム・デポは、顧客直送やオンライン注文の店舗での引き取りといった「オムニ・チャネル」機能をサポートする、同社初のダイレクト・フルフィルメント・センター（DFC）建設に着手した。カリフォルニア州、ジョージア州、オハイオ州に建設したDFCには、さまざまな注文処理業務を同期して処理する高度な倉庫管理システムが導入された。ある業界誌が指摘したように、「DFCはホーム・デポのオムニ・チャネル革命の先鋒だが、同社がサプライチェーンを大規模に再構築したからこそ実現したものだ」といえる。[*12]

スパタによると、DFCは2007年に始まったサプライチェーン進化の第3段階に位置づけられる。第1段階では、商品補充の集中管理を実現させた。第2段階では、店舗への商品補充のために、ラピッド・デプロイ・センター（RDC）による配送ネットワークが構築された。そして第3段階では、オンラインで注文し店舗で受け取る顧客の増加に備えて、オペレーションの柔軟性をより高くした。スパタは次のように言っている。「私たちは当時のeコマース取引量を把握したうえで、その後数年間でそれが2倍、3倍あるいは4倍になることもわかっていました。これは単なる成長ではなく、超成長とでもいうべきものです[*13]」

2017年12月、メニアはこう語った。「私たちは現在の姿を、〝相互接続された小売〟と呼んでいます。いまや店舗の入り口は顧客のポケットの中や職場にあり、自宅のソファに座っているときでも訪店できるのです。購買体験の多くは、終わりは物理的空間であっても、始まりはデジタル空間です。人々は、まずネットで閲覧し、その後に店に立ち寄ります。HomeDepot.comでのオンライン注文の45％は、実店舗での受け取りを選択します。過去数年にわたって、私たちはサプライヤーからわれわれの配送センターや店舗へ効率的に商品を配送できるサプライチェーンを構築してきました[*14]」

ハイブリッドモデルが柔軟性を生み出す

2018年6月に、ホーム・デポはその後の5年間で12億ドルを投じて、一般家庭や職場への商品配送を継続的にスピードアップする計画を発表した。サプライチェーンおよび製品開発担当執行副社長のマーク・ホリフィールドによると、さらに170の物流施設を増設し、1日以内にアメリカの全人口の90％に品物を届けられるようにすることを計画している。新しい施設には、人気商品を翌日または当日配達するための十数カ所のDFCと、パティオ用の調度品や白物家電製品などのかさばる商品をまとめて顧客に直送するための地域拠点100カ所が含まれている。ホリフィールドはロジスティクス業界の会合でこう語った。「顧客は無料配送か、あるいはタイムリーな配送のどちらかを期待しています。短時間で配送してくれるなら喜んでお金を払うという場合もあれば、逆に、無料なら待つことをいとわないという場合もあります。そこで、われわれは顧客のニーズに合ったさまざまなオプションを準備しておく必要があります。これは、小売業界の将来に備え、我が社をリエンジニアリングするための総額110億ドル規模の計画の一部です[*15]」

ベスト・バイと同様に、ホーム・デポは自社のハイブリッドモデルが2020年のパンデミックを乗り切るのに役立ったと認識している。2020年度第2四半期の売上高は381億ドルで、前年同期から23・4%増加した。アメリカ国内の既存店売上高は25%増だった。決算発表に際してメニアは次のように述べた。「事業全体への投資によってアジリティ（機敏性）が大幅に向上し、変化に迅速に対応できるようになり、その一方で安全な作業環境の整備が継続的に行えるようになりました。その結果、我が社の職能横断的なチーム力が強化され、お客様によりよいサービスを提供し、四半期売上で過去最高を達成することができました[*16]」

ターゲット――ディスラプションに向かって走る

3番目に取り上げるのは、近年、最も興味深い復活を遂げた小売大手のターゲットだ。1990年代から2000年代初めにかけて「Tarzhay（タージェイ）」［訳注4］というフランス語調の愛称で親しまれ、数々のスタイリッシュなプライベートブランドを擁し、ウォルマートやKマートよりはるかにクールな店だったターゲットは、2000年代後半のグレートリセッション以降は苦境に陥っていた。売上が落ち込み、多くの店舗が荒廃し、経営陣はアマゾンや他の競合から市場シェアを取り戻そうともがいていた。取締役会は社外に人材を求め、2014年8月にブライアン・コーネルを新CEOに迎え入れた。コーネルは2019年4月と2020年1月に、スタンフォード大学の私の講座で、ターゲットが多角的に業績を復活させた経緯を語った。

コーネルによると、復活のカギはビッグデータの活用と、店舗での提供価値の向上、そ

［訳注4］タージェイ（Tarzhay）　チープシック（高価ではなくおしゃれ）なファッションでまとめる、すなわちTargetで買い物をすることを表す造語。

して従来の販売方法とeコマースを融合させるためのハイブリッドモデルの構築だった。ベスト・バイやホーム・デポと同じく、ターゲットも競合他社がやらなかった方法で、自社のコアコンピタンス、とくにロジスティクスの強化を進めた。コーネルは、この問題にどのように挑んだかを語ってくれた。「2017年2月、私たちは会社のビジョンを明確に打ち出しました。3年間に70億ドルを投じて店舗の刷新、都市中心部や大学のキャンパスでの新しい小規模店舗の開設、ブランドへの再投資、テクノロジーとフルフィルメント（配送）機能への投資、そして人材に対する大規模投資を行うことを明確にしたのです。私たちがいま手にしている成功は、これらの要素がすべて実を結び、噛み合った結果です。私たちは規模を拡大して施策を実行し、すべてが連動し始めています。その結果、売上が大幅に伸び、市場シェアが拡大し、店舗への顧客の流れやサイトへのアクセスが増加しました[*17]」

ターゲットが店舗のアップグレードやサプライチェーンの改善などの計画に70億ドルを投じると発表した当初、ウォール街はターゲットを厳しく批判した。しかし、停滞から逃げて助かる道はないという点でコーネルの判断は正しかった。私の元上司ジェフ・イメルト（元ゼネラル・エレクトリックCEO）がよく言っていたように、「ディスラプションから逃げるのではなく、ディスラプションに向かって走らなければならない」のだ。

ビッグデータを活用し、ターゲットの脊椎を強化

ビッグデータは、ターゲットの再生を左右する重要な基盤だった。驚いたことに、2013年以前のターゲットには、一元的なデータ管理もなければ、包括的なデータ戦略の専門部署もなかった。オンラインの売上が伸び続けるなか、ターゲットはオンラインビジネスをさらに成長させるため、データサイエンスと分析を強化する必要があった。ますます増大するデータに対応する能力を構築するため、新たに専従チームを結成した。テクノロジー分野での経験が豊富なパリトッシュ・デサイは、新しいグループであるエンタープライズ・データアナリティクス&ビジネスインテリジェンス（EDABI）のリーダーとして採用された。デサイは次のように回想している。「ターゲットには、データを収集し、意思決定と事業運営を改善する膨大な機会がありました。そして、もし私がeコマース事業の支援から始められれば、長期的には組織全体――店舗やサプライチェーン全体――あらゆるところに影響を与えられると考えました[*18]」

コーネルは、ターゲットの再生にEDABIが果たす役割の重要性を強調し、それを「顧客と、彼らが求めているものを理解するための投資」と呼び、さらにこう続けた。「戦略については話せることがたくさんありますが、その一方で、私たちが認識したのは、テク

ノロジーやサプライチェーン、製品設計、あるいは店舗レベルでの業務のいずれであろうと、適切な能力を適切な場所で使うことが重要ということです。私たちがこの取組みを完遂するうえで、データとアナリティクスは重要な道しるべでした。1週間で、平均するとおよそ3000万人の消費者が私たちの店で買い物し、同じくらいの人数がTarget.comを訪れます。その結果、豊富なデータが手に入り、いまでは顧客がどこで買い物をし、何を求めているかを知ることができます[*19]」

店舗の改良

コーネルは、EDABIのビッグデータ分析と自社の優れたロジスティクスを組み合わせて店舗を再構成することを優先したが、その一方で、アマゾンやウォルマートに対する価格競争力を維持した。過去数年間、ターゲットは食品雑貨をはじめ、大人向け飲料、玩具の品揃え、その他若いファミリー向けの必需品を加え、商品構成を拡大させた。地元の顧客が本当に求めているものに基づいて、店舗ごとに在庫を調整する能力を向上させ、新型コロナウイルスのパンデミック中にトイレットペーパーの買いだめが起こったときでさえ品切れを起こさなかった。コーネルによると、ターゲットはプライベートブランドの商品構成を見直し、キャット・アンド・ジャック（Cat & Jack）やグッド・アンド・ギャザー（Good & Gather）など20を超える新ブランドを加え、現在その4分の1が年間売上高10億ドルを超えている。

2018年10月に『ウォール・ストリート・ジャーナル』紙は、ターゲットが過去十数年間で最高の業績を上げたのを受けて、こう報じた。「同社は熱烈なファンがいるブランドをいくつか捨て、新しいブランドを立ち上げた。専売商品への注力は、アマゾンやその他のチェーンとの競争を回避するためのコーネルの戦略の一環である。このようなプライベートブランドは、小売業者にとって高い収益性が見込めるという傾向もある[*20]」

ターゲットは大学のキャンパスだけでなく、ニューヨークやロサンゼルスなど収益性の高い都市の市場に向けて、さまざまなタイプの小規模店舗を新たに展開していった。それらの店舗は、既存の主要顧客である郊外に住む若いファミリーではなく、ミレニアル世代やZ世代などを対象としている。ターゲットの新店舗は単に顧客基盤を拡げただけでなく、1平方フィート当たりの売上高を、同社の旧来の大規模店舗の4倍に増やすという大きな成功を収めた。

その一方でターゲットは、パートナーシップに関してもより革新的な取組みを進めた。ディズニーやリーバイスなどの大手ブランドとの提携だけでなく、現在はシェービング用品のハリーズ（Harry's）やマットレスのキャスパー（Casper）、歯ブラシのクイップ（Quip）など、新興ＤｔｏＣ（消費者直販）ブランドのショールームを設けている。ターゲットはまた、配送サービスのグランドジャンクション（Grand Junction）とシプト（Shipt）を買収したことで、多くのオンライン購買者が待ち望んでいた当日配送サービスを提供できるようになった。

「物理的空間とデジタル空間の境界がぼやけて混ざり合ってきている」

ベスト・バイやホーム・デポと同じくターゲットも、競合の追随を許さないバックエンド（裏方）の力という独自の脊椎を最大限に活用した新たなタイプのｅコマースを作り上げた。デジタル購入から店舗での受け取りまでの、全流通プロセスをシームレスに融合させるロジスティクス面での挑戦は想像以上に困難である。

たとえば、Target.comを検索していて、2時間後に最寄りの店舗で品物を受け取るケースを考えてみよう。その店舗に、限られた時間内に商品をまとめ梱包するのに、十分なスタッフがいなかったらどうなるだろうか。在庫管理システムの数値がわずかにずれ、在庫が2個あるはずのお目当ての品物が、つい先ほど最後の1個が店頭で売れてしまったとしたらどうなるだろうか。レジが渋滞し、店員がカーブサイドオーダー（駐車場での受け取りサービス）に対応できず店舗の外まで出られなかったら。

こうした課題を解決するのは容易ではなかったが、課題を一つ一つ潰すことによって、ターゲットは強い競争力を獲得した。あるアナリストは次のように指摘した。「Ship-to-Store（店舗への出荷）と呼ばれるターゲットのeコマースプラットフォームは、実店舗をオンライン客向けの小さな倉庫に変えました。そのため、顧客はオンラインで商品を注文し、その日のうちに店舗で受け取れるようになったのです。Ship-to-Storeは、ターゲットの配送や荷扱いのコストを削減し、実店舗の既存スペースの効率的活用を実現しました。そして、受け取りのため店舗に来た顧客が追加で買い物をしたくなったら、そのメリットは2倍になります[*21]」

コーネルは、顧客にオンラインショッピングと対面ショッピングのどちらか一方を選ばせるのは間違っていると考える。「消費者の立場から考えると、買い物をしているときに人はそこがリアルな物理的空間なのか、バーチャルなデジタル空間なのかを意識していません。ほとんどの場合、手にしているスマートフォンから買い物を始め、そこからどの店で何を買うかを決めます。スマートフォンで最新のピンタレスト(pinterest、画像検索アプリ)を見たりスマートフォンの中の買い物リストを見たりするのです。物理的空間とデジタル空間の境界がぼやけて混ざり合ってきているという考えがますます強くなってきました。そして、いまや消費者は買い物がとても楽になった事実を楽しんでいると思います。彼らはリアルとバーチャル両方の利点を最大限活用しているのです。お望みとあらば、物理的体験ができます。時間がないときは、仕事場のデスクや教室で買い物できます。そしていまわれわれは、消費者の思うまま、きわめて簡単にわれわれのブランドとつながることを可能にしたのです」

ロジスティクスを最大限に活用する

実際のところ、ロジスティクスはセクシーとはいえない。しかし、人目につかぬところで配管工が水を流し、電気技師が照明を点灯し続けるように、ロジスティクスの専門家は素晴らしい顧客体験を提供するうえで不可欠な存在だ。ロジスティクスに優れた企業は、顧客が適材・適所・適時を求める環境下では確実に競争優位を獲得できる。卓越したオペレーションは、とくに強力なデジタル機能と組み合わさることで、金では買えないほど貴重な資産になるのである。

専門家たちは、eコマースの時代にベスト・バイやホーム・デポ、ターゲットは終焉を迎えると繰り返し予測した。しかし、幸いこの3社には、デジタルとフィジカルそれぞれの利点を融合する巧みな投資を行うシステムリーダーがいた。3社とも調達した資金を、ロジスティクスやサプライチェーンのインフラと、ウェブサイトなど消費者との接点の双方を強化拡大することに注ぎ込んだ。3社はすべて、筋力の強化に注力する一方で、脳力的な能力を新たに身につけた。その結果、3社とも識者の予想を裏切り、健康な脊椎を武器として競合を引き離すことに成功したのだ。

ロジスティクス

●不可避なものには抗わない。顧客はますますオンラインショッピングを望むようになっており、eコマースでの取引は加速度的に伸びている。物理的な店舗を持っている場合は、デジタル機能と卓越したロジスティクスをいかに融合するかに注力し、素晴らしい顧客体験を提供する。

●ソフトウェアを活用した付加サービスを、物理的商品（ハードウェア）と組み合わせる。

●すべての商品がeコマースのみで簡単に発送、配達できるわけではない。商品やソリューションの特性を踏まえて、他企業（とくに、何でも販売、配送できるわけではないアマゾン）に対する参入障壁を築く方策を探索する。

第9章 手 ―― モノづくり

ときにアナログはデジタルに勝ることがあります。優れた職人技はアナログから生まれます。音楽もアナログのほうがよい音だと人は感じるものです。同じことが企業のエンジニアリングやデザインのフィロソフィーにもいえるのです。私たちは、アナログの価値を認め、それが世界にもたらしてくれるものを尊重しなければなりません。

――前サムスン電子社長　ヤン・ソン

「手」は、書類を束ねるクリップのようなシンプルなものから、スタインウェイ（高級ピアノなどを製造するアメリカの伝統的企業）のグランドピアノのような洗練されたものまで、モノづくりの技を例えたものだ。このコンピテンシーには、品質、コスト、生産規模、スピードなどの間での、各産業固有のさまざまなトレードオフを理解することが含まれる。製造活動はビジネス戦略の一項目にすぎないとしても、品質やコストなどの変数にどう優先順位をつけるか、賢明な判断を下さなければならない。

これは、最小のコストで最大の生産をするのが最高の「手」とされた、18～19世紀の産業革命的な発想からの転換を意味する。ヘンリー・フォードのような、20世紀初頭に登場した製造業黎明期の巨人たちは、たえず効率改善と規模の経済の実現に力を注いだ。第二次世界大戦後の好景気に沸いた時代、洗濯機やテレビを最も販売した企業は総じて、迅速な大量生産を実現した企業だった。生産能力が大きくなるほどコスト単価は下がり、売上が拡大すれば、製品への需要をより高めるためにその利益を広告に投入できる。

こうした古典的なモデルは、１９７０年代に変化し始めた。グローバリゼーションが進み、多くの外国製品がアメリカに流入してきたのである。それらの多くは高品質か低価格、またはその両方を兼ね備えた製品で、アメリカの消費者に訴求していった。この新たな競争は、多くのアメリカのメーカーが世界の低コスト地域、なかでも東南アジアやメキシコに工場を移転する契機となった。企業にとって最大の支出が人件費である場合、バングラデシュや中国の労働者が日給２ドルであれば、オハイオ州の労働組合に加入している労働者へ時給20ドルを支払う理由がどこにあるのか。何百万人ものアメリカ人にとって不幸だったのは、過去半世紀にわたり、最も安価な労働力を求めて雇用が海外へと移行したため、国内のさまざまな産業が衰退したことである。グローバルな海運の発達によって、ほぼどんなものでも地球の裏側で容易により低コストで作れるようになったのだ。

規模の経済を最大化し、コモディティ（汎用品）やそれに近い製品を超低価格で生産する方法を取っている企業は、いまだに数多く存在する。たとえば、高級なボールペンは1本5ドル以上で売られているが、フランスの筆記具メーカーBICのベーシックなボールペンはセット販売価格が約0・20ドルだ。BICはペンを大量生産しているため、1本当たり数セントの低価格で販売できる。そして、コスト意識の高い顧客は、超低価格のペンを買い求める。こういった低コスト・大量生産のコモディティはいまなお有効なビジネスモデルだが、もはや、これが卓越したモノづくりへの唯一の道とはいえない。

既存型企業かスタートアップ企業かを問わず、過去10年間に多くの企業が、高品質で適正な価格の製品を生み出すべく、製造工程やビジネスモデルを劇的に変革させた。おそらく最も重要な新製造技術は、アディティブ・マニュファクチャリング（AM）だろう。AMとは、「プラスチックや金属、コンクリートなどの材料を層にして積み重ねて3Dオブジェクトを作成する技術で、積層造形とも呼ばれる。コンピューター支援設計（CAD）のスケッチが作成されると、AM機器がCADファイルからデータを読み込み、液体や粉末、シート材などの層を積み重ね、3Dオブジェクトを製作する」[*1]。

AMは今後10年で爆発的に普及し、アメリカのような高賃金の国ではコストパフォーマンスのよい設計や製造が可能になると思われる。高度なロボット工学が導入されている工

図9-1｜生産可能性フロンティア(PPF、生産可能性曲線)

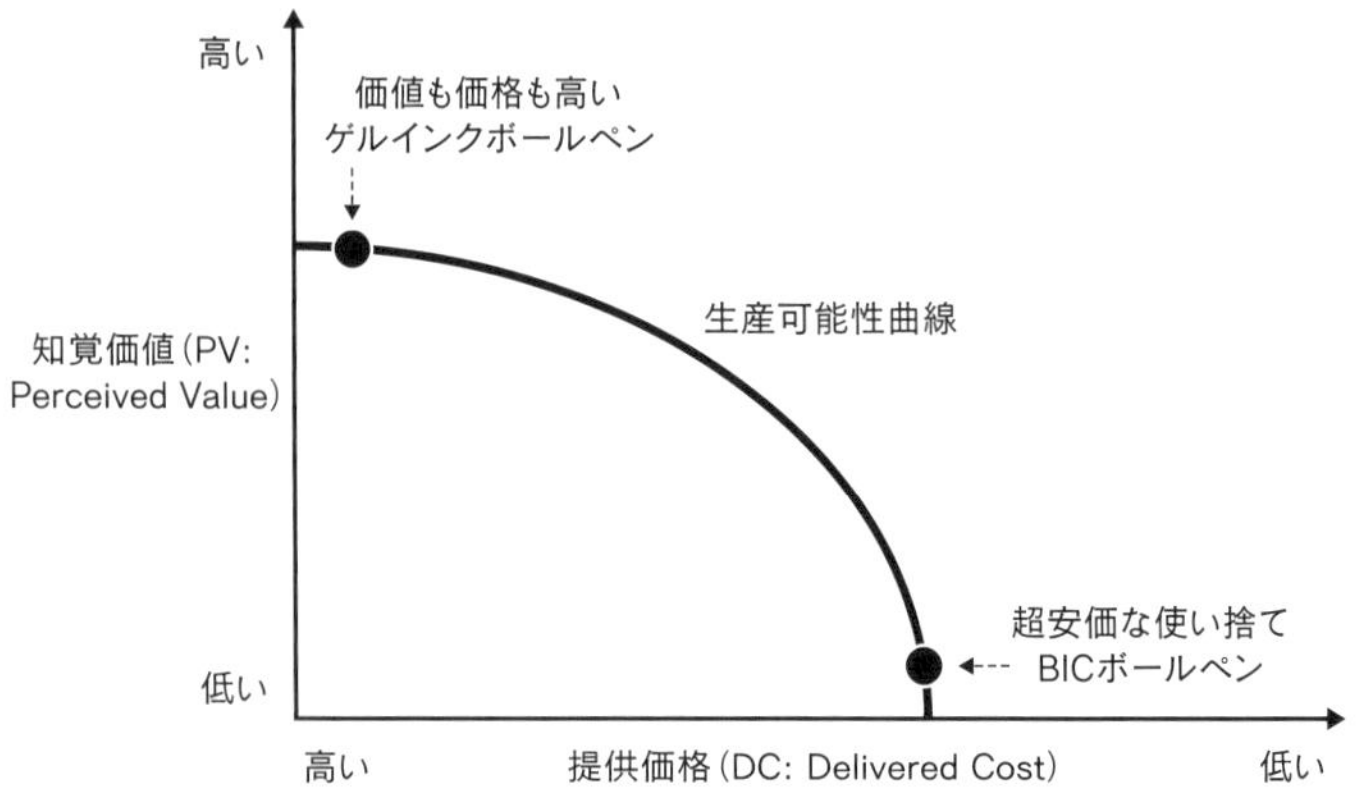

場では大量の従業員の採用を必要としないため、優れた「手」を持つ企業は地元で従業員を雇い、訓練することが可能になるのだ。ただし、そうした従業員たちはいまや、高度な機械を操作し、メンテナンスする重責を担っている。地元採用と先端材料の地元調達を組み合わせれば、この新しい製造モデルはグローバル競争のなかで価格競争力を保ちながら、高品質の大量生産を実現できる。

このトレンドを理解するには、私のスタンフォード大学の同僚ロバート・バーゲルマンが考案した、「提供価格(delivered cost、DC)」と「知覚価値(perceived value、PV)」を曲線で表した生産可能性フロンティア(PPF、生産可能性曲線ともいう)を用いるといいだろう[*2](図9－1参照)。

図9-2｜イノベーションによって生産可能性フロンティアが広がった場合

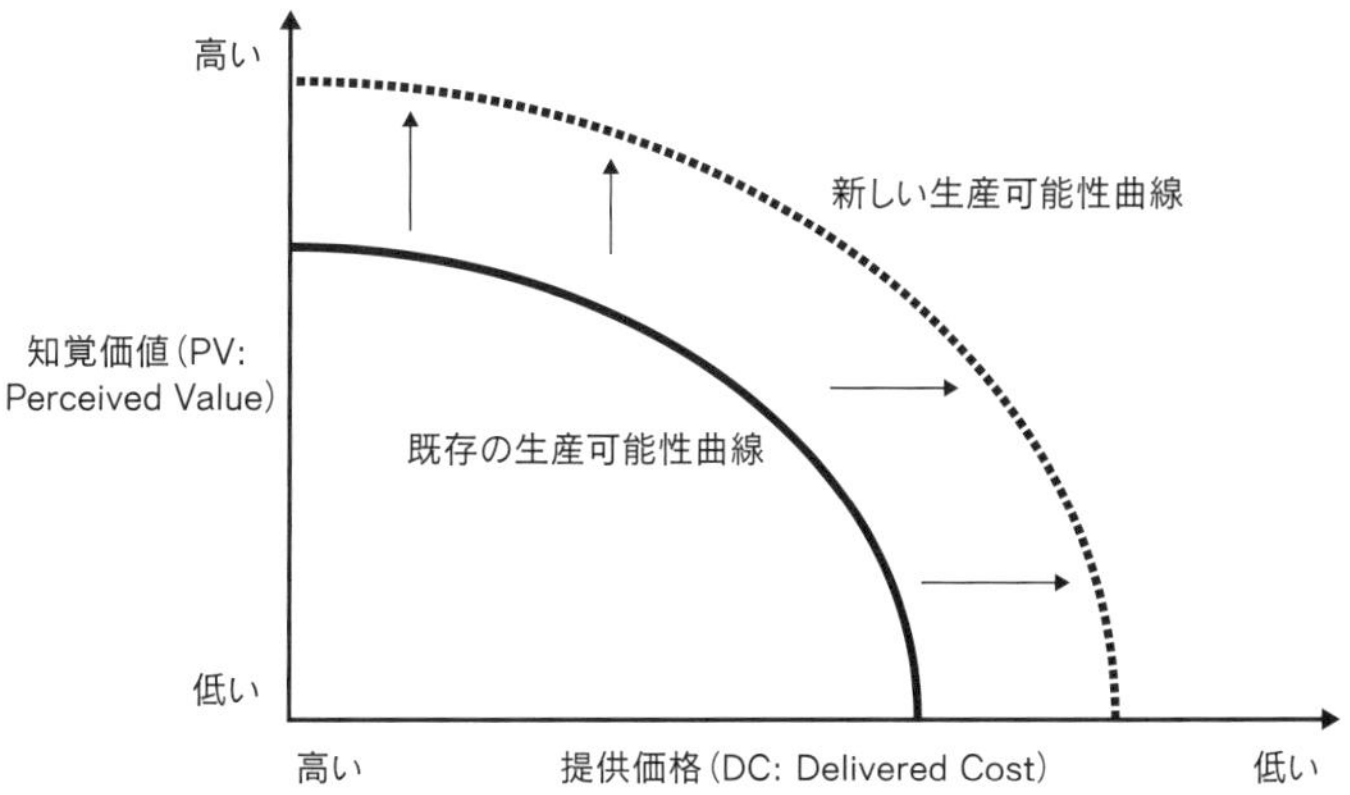

ＰＰＦの右下の点は、低ＤＣ・低ＰＶの製品で利益を上げるケースで、たとえば、ＢＩＣの超安価な使い捨てボールペンがこれに当たる。またＰＰＦの左上の点は高ＤＣ・高ＰＶの製品で利益を上げるケースで、例としてはＢＩＣよりも価格が20倍のゲルインクボールペンなどが挙げられる。しかし最善の選択肢は、新しいテクノロジーを活用してこの曲線を外側へとシフトさせ、同等か、あるいはさらに低いＤＣでより高いＰＶを実現することだ（図9－2参照）。

この章では、ＰＰＦを外側に移動させ、それぞれの業界でゲームチェンジを実現する方法を見出そうとしている企業を取り上げる。これらの企業は、欠陥が少なく、メンテナンスや修理、交換の必要性が少ない製品を作り、品質を向上させている。また多くの場合、金銭的コストを削減するだけでなく、従来の方法よりも製造期間を短縮し、顧客が負担するコストを多面的に削減している(「時は金なり」なのである)。

最初に、本書の前半で出てきた2つの企業、アラインとダイムラーについて再び取り上げる。次に、世界的な巨大コングロマリットのサムスンが、自動車や医薬品などの新事業に参入したとき、電子機器の製造で得た知見をどのように活用したかを見ていく。さらに、AMのトレンドに乗り、高品質でありながら手ごろな価格の最先端3Dプリントソリューションで、工業生産の業界を一変させようとしているスタートアップ企業、デスクトップメタルについて詳しく解説する。

アライン——たゆまぬ生産工程の改善

第4章で取り上げたように、アライン・テクノロジーは1997年の創業以来、技術革新に取り組んできた。同社のアライナーが従来のワイヤーとブラケットを使った矯正装置と競うには、欠陥がきわめて少ない高品質なものでなければならなかった。その後、スマ

図9-3｜矯正歯科ソリューションの競合空間

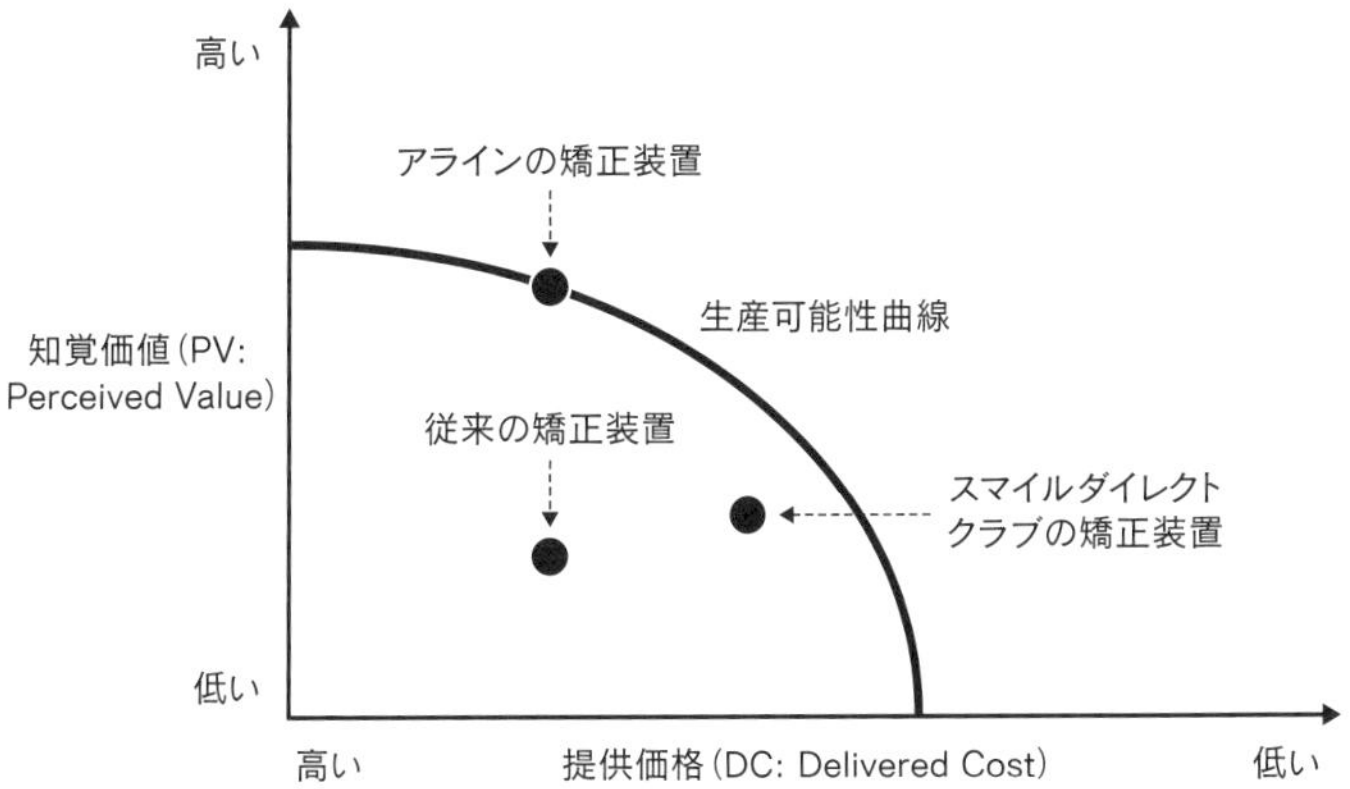

イルダイレクトクラブのような安価な競合が登場し、それはさらに現実味を増すようになった。インビザラインのブランドメッセージは、従来の矯正装置のような煩わしさがなく、矯正歯科医師や一般歯科医師が望む位置に歯を正確に移動させる、最高品質の性能を強調している。図9－3ではアラインがPPFの左上にあり、右下にあるスマイルダイレクトクラブのような安価な競合よりも高価格で高付加価値を提供している。一方、従来のワイヤーとブラケットを使った矯正装置はPPFの内側の危険区域にいる。インビザラインとほぼ同じ価格でありながら、顧客に提供するPVははるかに低い。

　アラインは、900万人に及ぶインビザ

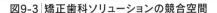

ライン利用者から得たビッグデータで、常に生産工程の改善に取り組んでいる。２０２０年10月、同社は画期的な矯正装置の機能「スマートフォース・アライナー・アクティベーション」を発表した。

この機能は、アライナー表面の所定の箇所から歯の表面に最適な矯正力を加え、力が働く位置や方向、強さを制御し、望ましい歯並びにする。そして歯の動きが最小限になるように、特別の形状に形成されている。アラインのグローバルクリニカル担当副社長のミトラ・デラクシャンはこう説明する。「追加のアクティベーション（機能）はソフトウェアが自動的に矯正する内容を決定し、スマートフォース・アライナー・アクティベーションの機能として矯正装置に組み込まれます。そのため、治療計画の段階で医師が歯列の動きを過度に修正するのを防ぐことができます[*3]」

まったく新しい生産工程を開発したアラインのような企業でさえ、業界内で進化し続けるＤＣ・ＰＶのＰＰＦ上にとどまろうとすると、その工程を改良し続けなければならない。また、アラインがイノベーションによってＰＰＦより少しずつ外側にせり出すことで、競合他社はますます追随が難しくなる。

ダイムラー──人間味のあるスマートファクトリー

これまで取り上げたもう一つの事例企業であるダイムラーは、19世紀から続く製造業のパイオニアだ。メルセデス・ブランドは高品質の職人技の世界標準となり、30万人の従業員は競合他社を寄せつけない高度な基準を維持することにコミットしている。アラインと同じように、ダイムラーも業界最先端の技術革新を活用するため、製造工程の再検討や改善に常に取り組んできた。また本拠地のドイツにとどまることなく、グローバルな製造施設のネットワークを構築してきたが、そのためにはブラジルやフランス、ハンガリー、インド、インドネシア、マレーシア、南アフリカ、タイ、アメリカ、ベトナムなど、さまざまな国で相当な政治的ロビー活動が必要だった。[*4] 無限の資金を持つ競合企業であれば、ダイムラーよりも優れた車を設計できるかもしれないが、4つの大陸でダイムラーと同等の製造能力を構築しようと思ったら、数十年ではないにしても相当の年数は要するだろう。

そうした利点をすべて備えていても、永遠に持続することが保証されたブランドは存在しない。現在ダイムラーの車は、（第2章で見たように）同社にとって近年の最大の頭痛の種であるテスラと比べると、相対的に評価が下がっている。1世紀以上にわたって自動車業界を牽引してきたダイムラーの卓越性と品質管理へのこだわりはいま、改革を遅らせるか、あるいはエンストさせる危険性をはらんでいる。

しかし、ダイムラーも簡単には諦めていない。それどころか拡大を続けるデジタルワールドに対応するため、製造工程の再考など、たえずスマート化に努めている。大手メーカーで初めて自動車生産に軽量ロボットを組み入れたのはダイムラーである。現在、同社は設計、開発から生産までバリューチェーン全体のデジタル化を図る「インダストリー4・0（Industrie 4.0）」に取り組んでいる。これには、ガソリンエンジンやディーゼルエンジン、ハイブリッドエンジン、EVモーターなど、さまざまな車種の混流生産を容易に実現できる「スマートファクトリー」の建設が含まれている。ダイムラーは、「自動車生産は今後、大規模生産から、すべての車が個々の顧客の要求に合わせて製造される個別生産に変わっていく」と予想している。[*5]

スマートファクトリーでは、製品や機械、施設環境全体が相互にネットワーク化され、ダイムラーの他の部署ともグローバルに結ばれる。メルセデスのある幹部は次のように言った。「デジタル化によって、製品はより個別化し、生産はより効率的かつ柔軟になります。長期的な計画と、顧客の要望や市場の変動への迅速な対応を並行して進めなければなりません」。[*6] すでに導入されているか、間もなく導入される予定の新しい工程は次のとおりだ。

• 3Dプリンティング／AM：部品やツールの試作品作成の高速化。
• ヒューマン・オーグメンテーション（人間拡張、人間とテクノロジーが一体化して人間の能力を拡張させる技術）：作業員がWi-Fi経由で指示することで車内のロボットを制御する新しい手法。
• 機械学習：軽量ロボットが人間の作業員を観察、模倣し、作業動作を改善できるようになる。
• 生産データクラウド：世界中のすべての生産データがネットワーク内のすべての工場で利用できるようになり、有益な情報の共有が迅速化される。

これは、ロボットが人間に取って代わることを意味するのだろうか。ダイムラーによれば、答えはノーだ。「人間とロボットの直接的な協働は、人間が持つ認知能力とロボットのパワー、持久力、信頼性を理想的な形で組み合わせるということを意味します。完全な機械化や自動化を目指すものではありません」[*7]

私は、ダイムラーのイノベーションや脳力系コンピテンシーを向上させようという取組みにはやや批判的だったので、ダイムラーの「手」が依然世界トップクラスであり、モノづくり企業の羨望の的であることをここで改めて強調しておこう。ダイムラーはPPFの左上に位置し、比較的高いコストをかけて、高付加価値の車を着実に提供している。しかし、最大のライバルであるテスラは積極的にPPFを外側へシフトさせようとしているが、ダイムラーは追いつくのに苦労している。10年前であれば、車に5万ドル払う余裕のあるアメリカ人を、メルセデスとBMW、ポルシェが奪い合っていただろう。今日では、テスラを選択する層が急速に拡大している。

サムスン――卓越した製造力を新市場へ応用する

サムスン電子は、韓国に拠点を置く世界的な巨大コングロマリット、サムスン・グループの中核企業だ。多種多様なコンピューターやテレビ、家庭用白物家電製品、通信機器の製造に加え、携帯電話では世界最大のメーカーであり、半導体では世界第2位の生産量を誇る。要するに、サムスン電子は製造分野できわめて秀でた存在だ。前社長兼CSO(chief strategy officer、最高戦略責任者)のヤン・ソンが2019年4月と2020年1月の私の講座で語ったように、サムスンは製造業での競争優位を強化すべく不断のイノベーションに取り組み、その知見を自動車や医薬品の生産など新しい分野に応用している。

サムスンでの8年間でソンは、すでに驚くべき規模を誇っていた企業をさらに拡大させた。２０１６年にはコーポレートベンチャーキャピタル（ＣＶＣ）を指揮して、自動車部品サプライヤーのハーマン・インターナショナル（Harman International）を80億ドルで買収した。『ウォール・ストリート・ジャーナル』紙はこう報じた。「（ハーマン買収という）サムスン史上最大のM&Aは、スマートフォン市場の成熟に伴って実施された。スマートフォンに続いて半導体やディスプレイを多く搭載するようになる製品は、過去数十年にわたりほぼ変化がなかった自動車なのは間違いない。ハーマンの売上の約65％は、自動車に搭載する半導体やオーディオシステム、あるいはその他の部品の供給によるものだ」[*8]

１００％子会社となったハーマンの会長に就任したソンは、サムスンが自動車を「車輪付きのスマートフォン」のようになると見込んでいると語った。近い将来自動車は演算能力や通信機能、娯楽システムが拡充し、スマートフォンと直接接続するだけでなく、自動車自体がスマートフォンそのもののように機能するようになる。サムスンが持つ知見は、そうした高度な部品の製造面で、ハーマンがすでに持っている優位性を強化することになる。

サムスンはまた、医薬品の大量生産が、同社が中核的な強みとする厳格な工程管理に依存するものだと理解していた。同社は２０１１年に医薬品製造部門を立ち上げた後、高品質の製造能力を増強させる必要があったブリストル・マイヤーズ・スクイブやロシュなど世界有数の大手製薬会社と提携した。サムスン・バイオロジクスは2015年に黒字化を達成し、いまでは世界屈指の医薬品受託製造メーカーとなっている。より複雑な医薬品への需要が急増するなか、サムスンは韓国内で4カ所目となる施設の建設を開始した。これは2020年時点で世界最大のバイオ医薬品工場で、延べ床面積は（ルーブル美術館を若干上回る）約250万平方フィート（約23万平方メートル）である。[*9]

サムスンはデジタルリーダーとして広く知られているが、ソンは私の講座で、学生たちにアナログの重要性を過小評価してはならないと強調した。「ときにアナログはデジタルに勝ることがあります。優れた職人技はアナログから生まれます。音楽もアナログのほうがよい音だと人は感じるものです。同じことが企業のエンジニアリングやデザインのフィロソフィーにもいえるのです。私たちは、アナログの価値を認め、それが世界にもたらしてくれるものを尊重しなければなりません[*10]」

サムスンの売上の大きな割合を半導体とディスプレイコンポーネントの外販が占めており、これは自社製のコンシューマー（一般消費者向け）製品、とくにスマートフォンと直接競合するものだ。ソンによれば、こういったことが可能になるのは、サムスンがコンポーネントレベルで業界最高の品質と信頼性の評価を獲得しており、製品分野での競合他社といえどもサムスン製部品以外に選択肢がないということが多々あるからだということだ。

サムスンはどのようにして、優れた製造能力を獲得したのだろうか。それは、サムスン電子の部品製造部門に、自社のスマートフォンやその他の製品において、社外の部品サプライヤーと横一線で競争させ、競争に勝たねば採用されないようにしたからだ。ディスプレイや半導体の製造部門は、社外のサプライヤーよりも優れた性能を実現することを求められた。社内製品の品質に関するこの高いハードルは好循環を生み出す。社内で部品を継続的に使用してもらうためには、競合よりも優れた性能を実現しなければならず、業界最高になるためのこのプロセスが、社外への部品販売へとつながっているのだ。

ソンは、サムスンの現在の規模と事業領域の広がりは将来の成功を保証するものではないものの、これらの要素は、モノづくりの力を継続して改善したり、新たな国や地域への展開や新製品への拡大を実現したりする大きな機会をもたらすものだと考えている。[*11] サムスンの「手」は、今後数年間でさらに強力になる可能性を秘めている。

次に、現在AMで最も興味深いイノベーターを取り上げる。

デスクトップメタル――3Dプリント革命をリードするスタートアップ企業

デスクトップメタル（Desktop Metal、DM）は、金属工学とロボット工学のパイオニアたちによって2015年に創業された企業だ。AMの高速化、低価格化、品質向上、大量生産を実現する3Dプリント革命を起こすことを目標にしている。同社のビジョンステートメントには以下のように書かれている。「デスクトップメタルは、すべてのエンジニア、デザイナー、メーカーが3Dプリントを利用できるようになるために存在しています。私たちは、試作品製作から大量生産まで、エンジニアリングチームと製造チームが部品をつくる方法を再発明します[*12]」

マサチューセッツ州でデスクトップメタルを創業するのに先立って、アルゼンチン生まれの起業家リック・フロプは15年間で6つのスタートアップ企業を立ち上げた。その後、ベンチャーキャピタル（VC）のノースブリッジ・ベンチャーパートナーズでパートナーとして5年間を過ごし、ウェブアプリのセキュリティ企業ダイナミック・ネットワーク・サービシズ（Dyn）、CAD企業オンシェイプ（Onshape）、カーボン3Dプリント企業マークフォージド（Markforged）への投資を成功させた[*13]。彼はVCにとどまることもできたが、

2013年には、会社経営に戻りたいという気持ちを抑え切れなくなっていた。後に、フロプは『フォーブス』誌に次のように語っている。「投資は遅々として進まないものです。あまり現場感がありませんし。私は現場主義者ですから、正直、ちょっと退屈でした。いまの仕事のほうがよっぽどワクワクします」[*14]

2019年4月、フロプはスタンフォード大学の私の講座で、3Dプリントに注力する決断をした経緯を語った。AMの中核となるアイデアは何十年も前からあったが、近年の技術進歩により、ビジネス領域が大幅に拡大する機会が訪れたことに彼は気づいた。AMで製造が容易になって安価になる部品もあり、初めて生産可能になる部品もあった。また、旧来のメーカーでは追随できない新たな製造能力を開発することで、HP（ヒューレット・パッカード）など既存の大手企業に対抗するチャンスが大いにあると考えたのだ。テクノロジーと資本の巧みな組み合わせによって、ディスラプティブなスタートアップ企業がわずか数年でメジャープレイヤーの座にのし上がることができた。

フロプは、2019年時点の3Dプリント業界は1979年の半導体業界に似た状態だったと振り返る。基本的な技術は以前から存在していたが、人々はその可能性にわずかに触れる程度だった。フロプは、AMという製造手法が狭い範囲のニッチな顧客を対象にしたものから、広範な用途でマスマーケットへと拡大することで、AM市場全体が今後10年間で少なくとも10倍に成長すると見込んでいた。近い将来に小規模な機械工場から大量生産メーカーに至るまで、あらゆる事業者が新しい合金や素材を扱うことができる、高品質で信頼性が高く費用対効果に優れた3Dプリンターに投資するようになるという彼の主張は、説得力のあるものだった。

テクノロジー

デスクトップメタル製の3Dプリンターが動く様子を捉えた動画は、まるでSFのようだ。3Dプリンターが薄い層を重ねていき、飛行機部品や産業用機器や、医療製品、玩具に至るまで、金属でできたほとんどすべてのものを作成できる。自動車修理工場が必要な部品を入手するまで数日間待つ必要がなくなる――そんな未来を想像してほしい。3Dプリンターを使えば1時間足らずで簡単に部品を作れるからだ。柔軟でカスタマイズ可能なモノづくりの可能性は無限だ。[*15]

デスクトップメタル初の3D金属プリントシステム「スタジオシステム(Studio System)」は、他の3Dプリンターでは必要な安全性を確保するための装備やプリンター本体に付属する別体の装置のようなものがいらず、コンパクトでオフィス使用に合った製品として市場に投入された。2017年12月に12万ドルで販売され、従来の3Dプリンターから発生していた危険な粉塵が発生せず、1回当たりの使用コストも軽減された。この製品は、高品質の試作品や治工具の製作、量産を可能にし、そのため顧客は少量の部品を社内で即座にプリント製造できるようになった。2020年8月時点においてデスクトップメタルで最大の売上を誇る製品であり、同社の売上の過半を占めている。[*16]

2019年3月、デスクトップメタルは同社の2号機となる製造業向け3Dプリンター「プロダクションシステム（Production System）」を発売した。これは、シングル・パス・ジェッティング（SPJ）と呼ばれる新しいプリント方式で稼動し、粉末ベースのセラミックプリンターや金属プリンターに多く用いられているバインダージェッティング方式の高速版だ。SPJは毎秒3万2000回以上のジェット噴射を粉体散布機と組み合わせて使用することで、毎秒数百万のドロップレット（溶滴）を噴射できる。デスクトップメタルはプロダクションシステムについて、SPJなどの技術革新で、最も一般的な金属3Dプリント方式より最大で100倍高速になり、コストを最大20分の1まで削減できるとしている。[*17]

同年10月、デスクトップメタルは金属ではなくグラスファイバーなどの複合材料を使って微細な部品製作を望む顧客向けに、「ファイバー（Fiber）」と呼ばれる新しい3Dプリンターを発表した。フロプによると、ファイバーは「スチールよりも強く、アルミニウムよりも軽い素材を使用して、非常に微細な部品を作成するもので、サブスクリプション料金は年間3500ドル以下から設定されている」という。[*18] これはとくに家庭用電化製品に適しているだろう。

4番目の主力製品としてデスクトップメタルが2019年11月に発売したのが、機械工作や金属加工の現場向けに設計された世界初の金属バインダージェッティングシステムといわれる「ショップシステム（Shop System）」だ。スタジオシステムより大きく、プロダクションシステムほど大型ではないシステムを必要とする顧客向けの、中規模サイズの製品だ。[*19] 遠隔地にある大型機器の交換部品をプリントしなければならないキャタピラー（建設機械・鉱山機械を中心としたアメリカの伝統的大企業）のような会社に最適なシステムかもしれない。

これらすべての高機能プリンターは、デスクトップメタルの研究開発チームの実力によるものである。2020年8月までにデスクトップメタルが取得した、あるいは出願中の特許は120件以上に及ぶ。[*20]

事業戦略

デスクトップメタルのビジネスモデルは、その多くがカスタマイズされたソリューションを必要とする要求レベルの高い法人顧客との、緊密で長期的な関係により成り立っている。デスクトップメタル製プリンターを1台あるいは複数台購入し、生産システムに3Dプリンターを組み入れることは、単なる設備投資以上の思い切った経営判断が求められる。顧客はデスクトップメタルを長期的パートナーとして信頼しなければならない。購入の意思決定に当たっては、一時的なコスト削減を目的とするのではなく、デスクトップメタルが高いお金を払ってでも取引すべき、信頼できるパートナーであるか否かという判断が必要である。

市場が異なればニーズも大きく異なるため、デスクトップメタルは柔軟に対応し続けなければならない。試作品製作を行う顧客の中には、機械やインク、金属粉、オンデマンドサポートなど、完全なワンストップサービスを求める顧客もいる。航空機や宇宙船メーカーのロッキード・マーチンやガラス繊維最大手のオーウェンスコーニングなどの大企業は、金属素材サプライヤーと独自の関係を持つほど企業規模が大きいため、デスクトップメタルに依存する領域は狭いものとなる。

デスクトップメタルの初期からの顧客であるスタートアップ企業、ルメニウム(Lumenium)の例で考えてみよう。同社は、複雑な設計の新型エンジンを3Dプリンターで大量生産する必要があった。ルメニウムのCEOビル・アンダーソンは2017年にピッツバーグで開催された見本市で、デスクトップメタルの3Dプリンターを見て驚愕した。「私たちは彼らのブースのデモを見て、大変驚きました。私たちの部品が低コストで大量生産できるとは夢にも思いませんでした」と、アンダーソンは2018年、『フォーブス』誌に語っている。デスクトップメタルと緊密に連携し、ルメニウムは3Dプリントで、時間とコストの双方とも削減できることを確認した。以前は、製造に980ドルかかり、完成まで1週間を要した複雑なエンジン部品がわずか148ドル、期間も4日で製造できるようになった。[*21]

私の講座でフロプは、長期間に及ぶ商談はデスクトップメタルの社員には苛立たしく困難なことも多いが、いったん性能が評価されれば、自分たちの会社が顧客の製造工程と一体化するのだということを強調した。デスクトップメタルの製品がひとたび顧客の信頼を勝ち取れば、それがキャタピラーのような大企業でも、ルメニウムのような小企業でも、その後何年にもわたって取引を続ける権利を得られる。顧客の〝手〟を強化することが、やがてデスクトップメタルの莫大な利益となるのだ。

（これは、第7章で取り上げたインスタカートと共通点が多くある。インスタカートの場合、スーパーマーケットチェーンとの提携を強化するために投じた時間と労力が多ければ多いほど、長期的な見返りは大きくなる。インスタカートが提供できる価値をスーパーマーケットに受け入れてもらうのは容易ではない。しかし、インスタカートに宅配を任せれば売上が伸びるとわかれば、スーパーマーケット側から取引を停止する動機はほぼなくなる）

デスクトップメタルには、ロボット工学や工業用部品、軍事、航空、グリーンエネルギー、そしておそらく最重要な自動車など、幅広い分野の顧客のために、深い専門領域の知見を獲得する必要があった。同社は2020年までに、フォード、BMW、ルノー、トヨタ、フォルクスワーゲン、GM、日産など、世界的な自動車メーカーとの提携を実現した。またデスクトップメタルは、フォードとBMWから戦略的投資を受けている。[*22]

フロプは『フォーブス』誌に次のように語った。「時間とコストの削減、これこそがフォードなどが私たちを支援してくれる理由です。従来の工程では12個のプロペラを製造するのに必要とする時間で、デスクトップメタルなら560個以上製造できます」[*23]。同誌によると、彼を取材した時、オフィスの机に3Dプリンターで作られた十数個の小さな金属部品が置かれていたという。そのうちの一つは、BMW車用ウォーターポンプのスチール製ミニチュアの試作品だ。以前は製作に80ドルかかったものが、3Dプリンターではわずか5ドルで作れるようになった。[*24]

こうした改善で、材料費と燃料費は大幅に削減される。デスクトップメタルは、顧客に対して同等もしくはより高い知覚価値（PV）を、より低い提供価格（DC）で提供し、AMのPV（知覚価値）／DC（提供価格）曲線、すなわちPPFを外側にシフトさせたのだ（提供価格の低減には時間の節約も含む）。

資金面での賭け

デスクトップメタルは、その破壊的なテクノロジーと、AMが巨大市場になりうる将来性を見込んで、早い段階からベンチャーキャピタル（VC）の関心を集めた。2018年までに、ニュー・エンタープライズ・アソシエイツやクライナー・パーキンスなどのVCから2億7700万ドルの資金を調達し、会社の時価総額は10億ドルを超えた。[*25] すでに優良顧客だったフォードは、6500万ドルの戦略的投資を行い、最高技術責任者（CTO）をデスクトップメタルの取締役として送り込んだ。設立から3年目の、従業員数が225人の会社にしては順調だった。

しかし、デスクトップメタルは段階を踏んでIPOへと移行する道を選ばなかった。

2020年8月、同社は突如、トライン・アクイジション（Trine Acquisition）との経営統合を経て株式公開した。トライン・アクイジションのCEOレオ・ヒンデリー・ジュニアは、投資家との電話会議で次のように力説した。「デスクトップメタルは、AM2・0の分野で株式市場の投資家が投資できる唯一の専門メーカーです。また同社は業界に革命を起こしつつあると信じています。デスクトップメタルの技術は、時代遅れとなった大量生産方式に取って代わる、重要な第一歩となるでしょう[*26]」

ヒンデリーによると、何百もの潜在的買収案件を分析した結果、トライン・アクイジションは、以下の点からデスクトップメタルを最も有力な投資先として選定した。

- 製品と知的財産のきわめて強靭なポートフォリオ
- 高い利益率とパワフルかつ循環的な売上の流れを生み出すビジネスモデル：ヒンデリーは、デスクトップメタルの「60カ国以上、80を超えるパートナーからなる独自の物流網」を称賛した。
- 活況を呈する市場：「業界専門家たちは、AM業界は今後10年で爆発的な成長を遂げ、市場規模は2019年の10倍以上に達すると予測しています。デスクトップメタルの積極的な経営計画は、こうした強力で長期的な追い風と併せて考えると、非常に合理的で達成可能であると確信しています[*27]」

前述の投資家との電話会議でフロプは、業界全体が２０３０年までに１２０億ドルから１４６０億ドルへと成長すると予測した。フロプは、デスクトップメタルの売上が２０１９年の２６４０万ドルから２０２１年には７７５０万ドルへおよそ3倍になり、その後さらに成長のペースは加速して、２０２５年には10億ドル近くになると見込んでいる。[*28]「私たちは、デスクトップメタルがＡＭ業界の新時代を切り開く唯一無二の存在だと考えています。従来のＡＭ技術は主に試作品製作に重点を置いていましたが、当社のポートフォリオは、研究開発から大量生産までのあらゆる段階で価値を創出するものです」と、フロプは力説した。[*29]彼はまた、同社が２０２１年末までに4種の３Ｄプリンターの出荷数を増加させ、「定期消耗品」のリカーリング売上（本体製品〈たとえば剃刀〉の安価な提供により顧客を囲い込み、規格品の消耗材〈剃刀の刃〉を販売して継続的な売上を確保する「剃刀と刃」のビジネスモデル）と、拡大する顧客基盤へのサービス提供からも売上を伸ばすようになると述べた。

当然、多くの投資家が同社の株式購入に殺到し、経営統合後の評価額が25億ドルだったにもかかわらず、デスクトップメタルを「次の１００億ドル超企業」と呼ぶ投資家も出てきた。[*30]トライン・アクイジションからの3億ドルの資金や、経営統合前に他の投資家から調達した2億7500万ドルなど、資金は潤沢だ。経営陣も研究開発チームも経験豊富である。そして、120件以上の特許で保護されたディスラプティブな技術がある。また、この先の10年間で10倍の成長が見込まれる業界での先行者の優位性もある。何か問題になるものがあるだろうか。

しかし、私たちが未来を予測するとき、どんなものでも悪くなる可能性はあるのだ。デスクトップメタルはすでにスマートな会社であり、日ごとに強くなっている。5年以内に、AM市場を支配することもありうる。あるいは、業界関係者たちが予測するほどの急成長は達成できず、小規模な市場で静かに売上を伸ばすニッチな企業になっているかもしれない。あるいは、まだ誰のレーダーにも引っかかっていない新たなスタートアップ企業に取って代わられ、廃業に追い込まれるかもしれない。予測不可能な世界では、スマートで、なおかつ強いことが最善の防御であるという原則を除いて、確かなことは何一つない。

その将来がどのようなものであれ、デスクトップメタルは最初の5年間で驚くほど強力な「手」を作り上げた。ここから、モノづくりが決して凡庸で取るに足らないコンピテンシーではないことがわかるだろう。モノづくりに秀でていることはいまなお重要であり、業界全体の生産可能性フロンティア(PPF)を動かす革新的なモノづくりは、さらに重要だといえよう。

正しいモノづくりとは

経済的な価値はいま、モノをつくらないデジタル企業へとますますシフトしているが、高度なモノづくり能力を持つ企業も成長できる。20世紀末に、低コストの労働力と大量生産によってモノづくりは大規模化したが、現在ではテクノロジーとデータをスマートに活用できるかどうかにすべてかかっている。実際に、モノづくり企業はすべて、自動化やロボット工学、マス・カスタマイゼーション、そして必要な場合にはAMに重要なリソースを投入する必要がある。

さらに、IoT（モノのインターネット）を介して製品同士の接続がますます進むと、モノづくり企業は、「顧客の顧客」が製品をどのように活用するかを深く理解するため、より多くの取組みが必要となる。アラインは、新しいモノづくりのケイパビリティを動員し、以前は不可能だった方法でマス・カスタマイゼーションを実現している。サムスンやデスクトップメタルは、テクノロジー、ビッグデータ、そしてサービスへのコミットメントを組み合わせた独自のソリューションを提供することで、密接な顧客関係を築くことができている。

製造業界の次世代のリーダーは、単に安い労働力でコストを削減する企業ではない。それは、ハイバリュー、ハイボリューム、ハイタッチサービスを同時に提供できる企業となるはずだ。

モノづくり

● 業界の生産可能性フロンティア（ＰＰＦ）を外側に動かすことを目標に、既存プラットフォームの転換に積極的に取り組む。可能であれば、競合他社が変革を先行し、その後塵を拝する前に自ら動き出す。

● 各主要顧客の損益計算書（Ｐ／Ｌ）と貸借対照表（Ｂ／Ｓ）、および市場セグメントに自社製品が与えるインパクトを理解する。それら顧客や市場に対する深い理解を踏まえて、自社製品をいかにカスタマイズできるかを考える。

● 複数の市場セグメントに商品やサービスを提供する場合は、ビジネスモデルを柔軟なものにする。デスクトップメタルが、オフィスサイズの３Ｄプリンターと産業用サイズの３Ｄプリンターの両方を開発する必要があることに気づいたように、異なる価格帯で提供できる、さまざまなソリューションについて考えてみる。

第10章

筋肉——企業規模の活用

私は企業規模について語ることが嫌いです。「デカくて、間抜けで、愚か（"Big, dumb, and stupid"）」という言葉を思い浮かべてしまうからです。しかし、競争優位を確保するために、規模の大きさというすでに持っている利点を使わない手はありません。この利点の上であぐらをかいているだけであれば、惨憺たる結果を招くでしょうが、うまく利用すれば、事業戦略を転換する際には、大きなリードタイムを得られます。

——ウェルズ・ファーゴCEO、前VISA CEO チャーリー・シャーフ

シリコンバレーやサンフランシスコで私が毎日会う経営者たちは、基本的にある考え方で一致している。それは、物理的な企業規模が成功の決め手にはならない、というものだ。私の周囲の人々は、フィジカルな巨大既存企業は動きの鈍い恐竜のようだ、という比喩を頻繁に用いる。見た目は強そうだが、ひとたび隕石衝突のような天変地異が起きれば、地上から一掃されてしまうほど脆弱な存在だと思っているのだ。

私は、この恐竜の比喩は、もはや使えないと思っている。私は6年間、スタンフォード大学で「企業家のジレンマ」講座を担当してきたが、多くの伝統的大企業の経営者の考え方は古くなく、鈍くなく、前時代的でもないと確信した。むしろ彼らは、企業規模を最大限利用しつつも、それだけで成功が保証されるとは決して思っていない。彼らは、いつでも予測不能な競争環境の激変が起きうるとの認識があるゆえ、自己満足に陥ることなく、パラノイア思考(病的なほどに心配性になること)になりがちだ。このようにリスクを認識し、慢心しない姿勢でいれば、企業規模の大きさが恩恵ではなく重荷になると感じる状況でも、自分たちの筋肉を鍛え、本当の意味で優位を獲得することにつながる。

巨大化したグローバル企業には、日常の経営と、長期にわたってトップを維持するために必要なイノベーションとの間で、彼ら特有の葛藤がある。システムリーダーが直面する多くの課題と同じく、それらを両立させるには一見相反するスキルが必要となる。財務目標を達成するために、正しく事業運営が行われているかどうか、週・四半期・年ごとに確認しなければならない。同時に、柔軟性を持ち、会社が新しい強みを獲得するのを支援し、長い時間をかけないと結実しない新たな収入源の基礎を築くことが求められる。

このような組織は、企業規模を維持すると同時に、大変革が起きたときに競争できる「新しい」筋肉を鍛えている。彼らがフットボール選手からバレエダンサーに転身することはないが、自分たちの既存の市場を守る力を維持しながら、新しい課題に立ち向かうために柔軟性を増強し、迅速に事業戦略を転換することはできる。

この章では、革新的なスタートアップ企業や急速に変化する消費者動向からのプレッシャーに直面し、きわめて競争が激しい業界の既存型企業を取り上げる。そうした企業はすべて、その巨大な企業規模と強さを世界レベルで活用して、存在感を保ち続け、成功を持続し、どんな隕石が近づいてきても生き残ろうとしている。

最初にＡＢインベブについて改めて簡潔に説明する。すでに取り上げたように、この会社は世界中のビール好きがどこにいてもバドワイザーを注文できることよりも、無名の地ビールのほうに注目し始めたころ、ビールの生産と流通で世界的大企業となった。その次に取り上げるのはＣＮＮだ。何百万人ものアメリカ人が、多額の費用を費やして制作された伝統的なジャーナリズムではなく、安直に作られたトークショーやコメンテーターを好む現代において、同社は世界で最も高く評価されるニュースソースの一つであり続けるための闘いを繰り広げている。さらに、クレジットカード業界最大手のＶＩＳＡが、決済サービスの大きな変化にどう対応しているかを見ていく。

最後に取り上げるのは、１３０年の歴史を持ち、１７５カ国で13万人の従業員を抱えるタイヤメーカーのミシュランだ。ミシュランは、設計や製造に関する知見を世界規模で活用することに長けているだけでなく、進出先現地の経営者がそれぞれの地域に合わせて製品をカスタマイズできる裁量を与えている。ただし、同社は企業イメージを脅かす深刻で長期的な課題を抱えており、経営陣は会社の将来像を自問することを余儀なくされている。

ABインベブ――企業規模をイノベーションの源泉に

第6章では、ここ数十年の間に世界最大のアルコール飲料メーカーへと成長したABインベブが直面している課題を取り上げた。かつては同社の企業規模が強力な競争優位になると思われていたが、2010年代に入ると次第に鈍重なブロントサウルスのように図体が大きく、素早い動きができない企業と見られ始めた。世界のビール業界は多様化と細分化が進み、さらに他のトレンドも加わって、ABインベブは数多くある各国の地域市場をマネジメントすることが難しくなっていた。

資金に乏しい小規模な組織でも、ニッチな市場向けで収益性が高いクラフトビールを立ち上げることが可能だと明らかになったとき、ABインベブがバドワイザーやクアーズライトを大量生産、大量販売することに果たして大きな意味はあるのだろうか。とくに、従来の大衆向け広告が次第に効果を失いつつあり、スーパーボウルの中継で流されるテレビCMでさえその効力が衰えているとしたら、どうなるのか。その一方で、2016年にSABミラーの超大型買収が成立したが、今後は買収による成長は見込めないだろうという現実に直面した。

CEOのカルロス・ブリトは、自社の存続を脅かす脅威に覚悟を決めて対峙した。同社はまず、財務的な筋肉を使って、2010年代初頭に急成長した8つのクラフトビール企業を買収し、中核ブランドをいくつかアップグレードし、ブランド再構築に取り組んだ。さらに重要なのは、独立した新規事業部門を立ち上げ、そこに多くのリソースを投入したことだ。その部門は、イノベーションと組織全体を刷新する権限を与えられた。新たにCDGO（最高ディスラプティブ成長責任者）に就任したペドロ・アープは、将来の成長を促すために幅広い実験に取り組んだ。

ABインベブの企業規模を活用した重要な事例を一つ考えてみたい。ブリトとアープは、事業を展開する多くの地域と部門でデータが分散化している状況を改善した。M&Aで規模を拡大してきた企業では決して驚くべきことではないが、ABインベブは長年にわたって買収したすべてのブランド、そして世界中のすべての地域のデータシステムを完全には統合したことがなかった。ABインベブの社内イノベーション部門であるZXは、自社の取組みの多くがビッグデータを活用しなければ成り立たないことから、データの分散化が重大な制約となっていることに気づいた。たとえば、eコマースグループは、クラフトビールのプラットフォームを運用するうえで高度な売上分析を必要としていたが、関連するデータが散在していて、アクセスすら困難なことも頻繁に起きた。また先進国市場から新興国市場へ、あるいはその逆パターンで、洞察や戦略の横展開を行う機会を逃していた。ABインベブは、グローバルデータの統合と分析をするためにデータの専門家をさらに多く採用し、規模の小さい地域の競合には太刀打ちできない筋肉を鍛え上げた。

こうしたすべての動きが結実したのは2020年、世界のビール市場が新型コロナウイルス感染症のパンデミックで深刻な打撃を受けたときだった。第2四半期の売上が17％減少したにもかかわらず、ABインベブの最終的な売上と利益はアナリストの予想を上回った。あるアナリストは次のように指摘した。「BtoBプラットフォームやeコマースチャネル、デジタルマーケティングへの同社の投資は過去数カ月で加速しており、成長を後押しすることが考えられます」[*1]。ABインベブは、アジリティ（機敏性）で勝る競合に破壊されるのをじっと待つことはなかった。すでに備えている筋肉を鍛え、一段と柔軟に対応することに貴重なリソースを注ぎ込んだ。企業規模と幅広い顧客接点の保有という独自の利点を維持しながら、アジリティを新たに加えたのである。

CNN――企業規模を盾に

AT&T傘下のワーナーメディアに属していた（2022年4月にディスカバリーが買収し、ワーナー・ブラザース・ディスカバリー傘下となる）CNNは、初の24時間ケーブルニュースチャンネルとして1980年に設立された。その後の40年間で、同社は世界的ニュースメディアとして巨大な規模の組織にまで成長した。CNNインターナショナルは200カ国以上のホテルなどで放送され、英語、スペイン語、アラビア語のバージョンが作られている。アメリカ国内の9つの報道局と世界各地にある28の報道局で働くジャーナリストの数は4000人近くに上る。この大規模な報道機関は、CNN.comなど自社のウェブサイトを1日24時間・年中無休で更新している。また、短い電子メールアラートやスマートフォンアプリの通知から長編ドキュメンタリーの動画まで、あらゆるソーシャルメディアプラットフォームに合わせてさまざまなデジタルフォーマットのコンテンツを制作している。[*2]

2020年4月にワーナーメディアでニュース&スポーツの会長だったジェフ・ザッカーが私の講座で語ったように、CNNのグローバルな企業規模は、経営面においてさまざまな大問題を引き起こした。CNNは報道局に多くの人員を配置するため、多額の費用を投じている。ハリケーンや戦争、テロ、その他の重大な瞬間を見ようと人々がCNNを見るとき、世界のあらゆる現場へ記者を迅速に派遣するためには、それ以外に方法がないのだ。海外スタッフがはるかに少なく国外での知名度が低いFOXニュースなどアメリカ国内中心のニュースチャンネルと異なり、CNNは、アメリカ人が関心を持つことだけにコンテンツを集中することができない。おそらく偶然ではないだろうが、CNNは過去10年間、アメリカ国内の視聴率で、保守系のFOXニュースを常に下回っている。ときには、ゴールデンタイムの平均視聴者数がFOXの400万人に対して200万人にとどまることもある。最近では、リベラル系のMSNBC（アメリカ国内市場に特化しているテレビネットワーク）にも総視聴者数で負けている。[*3]

その一方、CNNはグローバルな企業規模によって、同局を「フェイクニュース」「国民の敵」として非難したトランプ前大統領などの国内での逆風から、一定程度保護されている。CNNには多国籍かつマルチプラットフォームの収益源があるので、アメリカのすべてのケーブルテレビ局で着実に進む広告売上減少の影響は緩和されている。ただし、ケーブルテレビから離れ、すべての放送をストリーミングサービスで視聴する「コードカッター（従来型の有料放送を解約する視聴者）」の登場とともに、テレビの広告売上は減少し続けている。新型コロナウイルス感染症のパンデミックと不況に対応して大企業がマーケティング予算を大幅に削減した2020年には、広告売上は一段と減少した。

ザッカーは私の講座で、公共サービスとして信頼できる報道を目指すことと、競争市場で利益を追求することの間に実質的な葛藤はないと語った。それどころか、CNNの実直なジャーナリズムに対する世界的な評価が、10億ドル以上の年間利益をもたらす最大の原動力であると彼は考えている。[*4] 40年以上にわたって築き上げられた評価によって、きわめて重要なアメリカ市場での停滞を乗り切ることができている。

CNNは、世界的にニュースや情報の消費量が増加し続け、広告のテレビ離れが続くなか、自社のビジネスモデルが今後も成功し続けるとは考えていない。しかし、CNNには強力なグローバルブランドを活用し、世界の舞台でその筋肉を駆使する能力があり、一つの国の限られた視聴者から売上のすべてを得ている競合と比べても強いポジションにある。たとえば、『ニューヨーク・タイムズ』紙や『ウォール・ストリート・ジャーナル』紙などの優良ジャーナリズムのメディアと同じく、CNNは数年以内に、従来の広告売上型ビジネスモデルが崩壊するのに備え、サブスクリプションモデルに移行する可能性がある。

企業規模は、主要な事業戦略が行き詰まった場合のバックアップオプションとなりうるのだ。

VISA──既存企業の利点を利用する

VISAは1958年の創業以来、グローバルなクレジットカードの巨人であり、決済サービス業界の先駆者といえるが、その企業規模が評価されることはめったにない。1万9500人の従業員が、200以上の国で約9兆ドルの取扱高で、230億ドルの売上、150億ドルの営業利益を生み出している。本書の執筆時点で、VISAの株価は5年にわたって着実に上昇し、時価総額は5000億ドルに近づきつつあった。最も印象的なのは、34億枚のVISAカードが流通しているという事実だろう。全人類の2人に1人がVISAカードを持っている計算になる。[*5]

2016年、当時のCEOだったチャーリー・シャーフ（現ウェルズ・ファーゴCEO）は私の講座で講演し、VISAが決済サービス分野で、デジタル領域のイノベーターから受けた数多くの脅威に対峙していることについて語った。当時のシャーフのコメントはいまでも価値があるが、それは彼の後継者であるアルフレッド・ケリー（現・同社会長）が彼の戦略を継続し、大きな成功を収めているからだ。

シャーフのテーマは、スクエア（Square）やペイパル（PayPal）、ストライプ（Stripe）、アップルペイ（Apple Pay）といった新しい決済システムに対抗して、ＶＩＳＡの企業規模と強みを活用できる新しい方法を見つけることだった。シャーフはＶＩＳＡの競争優位、とくにほぼ全世界で利用できるというネットワーク効果に勝てるスタートアップ企業はないという仮説に頼らず、常にイノベーションを推進した。彼は、提携先や顧客にサービスを提供する新しい方法を探し続け、ＶＩＳＡカードの発行者や保有者のすべてに付加価値をもたらすデジタルツールを作り上げるべく組織を主導した。

シャーフは講座でこう語った。「企業規模について語ることが嫌いです。『デカくて、間抜けで、愚か（"Big, dumb, and stupid"）』という言葉を思い浮かべてしまうからです。しかし、競争優位を確保するために、規模の大きさというすでに持っている利点を使わない手はありません。この利点の上であぐらをかいているだけであれば、惨憺たる結果を招くでしょうが、うまく利用すれば、事業戦略を転換する際には、大きなリードタイムを得られます[*6]」

たとえば、アップルにはアップルペイを立ち上げる力はあったが、ＶＩＳＡのように1万5000もの銀行との取引関係や、1年間に1380億件の決済を処理する能力はなかった。とくに金融業界に関連する政府当局の厳しい規制への対応は、ＶＩＳＡが最も得意とするところだ。決済業務のスタートアップ企業のいずれもＶＩＳＡが到達したレベルに近づくことができない。

シャーフは、VISAには優先事項が明確に3つあると述べている。1つ目は、既存のクレジットカード事業で、マスターカード、アメリカン・エクスプレス、銀聯（ユニオンペイ）などと競合しつつ、引き続き成功を収めることだ。2つ目は、電子取引の普及が遅れている発展途上国へ積極的に進出すること。3つ目はデジタルイノベーションだ。ペイパルやスクエアといったイノベーターの後を追って、取引が行われている場所ならどこへでも進出していく。彼は次のように語った。「率直に言って、決済取引のフローに身を置くすべてのプレイヤーは最大限警戒すべきだと思います。銀行、ネットワーク事業者、加盟店契約会社、あるいはeコマースの領域でそれらに該当する事業者のいずれもが、理屈では総入れ替えになることだってありうるのです[*7]」

企業規模を活用してイノベーションを推進する事例は、不正利用防止の取組みで見られる。新規参入の事業者は低コストの取引システムなら構築できるだろうが、VISAが顧客や加盟店を保護するために利用しているビッグデータや強力なリスク分析のアルゴリズムは持っていない。シャーフはこう語る。「世界のどこでも、カードが端末にスワイプされたり、差し込まれたり、タップされると、われわれには誰がどこで利用しているのかがわかります。そして、その人が以前、同じ場所にいたかどうかも把握できます。私たちは不正利用の有無を迅速に判断できるよう支援しています。だから、不正利用の発生を低く抑えられているのです」[*8]

シャーフは、新しいイノベーションが従来の取引関係に何らかの影響を与える可能性があるとき、VISAはきわめて慎重に取り組まなければならないと指摘した。オンラインでVISAカードを利用できる決済サービス「VISAチェックアウト」を開発したとき、VISAはカード発行銀行にもその価値を伝え、ていねいに販促した。VISAチェックアウトによって、このスキームに参加しているeコマースサイトでVISAカードをより迅速かつ簡単に使用できるようになり、カード発行銀行に多くの取引と手数料をもたらすことになる。VISAがエンドユーザーにどれだけアピールしても、提携する銀行をサポートし続けなければ、成長は維持できない。[*9]

イノベーションを奨励し、社内の障害を取り除くことに全力を尽くしながらも、シャーフはVISAの本質を見失うことはなかった。「私は行く先々で、あらゆる打ち合わせ、あらゆる対話の場面で、いつも既存ビジネスの重要性について話します。1秒間に5万6000件もの取引を完璧に処理できるまで能力を向上させました。なぜなら、社内にはそれを実現するために懸命に働いている大勢の従業員がいるからです」[*10]。称賛と尊敬に値する中核業務に携わる人のおかげで、VISAは革新的な新サービスを拡大させられる筋肉を持つに至ったのである。

ミシュラン――アイデンティティの危機に直面

私は2018年にミシュランを取材し、経営陣の何人かにインタビューした際、同社が130年に及ぶ歴史のなかで、一貫してタイヤ業界でイノベーションを起こし続け、業界を牽引し続けてきたことに強い印象を受けた。1889年にフランスのクレルモン＝フェランでつつましく創業したミシュランは現在、世界第2位のタイヤメーカーへと成長した。その純売上高の60％以上はヨーロッパ以外の地域からで、BFグッドリッチやユニロイヤル、クレベール、ウォーリアー、コルモラン、ライケン、サイアム・タイヤ、トーラス、タイガー・タイヤなど、さまざまなブランド名で展開している。従業員は世界全体で13万人おり、17カ国に68の生産拠点を持ち、175カ国にタイヤを供給している。[*11]

ミシュランが持っている筋肉は、端的に言って非常に優れたものだ。しかし、前COOで現在CEOを務めるフロラン・メネゴーら経営陣は、ミシュランには新しい、これまでとは違う筋肉をすぐに作り上げることが求められていると感じていた。

2018年にはタイヤ業界が急速に細分化し、小規模で安価なタイヤメーカーが台頭したことから、高級タイヤをプレミアム価格で販売することが難しくなった。タイヤの摩耗の進み方が異なる電気自動車、タイヤの購買ライフサイクルを変えるライドシェアリングが増加し、従来の事業プランは時代遅れになった。世界中の国々、とくに複雑で巨大な市場を持つ中国にも、さまざまなコスト削減の圧力がかかるようになってきた。

2019年4月、メネゴーが私の「システムリーダー」の講座で語ったように、ミシュランは自分たちのことをもはやタイヤメーカーだとは見なしていなかった。新たな製品やサービスで強みを持たなければならず、さもなければ自動車部品の一サプライヤーとしてコモディティ化するリスクが高まっていた。シャーフが率いる経営陣は、会社のコアコンピタンスを再定義し、タイヤ以外の事業の成長を最大化すべく組織再編を実施した。

2017年6月、ミシュランは「会社の対応力を高め、競争力を維持しつつ、将来の課題にスムーズに対応できるようにする」[*12]ために、20年以上ぶりとなる世界的な組織再編を発表した。それとともに、3つの非タイヤ事業部門に野心的な目標が設定された。目標達成には、より起業家的かつ実験的なアプローチが要求された。3つの事業部門の概要は以下のとおりだ。

- サービス&ソリューション：車両の位置や燃費、タイヤの状態、停止時間、その他の指標のデジタル追跡など、乗用車や業務用トラックの所有者向けのテレマティクスサービスの提供。
- ハイテク素材：ミシュランの素材技術とイノベーションをタイヤ業界以外で収益化。
- エクスペリエンス：旅行関連の地図とガイド（有名な『ミシュランガイド』を含む）、モバイルアプリ、ライフスタイル関連のブランド製品の提供。

ミシュランは、5〜7年以内にこれらの非タイヤ製造部門の売上貢献度の割合を約10％から約25％へと引き上げる目標を立てた。[*13]

同社の企業文化はピラミッド型の階層的な性格が弱まり、より共創的なものへと移行していった。その結果、多くの従業員が変化のスピード感や広がりにチャレンジ意識を持つようになった。彼らには、製品ありきの考え方から、顧客体験に重点を置いた考え方に移行することが期待された。ミシュラン・ノースアメリカ社長のスコット・クラークは次のように述べている。「我が社は歴史的に、ROI（投資利益率）に重点を置いたきわめて資本集約的な事業会社でした。新しい目標は私たちにとってやりがいのある挑戦です。しかし、従来の考え方をスタートアップ企業のメンタリティに当てはめることは必ずしも健全で建設的であるとは限りません」[*14]。サービス&ソリューション部門のグローバルマーケティングディレクターであるエリック・デュベルジェは次のように付け加えた。「タイヤには、利用者の命がかかっています。ミシュランは、安全と品質のブランド価値を構築してきました。しかし、サービス事業においては、もっとリスクを冒したり、迅速に行動したりすることも必要になります。つまり、新しいスキルと新しい考え方が必要になります[*15]」

ミシュランは、タイヤメーカーとしてのアイデンティティを再検討し、さらにフランス企業としてのアイデンティティについても見直した。従来のアイデンティティは、世界中に従業員がいるにもかかわらず、同社はフランス企業としてのルーツに深く根ざしていた。上級管理職に昇進するためには、社員はフランス語に堪能であり、フランスに住んでいることが求められるため、フランス以外の国の出身者は不利な立場に置かれていた。リスクを回避し、伝統を尊重するフランス文化が、変化のペースを遅らせるのではないかと懸念する声もあった。

サウスカロライナ州にあるミシュランのアメリカ本社で働くデュベルジェはフランス人ではあるが、慎重なフランス文化に比べて、アメリカ人は総じて楽観的であり、リスクを受け入れようとする特性があると述べている[*16]。しかしメネゴーは、そうしたお国柄の違いを健全なものと考える。「ミシュランはフランスで設立されましたが、本質的にはフランスの会社ではありません。私たちは文化交流に多くの時間を費やしています。また、フランスの教育は非常に概念的です。一方、アメリカの教育には行動することが組み込まれているのです[*17]」

ミシュランが中核のタイヤ製造事業でその筋肉をどのように活用したのか、それと同時に、これら3つの事業をどのようにしてコーポレートアイデンティティの中核にしようとしているかを見てみよう。

タイヤ　パート1――「イノベーションのジレンマ」と「アマゾン・エフェクト」に対峙

ミシュランが持つイノベーションの伝統は、その創業時にまでさかのぼる。1891年、ミシュランは取り外し可能な自転車用タイヤを初めて開発した。その4年後には、最初の自動車用空気式タイヤを発売した。ミシュランにとって最大の発明の一つとなったのは、1949年に発表されたラジアルタイヤ（柔軟なサイドウォールにより、路面追従性に優れているタイヤ）だ。この技術により、最軽量の車から最重量のトラックまで、あらゆるタイプの自動車の走行が安全でスムーズなものになり、燃費が向上した。

ミシュランの優先事項は常に、最も安全で最高品質のタイヤを販売することであり、そのため研究開発と製品テストに多額の投資が必要だった。同社は安全性についてリスク許容度やエラーの余地はゼロであると強調する。デュベルジェが述べたように「タイヤの品質は何よりも優先されるものである」という信念を従業員の間に広めた。[*18] しかし、過去20年の間にタイヤ市場が細分化し、中国やインドなどの発展途上国から新しい競合が多く登場するにつれ、そうした高い品質基準を守ることが難しくなってきた。2000年の時点では、世界トップ3のタイヤメーカーであるブリヂストン、ミシュラン、グッドイヤーが世界市場の60％を占めていた。しかし2016年までに、ミシュランのシェアは14％に落ち込み、トップスリーのシェアも37・6％まで低下した。中規模のタイヤメーカーが28・2％のシェアを獲得し、残りの34・1％は小規模のタイヤメーカーだったが、中小それぞれのメーカー1社で占めるシェアはわずか2％未満だ。[*19]

一方、テスラなどの電気自動車はガソリン車に比べてトルク（固定された回転軸を中心に生み出される力）が大きいことから、タイヤの摩耗が激しく、交換頻度が高くなる。ウーバーやリフトといったライドシェアリング企業が急成長すると、運転手のタイヤブランドに対する好みは反映されなくなった。また、いまや消費者がタイヤを購入する際、ブランド名や知覚品質（製品に対し消費者が認識する品質）よりも、コストや燃費効率に大きく影響されるようになった。こうした傾向のすべてによって、タイヤは差別化された製品からコモディティへと変化し始めたのである。これが、高価格・高品質のブランド製品の顧客の大半は、品質は劣るが安価な代替品が時とともに継続的に品質改善してゆけばそれを受け入れるという、ハーバード・ビジネス・スクール教授のクレイトン・クリステンセンが論じた「イノベーションのジレンマ」の一例だ。

ミシュランにはもう一つ、プレッシャーを受ける存在がある。アマゾンやアリババなどのeコマースの巨大企業だ。これからの企業はミシュランと顧客の間に割り込み、ミシュランのバリューチェーンに脅威をもたらした。高価なタイヤブランドを売り込むインセンティブがある自動車販売店やカー用品店ではなく、オンラインで買い物をして費用を節約する人が増えている。ミシュランの自動車事業部門で執行副社長を務めるイブ・シャポは次のように語った。「eコマースの企業が大きな脅威となるのは、彼らがミシュランよりも顧客をよく知っていて、『OK、タイヤを供給してくれるだけで結構です。後はわれわれがやります』と言い出したときです」[*20]。これがいわゆる「アマゾン・エフェクト」の例であり、メーカーは顧客との接点を失い、強力な中間業者であるeコマースの巨大企業にますます翻弄されるようになる。

こうしたすべてのプレッシャーから、タイヤの原材料価格が高騰したときにもかかわらず、ミシュランは値下げを迫られた。業界の新規参入者やディスラプターのほとんどは、守るべき既存のブランドを持っていなかったため、価格競争に柔軟に対応できた。ミシュランは巻き返しを図っているように見えたが、業界のリーダーの地位を維持できるかどうか、社内にも懸念が広がった。

ミシュランは、ティラノサウルスが小型哺乳類を支配するかのような態度を取ってしまったことから、事態はさらに悪化した。クラークはこう言った「歴史的に見て、ミシュランは競合に比べると製品の性能で大きく差をつけていました。それがかえって私たちの弱点となり、ちょっとした自己満足と傲慢さを生んだのだと思います」[*21]。メネゴーが新しい製品やサービスのみならず、会社の新しい考え方やビジョンも受け入れるよう、たえず従業員たちを説得してきた背景である。

タイヤ　パート2――「グローカル」になる力

ミシュランの競合のなかには、世界最大のタイヤ市場で外国メーカーを抑え込むために補助金を受けている中国のタイヤメーカーなど、自国政府から大きな支援を受けている企業がある。変革の実効性を維持するためには、ミシュランは事業を展開するすべての国で強力なプレゼンスと、信頼できるパートナーとしての評判を得る必要がある。このグローバルな筋肉のパワーとローカルなナレッジ（知識）の融合は「グローカル」な能力と呼ばれ、世界規模で競争する組織にとっては成功に欠かせない要件となりつつある。

メネゴーは私の講座でこう語った。「私はよく『グローカル』という言葉を好んで使います。企業として、相乗効果と効率性を得るために私たちはグローバル規模で取り組まなければなりません。しかし、あらゆる場所で顧客の期待に応えるには、きわめてローカルでなければなりません。信じられないかもしれませんが、アメリカでは多くの人がミシュランをアメリカ企業だと思っていますし、中国でも地元の企業だと思われています。私たちは、理に適っていればときにはローカルに、ときにはグローバルになることで成長するのです[*22]」

ミシュランは継続して中国製タイヤの生産コストと消費者価格を引き下げる方法を模索し続けなければならなかった。それができなければ、ミシュランは価格の面で中国市場から完全に駆逐されてしまっただろう。グローカルな能力により、ヨーロッパやアメリカのタイヤとは見た目も走りも異なる中国製タイヤの製造が可能になった。それでもなお、タイヤの売上減少に対する明快な答えはなく、非タイヤ製造事業の成長がよりいっそう重要になっている。

サービス＆ソリューション――デジタル最先端への歴史的企業規模の適用

2010年代、ミシュランの法人顧客はタイヤの製造に加えて、メンテナンスやスケジュールに関する事前通知や、性能や耐久性に関する詳細情報など、高度なサービスを求めるようになった。サービス＆ソリューション部門は、顧客サポートのほか、多数の車両を保有する法人向けの車両管理、流通センターの世界的なネットワーク、輸送トン当たりの課金や航空機の着陸回数に基づく課金などの代替的な請求モデルを提供した。また、車両情報の収集、保存、送信、車両の性能や状態の分析を含む、トラック車両用のテレマティクスも提供した。

メネゴーによると、サービス＆ソリューション部門は「絶対に不可欠」であり、車両とのデジタル接続を維持し、サードパーティが顧客とミシュランの間に割り込んでくるのを防ぐための最重要部門であると説明している。「車両が適切に保護され、資産として適切に管理されていると確認できるよう、情報を管理し、ターンキー・ソリューション（納品してすぐに稼動できる状態にあるシステム）を提供してくれる事業者が必要とされているのです」[*23]。彼はサービス＆ソリューション部門に、法人顧客に対してプレミアム価格を正当化できるだけの価値を持った特徴的なオーダーメイド製品とサービスをつくるように指示した。

ミシュランは、サービス&ソリューション部門を拡大するために、すでに複数の企業買収を行っている。2014年には、ブラジルのデジタル車両管理会社サスカー（Sascar）を買収した。これはグローカル戦略の典型例で、他国とは微妙に異なる自国の特徴を理解しているブラジル人の知見を得ることができた。2017年には、北米のユーティリティ・ビークル（特定用途車）向けにテレマティクスを提供するネクストラック（NexTraq）を買収した。どちらの買収も、運転手の安全や燃料管理、車両の生産性を向上させるためのハイテクプロセスという新たな筋肉をもたらした。この2件を含む複数の買収に加えて、サービス&ソリューション部門は車両管理のための独自の新しいデジタルサービスも開始した。運転手が最適なルートを選択するのを支援する「マイベストルート」、車両検査のデジタル化や標準化を実現する「マイインスペクテーション」、運転手のトレーニングを手助けする「マイトレーニング」、そして運転手に対して安全運転のモチベーションを与える「マイロードチャレンジ」などである。

技術的なイノベーションの事例としては、タイヤの状態や車両の性能に関するデータを取得する無線自動識別（RFID）センサーを使用した、タイヤのIoT接続がある。また、ビジネスモデルのイノベーションの事例として、タイヤを単独の製品として購入するのとは異なる、「TaaS（Tire as a Service：サービスとしてのタイヤ）」の提供が挙げられる。このオプションを使用する車両は、走行距離に基づいた定額料金を支払うことで費用を平準化できる。[*24] こうしたサービスやその他の新サービスも、ミシュランの企業規模、なかでもタイヤ使用に関する業界最高の膨大な情報データベースがあるからこそ可能になった。

ところが、最初の数年間、サービス＆ソリューション部門の成長率はわずか10〜15％で、メネゴーが設定した目標には到達しなかった。サービス＆ソリューション部門長で、執行副社長のソニア・アルティニアン＝フレドは、ハイテク関連サービスの部署に適した人材の発掘こそが課題だと考えていた。それまで長い間、内部昇進を重視してきたミシュランだったが、そのころにはすでにフレッシュな視点を持つ外部の人材を採用する必要に迫られていた。研究開発担当の執行副社長テリー・ゲティスは次のように述べ同意している。「私たちはシリコンバレーのテック企業のような経営を目指していますが、私たちの事業は長い文化と歴史を持つ既存の企業から生まれてきました。そのため、より多くのリスクを冒し、より迅速に行動し、顧客の声を直接聞くよう、常に社員を後押しする必要があります[*25]」

残念なことに、新たな人材採用の候補のなかには、いまだにミシュランを昔ながらの産業用タイヤメーカーと認識している人がいた。アルティニアン＝フレドは、「新しい世代は、ミシュランのような大企業に入ることにそれほど胸をときめかせることはありません」と語る。[*26] メネゴーは、ハイテク関連部門にとっては雇用がいまだに大きな課題だと認めている。彼は私の講座で次のように語った。「研究だけで350種類以上のスキルが必要であり、マーケティングには数百種類のスキルが必要です。いま私たちは、データの使い方を理解している新しいタイプのマーケターを採用する必要があります。私の見解では、目標設定から5年が経過したいまも、ミシュランの仕事の50％がいまだ定義すらされていません。そのため、新たに入社してくる人たちには、そうしたスキルを開発する機会が数多くあるでしょう」[*27]。彼は、ミシュランのリブランディングが進化するにつれて、採用は容易になっていくと楽観的だった。

ハイテク素材──他産業へのイノベーションの拡張

ほとんどの人は知らないかもしれないが、ミシュランは長い間、材料科学とその応用分野で世界をリードしてきた。2017年の組織再編でミシュランは、このコンピテンシーが単なる社内の研究開発機能だけでなく、タイヤ産業を超えて重要な収益源になる可能性を認識した。メネゴーは、この部門が果たす重要な役割をこう説明している。「ハイテク素材部門が存在するのは、世界最高のタイヤを生産するためには大規模な投資を続ける必要があり、それが私たちの特性だからです。しかし、市場のすべてのイノベーションから価値を引き出す可能性は今後、ますます困難なものになるでしょう。他の分野に応用した場合、素材技術に関する私たちの知見から恩恵を受ける企業はたくさん存在します」[*28]

たとえばミシュランは、3D金属プリンティングで金型を作成する技術を開発した。当時、業界はプラスチックに注目していて、ミシュランはその技術をタイヤ用金型以外の部品市場に投入するチャンスがあることを認識していたから、先行者メリットを享受できた。

ハイテク素材部門に新たな筋肉を加えるため、ミシュランは多くの中小企業と提携した。たとえば2015年には、フランスの機械メーカーであるフィブ・グループ（Fives Group）と合弁事業を立ち上げ、法人顧客に対して3Dプリントソリューション一式を提供するフィブ・ミシュラン・アディティブ・ソリューションズ（Fives Michelin Additive Solutions、FMAS）の設立につながった。FMASは、機械の設計や製造から、生産ラインの完成、部品の再設計、設置、生産サポート、トレーニングなどの関連サービスまで、すべてに対応できる。[*29] 2019年にフランスのエネルギー会社フォルシア（Faurecia）と設立したシンビオ（Symbio）と呼ばれる合弁事業では、小型自動車やトラック、その他の「水素モビリティ」応用分野向けの水素燃料電池システムの開発を進めている。2020年に、カナダ企業のパイロウェーブ（Pyrowave）と締結した共同開発契約では、材料科学に関するミシュランの専門知識とパイロウェーブのリサイクル研究を組み合わせ、革新的なプラスチック廃棄物リサイクル技術の工業化に取り組んでいる。また、2020年に設立した別のパートナーシップでは、スウェーデンの企業エンバイロ（Enviro）と組んで、使用済みタイヤを原材料に変換する革新的プロセスを開発している。[*30]

エクスペリエンス――古い「宝石」を磨くための新しい研磨剤

メネゴーがエクスペリエンス部門を、世界的に有名な『ミシュランガイド』を含めて「宝石」として、会社全体の士気を高めるものと見なしていたのは、私にとって驚きだった。レストランやホテルを3つの星を使って格付けする『ミシュランガイド』は、1900年に、フランスの自動車ブームを後押しする目的で無料配布されたのが始まりである。アンドレとエドゥアールのミシュラン兄弟は、3つの星による格付けが世界中のシェフにとっての「聖杯（至高の目標）」となり、彼らの些細な思いつきが世界で最も権威のある格付け組織にまで発展するとは夢にも思わなかっただろう。ミシュランは1929年に、旅行者向けの最初の観光ガイドを発行し、第二次世界大戦後の数十年間、ガイドの対象範囲を拡大し続けた。

メネゴーは、膨大な情報がウェブ上に存在する時代であっても、信頼できるガイド、とくに最高級の食事や旅行サービスに関するガイドには依然として大きな価値があると考えている。「私たちは、旅行者が宿泊施設や食事、見る価値のある素晴らしいものを選ぶうえで信頼できるパートナーとなります。そうした情報を整理し、結びつけていきます。タイヤ業界と同じように、きわめて重要な社交の場でもミシュランはお客様のパートナーになります[*31]」

２０１０年代中ごろには、ミシュランは年間１３００万部の地図とガイド、そしてミシュランがライセンスしたライフスタイル製品を２０００万個も販売するようになっていた。旅行用地図サービスの「ヴィア・ミシュラン」は顧客のために、２０００億キロメートルを超える旅程を計算した。２０１６年同社のレストラン予約アプリ「ブッケティブル（Bookatable）」を通じた予約数は３９００万件に達した。同社はまた２０１７年に、世界的なワインレビュー誌『ワイン・アドヴォケイト』を発行するロバート・パーカー・ワイン・アドヴォケイトの株式40％を取得して、エクスペリエンス部門の拡大を図った。ミシュランはこの買収によって、高級食品やワインの市場で確固たる地位を確立することを目指した。その数カ月後、毎年レストランガイドを発行しているイベントマーケティング会社ギー・デュ・フーディング（Guide du Fooding）の株式40％を新たに取得した。[*32]

ミシュランがエクスペリエンス部門にリソースを投じるのは理に適っている。なぜなら、自社の世界的な名声をさらに高めるもう一つの手段となるからだ。『ミシュランガイド』は、レストランやホテルのレビューのなかで最も歴史と権威があるブランドであるのみならず、本当の意味で最初のグローバルなブランドでもあった。一つの国に関するガイドブックでは、世界規模のシリーズ（たとえば『ロンリー・プラネット』のような世界各国の旅行ガイドシリーズ）のインパクトにはかなわない。しかし、東京やブエノスアイレスに初めて旅行するアメリカ人エグゼクティブには、おそらくそれらの都市に関するガイドブックをすべて調べている時間はないだろうが、『ミシュランガイド』なら信頼できると確信できるだろう。

見通せないミシュランの未来

ミシュランの長い歴史のなかで、最も競争の激しいグローバル環境に身を置きながら成長し続けられるよう、その筋肉を強化し、鍛え直す現在の取組みの成否については、まだ結論が出ていない。エクスペリエンス部門、ハイテク素材部門、そしてとくにサービス&ソリューション部門への多額の投資は大きな賭けだが、こうした施策を取らなければ、もっと大きなリスクを負うことになっていただろう。重要なのは、ミシュランの非タイヤ製造事業部門が利益を生むまでどれくらいの時間がかかるか、そして世界的規模で利益を生むかどうかである。たとえば、サービス&ソリューション部門は2019年までに、世界全体で6億ドル以上の売上を達成したが、それでもミシュランの総売上286億ドルのわずか2%にすぎない。[*33]

2018年夏、経営陣たちは、自社が今後さらされるであろう厳しい試練を十分認識していた。デュベルジェは自戒を込めてこう語っている。「4年間では目標に達していないと思います。もっと時間がかかるでしょう。サービス市場に参入するには、乗り越えなければならない大きな山があります」[*34]。また、研究開発部門の執行役上級副社長テリー・ゲティスは次のように予測している。「もし私たちが4年間で頓挫するとしたら、それは変化への対応が遅すぎたからでしょう。私たちはプロセスや従業員、文化、そして事業全体の取組み方をタイヤとは異なる分野に横展開できなかったということになります」[*35]

私はフロラン・メネゴーの楽観論を支持したい。メネゴーはシステムリーダーであり、短期的な課題と、明快で説得力のある長期的なビジョンとのバランスを取り、あらゆる機会を捉えて明確に、そして徹底的に課題やビジョンを組織に浸透させている。彼は世界的な巨大企業を変革するのは気が遠くなるような難事業だと理解しているが、ミシュランの企業規模を最大限に活かせる、新たな競争優位という見返りが最終的にいくつも得られると信じている。メネゴーは、ミシュランが自社の歴史と伝統的なフランス文化に誇りを持ち続ける一方で、今後数十年にわたって成長するために必要な、グローバルでハイテクな、非フランス的ともいえる起業家精神に富んだ人材の採用がうまくいくと確信している。

2019年春、彼は私の講座で次のように語った。「いま、私たちはテクノロジーや人材、経営、事業モデルなど、非常に多くの方面で大規模な変革を進めています。私たちが経験した変革の数は、想像を絶するほどです。変革は非常に大規模で、きわめて複雑になっています。しかし、従業員はなぜ変革しているのか理解していますし、私たちは成功を勝ち取ります[*36]」

企業規模を適正に

デジタルとフィジカルを融合させる最大の利点の一つは世界中の顧客と迅速にコミュニケーションを取り、顧客のニーズを製品やサービスに組み入れられることだ。難点は、特定の顧客層向けにカスタマイズされたソリューションを提供する一方で、大規模な事業運営に必要なスキルも習得しなければならないことだ。

これまで紹介したＡＢインベブやＣＮＮ、ＶＩＳＡ、ミシュランなど、多くの業界に存在するグローバルな既存企業はいま、新しい競合がもたらす困難な課題に直面している。新しいテクノロジーやビジネスモデルという強みを持つスタートアップ企業と対峙するのに加え、政府の保護と支援を受けている中国企業との不公正な競争にさらされている企業もある。そのような既存企業が自身を、より速く、より効率的で、より機敏な新規参入者に囲まれた、動きの鈍い恐竜のように感じるのは簡単だ。しかし、この章の重要な教訓は、既存企業も大規模な事業運営を行う一方で、より速く、より効率的で、より機敏になれるということだ。

とくにミシュランは、さまざまな市場セグメントと地域に対応する素材科学のプラットフォームを立ち上げ、ソリューションをカスタマイズするために従業員を各地域に配置し、さらには中核事業を補完すべく新しい市場にグローバルに拡大していくことで、こうした難局を受け入れ、乗り越えようとしている。道半ばとはいえ、ミシュランはその企業規模を活用して、データ活用や効率的なグローバルサプライチェーン、物流の卓越性によって新しい競争優位を構築するロールモデルといえよう。

企業は、カスタマイズ可能な機能を備え、法人顧客と個人顧客がともに期待するようなスピードで、広範な地域にわたってソリューションを提供することをますます期待されるようになっている。新しいディスラプターは通常、初期の段階ではそうした機能を備えていないし、既存企業も備えたことがないかもしれない。しかし、すべての企業は、将来の成功を期するのであれば、こうした筋肉を迅速に構築しなければならない。

企業規模の活用

●データや製品流通、あるいはモノづくりを通じて、幅広い顧客との接点を持つことを可能にするテクノロジーと製品についてのコアコンピタンスを再定義する。

●従業員をできるだけ顧客に近い場所に配置する。デジタルでのコミュニケーションや協働への依存度がますます高まっている領域であっても、各ローカル市場を理解するには、自社が販売する製品を使う人々のなかで生活し、働くことが求められる。

●大規模な事業運営をしている組織では、過剰なくらいにコミュニケーションを取ること。新しい戦略やビジョンを浸透させるには、きわめて明確なメッセージを、大きな組織を構成するさまざまな部署ごとの特性に合わせてカスタマイズして頻繁に繰り返し、発信する必要がある。電子メールを何通か送信しただけでは、凝り固まった文化を変えることはできない。

第11章 手と目の協調——エコシステムの管理

やるべきことは、すべてのステークホルダーとの強い関係を維持することです。彼らを突き動かしているものは何か、そしてやる気にさせているものは何かを徹底的に理解し、彼らとともに生産的に仕事をするよう努力することです。組織が成長するため、目標を達成するため、繁栄するため、そして、ミッションをよりよく果たすための方法を見つけることです。

——UCSF（カリフォルニア大学サンフランシスコ校）ヘルス理事長兼CEO　マーク・ラレット

すべての企業は、それ自体が一つのエコシステムであり、より大きなエコシステムの一部でもある。より大きなエコシステムとは、お互いの利益のために連携する、相互接続された組織のネットワークを指す。単体の企業の内部には専門機能組織、組織体、労働組合などがあり、明確に定義された関係と階層がある。その一方、サプライヤーやチャネルパートナー、投資家、規制当局、競合他社などによって構成される外部のエコシステムでは、構成要素間の関係や相対的な力は流動的だ。あるエコシステムのメンバー間で、相反するニーズに対処するには、ジャグリングのような曲芸技が求められる。そして、ジャグリングを上手にやるには、優れた「手と目」の協調が必要となるのだ。

小さな部署であっても、グローバル企業であっても、エコシステムに関わる難問に直面するだろう。エコシステムを構築する際に、強い態度で主導権を発揮すべきときはいつか。自社が属する業界をどのように進化させるかについて、一歩引いて他社に主導権を譲るべきときはいつか。市場の将来についてのビジョンが、チャネルパートナーや主要な競合他社と大きく異なる場合、何ができるか。

システムリーダーがこれらの問題に対処するには、エコシステムのメンバーのなかで本当の味方や明らかな敵は誰か、また状況が異なれば敵にも味方にもなるフレネミー（友達を装う敵）は誰かを見極めなければならない。これに似た有用な考え方が「コーペティション（co-opetition、競争〈competition〉と協調〈cooperation〉を合体した造語）」だ。この用語は1990年代初頭、ソフトウェア企業ノベル（1990年代前半に一世を風靡したネットワークOS〈オペレーティングシステム〉「NetWare」などを提供。2010年に買収された）のCEOレイ・ノーダが考案したとされる。ノーダは、熾烈な争いを繰り広げるライバル同士が、短期的な課題を解決した後は同じ顧客をめぐって再び争うようになることを知りながら、ときにはお互いに協力しなければならなくなる不可解な状況をこう呼んだ。[*1]

第7章では、内製とアウトソーシングのバランスを取る「内耳」を脳力のコンピテンシーと定義した。なぜこの章では「手と目」の協調（コーディネーション）を筋力のコンピテンシーとして取り上げるのか、読者のみなさんは不思議に思うかもしれない。バランスを取るのは、基本的に組織内の話であり、どの機能を内製として直接コントロールすべきか、どの機能をパートナーにアウトソーシングして任せるべきかは、戦略的な意思決定を下す脳力の手段だ。しかし、「手と目」の協調は、はるかにフィジカルなスキルである。なぜなら、一企業のビジョンを、サプライヤーから政府の規制当局までエコシステム全体に強要することになるからだ。それは自社の強みを用いて、直接的に制御できない外部の関係者たちの行動に影響力を及ぼすことである。

多くの場合、誰が、あるいは何が、業界や市場の方向性を決めているのか、見極めるのは難しい。このような状況で、経営者にとって使い勝手のいいツールがある。それは、エコシステムの「インフルエンス・マップ」だ。このようなマップで視覚化すれば、どの組織体が他の組織体に圧力をかけているのか、その影響力はどれほどのものなのか、その概略を捉えられる。[*2] 円の大きさや矢印の太さで、ステークホルダーのさまざまな規模や彼らの関係性、お互いに及ぼす影響力の大きさを把握できる。インフルエンス・マップは、味方と敵とフレネミーを分類し、どこにリソースを投入して、それら3つのグループすべて

図11-1｜企業とそのエコシステムのインフルエンス・マップの例

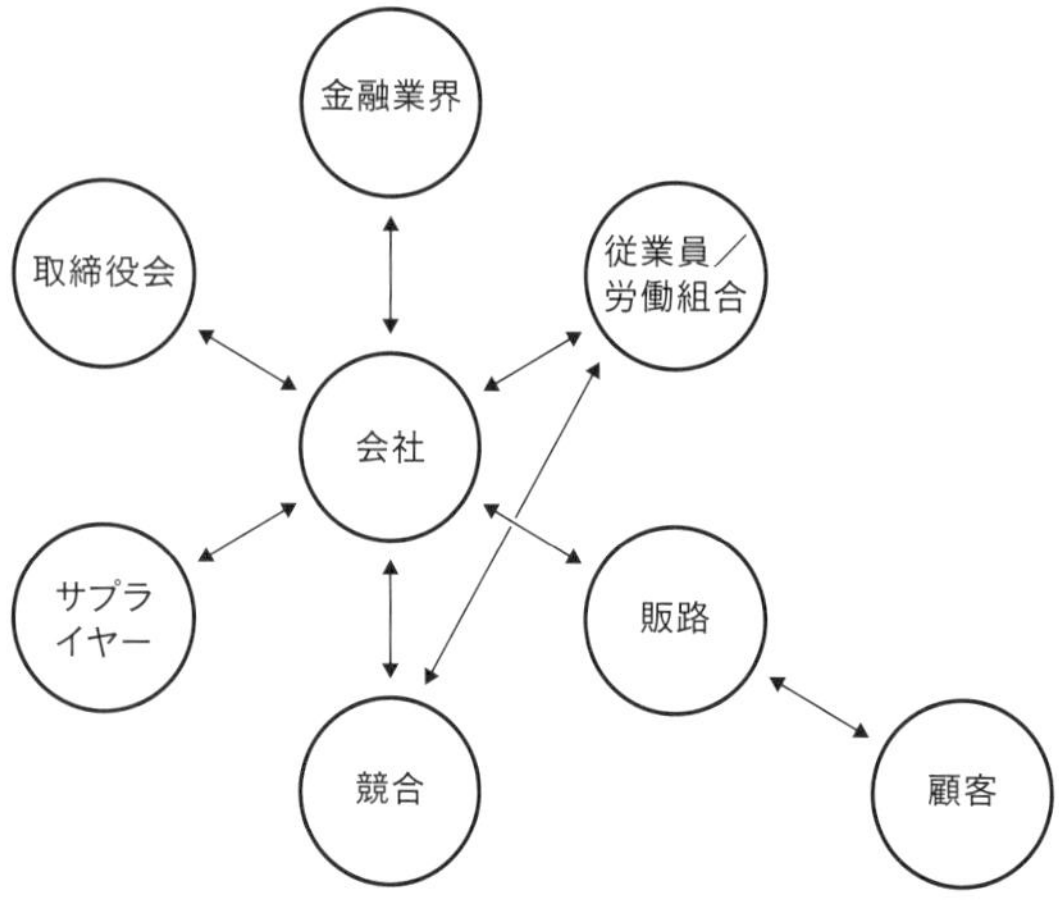

の決定に影響を与えるかを判断するのに有効だ。

インフルエンス・マップには他にも利点がある。どの関係が比較的バランスが取れているか（巧みな交渉力が必要なのか）、どの関係が不均衡であるか（交渉が失敗した場合、こちらの意思を押し通す選択肢があるか）を把握できる。エコシステム内で圧力がかかっているポイントを理解し、さまざまなプレイヤーが相互に新たな圧力をかける行動を予測するのに効果的だ。また、戦略行動の結果や、市場全体の変化を追跡するうえでも有効である。例を図11－1に示す。[*3]

インフルエンス・マップ上で自分の組織とつながっている円は、私の同僚ロバート・A・バーゲルマンが作成した依存度と影響

表11-1｜2者間の依存度と影響力の関係

影響力＼依存度	低	高
低	自社とその事業体は、基本的かつ**戦略的に相互に無関心**である。対等のパートナーとして提携することもできるし、ほとんど、あるいはいっさい成果を上げることなく手を引くことも可能だ。	自社は**戦略的にその事業体に従属**しており、防御的な立場に置かれている。彼らは不可欠であるため、彼らのニーズに何としても応えなければならない。
高	自社はその事業体を**戦略的に支配**しており、力を行使することを選択した場合は、自分たちの意思を押し通す力がある。	自社とその事業体は**戦略的に相互依存**しており、安定した長期的エコシステムにおける優良なパートナーになる可能性がある。また、エコシステムの支配をめぐり互角の戦いを挑むこともできる。

Robert A. Burgelman, Stanford Graduate School of Businessより引用

力の関係表を用いれば、お互いがどれだけ依存しあっているか、そしてそれぞれの行動にどれだけ影響を与えられるか、自分たちの組織と円で示された組織体との関係を分類することが可能だ。[*4] 表11－1を参照してほしい。

こうした関係について明確に理解できるようになると、自社が強い影響力を持つ領域や、他社の行動を変えることが自社の成果に大きなインパクトを及ぼす領域に、リソースを配分できるようになる。インフルエンス・マップおよび依存度と影響力の関係表によって、自社の「ポジション・パワー」、つまりエコシステム内での地位によって得られる強い影響力を理解することができる。インフルエンス・マップおよび依

存度と影響力の関係表は、エコシステム内のプレイヤーを操るうえで、「手と目」の協調を洗練させるのに効果的なのだ。

ただし、ポジション・パワーと同じく重要なのが、「インフルエンス・パワー」だ。これは、自分のポジションが相手と同じか劣っていても、自分の望むとおりに相手を説き伏せる能力である。この2つのパワーは、どちらもウィン・ウィンの関係に導きうるが、自分たちの利益を最大化させるには、敵の裏をかいたり、敵に圧力をかけたりする必要もある。

この章で取り上げる組織は、興味深い方法で自分たちのエコシステムにポジション・パワーとインフルエンス・パワーの両方を活かしている。まずは、とてつもなく複雑なエコシステムを持つ巨大大学病院UCSF（カリフォルニア大学サンフランシスコ校）ヘルスの事例を取り上げる。次に、「手と目」の協調を着実に向上させた事例として、インスタカートを再び取り上げる。さらにウォルマートがポジション・パワーを使って、サプライヤーを自らの意に従わせている方法を見ていこう。最後に、世界のスマートフォンの5台中4台に搭載されているOSを開発しているグーグルのアンドロイド部門についても深く掘り下げる。アンドロイドは、ユニークな業界内でユニークなビジネスを展開しているが、そのエコシステムをマネジメントする手法は、多くの人にとってきわめて重要な教訓となるだろう。

UCSFヘルス――無数のステークホルダーをジャグリングする

UCSFヘルスは、アメリカで最も優れた10の医療機関の一つとして常に高い評価を受けている（とりわけ、大学ランキングで有名な『USニューズ&ワールド・レポート』から）。理事長兼CEOのマーク・ラレットは、病床数950以上、年間外来患者数約200万人、年間売上40億ドル以上の病院経営を担っている。ラレットはUCSFヘルスで経営に携わった20年間で、患者の体験を改善し、医療の質と安全性を向上させ、病院と医師の地域ネットワークを確立するための取組みを主導してきた。サンフランシスコのミッションベイにある、UCSFヘルスの最も新しい複合医療施設UCSFメディカルセンターの建設も指揮した。この施設は2015年にオープンし、小児医療、婦人科医療、がん治療のための専門病院が併設されている。[*5]

UCSFの一部として、ベイエリア周辺に多数の病院と診療所を有するUCSFヘルスは、3300人の学生をはじめ、1600人の後期研修医、1100人の生命健康科学の博士研究員（ポスドク）らの指導育成に当たっている。指導教官は、がん、心臓病学、小児医療、神経学、臓器移植など、医療専門分野ほぼすべての第一人者たちだ。彼らは高度なバイオ医療研究にも携わっており、毎年1500件以上の臨床試験を実施している。[*6] ラレットがCEOに就任した2000年当時、UCSFヘルスはスタンフォード大学メディカルセンターとの統合に失敗し、週に150万ドルの損失を出す深刻な状況にあった。しかしラレットは、UCSFを救済し経営状況を劇的に改善させた。これまで述べた数字は、こうした現在の好調ぶりを物語っている。[*7]

UCSFヘルスの組織規模だけでも目を見張るものがあるが、2018年5月にラレットが私の講座で講演したとき、さらに大きな衝撃を受けた。それは、UCSFヘルスの複雑なエコシステムについてだった。患者、医師、看護師、学生、保険会社、サプライヤー、労働組合、テック企業、UCSFヘルスを支援する慈善家、さらにはサンフランシスコ市やカリフォルニア州、連邦政府を代表してUCSFヘルスを規制する政治家や官僚などのステークホルダーの相反するニーズを、彼がどのように調整（ジャグリング）しているか説明してくれた。また、UCSFヘルスは、アメリカ最大の公立大学であるカリフォルニア大学の一組織として、内部リソースをめぐる競争から政府や民間の研究助成金の獲得に至るまで、アカデミア特有の課題も抱えている。こうした組織体はすべて、ラレットと経営

図11-2｜UCSFヘルスとその主要な関係者のインフルエンス・マップ

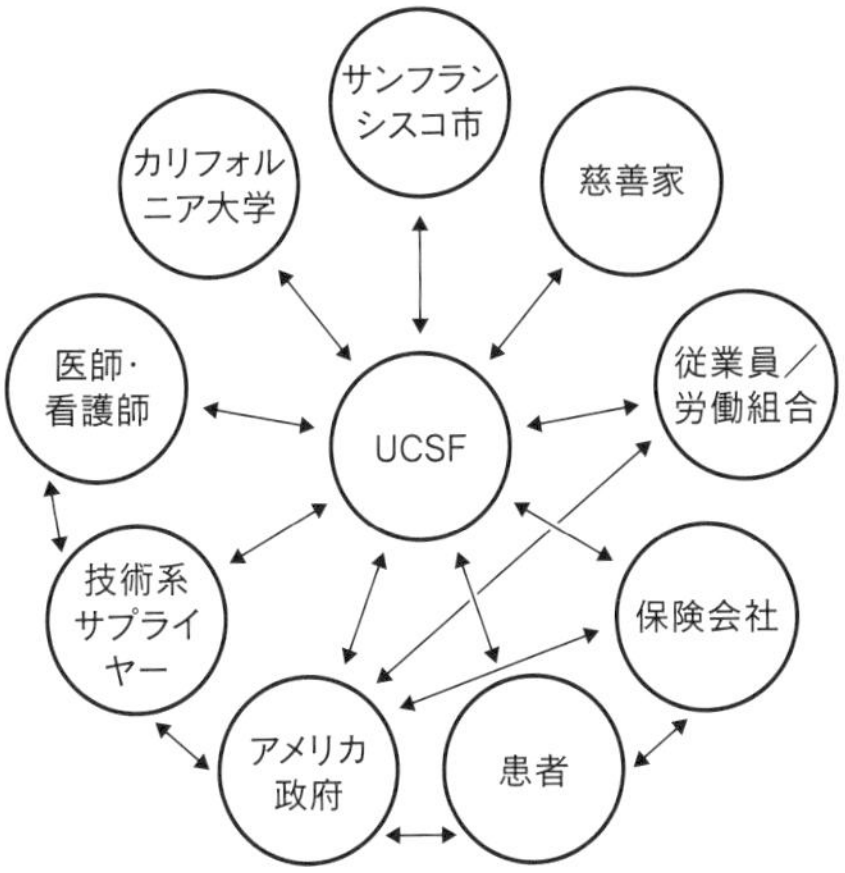

陣の決定に常に影響を及ぼしている。図11－2は、UCSFヘルスのインフルエンス・マップだ。

ラレットによると、彼の仕事の大部分はUCSFヘルスに影響を及ぼそうとしているマップ上のすべての組織体に対して、逆に影響力を高めることだという。彼は前述したすべての組織体に対して先回りして影響力を行使するため、自らのスケジュールを管理し、毎朝一番に「今日は誰に影響力を及ぼすべきか」と自問する。会議への出席要請に応じたり、電子メールで届いた問題を解決したりすることだけにスケジュールを割くことはできない。自分の時間と病院のリソースを、エコシステムに最も大きな影響を与える行動に割り当てなければならない。

ラレットはある1週間で、運営する病院で起きた看護師のストライキを解決するために奔走し、医療技術のスタートアップ企業からの売り込みに耳を傾け、新しい施設の建設資金数億ドルを集めるために慈善家たちに呼びかけ、ロビイストと協力して州議会にかけられた規制法案を支持し、予算不足について上司に当たるUCSF総長と面会するなど動き廻った。これほどさまざまな問題があれば、多くのリーダーは心が折れてしまうところだが、ラレットはそのすべてを、医療を改善するためのエコシステムを形成するうえで欠かせないと考えている。「やるべきことは、すべてのステークホルダーとの強固な関係を維持することです。彼らを突き動かしているものは何か、そしてやる気にさせているものは何かを徹底的に理解し、彼らとともに生産的に仕事をするよう努力することです。組織が成長するため、目標を達成するため、繁栄するため、そして、ミッションをよりよく果たすための方法を見つけることです[*8]」

とくに政府規制の順守に関しては、組織のパフォーマンスに大きな影響を与える。ラレットは次のように説明する。「私たちが行うことはすべて規制されています。どれくらいの高さまで物を積み重ねていいのか、といったことまで、規則で決まっています。患者の目に点眼薬を差すことができる人も規則で決まっています。それには正当な理由があります。私たちは生死に関わる業界にいるからです。決して間違いを起こさないことが求められるのです」[*9]。彼は、医療従事者のゼロ・トレランス（どんな規則違反も容認せず、厳しく罰すること）・カルチャーは、失敗が許容されるだけでなく、それを学習の機会と考えるサンフランシスコのテックカルチャーと対立関係にあると付け加えた。ラレットにとっては、UCSFヘルスがテックコミュニティとさまざまな方法で連携できるよう、この2つのカルチャーの橋渡し役となることも重要な仕事である。

私がどのように難しい決断を下すのかと尋ねると、彼はためらうことなく、「自分の価値観を指針にしている」と答えた。非営利団体として、UCSFヘルスの最優先事項は患者への奉仕である。彼の「手と目」の協調は、財務的な制約の範囲内で、より多くの患者によりよいサービスを提供するために最大限の努力をすることにフォーカスするものなのだ。

インスタカート――弱い影響力から強い影響力への道のり

第7章では、内製とアウトソーシングのバランスという脳力のコンピテンシーに関する主な事例として、インスタカートを取り上げた。最初の数年間、インスタカートにはスーパーマーケットや食料品サプライヤーのエコシステムに影響力を及ぼすだけの力がなかったことを思い返してほしい。インスタカートは広大な海の中の小さな魚にすぎず、大きな捕食者に食べられまいと必死だった。インスタカートの短期的目標は、業界内で安定的で持続可能なポジションを獲得することだった。そして、その目標の一つが、同社は顧客が簡単に利用できる宅配手段を提供する有益な存在であることをスーパーマーケットチェーンに納得させることだった。

ところが、インスタカートの成長に合わせるかのように、2020年に新型コロナウイルス感染症のパンデミックが発生して宅配需要が一気に高まった。宅配業界のエコシステム内で、インスタカートは強い影響力を獲得するようになった。パワーバランスが変化し、多くのスーパーマーケットが、家を出られない、あるいは家を出たくないという顧客に代わって食べ物を購入して届けるインスタカートの配達員たちを必要とした。スーパーマーケットに配達の選択肢がないという致命的な欠陥が明らかになったとき、インスタカートは突如、それまでと比べてはるかに強大なポジション・パワーを手に入れたのだ。インスタカートはまた、政治家に対するロビー活動を展開し、有権者に訴える力を獲得した。たとえば、第7章で紹介したカリフォルニア州条例「プロポジション22」に関する住民投票をめぐる争いでは、2700万ドルという驚くべき資金を投入して、ギグワーカーは被雇用者ではなく、今後も個人事業主として扱われるべきだとの主張を展開した。[*10]

インスタカートの市場形成力は、製造工場のように文字どおりフィジカルなものではないかもしれない。しかし、宅配を利用する顧客から、店舗で購買代行をする配達員、スーパーマーケット、CPG（消費者向けパッケージ商品）メーカーに至るまで、エコシステムに関わるすべてのプレイヤーに実体的な影響力を及ぼす。依然として、インスタカートはこうしたグループすべてのニーズに対してバランスを取らねばならないが、いまでは、単にエコシステムに適応するのではなく、その事業規模と影響力によってエコシステムを組織化している。図11－3と図11－4は、インスタカートがエコシステム内で御用聞きに奔走するスタートアップ企業から、パートナーに影響力を及ぼせるメジャープレイヤーへ、企業として成長したことを視覚化した2つのインフルエンス・マップである。

依存度と影響力の関係表（表11－1）で表すと、インスタカートは従属関係にある右上の象限から、複数のパートナーとの相互依存の関係となる右下の象限に移行した。最近では、インスタカートが多くのスーパーマーケットチェーンやCPGメーカーを必要とするのと同じくらいに、彼らもインスタカートを必要としている。これは、第7章で取り上げた、内製とアウトソーシングのバランスという、脳力系の内部コンピテンシーを超える課

図11-3｜スタートアップ期におけるインスタカートと、その業界の簡略化したインフルエンス・マップ

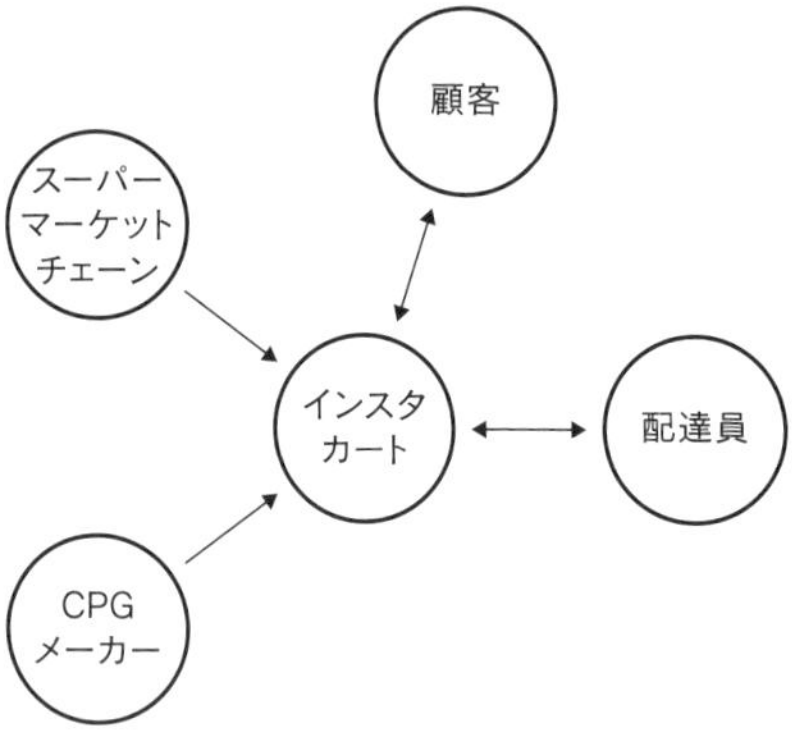

図11-4｜成熟期におけるインスタカートと、その業界の簡略化したインフルエンス・マップ

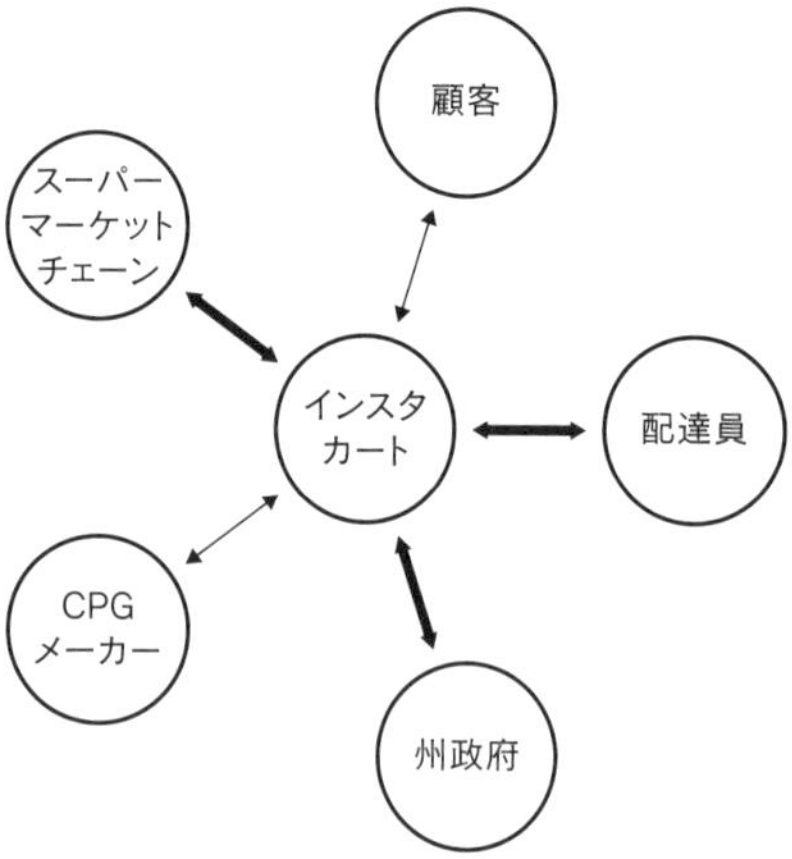

題だということを意味する。いまやインスタカートは筋力的な市場影響力を持っており、味方や敵、フレネミーの命運に関わる重大な影響力を及ぼしている。目下の課題は、その影響力を賢明かつ善意に基づいて行使することだ。

ウォルマート――支配的であることを恐れない

あるエコシステム内で強い影響力を行使するという点について言えば、それが好意的なものであるかどうかにかかわらず、ウォルマート以上に明確な事例を探すことは困難だろう。1962年にアーカンソー州でサム・ウォルトンが小さな店舗を開いて以来、27カ国に1万1500店舗を展開する巨大小売企業に成長するまで、ウォルマートのエコシステム戦略は驚くほど一貫している。ウォルトンは、小売業で成功するカギは、サプライヤーからできるだけ安く商品を入手するなどして、顧客への販売価格を可能な限り下げることだと信じていた。何世代にもわたってウォルマートの経営陣に浸透したウォルトンの信条は、「安く買って、高く積み上げ、安く売る」というものだ。[*11] そのためウォルマートは常に中間業者を排除し、メーカーと直接値下げ交渉し、コストを下げることに努めてきた。

ウォルマートは数十年にわたり成長を続け、メーカーとの関係における相対的ポジションは従属から相互依存、さらに支配へと進化していった。常連客が増えるにつれ、小売エコシステム内でのウォルマートの影響力は飛躍的に増大した。1990年代になると、消費者向け商品を製造する企業がナショナルブランドとして認知されることを目指すのであれば、ウォルマートがその商品を必要とする以上に、自社商品をウォルマートの陳列棚に並べてもらうことが必要となった。つまり、かつてサム・ウォルトンが行っていた値下げ交渉が、はるかに強引で一方的なプロセスに変わったのだ。2003年、ジャーナリストのチャールズ・フィッシュマンは有名な告発記事で次のように書いた。

「ウォルマートは1ガロン（約4リットル）のピクルスを、ほとんどの食料品店が1クォート（約1リットル）で販売している価格よりも安く売った。その意味で、ウォルマートは顧客によりよいサービスを提供したといえるかもしれない。しかし、それがピクルスメーカーのブラシック（Vlasic）に何をもたらしたか。ブラシックは何十年もかけて、顧客に対して自社ブランドにはプレミアム価格にふさわしい品質があるとアピールし続けてきた。ところが、ウォルマートはプレミアム価格のピクルスをただ同然の価格で売り出したのだ。その結果、買い物客はこぞって店に殺到し、農場から工場、さらには財務諸表に至るまで、ブラシックの事業のすべてを歪めることになった。ウォルマートには、決して語られることのない真相がある。それは、『エブリデー・ロープライス』を顧客に提供するという建前で、最も強大な小売業者がサプライヤーに絶え間なく圧力をかけ続けたというものだ。

商品の切り替えのない日用品においては、ウォルマートへの卸売価格、そして小売価格を年々下げなければならない。しかし、ウォルマートと2万1000に上るサプライヤーが属する世界の外側では、そうした低価格・高コストの構造を知っている者はほとんどいない。ウォルマートには、利益が出ないほどの値引きをサプライヤーに求める影響力がある。ブラジャーから自転車、ジーンズまで、あらゆる製品のメーカーが値引き要求に応じて生き残るため、従業員を解雇し、アメリカ国内の工場を閉鎖して、製品を海外から調達することを余儀なくされた[*12]」

ウォルマートは、アメリカの小売業界で支配的地位を確立し、きわめて強引な交渉手段を用い続けた。経営陣は悪者と見られても構わず、サプライヤーの営業担当がウォルマートのバイヤーに売り込むための時間をわずか30分に限定するという厳しいルールを設けた。ちなみに、アーカンソー州ベントンビルにあるウォルマート本社での会議に出席するには、一般的には2本の航空便を乗り継ぐことが必要だった。サプライヤーの大半が、関係表でいうところの「高依存・低影響」の象限から抜け出せずにいたため、ウォルマートは厳しい要求を続けても、とがめられることはなかった。

ここ数年、ウォルマートはアマゾンなどのeコマース企業との価格競争にさらされ、メーカーへの圧力をさらに強めた。2017年、ある業界誌は、ウォルマートがサプライヤーに対し「配送コストを削減し、再発注を減らし、在庫切れの問題を解消する注文体制と、時間どおりの発送を完全履行するように一段と努力するなど、10億ドル以上の売上増をもたらす物流の改善を実施する」ことを求めたと報じた。[*13] また、あるコンサルタントは、ウォルマートに協力することに同意したサプライヤーは、発注の増加や戦略的支援を期待できる一方、同意しなかったサプライヤーは、発注が制限されることになると説明している。「ウォルマートは3～4年に一度、マーケティング活動に使っている資金を、値下げに回すよう言ってきます。ウォルマートはテーブルからすべてのチップを取り上げた後、価格を下げるよう求めてくるのです[*14]」

もちろん、ウォルマートと取引しているサプライヤーには、ブラシックのピクルスよりもはるかに大きな影響力を持つ企業がある。たとえば、アップルはウォルマートでiPhoneを販売する際に、対等な立場で取引条件を交渉することができている。関係表で言えば、アップルはウォルマートと相互依存の象限に属している。ブラシックは、ウォルマートによって他の一般的なピクルスに置き換えられてしまう恐れを持つが、iPhoneを求めている客は他の製品を受け入れず、ウォルマートになければ他の店で買うだろう。そのような顧客をつなぎ止めるために、ウォルマートはアップルを、自社の厳格なルールの適用外として認めることになる。これは、ウォルマートの新たな目標を念頭に置いた、もう一つの巧みなエコシステムマネジメントの方法といえる。その目標とは次のようなものだ。「幅広い品揃えでエブリデー・ロープライス――いつでも、どこでも」[15]

アンドロイド――真にグローバルでしばしば敵対的なエコシステムの攻略

グーグルは2008年にスマートフォン用アンドロイドOSを商用にリリースしたとき、アップルがiOSを新型iPhone専用としたのとは逆の戦略を取った。グーグルの経営陣は、自社が開発したスマートフォン向けOSを後生大事に守り抜くより、スマートフォンのメーカーに無償でばらまくほうがビジネスとして成功すると考えた。グーグルのウェブサイトには次のように書かれている。「アンドロイドのソースコードはオープンソースプラットフォームなので、料金やロイヤリティなどの費用をいっさい必要とせず、誰もが閲覧、ダウンロード、改変、機能追加、再配布が可能です。これは、ソースコードを決して公開せず、あらゆる改変を厳しく禁止するクローズドソース／占有ソフトウェアとは正反対のものです[*16]」

それから13年経った今日、この決定は大正解だったように思える。アンドロイドを搭載したスマートフォン、タブレット、その他のモバイル機器は現在、世界全体で25億台に上り、約１３００のサードパーティがＯＥＭ（相手先ブランドでの製造）メーカーとしてアンドロイド対応製品を製造し、ＯＳとして80％以上の市場シェアを占めている[*17]。グーグルは毎年数十億ドルを投じてアンドロイドの改良を続けており、スマートウォッチやスマートスピーカー、自動車用ＯＳなど新しい用途の拡大に取り組んでいる。その結果、２０１９年のアンドロイドによる推定売上額は、１８８億ドルに達した。

- グーグルプレイ（Google Play）・アプリストアからの売上は91億ドル。これはアンドロイドなしではなしえなかった。
- アンドロイド・デバイスの検索広告からの売上は75億ドル。
- グーグルマップ（Google Map）とグーグルペイ（Google Pay）からの売上は22億ドル。いずれも、アンドロイド・デバイスでの使用が売上の大半を占めている[*18]。

まさにハッピーエンドといえる。アンドロイドの始まりは2005年、アンドロイド・インコーポレーテッドという小さなスタートアップ企業を推定5000万ドルで買収したことだった。それが、元グーグルCEOのエリック・シュミットが当時夢見たよりもはるかに大きな成果へと結びついた。[*19]

しかし、モバイルOSとして圧倒的なシェアを占め、流通しているデバイスが25億台、年間売上高が190億ドルという実績にもかかわらず、アンドロイドは、エコシステムがあまりに複雑なため、依然として大きな課題を抱えている。インフルエンス・マップ上にあって、その決定がアンドロイドの継続的成功を左右する可能性を持つ組織体について考えてみよう。

- 世界中に存在する約1300社に及ぶスマートフォンのOEM企業。これらの企業は、より優れた代替品が見つかったとき、あるいはアンドロイドの無料OSに関する条件に不満がある場合、いつでもアンドロイドから手を引くことができる。
- 何千ものアプリ開発業者。彼らの努力によって、グーグルプレイ・アプリストアのラインナップが充実、グーグルプレイはアップルのアップストア（App Store）より多くの選択肢を提供できる世界最大のサイトになっている。

図11-5｜グーグルとアンドロイド・エコシステムのインフルエンス・マップ

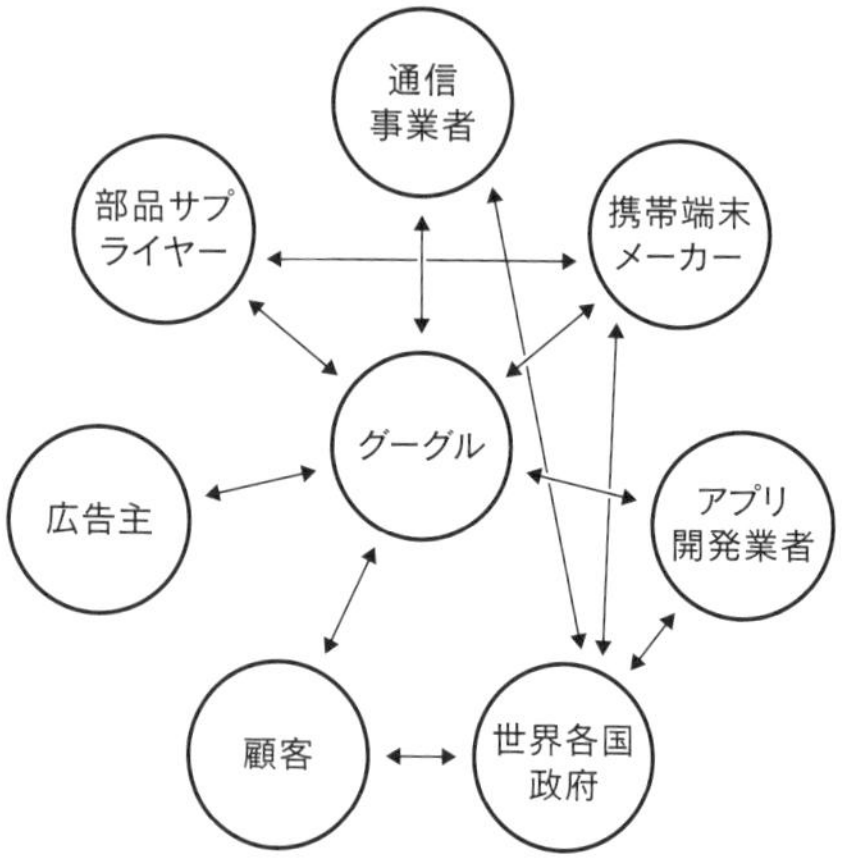

- 世界中の何百もの携帯電話会社。彼らはそのポリシー（経営や運営方針）を変更することでモバイル市場全体を左右する力を持っている。
- 世界各国の政府規制当局。アンドロイドの巨大な市場シェアの乱用による搾取的行為や独占的行為を強く警戒している。

その結果でき上がった複雑なエコシステムを、図11－5では概略している。

私は2013年と2015年、そして2018年に、アンドロイドの幹部にインタビューを重ね、スタンフォード大学ビジネススクールのために3つのケーススタディを作成した。アンドロイドが抱えている深刻で長期的な課題について、いくつか深く掘り下げてみることにしよう。[*20]

目に見えない無料のものをどのようにブランド化するか

ＯＥＭや携帯電話会社は、目的に合わせてアンドロイドを自由にカスタマイズできるため、アンドロイドのスマートフォンに関わる顧客のエクスペリエンスは、デバイスごとに大きく異なる。では、何百もの異なるユーザーエクスペリエンスではなく、アンドロイド自体のユーザーエクスペリエンスについては、どのように顧客に伝えるべきだろうか。ブランディングで市場でのポジションが決まるのなら、単一のポジションを維持できない場合、どうするべきだろうか。

アップルの元幹部で、グーグルのプラットフォームやエコシステムのマーケティング担当副社長に就任したボブ・ボーチャーズは、この課題を明確に認識していた。顧客に対するアップルのブランディングはすべて同社が管理していると、ボーチャーズは指摘する。しかしアンドロイドの場合、グーグルのソフトウェアのイメージは、他社のハードウェアのなすがままに任されている。アンドロイドは、クリエイティブ・コモンズ（条件を守ればライセンスを自由に行使できること）によってオープンソース化され、緑色のロボットをかたどった独自のブランドロゴさえ所有していない。[*21]

これは実は意図的なものだ。グーグルは、マスコットとロゴがオープンソースであればアンドロイド・プラットフォームの普及を大きく前進させるだろうと考えたのだ。アンドロイドに関するグーグルのダイレクトマーケティング費用は、アップルに比べるときわめて少ない。提携先企業がデバイスを発売し、アンドロイドは、シャオミなどのOEMや、AT&Tなどの通信事業者がマーケティングに投じた数十億ドルの出費からベネフィットを得ることができるからだ。グーグルの目標は、さまざまなデバイスの間で適切なレベルで一貫性を確保することである。デバイスの位置付けは市場ごとに異なるが、アンドロイドの基本的な保証内容は同じでなければならない。

しかし、ボーチャーズはこう指摘する。「アンドロイドがグーグル傘下であることを知っている人はおよそ半数しかおらず、そのなかで、グーグルの社員がOSのコードを書いていることを知っている人は半分未満です」[*22]。彼の仕事は、エコシステムのパートナー間でマーケティングがバラバラに行われている状況で、アンドロイド向けのクリーンで一貫したメッセージを作成することだった。しかし、ボーチャーズが行った顧客のブランド認知に関する調査によると、ユーザーはデバイスに関連した特性を、OSに起因していると誤認していることが多く、その逆も同様であった。「その多くは、統一されたストーリーがないことが原因です。ブランドは顧客のエクスペリエンスに基づいています。アンドロイドのエクスペリエンスがあまりに多種多様なため、何について話しているのかがはっきりしなくなってしまうのです[*23]」

グーグルは、アンドロイドのエクスペリエンスについて、グーグルが理想と考えるビジョンを明確に示すことが必要だと判断し、ユーザーがOEMブランドのデバイスから手軽にグーグル中心のエクスペリエンスを得られる「アンドロイドワン（Android One）」を開発した。ノキアなどのOEM企業は、「ノキア8シロッコ（Nokia 8 Sirocco）」のように、アンドロイドワンを組み込んだ別個の製品ラインナップを新たに作った。シロッコの購入者は、グーグルプレイやグーグルアシスタント（Google Assistant）、グーグルフォト（Photos）、グーグルマップ（Maps）、グーグルレンズ（Lens）、Gメール（Gmail）、グーグルドライブ（Drive）、グーグルドキュメント（Docs）、グーグルクローム（Chrome）などすべてがバンドルされた、グーグルが目指したとおりのアンドロイド・エクスペリエンスを得られるようになった。

アンドロイドのプロダクトマネジメントディレクターであるセイガー・カムダーは、アンドロイドワンには2つの大きなメリットがあると述べている。一つは、ソフトウェアプラットフォームのイノベーションはグーグルに任せ、OEMはカメラの改良など、顧客の関心が高いハードウェアの開発に時間とリソースを費やすことができる点だ。もう一つは、グーグル中心のエクスペリエンスでどんなことができるかをユーザーに提示する術をグーグルが得たことだ。カムダーはこう説明する。「アンドロイドワンについて、顧客がこう言ってくれれば成功です。『アンドロイドのデバイスがどんなものか知っていて、探し求めていたから、このスマホを買ったのです』」[*24]

資金潤沢な競争相手に対しどのようにイノベーションを推進し続けるのか

アンドロイドの経営陣は、OSをたえず改善することで、いつも顧客に驚きを与えることを最優先事項としている。彼らは、テクノロジーは単に「我慢して使う」ものであってはならず、興奮と喜びをもたらすものでなければならないと考えている。アンドロイドOSにAIを組み込んで、スマートフォンとともにスピーカーやテレビ、自動車での革新的なエクスペリエンスを促進する新しい手段として、グーグルアシスタントをサポートした。80%以上の市場シェアを持ちながらも、アンドロイド・チームは、小規模なスタートアップ企業、巨大テック企業、あるいはその中間に位置する企業のなかから、ある日突然に過酷な競争を引き起こすプレイヤーが現れる可能性があることを認識している。とくに、彼らが懸念を抱いているのが次のプレイヤーたちである。

・サムスンは、２０１９年に2億９６００万台という、ＯＥＭのなかでアンドロイド搭載スマートフォンの最多販売台数を記録した。[*25] アンドロイドのエコシステムにとって重要な意味を持つこの関係は、サムスンが２０１２年に独自のタイゼン（Tizen）ＯＳを発表するまで、何年にもわたって強固なものだった。最初のタイゼンスマートフォンは２０１４年に発売されたが、タイゼン・アプリストアの稼動開始は２０１５年で、アプリの数は、わずか25本だった。[*26] 結局タイゼンは失敗したが、サムスンは明らかにアンドロイドへの依存度を下げる方法を模索していた。

・アマゾンは、２０１４年からファイアフォーン（Fire Phone）とキンドルファイア（Kindle Fire）・タブレットにインストールされるファイア（Fire）ＯＳを開発するため、アンドロイドＯＳからの「枝分かれ（変更）」を選択した。しかし、ファイアＯＳではグーグルプレイ・ストアへのアクセスやグーグル・アプリの使用が認められなかったため、ファイアフォーンが人気を得ることはなかった。[*27] それ以来、アマゾンは単なる優良小売業者にとどまらず、アレクサ（Alexa）のＡＩやエコードット（Echo Dot）スピーカー、アマゾンウェブサービス（Amazon Web Services）といったイノベーションを通じて、最先端テック企業になるために投資を大幅に増やしてきた。アマゾンが望めば、スマートフォンやタブレットをはるかに超えるあらゆるタイプのデバイス用に、独自のモバイルＯＳ

を開発することも可能だ。

- フェイスブックは、2013年に不運な結果に終わった自社ブランドのスマートフォンを台湾の宏達国際電子（HTC、台湾の大手携帯情報端末メーカー）と提携して発売したが、その後はOSを開発する計画がないことを明らかにしている。フェイスブックの目標はモバイル広告の市場シェアを獲得することであり、理論的にはフェイスブック・アプリを動かすOSが何であっても関係ない。しかし、モバイル戦略を変更することになれば、アンドロイドに挑戦する力があることは間違いない。

これらの脅威やその他の潜在的な脅威から、アンドロイドのチームは厳しい競争にさらされる可能性はあるが、彼らは、イノベーションを推進し続けることがトップの座を守るカギであると確信している。

1セントが重要な新興市場へのサービス提供方法

2010年代初頭にスマートフォン市場が爆発的に成長したことで、少なくとも2種類のサブマーケットが存在することが明らかになった。ヨーロッパやアメリカのミドルクラスと裕福な消費者は、最先端の携帯電話にプレミアム価格を支払うことをいとわず、およそ2年ごとに買い替えている。一方、発展途上国では、何百万もの人々が、最新の付加機能がまったくない安価なスマートフォンを先を争って手に入れようとしている。では、発展途上国のエコシステムはどのように異なっているのだろうか。2015年に、アンドロイド担当の副社長ジェイミー・ローゼンバーグは私に次のように語った。「インドやブラジル、インドネシアなどの市場は、先進国の市場と同じような形で発展する可能性もあれば、まったく異なる可能性もあります。おそらく、これらの市場ではアプリの収益化は大きく異なるものとなるでしょう。人々がデータをどのように消費し、データ料金をどのように考えているか、メディアやコンテンツがプレミアムサービスの使用料ではなく広告売上でサポートされているのか、ゲームがどのように配信され、収益化されているかなど、発展途上国の市場とわれわれのプラットフォームが親和性が高いかどうかを確認しなければなりません[*28]」

インドを例に取ると、2014年にスマートフォンへの移行が急増し、市場成長率は186%に達した。価格が下がり、インド人がモバイル広告付きの携帯電話を受け入れるようになると、アンドロイド・チームはインドの膨大な人口に注目し始めた。そこで、性能は劣るものの手ごろな価格のスマートフォンで動作するアンドロイドのスリム化バージョンを開発した。その後、グーグルは現地のOEMと提携し、スマートフォンをより簡単で安価に製造できる新しいハードウェアのスペックを提供した。こうしたグーグルの支援により、現地のOEMは、アンドロイドで動くベーシックなスマートフォンをわずか100ドルで販売できるようになった。グーグルはそのほか、FMラジオや、一台のデバイスで複数のアカウントを操作できるデュアルSIMカードなど、現地の人々の好みに合わせてさまざまなバリエーションを設計した。2019年末までに、インドのスマートフォンユーザーは、総人口13億8000万人のうち5億人を超えたが、これは6年間としては異例の高成長率だった。そのうちの74%が、インド国内上位4社（サムスン、シャオミ、Vivo、OPPO）の手ごろな価格帯で、アンドロイドのいずれかのバージョンを搭載しているスマートフォンを所有している。[*29]

発展途上国向けのもう一つの重要な製品が、ローエンドデバイス用OSである「アンドロイド・オレオ・ゴー・エディション（Android Oreo Go Edition）」だ。ローゼンバーグは、アンドロイド・チームはソフトウェアのカスタマイズに高い基準を設定したものの、大きな需要が見込まれうるのであれば、大金をつぎ込むこともいとわないと述べた。「何年にもわたり、高度なハードウェア機能を活用するためにOSを改良する必要性と、それと同じOSが最低コストのアンドロイド・スマートフォンでも十分動作する必要があると感じていました。そしてある時点で、それほど高性能ではないハードウェア用にOSの新しいバージョンを開発する必要があるとしても、その市場セグメントを捨てることはできないと判断しました。この新たに加わったバージョンであるアンドロイド・オレオ・ゴー・エディションによって、開発の効率はある程度犠牲になりますが、新しいユーザーにリーチすることが可能になります[*30]」

アンドロイドのプロダクトマネジメントディレクターであるポール・ゲンナイは、新興市場で必要な変更について次のように説明している。「これまで、当社のプラットフォームとアプリは年々拡大してきたため、ローエンドのハードウェアデバイスで大規模化したソフトウェアを走らせることは困難でした。アンドロイド・オレオ・ゴー・エディションは、グーグル独自のアプリの多くをアップデートし、単にサイズを小さくして効率を高めるだけでなく、ローエンドデバイスのユーザーに適合するものにしました。ユーザーインターフェースの視覚化や、音声によるインタラクションの改善などです。さらに重要なのは、高パフォーマンスを維持するため、アプリのエコシステムの範囲をもっと一般的なものにすることです。これらの変更は、顧客だけでなく、OEMや通信事業者にも利益をもたらします[*31]」

ゲンナイはこうしたグーグルの目標について、次のように述べている。「もはや一つのソフトウェアですべてをカバーすることはできません。コストを犠牲にしても、エクスペリエンスを豊かにする必要があるのです[*32]」

ハードウェアのパートナーを遠ざけることなく、独自のハードウェアを構築する方法

アンドロイドの着実な成長にもかかわらず、グーグルの首脳陣は、ソフトウェアだけではモバイル業界のトップの地位を維持できないことを知っていた。CEOのサンダー・ピチャイは、「ハードウェアとソフトウェアが交差するところで、コンピューティングを推し進める必要があります」と述べ、多くの業界ではいまや、脳力と筋力の収束点に価値が生まれるという重要な真実を示した[*33]。

2010年、グーグルはスマートフォンの新シリーズ「ネクサス（Nexus）」を発表した。それはグーグルが設計し、パートナーのOEMが製造した製品だった。ネクサスの目的は、ハードウェア業界に本格的に参入することではなく、最先端のイノベーションを体現できる環境を作り出すことだった。ピチャイはこう説明した。「ユーザーにフォト機能をより楽しんでもらうとしたら、イメージセンサーからプロセッサー、ソフトウェア、ユーザーインターフェースまで、全体に目を配ることが必要です。ネクサスでは、それができるの

です」[*34]。ネクサスが大きな市場シェアを獲得することはなかったが、グーグルは意に介さなかった。ネクサスの目標は、OEMパートナーからシェアを奪うことではなく、アンドロイドが最先端のハードウェアとどのように連動するべきか、そして連動できるかをOEMに示すことだった。

2016年後半、グーグルはネクサスの製造を中止し、新たに2つのバージョンの「ピクセル(Pixel)」を発売した。ピクセルは、アンドロイドの成長を牽引したスマートフォンメーカーと直接競合する、グーグル・ブランドのハイエンド携帯電話だ。アンドロイド・チームは、OEMとの提携を維持しつつ、ピクセルに関わる新しい取引先とも提携を進めていくために、これまで以上の努力が必要なことを知っていた。内部組織図では、アンドロイドとピクセルは異なる事業単位で、マネジメントも別々だ。しかし、グーグル以外のスマートフォンのエコシステムのプレイヤーはすべて〝グーグル〟としてのみ認識している。カムダーは次のように述べている。「もちろん、ピクセルを差別化したいと思いますが、われわれ自身が自社のOEMになったいま、OEMのパートナーたちは次のように質問してきます。『貴社のハードウェア製品と比較して、私たちについてはどう思いますか』。これこそがバランス調整なのです」[*35]

アンドロイド・ソフトウェアをサードパーティのデバイスに組み込んだネクサスとは異

なり、ピクセルでは、カスタマイズのない純正バージョンのアンドロイドを含め、エンド・トゥ・エンド（包括的な）のユーザーエクスペリエンスをグーグル自身が管理できるようになった。これによってグーグルは、自分たちに対する顧客の認識を変えることができる。アンドロイドの製品管理部門長サブリナ・エリスは次のように述べている。「グーグルはデータドリブン企業ですが、検索のエクスペリエンスに関する実験を迅速に実施し、それがどのように機能しているかを確認することができなかったため、そういったデータを入手することが困難でした。いまは、ベータテストを実施し、顧客が本当に望んでいると思われるデザインと電話の仕様を提供できるようになりました。ピクセルによって、アンドロイドで何ができるかをエコシステムに示しているのです。私たちはいま、その基準を上げるべく努力を続けています*36」

アンドロイドと取引する一方で、ピクセルと競合しているサムスンなどのOEMからの身内びいきや談合の疑いを排除する目的で、グーグルはアンドロイド事業とピクセル事業の間にファイアウォールを設けている。政府委員会や反トラスト監視機関はこうしたファイアウォールを義務づけていなかったし、アンドロイドとピクセルの間のコラボレーションを面倒なものにした。しかし、これまでのところ、ファイアウォールは、OEMパートナーが抗議してアンドロイドから離反することを防止するうえで効果を発揮している。相互依存の関係におけるギブ・アンド・テイクの一つの要件として、OEMパートナーはピクセルとの品質、機能、価格の競争を受け入れなければならないということだ。

私は何世代かにわたってピクセルのスマートフォンを愛用しているが、これまでのところ、2016年当時OEMが恐れていたようなカテゴリーキラー（圧倒的な品揃えと低価格でシェアを占める商品）にはならず、ハイエンドで市場シェアが小さい製品であることは間違いない。2019年末時点で、世界中で販売されたスマートフォンのうち、ピクセルの市場シェアはわずか0・4％にすぎない。[*37] グーグルのように強大な企業であっても、使い慣れたスマートフォンブランドから顧客を引き離すことは容易ではない。エリスの次の見解どおり、それは顧客ロイヤルティや惰性だけの問題ではない。「アップルやサムスンからグーグルフォンに機種変更するのに数百ドルかかるように、他社からの乗り換え費用は高額になりがちなので、顧客にとっては大きな投資になってしまうのです[*38]」

規制当局の怒りを買わずに成長を続ける方法

2018年7月17日、ヨーロッパ連合（EU）の反トラスト委員会は、アンドロイドに関連した反競争的行為の申し立てにより、グーグルに51億ドルの制裁金を科すと発表した。

その裁定で、グーグルはアンドロイド対応デバイスに自社のアプリをプリロードするよう求め、自社のアプリと検索エンジンに不当な優位性を与えたと認定された。EUはグーグルに、アンドロイド・パートナーに提供する特定のアプリをクロームやグーグル検索から切り離すよう求めた。[*39] これは、パートナーシップをベースとするアンドロイドのビジネスモデルにとっては、ヨーロッパだけでなく、世界中で影響を受ける深刻な脅威であった。他国の規制当局が、これにならって訴訟を起こしたらどうなるだろうか。

2017年6月にEUから27億ドルの制裁金を科されるなど、それまでさまざまな制裁を受けた後、グーグルは裁判所と世論という、両方の舞台で反論を繰り広げた。CEOのサンダー・ピチャイは、グーグルはOEMに対して、グーグルのサービスを取り入れ、宣伝し、優先的に取り扱ったりすることなどを強要しておらず、その取り扱いは各OEMに委ねていることを強調した。たとえば、アマゾンファイアのタブレットはアンドロイドのOSで作動するが、出荷時点でグーグル・アプリはプリインストールされていない。大半のアンドロイド・デバイスにはグーグルやそれ以外のものも含め数多くのアプリがプリロードされているが、それらは顧客によって簡単に無効化、または削除できる。ピチャイはまた、アンドロイドは競争を阻害したのではなく、むしろ無料提供を通じて競争を拡大し、その結果ソフトウェアの開発者や携帯電話メーカー、そして顧客の選択肢を広げたと主張した。彼は、EUの裁定は、スマートフォンのエコシステムのなかですべての人が利用可能な選択肢を制限することになりかねず、「オープンプラットフォームよりもクローズドな占有システムのほうが望ましいというやっかいなサインを送る」決定につながってしまうと強調した。[*40]

グーグルの首席法務顧問ケント・ウォーカーはさらに、アンドロイドのビジネスモデルによって開発者は何百もの異なるバージョンをコーディングすることなくアプリ作成ができ、メーカーはハードウェアをカスタマイズできるようになると主張し、それは顧客が利用できる何千もの多様なデバイスが証明していると付け加えた。アンドロイドへの制裁は、アプリ開発者が新しいコンテンツを作成することを困難にするもので、顧客の選択肢と競争を広げるというEUの目標に反することになる。

巨額の制裁金を科されて以降、グーグルは反競争的な商慣行をしているという告発に対して、法的な防衛と政治的なロビー活動、広報活動を組み合わせて対抗している。同社はアンドロイドのウェブサイトに、アンドロイドのOSがモバイル業界全体の公正な競争と革新をどのようにサポートしているかを説明した「アンドロイドの事実」という詳細なリストを掲載している。[*41] グーグルのルーツは規制反対派のシリコンバレーのスタートアップ企業だが、経営陣はいま、世界各国の政府がグーグルのインフルエンス・マップに大きな影響を及ぼしていることを理解している。彼らは、そうした影響と対峙するために、必要な「手と目」の協調を用いている。

政府との関係において、OEMや携帯電話会社、アプリ開発業者などとの関係と同様に、アンドロイドはエコシステムが進化し、新たな問題が次々と出現しているなかで戦略を巧みに調整するためのロールモデルとなっている。その見返りは、80〜85%という驚異的な世界市場シェアと、そこから生じる数十億ドルの収益だ。

エコシステムを適正に形成する

目的に合わせてエコシステムを形成するには、業界の長期的な競争環境を決定づける領域に、資本と人材を慎重に配置することが必要だ。製品の設計や生産、配布と異なり、エコシステムを組織化するには、関与するプレイヤーやその動機、そして彼らのユニークな強みと依存関係を深く理解する必要がある。

このようなジャグリングを行う際には、サプライヤーとの交渉など、直接対決が必要になる場合がある。また、エコシステム内で自社の製品やサービスを補完する他社の製品やサービスの開発を支援するといった、間接的なアプローチが必要になる場合もある。リーダーは、危険なほど巨大で成功している組織から、まったく実績のないスタートアップ企業まで、さまざまな規模と能力を持つ他企業と協力することを求められるだろう。

ＵＣＳＦヘルス、インスタカート、ウォルマート、グーグルはそれぞれまったく異なる組織だが、優れた「手と目」の協調という共通点がある。これらの組織は、エコシステム内の他のメンバーを積極的に指導し組織化することが、ミッション遂行のうえで不可欠なコンピテンシーであることを認識している。相互接続が進む世界で、エコシステムを形成する能力は、その重要性を増し、競争優位を超えて必須のものとなりつつある。

エコシステムの管理

● 業界のインフルエンス・マップと依存関係、影響テーブルを作成して、業界内のさまざまな構成要素がどのように相互作用しているか、そして誰が本当に他者に対する影響力を持っているかを理解する。

● あなたの会社にとって、ちょっと手を出すだけのもの（グーグルのピクセルのように）と、成功に欠かせないもの（ウォルマートのロープライスのように）との区別を明確にする。この区別によって、あなたがエコシステムのパートナーに対してかける圧力は変わってくる。

● あなたの戦略および戦術オプションの制約となるかもしれない政府の規制に注意を払う。とくに事業規模が大きくなり、規制当局が調査対象として魅力を感じるようになってきたときは要注意。好むと好まざるとにかかわらず、政府の政策はあなたの業界の競争環境に変化をもたらす。政府の動きの先を行くことが重要。

第12章 持久力——事業の継続化

企業や団体のリーダーたちは、意味のある存在であり続けるために懸命に働いています。そこから学んだことが一つあります。それは、組織が創業者たちの世代を超えてどのように長く存続するのかということです。組織を最初に成功へと導いた理念をどう維持していくかだけでなく、現状に疑問を抱くかということです。

——マイクロソフトCEO　サティア・ナデラ

どんな企業にとっても、長期的な存続は究極の課題である。画期的なイノベーションを起こして数年間だけ成功するスタートアップ企業は無数にあるが、競合に追いつかれたり、業界が予想しない方向へ転換したりすれば結局は破綻してしまう。スタートアップの世界には「早く失敗」して、次の新しいビジネスモデルに移れという考え方があるが、戦略的に機敏に動けと言われても、口で言うほど簡単なことではない。

しかし一部の企業は、何十年にもわたって適応し進化する方法を見出している。彼らは、創業者の引退や死去から長年が経過した後にも、業績の浮き沈みに左右されることなく、着実に評判（レピュテーション）とブランドイメージを構築していく。こうした企業は時代の変化に合わせて、創業時に自社を有名にした製品やサービスであっても断絶を決断すべきものと、自社のアイデンティティの中核となる根源的なミッションやバリューとして守り続けてゆくべきものとをはっきりと区別する。

私はこの能力を「持久力」と呼び、筋力的コンピテンシーのグループに分類している。なぜなら、この能力はしばしば、大規模な変革をもたらすことになるからだ。たとえば、インスタグラム（Instagram）やスラック（Slack）のようなスタートアップ企業の創業者が、一つのオフィスで20〜30人のスタッフを相手に事業戦略の転換について説明するケースがある。あるいは、何万人または何十万人もの従業員を抱え、その多くが古いやり方に慣れ、イノベーションを不快に思ったり反対したりする組織において、その経営陣が製品やビジネスモデル、とりわけ組織全体のマインドセット（考え方）を変革しようとするというケースもある。何らかの事情で、数十年稼動した古い工場を閉鎖するとか、大量のレイオフを実施する必要があるとかいう際、きわめて困難なことではあるが、こうした持久力が発揮される。

数十年前ないしは100年以上前の、現代とはまったく異なる時代に生まれた企業で、本書で取り上げたダイムラー、ミシュラン、ウォルマート、ジョンディア、ABインベブなどについて考えてみてほしい。あるいは、ジム・コリンズとジェリー・ポラスが1994年の著書『ビジョナリー・カンパニー　時代を超える生存の原則』（邦訳は、山岡洋一・訳、日経BP社、1995年）で取り上げた、3M、ウォルト・ディズニー、ボーイング、ソニー、プロクター・アンド・ギャンブル（P&G）などの老舗企業について考えてみてほしい。違いはいろいろあるが、こうした企業には、それぞれの歴史や文化のどの部分がいまも有意義で不可欠なものなのか、そしてどの部分が切り捨てても問題ないのか、という点について明確な共通項がある。彼らはすべて、困難な時期を乗り越え、新たな機会を最大限に活かす変革を遂行する持久力を持っている。こうした変革はときとして、創業者が想像すらしなかったような新たな製品やサービスの投入を伴うこともある。また彼らは、企業への評判がいったん強固になれば、最初から完璧である必要はないという事実を活用していた。もし失敗しても、そこから回復するまで、あるいは新しい時代に向けて製品やサービスを革新するまで、顧客は辛抱強く待ってくれるのだ。

この章では、まず、「持久力」のパワーに関する3つの事例を簡単に紹介する。『ナショナルジオグラフィック』誌は、19世紀に名声を得た組織が21世紀になっても成長できることを証明した。1980年代から90年代にかけて前例のない大成功を収め、強大な市場支配力を獲得したマイクロソフトは、2000年代初めに戦略的失敗を経験した後、業績を回復する「持久力」を手に入れた。1997年創業の比較的新しい企業であるネットフリックスですら、社内外から疑問視されながらも、2度にわたって事業戦略を大転換させて生き延びてきた経緯がある。

そしてこの章のメインとなる事例は、135年以上にわたりいまも進化し続けているジョンソン・エンド・ジョンソン（J&J）だ。J&Jは、1943年に会長のロバート・ウッド・ジョンソンが起草した有名な「我が信条（Our Credo）」から、その価値観に基づいた意思決定を行う「持久力」を生み出している。同社の経営陣は、幅広い分野の市場で競争力を維持しようと努力するなかで、新しいテクノロジーは決して万能薬ではなく一つの手段にすぎない、と考えている。また同社は、その評判とブランドを脅かす法的にも広報的にもきわめて困難な課題にいくつも直面している。

ナショナルジオグラフィック——古くからある価値を新たな手段で発信する

ナショナルジオグラフィック協会は、「地理知識の普及と増進」を目的に、1888年にアメリカの首都ワシントンDCで設立された。33人の共同創立者は地理学者、探検家、教師、弁護士、地図製作者、軍人、投資家など多彩なバックグラウンドを持つ有識者たちで、アメリカ人が自分たちの周囲の世界にもっと興味を持つようになることを望んでいた。創立から9カ月後、『ナショナルジオグラフィック』誌が創刊され、きわめて専門的な記事から写真付きの一般向け記事へと編集方針を切り替えると、1900年代初頭には発行部数が200万部に達した。『ナショナルジオグラフィック』誌は、空や海、北極、南極を初めてカラー写真で撮影するなど、美しく先駆的な写真でたちまち有名になった。[*1]

以来何十年もの間、ナショナルジオグラフィック協会は規模を拡大させ、世界最大の非営利科学教育機関の一つとなった。いまもなお地球資源の守護者を自任し、影響力の拡大に注力している。1890年以降、7大陸のすべてで1万4000件以上に及ぶ研究や探検プロジェクトに助成金を支給してきた。同協会のウェブサイトによると、「エベレストに関する最も包括的な学術探検や、モザンビークのゴロンゴーザ国立公園における人間と肉食動物の闘争をよりよく理解するための取組み、世界とそこにあるすべてのものを説明するのに役立つさまざまなストーリー、そして類人猿と人間らしさの意味についてのわれわれの理解を一変させる画期的な研究」などが含まれている。[*2]

ナショナルジオグラフィック協会は、テレビチャンネル、書籍、ウェブサイト、ドキュメンタリー映画、世界中のライブイベントなど、広範囲の新たな発信手段に適応しつつ、「科学、探検、教育、ストーリーテリングの力を借りて、私たちの世界の素晴らしさに光を当て、保護する」[*3]というコアミッションを堅持してきた。『ナショナルジオグラフィック』誌は発行部数約400万部、読者数2800万人という、アメリカで最も売れている雑誌トップ10の一つとしての地位を守り続けている。[*4]

2015年、非営利団体であったナショナルジオグラフィック協会は、21世紀フォックスと、営利目的のジョイントベンチャーとしてナショナルジオグラフィック・パートナーズを設立し、多くの資産や出版物を棚卸・整理した（ナショナルジオグラフィック・パートナーズにおけるフォックスの役割は2019年にディズニーが引き継いだ）。ナショナルジオグラフィック・パートナーズの収入のうち、27％がナショナルジオグラフィック協会に還元されている。メディア資産の莫大なポートフォリオのおかげで、ナショナルジオグラフィックは現在、172カ国でテレビ放映され、41言語で出版され、数百万の人々がコンテンツを楽しんでいる。[*5]

私は9歳のころからその優れた文章と魅力的な写真に惹かれ、『ナショナルジオグラフィック』誌を愛読している。かつて私の寝室の壁に貼ってあった、私たちが知りうる宇宙を描いたナショナルジオグラフィックのポスターはいま、スタンフォード大学のオフィスの壁に飾ってある。そのようなノスタルジーはブランドロイヤルティを強化するが、その一方で、若い世代の新たなファンも増えている。たとえば私の息子は、ナショナルジオグラフィックを、スマートフォンのストリーミングで見る格好いい動画を制作している会社としてしか認識していない。しかし、ナショナルジオグラフィックというブランドの「持久力」は、生み出されるコンテンツがどんなフォーマットであれ、優れたものである限り、持続していくはずだ。

マイクロソフト――暗黒時代から復活するための「持久力」探し

マイクロソフトの起業ストーリーは、すべてのテック起業家が思い描く憧れの典型例だ。優秀なギーク（コンピューターやネットワークのオタク）であったビル・ゲイツが大学を中退し、わずかな資金で親友のポール・アレンとビジネスを始め、成長を続けるパソコン市場向けのソフトウェア「MS-DOS」を商品化した。類まれな契約交渉力で、世界最大級の企業だったIBMを出し抜き、その後、「Windows」や「Office」といった新製品の市場投入で急成長し、IPOで巨大な富を手に入れた。ゲイツは世界で最も裕福で影響力のある実業家となり、ビル&メリンダ・ゲイツ財団の慈善活動を通じて人類を救う第二の人生を歩み始めた。ゲイツのストーリーはここで終わりである。

もちろん、マイクロソフトの創業から四半世紀のストーリーはもっと込み入ったものだが、ここでは、2000年1月にゲイツがCEOを退き、スティーブ・バルマーが後任となって起きたことに焦点を当てていく。バルマー時代の14年間は、1990年代に享受していた技術的、戦略的な優位性をほぼ完全に失った、マイクロソフトの歴史のなかで最悪の暗黒時代であったとされている。バルマーのもとで、マイクロソフトの進化は止まってしまったように思えた。2007年に発表されたOS「Windows Vista」が多くの非難を浴びるなど、既存の製品に追加機能を詰め込んだだけのありきたりなアップグレード版が作られた。革新的な試みであっても、その成果は、アップルなどさらに先を行く企業よりも劣っているとされ、評価されることはほとんどなかった。2006年にアップルのiPodとマイクロソフトの「ズーン(Zune)」の間で繰り広げられた携帯型音楽プレイヤーと音楽配信サービスをめぐる競争を覚えているだろうか。ズーンはiPodの圧倒的なシェアを崩せないまま、2011年に生産を終了した[原書注]。

10年にわたりマイクロソフトの株価は低迷し、株主からのバルマーに対する批判やメディアの報道はますます厳しくなった。たとえば、2012年には『フォーブス』誌のコラムで、「最も急速に成長し、最も収益性の高いテクノロジー市場からマイクロソフトを脱落させた」として、バルマーは「アメリカ大手上場企業のなかで最悪のＣＥＯ」と呼ばれた。[*6] ２０１３年8月、取締役会はついにバルマーを退任させると発表した。後任には、当時マイクロソフトのクラウド＆エンタープライズグループの責任者だったサティア・ナデラが選ばれた。

ＣＥＯ就任以降ナデラは、創立当時にマイクロソフトを優良企業へと押し上げた価値観に立ち返ったことで広く称賛されている。その価値観とは、古い製品にいつまでもしがみつく卑屈さではなく、かつてゲイツとアレンを突き動かした挑戦的でテクノロジー主導の精神を持つことだった。マイクロソフトはクラウドベースのソフトウェアを重視し、とくに「Office 365」をはじめとする主要アプリケーションのサブスクリプションモデルで大成功を収め、同社の評判と株価を回復させる効果をもたらした。また、タブレットパソコン「Surface」をはじめ、多くのハードウェア製品は高い評価を得ている。

〔原書注〕Zuneは、iPodの対抗機種として売り出されたＭＰ３プレイヤーで、テクノロジーの専門家や批評家から酷評された。Engadgetのレビューがその最たるものだ。「“Go big or go home（やるからには思い切ってやれ、そうでなければ帰れ）”という言葉を聞いたことがあるだろうか。いまのZuneはすべてが中途半端で、“big”なのはマーケティングキャンペーンだけだ」と結論づけている。

ナデラは2019年、『ウォール・ストリート・ジャーナル』紙のインタビューで、どこからインスピレーションを得ているのかと尋ねられたとき次のように答えている。「企業や団体のリーダーたちは、意味のある存在であり続けるために懸命に働いています。そこから学んだことが一つあります。それは、組織が創業者たちの世代を超えてどのように長く存続するのかということです。組織を最初に成功へと導いた理念をどう維持していくかだけでなく、現状に疑問を抱くことです」[*7]。この言葉に「持久力」の真髄が凝縮されている。つまり、組織における永続的な本質として維持すべきものと本質ではないものを切り分けることで、困難な時代を乗り越えていくのだ。

ネットフリックス——ブランドを2度再発明する勇気

この章で取り上げた他の企業と比べると、設立から23年のネットフリックスはまだ新興企業の部類に入る。しかし、同社の歴史が相対的に浅いからこそ、「持久力」を築き上げる方法や、それが重要である理由を知る適切な事例となるのだ。若い企業であっても、核となるミッションと、そのミッションに則しているはずの製品やサービスを分けて考えるのは難しい。新しいビジネスモデルへと転換するためには、持久力に加え、洞察力と勇気が必要だ。理想的には、苦境に陥って、やむなく事業転換せざるをえなくなる前に行うのがよい。

1997年、リード・ヘイスティングスとマーク・ランドルフは、サンタクルーズ郡でネットフリックスを創業した。その場所は、当時ドットコムバブルが席巻していたサンフランシスコベイエリアやシリコンバレーから地理的にも離れていた。彼らは、映画やテレビ番組のソフトをレンタルしたり返却するために店舗まで車で行く手間を省くサービスに需要があることを知っていた。ネットフリックスのユーザーは、ウェブサイトを訪れて見たいDVDのリストを作成し、DVDが郵便受けに届くのを待ち、見終わったら一緒に送られてきた送料無料の封筒に入れて簡単に返送できた。[*8]

いま振り返ると、革新的には思えないかもしれないが、当時としてはまさに画期的なビジネスモデルだった。全国規模でDVDを配送、回収するために最新式の倉庫保管と荷物追跡のシステムを設計し、システム改良を繰り返して、トラブルや遅延を最小限に抑えた。このサービスを利用したユーザーはその利便性に満足し、返却期限が過ぎても延長料金が発生しないという点に好感を覚えた。ただし、レンタルしたソフトを返却するまで、リストにある次のソフトを借りることができなかった。ネットフリックスは延滞料金の支払いや返送の煩わしさ、そして在庫切れの不満をほぼすべて解消し、当時ビデオレンタルのプラットフォームで支配的地位にあったブロックバスターに対抗しうる、有力な選択肢となった。１９９９年には、アメリカ内のネットフリックス加入者が約10万人に達し、レンタル１本ごとの料金支払いからレンタル本数無制限の月額定額制のサブスクリプションモデルに移行した。[*9] この移行によって、口コミでネットフリックスの評判が広がり、成長が一段と加速することになった。

２００６年までにはアメリカ国内の加入者数が６００万人を超えて大成功を収め、２００２年のＩＰＯ後は株価も上昇した。郵便型のレンタル市場を支配したネットフリックスに迫る競合はいなかった。しかし、ヘイスティングスたち経営陣は、会社がＤＶＤというモノを中心とした事業を続ける限り、トップの地位は維持できないと悟っていた。彼らは、オンデマンドのビデオストリーミングへの事業転換を内部で推進し始めた。この新しいサービスの開始は、２００７年にアメリカの家庭の多くが高速インターネット接続へと切り替えた時期とちょうど重なった。サービス開始当初は、ストリーミングサービスで視聴可能な映画やテレビ番組はＤＶＤと比べるとはるかに少なく、ユーザーエクスペリエンスも常に快適というわけではなかった。批評家や株主のなかには、顧客がＤＶＤで十分満足しているのに、なぜストリーミングサービスに何百万ドルも注ぎ込んでいるのかと疑問を呈する者もいた。批判が高まったのは2011年、ネットフリックスがDVDレンタル事業をクイックスターという100%子会社に譲渡する計画を発表したときだった。この計画を発表したヘイスティングスのブログには、「ネットフリックスとクイックスターの分割は、ニュー・コーク（New Coke）［訳注1］以来最悪の経営判断だ」などと、手厳しい内容のコメントが2万7000件も寄せられた。[*10] 株価は急落し、計画が撤回されるまで低迷した。

クイックスターは大失敗したものの、ユーザーにエンターテインメントのコンテンツを提供する手段の中心がDVDだったころから、これからの時代はストリーミングだと考えたヘイスティングスの見通しは正しかった。2012年までに、アメリカ国内のネットフリックスのサブスクリプション加入者数は2600万人を突破した。2019年の時点で、アメリカ内のサブスクリプション利用者6250万人のうち6010万人がストリーミングサービスのみの契約となっている。[*11] 同社は、優れたエンターテインメントを提供するという中核のミッションを引き続き実現するため、適切なタイミングで適切な戦略的方向転換を行ったのだ。

ネットフリックスにとってもう一つの大きな転換点となったのが、オリジナルコンテン

［訳注1］ 1985年にコカ・コーラの味を変えて、消費者の顰蹙を買った一件を指す。

ツの制作だった。その始まりは、2011年に1億ドルの制作費を投入した、デビッド・フィンチャーが監督でケビン・スペイシー、ロビン・ライトなど一流の俳優を結集させた『ハウス・オブ・カード　野望の階段』だった。ハリウッドはこの動きに驚愕し、『ニューヨーク・タイムズ』紙は次のように報じた。「今回の契約で、ネットフリックスは有料テレビ番組の制作会社となった。『ハウス・オブ・カード』は政治テレビドラマのシリーズだが、従来のテレビ番組と同じようで、配信方法はまったく異なる。ネットフリックスのレコメンドエンジンを通じてユーザーに売り込まれるのだ。サブスクリプションの視聴者はシリーズものを一度に見ることを好むことから、複数回のエピソードがまとめてリリースされるだろう。ネットフリックスは『ハウス・オブ・カード』のライセンスを獲得することで、自分たちがケーブルネットワークのHBOに取って代わる存在であること、そして高品質の作品に高額の制作費を支払う意思があることをハリウッドに売り込んだのだ」[*12]

ストリーミングへの移行と同じく、オリジナルコンテンツ制作への巨額投資についても懐疑的な声が上がった。とくにハリウッドの大御所たちは、エンターテインメント業界に投資して成功するには経験と直感が必要であり、ネットフリックスが得意とするデータ分析やアルゴリズムにはそれが欠けていると信じていた。しかしここでも、ヘイスティングスたち経営陣は、困難に陥る前に、先行している間に進化する重要性を見抜く洞察力と決断力を示した。彼らは、ネットフリックスが長期的に成長するためには、他社のコンテンツを配信するプラットフォームとしてではなく、高品質な自社コンテンツのライブラリーを構築する必要があると見抜いていた。競合が自前のストリーミングプラットフォームを構築するようになれば、間違いなくネットフリックスに対して、ユーザーが本当に見たいと思っている映画やテレビ番組を流すことを制限するようになる。ネットフリックスは長期的な存続のために、完全な所有権を有する高品質コンテンツのライブラリーを作らねばならなかった。

いまや、ヘイスティングスが予測したとおり、ほぼすべての大手メディアが独自のストリーミングビデオプラットフォームを持っている。しかし、新型コロナウイルス感染症のパンデミックによってストリーミングの需要が劇的に増加したことで、２０２０年の第１四半期だけでグローバルに１５８０万人の新規加入者を獲得するなど、ネットフリックスの事業は順調だ。『ウォール・ストリート・ジャーナル』紙は次のように報じている。「ドラマ『オザークへようこそ』のシーズン3やドキュメンタリーシリーズ『タイガーキング：ブリーダーは虎より強者⁉』など人気のオリジナル番組により、この四半期の利用者数は増加している。ネットフリックスによると、『タイガーキング』の視聴者数は６４００万世帯だった[*13]」

ネットフリックスは、短距離走者ではなくマラソン選手のように考え、トレーニングする企業の模範だ。「持久力」を築き上げる努力は、今後さらに競争が激しくなる業界で、同社に成功をもたらし続けるだろう。

ジョンソン・エンド・ジョンソン――新たな課題に直面する老舗企業

ジョンソン・エンド・ジョンソン（J&J）は1886年にニュージャージー州で、ロバート・ウッド、ジェームス・ウッド、エドワード・ミードのジョンソン3兄弟によって創業された。すぐに使用できる外科用包帯の販売を手始めに、救急箱やベビーパウダーなど、さまざまな医療用品やパーソナルケア用品を手がけるようになった。1924年にイギリスに進出した後、メキシコ、南アフリカ、オーストラリア、アルゼンチン、ブラジル、フィリピンでも事業を開始した。[*14] 1959年にはアメリカの処方薬メーカーのマクニール研究所（McNeil Labs）、1961年にはスイスの製薬会社シラグ・ケミー（Cilag）を買収し、大手医薬品メーカーへと成長した。[*15] また同じく1961年にベルギーの大手製薬会社ヤンセン・ファーマシューティカル（Janssen Pharmaceuticals）を買収し、J&Jは世界有数の研究開発型製薬会社としての地歩を固めた。世界中で消費者向け事業、医療事業、医薬品事業の分野で成長を続けている。

２０１９年の売上高が８２０億ドルに上ったこのコングロマリットについて、いまの企業規模と展開をすべて把握するのは困難である。Ｊ＆Ｊが保有する２５０を超えるブランドの多くは、その分野を象徴する存在もしくは、存在感のある地に足の着いたビジネスとなっている。Ｊ＆Ｊのブランドには次のようなものがある。

- タイレノール、モトリン、ベナドリル、ベンゲイ、イモジウム、ペプシド、スダフェッド、リステリン、バンドエイド、ステイフリー、ミランタなどの市販薬や消費者向け製品
- スプレンダおよびラクタイドなどの食品ブランド
- クリーン＆クリア、ニュートロジーナ、アビーノ、べべ、ロゲイン、ルブリダームなどの化粧品やスキンケア製品
- アキュビューやバイシンなどのビジョン（視覚）ケア製品
- アクラレント、セレノバス、メンターなどの医療機器ブランド[*16]

こうした有力な消費者ブランドを数多く持っているにもかかわらず、J&Jの売上のおよそ半分は、製薬子会社からのものである。いくつか例を挙げると、レミケード（関節リウマチ治療薬）、ステラーラ（乾癬治療薬）、ザイティガ（前立腺がん治療薬）などの処方薬がある。利益面で言えば、製薬事業はより重要だ。製薬事業の税引前利益率は約31％で、一般消費者向け製品部門の17％、医療機器部門の16％をはるかに上回っている。[*17]

第2章でトゥエンティースリー・アンド・ミー（23andMe）の事例で取り上げたように、製薬業界のビジネスモデルはハイリスク・ハイリターンである。革新的な新薬の研究や治験には、何十億ドルもの投資資金が必要になる。しかしアメリカの特許は、医薬品の発明後20年間しか有効期間がなく、しかもその期間には、治験のみならず、FDAの厳格な承認プロセスの通過、そして特許の取得にかかる年数も含まれる。実際、J&Jのような企業が革新的な新薬を開発しても、それをプレミアム価格で販売して相応に稼げる期間が、他社からジェネリック薬が発売されるまでのわずか10年ほど、というケースはよくある。[*18]

２０１２年からJ&JのCEOを務めるアレックス・ゴースキーは、２０１８年2月に私の「企業家のジレンマ」講座で講演を行った。彼はJ&Jの過去の成功の重みを深く認識しており、アルツハイマー病やHIV、がんなどの治療で自社が果たした役割に大きな誇りを持っている。しかし、製薬、医療機器、一般消費者向け製品というJ&Jの3つの主要事業は、いずれも成功が保証されているわけではないと、しっかり認識している。J&Jは、バイオテック分野の破壊的なスタートアップ企業や、既存の大手製薬企業との競争に加え、何件もの訴訟、医療用麻薬「オピオイド」などの鎮痛剤の中毒問題、処方薬の価格に対する世論の抗議などを受け、自社の信用を回復するための取組みを必死で続けている。

時代を超えたJ&Jの土台としての「我が信条」

ゴースキーが、顧客のアウトカム(治療後の状態など、医療の結果や成果)を重要視しているのは、制定から77年を経たクレド―「我が信条」に則しているからだ。「我が信条」は、J&Jが何を変え、何を変えないかを決定するうえで指針となる文書であり、同社の「持久力」の重要な要素だ。「我が信条」は、創業者一族の一員でもあり、1932年から1963年まで会長を務めたロバート・ウッド(R・W)・ジョンソンが1943年に起草した。当時、J&Jは株式公開の直前で、「企業の社会的責任」が議論されるようになるはるか以前のことである。そこではこう述べられている。「『我が信条』は単なる道徳的な羅針盤ではありません。それはビジネスを成功させるためのレシピであると私たちは信じています。J&

Jが100年以上の変化の時代を生き延び成長してきた、数少ない企業の一つであることがその証拠です」[*19]

「我が信条」は戦術や商品に関することではなく、何を優先すべきかについて述べている。それは意図的に、株主や利益よりも、J＆J製品の利用者、製品を作る社員、そして公共の利益を優先している。R・W・ジョンソンは、将来行われるすべての意思決定において、こうした責務とどうバランスさせるのかについて、将来の後継者たちに根源的な助言をしていたのである。アメリカ・ビジネス史のランドマークともいえるこの文書は、全文を読む価値がある[訳注2]。

我々の第一の責任は、我々の製品およびサービスを使用してくれる患者、医師、看護師、そして母親、父親をはじめとする、すべての顧客に対するものであると確信する。顧客一人ひとりのニーズに応えるにあたり、我々の行なうすべての活動は質的に高い水準のものでなければならない。我々は価値を提供し、製品原価を引き下げ、適正な価格を維持するよう常に努力をしなければならない。顧客からの注文には、迅速、かつ正確に応えなければならない。我々のビジネスパートナーには、適正な利益をあげる機会を提供しなければならない。

我々の第二の責任は、世界中で共に働く全社員に対するものである。社員一人ひとりが個人として尊重され、受け入れられる職場環境を提供しなければならない。社員の多様性と尊厳が尊重され、その価値が認められなければならない。社員は安心して仕事に従事できなければならず、仕事を通して目的意識と達成感を得られなければならない。待遇は公正かつ適切でなければならず、働く環境は清潔で、整理整頓され、かつ安全でなければならない。社員の健康と幸福を支援し、社員が家族に対する責任および個人としての責任を果たすことができるよう、配慮しなければならない。社員の提案、苦情が自由にできる環境でなければならない。能力ある人々には、雇用、能力開発および昇進の機会が平等に与えられなければならない。我々は卓越した能力を持つリーダーを任命しなければならない。そして、その行動は公正、かつ道義にかなったものでなければならない。

我々の第三の責任は、我々が生活し、働いている地域社会、更には全世界の共同

[訳注2] Our Credo (「我が信条」) の日本語訳は、同社の日本法人であるジョンソン・エンド・ジョンソン株式会社の翻訳を引用した。https://www.jnj.co.jp/jnj-group/our-credo

社会に対するものである。世界中のより多くの場所で、ヘルスケアを身近で充実したものにし、人々がより健康でいられるよう支援しなければならない。我々は良き市民として、有益な社会事業および福祉に貢献し、健康の増進、教育の改善に寄与し、適切な租税を負担しなければならない。我々が使用する施設を常に良好な状態に保ち、環境と資源の保護に努めなければならない。

我々の第四の、そして最後の責任は、会社の株主に対するものである。事業は健全な利益を生まなければならない。我々は新しい考えを試みなければならない。研究開発は継続され、革新的な企画は開発され、将来に向けた投資がなされ、失敗は償わなければならない。新しい設備を購入し、新しい施設を整備し、新しい製品を市場に導入しなければならない。逆境の時に備えて蓄積を行なわなければならない。これらすべての原則が実行されてはじめて、株主は正当な報酬を享受することができるものと確信する。[*20]

同じような企業理念を策定しながら無視する企業とは異なり、J&Jは本社入り口の大きな壁にこの「我が信条」を刻み込んだ。また、世界中の支社にも目立つように掲示した。

新入社員は全員が「我が信条」についての教育を受けることになっており、従業員は全員、会社が「我が信条」にどれだけ忠実であったかについて年次調査に回答するよう求められる。J&Jの古参幹部たちは、それが口先だけのものではないと断言する。幹部の一人は私にこう語った。「J&Jで長く働くほど『我が信条』の重要性を認識し、意思決定に実際どう影響するかがわかってきます。意見の相違を尊重し、本当の意味で患者を最優先する文化へとつながるのです」

ゴースキーは大企業、なかでも製薬業界の大企業に対する世論の不信感がR・W・ジョンソンの時代よりもはるかに大きくなっていると自覚していた。彼は私の講座で、「我が信条」の原則はJ&Jの全員に、ビッグデータやAI、ゲノミクスなどの新しいテクノロジーを一つの手段として扱うべきこと、それ自体が目的にはならないことを思い出させるものだと語った。ゴースキーは、最優先事項として患者のアウトカムを重視し続けることを経営陣に呼びかけている。その本来の目的を見失えば、テクノロジーが会社を救うことはできないとわかっているのだ。

長期成長のカギとしての事業分野の拡大

ゴースキーは、J&Jの「持久力」が持つもう一つの重要な側面は、商品ラインナップと消費者ブランドを幅広く組み合わせたポートフォリオにある、と強調した。「事業を130年以上続けていると、一部の事業が好調になる一方で、他の事業が不振になるサイクルが発生します。私たちはすべての事業でそうした好不調のサイクルを経験してきました。われわれが55年連続で増配を達成し、34年連続でAAAの格付けを得ている理由の一つが、こうしたポートフォリオにあります[*21]」。売上高820億ドルのコングロマリットを成長させることは容易ではないが、ゴースキーの成長戦略は、製薬、医療機器、一般消費者向けの製品のいずれであろうと、絶好の機会が訪れた分野に、J&Jの技術とグローバルのリソースを注ぎ込む、というものだ。

こうした製品の多様性を統括するCEOとして、先進的ながん治療やロボット手術の新しい取組みに関する会議、保湿ケア商品「ニュートロジーナ」の新しいコマーシャルにどの俳優を起用するかについての会議などに1日を費やすこともあるという。CEOクラスよりはるかに下の役職でも、製品の多様性のおかげで従業員の仕事の幅が広がっている。同社はこう説明する。「J&Jで働きながら、スタートアップ企業の一員として小さな部署で働き、成長させた後は数十億ドル規模の部門を運営するということもできます」[*22]

2000年代後半に、ヒトゲノムをはじめ、診断方法やバイオ医薬品、疾患に関する細胞生物学の研究で画期的な進歩が起きた。製薬会社は、プライマリーケア(一次医療)に比べると潜在的な患者がはるかに少ないものの、低コストでの商品化が可能で、高価格に設定できるスペシャリティ医薬品(希少疾病や再生医療などの高額医薬品)の開発を優先するようになった。そのような医薬品はまた、プライマリーケア薬品に費やされる莫大なマーケティング費用も必要としない。

J&Jは当初、そのような市場の変化に対して準備が整っていなかった。2009年には、同社の売上は特許の期限切れによって約90億ドルの減少が見込まれていた。これは、同社の医薬品の売上の3分の1の減少に当たる。さらに懸念材料となったのが、J&Jのパイプライン(新薬候補)には、特許期限の切れる既存薬に代わる主要な新薬がなかったことだった。その理由の一端は、同社の組織構造がスペシャリティ医薬品の新しい波に乗れるものではなかったことにある。対象となる可能性がある患者数がわずか10万人程度であってもきわめて収益性の高いニッチな医薬品にリソースや人材を投じるのではなく、何百万人もの患者に使われる可能性がある大衆薬に集中しすぎていたのだ。

ゴースキーのもとで、J&Jは事業拡大の中心をプライマリーケア用の医薬品から、循環器、代謝、免疫、感染症、腫瘍などの分野に移行した。2017年にはスイスの製薬会社アクテリオン（Actelion）を買収し、肺高血圧症を対象分野に加えた。同社は2020年までに、それぞれ10億ドル以上の価値がある12の医薬品を手に入れ、また2021年2月にはコロナウイルスワクチンの緊急使用許可をFDAから取得した。[*23]

「持久力」を築き上げるためのイノベーションの活用と醸成

仮にR・W・ジョンソンがいまもJ&Jの経営に携わっていたら、遺伝子情報の膨大なデータに隠された秘密を解明するためにデータサイエンティストを雇い、医師が見逃す可能性のある病気の初期兆候を検出するためにAIの専門家を雇っていただろう、とゴースキーは言う。R・W・ジョンソンは、既存の製品によって新しい製品の研究開発が妨げられることを決して認めなかっただろう。

ゴースキーが期待した新しいプロセスの一つが、遺伝性疾患の原因となるDNAの欠陥箇所を医療専門家が編集できるようにする技術「CRISPR」だった。標的細胞が自己破壊するよう改変することで、CRISPRを使用して抗生物質耐性菌を破壊することが可能になる。[*24]もう一つの期待感が高まる新技術は、CAR－T療法と呼ばれる革新的ながん治療法である。[*25] これは、外来抗原に対する身体の免疫反応を特定するT細胞を患者の免疫システムから採取し、採取したT細胞が腫瘍細胞を認識してそれに付着するレセプターを生成できるように遺伝子操作して、患者の体内に再注入するというものだ。

J&Jはこうした治療法やその他の先進医療の開発競争のなかで、多くの新しい競合相手に直面した。ベンチャーキャピタルがバイオテックのスタートアップ企業に多額の投資をするようになったのである。それらのスタートアップ企業はぜい肉がなく、大手製薬会社よりも迅速に事業戦略の転換ができる。そのため、実証されていない技術に大胆に賭けることができるポジションにある。一方、アマゾンは、複数のヘルスケア市場への参入を開始した。2018年にオンライン薬局のピルパック（PillPack）を買収すると、非営利の医療組織「ヘイブン」を設立し、AI医療ツールに投資するほか、がん診断、医用画像、精密医療のイノベーションを促進するため、ピッツバーグ・ヘルス・データ・アライアンス（Pittsburgh Health Data Alliance）と提携関係を結んだ。アップルは、患者の医療情報を保存し、脈拍数や心電図などの基本的な検査ができる「アップルウォッチ」のような、ソフトウェアとハードウェアの両方に投資している。グーグルは、アメリカの医療記録を収集、分析する取組みを立ち上げ、2020年までに数千万件の患者記録を収集した。[*26]

現在、巨大テック企業は、大手製薬会社と医薬品の開発で競合となっていないが、患者データの蓄積は将来、J&Jにとって脅威となる可能性がある。しかし、少なくとも短期的には、J&Jが有する広範な専門知識は、そうした新規参入者のすべてに対し強力な防御手段となる。バイオテック分野のスタートアップ企業や、アップルやグーグルなどの巨大テック企業にとってさえ、きわめて複雑な創薬や試験、承認、販売のプロセスを短期間でマスターするのはほぼ不可能だ。J&JとFDAなどの規制当局との密接な関係は、大きな競争上の優位性になっている。

ゴースキーが私の講座で講演した際、ゲノム分析における新たなイノベーションへの熱意は「感染力（比喩についてはご容赦いただきたい）」のあるものだった。彼は、より早期の段階でがんを発見できるよう、さまざまな腫瘍学的な診断を組み合わせようとしているJ&Jの取組みを紹介し、世界中の研究者をつなぐクラウドコンピューティングの力と、有益なコンテンツを顧客に直接配信するウェブの力について熱く語った。

ゴースキーは次のように述べた。「私はこの業界に30年近く携わっていますが、科学技術の分野で起きている劇的な変化により、この業界はいまだかつてないほどの活況を呈していると思います。私たちは文字どおり、HIVやC型肝炎などの治療の最前線にいます。数年前に私は股関節の手術を受けましたが、いまでは手術から数時間で、歩行器を使ってリハビリルームの中を歩けるのです。本当に素晴らしいことです[*27]」

「独自技術（ＮＩＨ）症候群」を回避するためのパートナーシップ

自社のイノベーションを起こした歴史ゆえに外部のイノベーションを軽視し、「ＮＩＨ(not invented here／自前主義)症候群」にかかってしまった一流企業は数多くある。しかしＪ＆Ｊは、「我が信条」に「イノベーションは社内で生み出さねばならない」と書かれていないことを認識したうえで、確信を持ってパートナーシップを彼らのビジネスモデルに取り入れ続けてきた。重要なのは、Ｊ＆Ｊが投資しているバイオテックのスタートアップ企業を含めあらゆるイノベーションの発信源から学習し続けることである。

ゴースキーは次のように述べている。「きわめて賢明で、献身的で、勤勉で、顧客への価値に基づき行動できる約13万４０００人の社員とともに仕事ができる私は、信じられないほど恵まれています。彼らこそが我が社そのものであり、彼らなくして我が社は成り立ちません。しかし、私たちは万能ではないことも知っています。したがって組織全体を見わたすと、製薬、医療機器、一般消費者向け製品のいずれの部門でも、およそ50％の労力を社内で何らかの発明や開発に充て、残りの50％は、外部に費やしています。これを過去20年間行ってきました。私たちは最も優れた科学と技術の源がどこにあろうと、こだわりはありません。とくに今日の科学の世界では、学術機関やベンチャー業界、スタートアップ企業などと常につながり、関係を築いていかなければ、最先端に立つことは絶対にできません[28]」

J&Jはパートナーシップを結んだバイオテック分野のスタートアップ企業に対し、グローバルな製造オペレーション、臨床開発や規制に関する専門知識、そして数百万人の潜在顧客にリーチするための物流の「筋力」など、さまざまなベネフィットを提供する。こうした強みは、大手製薬会社よりも迅速に動き廻りながら科学分野でのリードを追い求める新興バイオテック企業の強みを補完することを可能にする。過去20年間、J&Jは次に挙げる4つのパートナーシッププログラムを立ち上げ、社外のエキサイティングな発明を探し出し、それを自社のモノづくりに組み入れてきた。

- JLABSは8つある生命科学関連のインキュベーターのネットワークで、月額制でスタートアップ企業に研究施設や指導、研究者コミュニティへのアクセスを提供している。このプログラムは「ひも付き（支援に対する見返り条件付き）」ではなかったが、J&Jは施設を利用するスタートアップ企業と関係を構築し、彼らの発明を取り込むことを狙っている他の大手製薬会社よりも優位に立った。
- イノベーションセンターは、ボストン、サンフランシスコ南部、ロンドン、上海という研究活動のホットスポットに配置されている。これらの拠点を通して、地元のアーリーステージにあるヘルスケアスタートアップ企業と接触できる。

- ＪＪＤＣはＪ＆Ｊの戦略的ベンチャー事業部門であり、シードステージからシリーズＢの投資ラウンドの資金調達、そしてさらにその先まで、すべてのステージで、有望なスタートアップ企業に投資している。
- ヤンセン・ビジネス・デベロップメント（１９６１年に買収した製薬会社ヤンセン・ファーマシューティカにちなんだ名称）は、既存の製薬会社や、中規模から大手のバイオテック企業とのパートナーシップや買収を手がけている。

このようなパートナーシップの力を最大限発揮するため、Ｊ＆Ｊは、外部の研究プロジェクトのほうが社内のプロジェクトよりも迅速に進行している場合は、必ず社内のプロジェクトを中止すると決めていた。これは、Ｊ＆Ｊが社内の研究者たちを特別扱いしていないことを社外の企業に納得させるうえで効果的だった。

法律と広報に関わる問題——「持久力」を使って危機を乗り切る

ゴースキーのCEO在任中、J&Jはこれまで述べたようなすべての面で成果を出したにもかかわらず、法務上、広報上の問題をいくつも抱えていた。アスベストが混入していた原材料タルクを使ったベビーパウダーや、抗精神病薬リスパダールを使用して男性の乳房が女性のように肥大化したとして訴えられた問題、オピオイド鎮痛剤の薬物中毒など、同社の製品の安全性と販売活動に対して10万件を超える訴訟が起こされた。

製薬業界全体が同様の問題に直面し、命を救う医薬品の供給源という、かつて得ていた高い評価を失うことになった。おそらく、知られている限りで最悪の価値毀損をもたらしたのは、映画『ファーマ・ブロ』のモデルになった「アメリカで最も憎まれた男」マーティン・シュクレリだろう。彼は自ら立ち上げたバイオ製薬会社レトロフィンやチューリング・ファーマシューティカルズで、命を救う薬の価格を法外に引き上げたり、投資家に対して詐取行為をしたりした。[*29] ある意味、大手製薬会社は、「自社製品が人の健康をどのように害するかを気にかけていない」「利益だけを追求している」「無謀で貪欲だ」と誹りを受ける大手たばこ会社と同レベルの悪評を買ったと言っても過言ではない。2016年の大統領選に民主党から立候補した民主社会主義者のバーニー・サンダースと、ドナルド・

トランプ前大統領のように立場の違う政治家が、同じように価格のつり上げを理由に製薬業界を攻撃すると、それは悪い兆しとなった。大手PR会社エデルマンによる信頼度調査「エデルマン・トラストバロメーター」によると、2018年には製薬会社を信頼するアメリカ人の割合は、38%まで落ち込んだ。[*30]

これほどまで不評を買った製薬業界のなかでも、J&Jはさまざまな不祥事で他社とは比べ物にならないほどの標的となった。2019年には、オピオイドの中毒問題に関連したとして、オクラホマ州政府に5億7200万ドルの賠償を命じられた。その1カ月後には、数千件の訴訟につながったアスベスト混入問題で、ボトル入りジョンソン・ベビーパウダー3万3000本を回収しなければならなかった。同社はまた、傘下のデピュイが製造した人工股関節で負傷したという訴訟を多数抱え、抗精神病薬リスパダールの不適切な販売に対する陪審員評決では、80億ドルの賠償金を支払った。J&Jはこうした訴訟で異議を唱えたが、報道の影響もあって同社の信用は急速に悪化し、それまでトップに近い位置を占めていた製薬企業の信用度ランキングで、2019年には58社中57位まで下落した。[*31]

J&Jにとってこの信用の毀損はきわめて大きな問題となった。個人情報に関連する法律によって企業の顧客データへのアクセスが徐々に制限されるようになり、J&Jでもそれまで以上に顧客の信頼と承認を得ることの重要性が増していたからだ。そこで、ソーシャルメディアやニッチなウェブサイトなどのツールを通じて、顧客との直接的な関係構築に注力した。しかし、基本的にJ＆Jは悪だと見なす人々を相手にした場合、そうした戦術が機能する可能性はどれか一つでもあるだろうか。

おそらく、製薬業界の信用が失墜した最大の原因は、薬の価格高騰に対する人々の激しい抗議だった。大統領選に立候補したバーニー・サンダースは2019年、次のような発言をしている。「世界全体で見ても、アメリカの人々は処方薬に圧倒的に高いお金を支払っています。その結果、アメリカの成人5人に1人が必要な薬を手に入れることができないという医療危機が生じているのです[*32]」。単一支払者制度による医療制度（政府が保険料を徴収しすべての医療費を負担する制度）を作るというサンダースの公約は、徐々に支持を獲得した。単一支払者制度による医療制度に反対するアメリカ人の多くでさえ、大手製薬会社に対する強力な交渉の武器となりうる公的保険という選択肢を支持する傾向がある[*33]。現状では、900社以上の医療保険会社が製薬会社と個別に交渉を行っているものの、上位10社だけで保険市場の50％強を占めているため、影響力はほぼない[*34]。さらに、大半のアメリカ人は雇用主が提供する医療プランに加入しており、製薬会社に対して、特許医薬品の価格を引き下げる競争圧力はほとんど働いていない。

大手製薬会社は、保険会社に代わって処方薬の給付金を管理するエクスプレス・スクリプツやケアマーク、オプタムなどの薬剤給付管理会社（PBM）が、薬の価格上昇に対する自分たちの責任を回避していると何度も非難している。PBMは、製薬会社が請求する価格に大幅ではあるが目に見えない上乗せをすることがよくある。この制度の欠陥を明らかにするため、J&Jは価格の透明性に向けた動きで主導的役割を果たした。2019年、J&Jは製薬会社として初めてテレビCMで定価を開示した。また、画期的な報告書「Janssen U.S. Transparency Report」を発行し、主要な医薬品の価格やリベート、値引き額、正味価格を公開した。かつて医薬品の価格設定の詳細がこのレベルで開示されたことはなく、メディアからは高く評価された。しかし透明性が確保されても、80歳を超える高齢者が増加し、これまで以上に多くの医薬品を必要とするようになれば、価格設定に関する議論は今後ますます厳しいものになっていくことをJ&Jは認識している。

最近の動向を見ると、同社の信用にプラスとなる動きが見て取れる。2020年、アメリカ政府が新たに行った調査によると、ベビーパウダーと卵巣がんとの関係を裏づける有力な証拠はないと結論づけられた。[*35] リスパダール訴訟の評決に対するJ&Jの異議申立ても認められ、罰金は80億ドルから680万ドルに減額された。[*36] またJ&Jの株価は、2019年に訴訟問題がピークを迎えたときでも、他の大手製薬会社を上回っていた。[*37] 2012年にゴースキーがCEOに就任して以降、株価の時価総額はおよそ2倍となった。シリコンバレーのユニコーンのような急成長ではないが、８２０億ドルの売上高を上げている巨大企業としては素晴らしい業績だ。

Ｊ＆Ｊは、長期的に見た場合、顧客のほとんどは訴訟や価格設定、政府規制に関する報道よりも、優れた製品に関心を持つようになると考えている。最もシンプルな市販薬から最も複雑ながん治療に至るまで、Ｊ＆Ｊが人々の生活を改善するイノベーションを展開し続けるなか、ゴースキーは、ほとんどの人が、Ｊ＆Ｊは世界の医療を牽引する存在と再び認めてくれると信じている。

最終的にゴースキーは、Ｊ＆Ｊがその「持久力」で、困難な時期を乗り切ると信じている。彼は私の講座での講演を次のように締めくくった。「顧客が進化し、彼らがさまざまな方法で意思決定し、新しいケイパビリティが登場するのに伴い、戦略やリソース、モデルについて常に考え続けなければなりません。常に進化し続けなければ、成功することはできません[38]」

「持久力」を正しく身につける

逆説的ではあるが、一貫性を意味する「持久力」と強みは、過酷な変化のなかで、たゆまぬ事業変革を可能にする文化によってのみ獲得できる。アスリートと同じく、優良企業もまったく同じ練習を繰り返すだけではだめなのだ。ランニングマシンで走行距離を増やし、筋トレマシンの負荷を上げていく必要がある。

また、組織の「持久力」は、会社の隅々まで行き渡らせることが必要だ。J＆Jのような会社では、すべての事業部が個別の分野で競争力を維持しようとし、それぞれが競合に対して業界最高を目指す。場合によっては、バックエンドのプラットフォームやベストプラクティスを共有することが理に適っているかもしれないが、会社全体で統一したものを厳格に強制することが、会社の「持久力」を損なうこともある。

最終的には、企業の文化と価値観は、長期的なミッションへの貢献を強化する行動に社員を導く、北極星としての役割を果たすことができる。ナショナルジオグラフィックの場合、そのミッションは知識の普及だ。マイクロソフトにとっては、人々の仕事とコミュニケーションを支援するソフトウェアの開発である。ネットフリックスにとっては、最高のグローバルメディア配信サービスとして、世界にエンターテインメントを提供することだ。そして、ジョンソン・エンド・ジョンソンにとっては、患者や医師、看護師、同社の製品を使用するすべての人たちのために奉仕することである。このような公共精神に基づいたミッションは、「持久力」を築き上げるハードワークを続けるよう社員を鼓舞し、どの企業も避けることができない浮き沈みを乗り越え、長期的な存続をもたらすレガシーとなるだろう。

システムリーダーのためのメモ

持久力

- 顧客にとっての成果を、会社の第一行動原理にする。自社の製品やサービスが、顧客のビジネスや個人の生活に与える影響を正確かつ効率的に理解することによって、リソースを的確に、そして効果的に配置できる。
- 会社のミッションは、明確かつ組織全体で容易に理解できるものとし、業績の好不調にかかわらず活動の指針として機能することを確認する。機能しない場合は変更する。
- 変化は意図的かつ思慮深く推進する。組織の存続を脅かしかねない事態に対処する場合でも、会社が進むべき道に自信を示す。逆説的ではあるが、長期的に存続する組織と見なされるためには、変化や進化は当たり前の状態であって、慌てる理由はないことを常に行動で示さねばならない。

特別対談1

伝統的な大企業がデジタル変革を成功させるにはどのような企業能力が必要か

スタンフォード大学ビジネススクール 経営学講師
ロバート・E・シーゲル
NTTデータ経営研究所 代表取締役社長
山口重樹

デジタル技術の急速な進展が既存企業にもインパクトを与えるようになるなか、DX(デジタル・トランスフォーメーション)に成功する企業がある一方、遅々として進んでいない企業もある。この違いはどこから生じるのか。成功企業の要因は何か。日本企業の経営層を読者対象に想定して、対談した。

デジタルとフィジカルの両方を組み合わせられる企業が継続的に顧客価値を提供できる

山口 私どもNTTデータ経営研究所はデジタル技術を活用して、顧客企業のビジネス変革のお手伝いをしています。多くのデジタル変革プロジェクトを手がけてきた経験から、デジタル変革を成功に導く枠組みを構築しています。とりわけ、大企業がデジタル変革を成し遂げるためには、既存の強みを最大限活用しながら新たな顧客価値を提供することが重要だと認識しています。

そんななか、「現代の企業にとって真の競争優位とは何か。（中略）デジタルとフィジカルそれぞれの長所をどのように相互補完させるかを理解することだ」と主張するロバート・E・シーゲル（Robert E. Siegel）さんの著書『The Brains and Brawn Company』に出合いました。このご著書は、シーゲルさんが仕事や大学の講座を通して多くの企業経営者と直接交流されて得たお話や、研究のためのインタビューなどの、一次情報に基づいて執筆されています。私は本書を読み、経営者にとって非常に実践的で、かつ有益な知見を提示していると強く感じました。

この対談では、本書の重要なコンセプトである「Brains and Brawn（脳力と筋力）」と「システムリーダー」について、シーゲルさんに深く掘り下げてお伺いします。日本版の想定読者は、伝統的な大企業とデジタルベンチャーの両方の経営層ですが、この対談ではとくに、伝統的な大企業に焦点を当てていきます。

最初のインタビュートピック「脳力と筋力」に入る前に、NTTデータが手がけるデジタル変革の枠組みについてご紹介し、その後、シーゲルさんが本書で提示されているフレームワークとの違いも含めて議論を進めたいと思います。

既存企業が取るべきデジタル戦略「顧客価値リ・インベンション戦略」とは

企業は既存の強み（顧客からの信頼、深い顧客理解、高品質の製品とサービスなど）を起点に、**デジタルの世界で新たな能力（デジタルでの顧客接点・データ活用など）を獲得**する。
これらの能力の組み合わせが、**真の顧客の課題を解決し、新たな顧客価値を生み出す。**

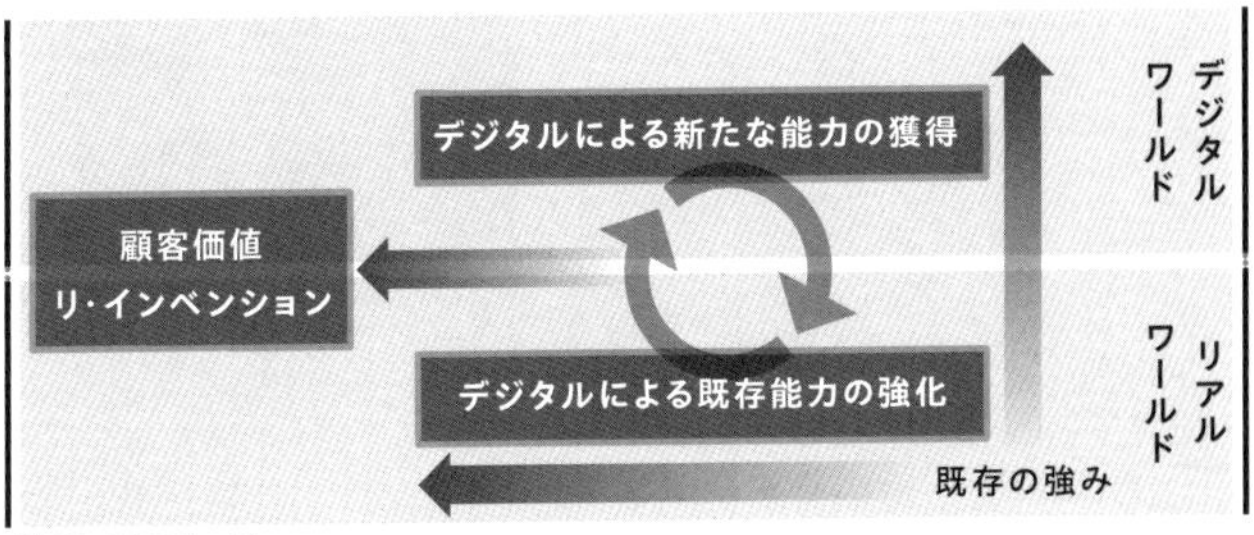

（出所：NTTデータ）

今日、大企業の戦略には、私たちが提唱する「顧客価値リ・インベンション戦略」がとても有効だと考えています。では、伝統的な大企業がデジタル変革を成功に導くカギは何なのか。それは、デジタル変革によって大きなビジネスインパクトを生むことを前提として、既存の資産と強みを十分に活用することです。既存の強みとは、たとえば、顧客からの信頼、複数部署・階層での顧客関係、深い顧客理解、高品質の製品とサービス、高い生産性と供給能力などを指しています。

具体的には、顧客価値リ・インベンション戦略を通じて、企業はフィジカルな現実領域で既存のケイパビリティを拡大させるとともに、デジタル領域でも新し

山口重樹氏

いケイパビリティを獲得できます。この2つの領域の組み合わせにより、顧客の真の課題を解決し、顧客価値のリ・インベンションにつなげるのです。実際に、私たちはそのようにお客様のデジタル変革をご支援しています。

シーゲルさんは本書で、「デジタル変革が声高に叫ばれているなかで、伝統的な能力は軽んじられ、過小評価されている」という趣旨のことを述べられています。どうしてこのような考えに至ったのか、もう少し詳しくお聞かせいただけますか。

シーゲル　既存の強みを最大限活用するのがデジタル変革を成功させる要因の一つだという山口さんのお考えに、心から共感します。いまシリコンバレーでは、デジタルがすべてを変えようとしているという議論が起きています。しかし、そのようなデジタル至上主義者たちは、私たちがフィジカルな現実世界に住んでいることを忘れています。既存の大企業には多くのケイパビリティや強みが存在するのですが、それらを再現するのは難しいですし、その重要性は見落とされがちなのです。本書では80社を超えるさまざまな企業を調査しています。そのなかには既存企業もあれば、いわゆるディスラプターもあります。調査では、そうした企業が成功をつかむ主因が何なのかを深く理解しようとしました。その結果、それら企業には、特定の重要なデジタル属性とフィジカル属性があり、優良企業は両方を巧みに組み合わせていることがわかったのです。

私はこの本を通じて重要なメッセージを伝えたい。その一つは、既存の大企業は終焉を迎え新興デジタル企業が台頭すると、決まったわけではないということです。デジタルとフィジカル、両方のケイパビリティをうまく組み合わせた企業が勝者となるのです。こうした企業が、顧客に継続してより優れたサービスを提供し続けられるのだと考えます。

ロバート・E・シーゲル氏

山口　本書がユニークなのは、企業のコアとなるケイパビリティを「brains（脳力）」と「brawn（筋力）」に分類した枠組みを提示している点です。それぞれデジタルとフィジカル5つずつに分けていますが、計10項目の属性には、相関関係や優先順位があるのでしょうか。

脳力と筋力の枠組み

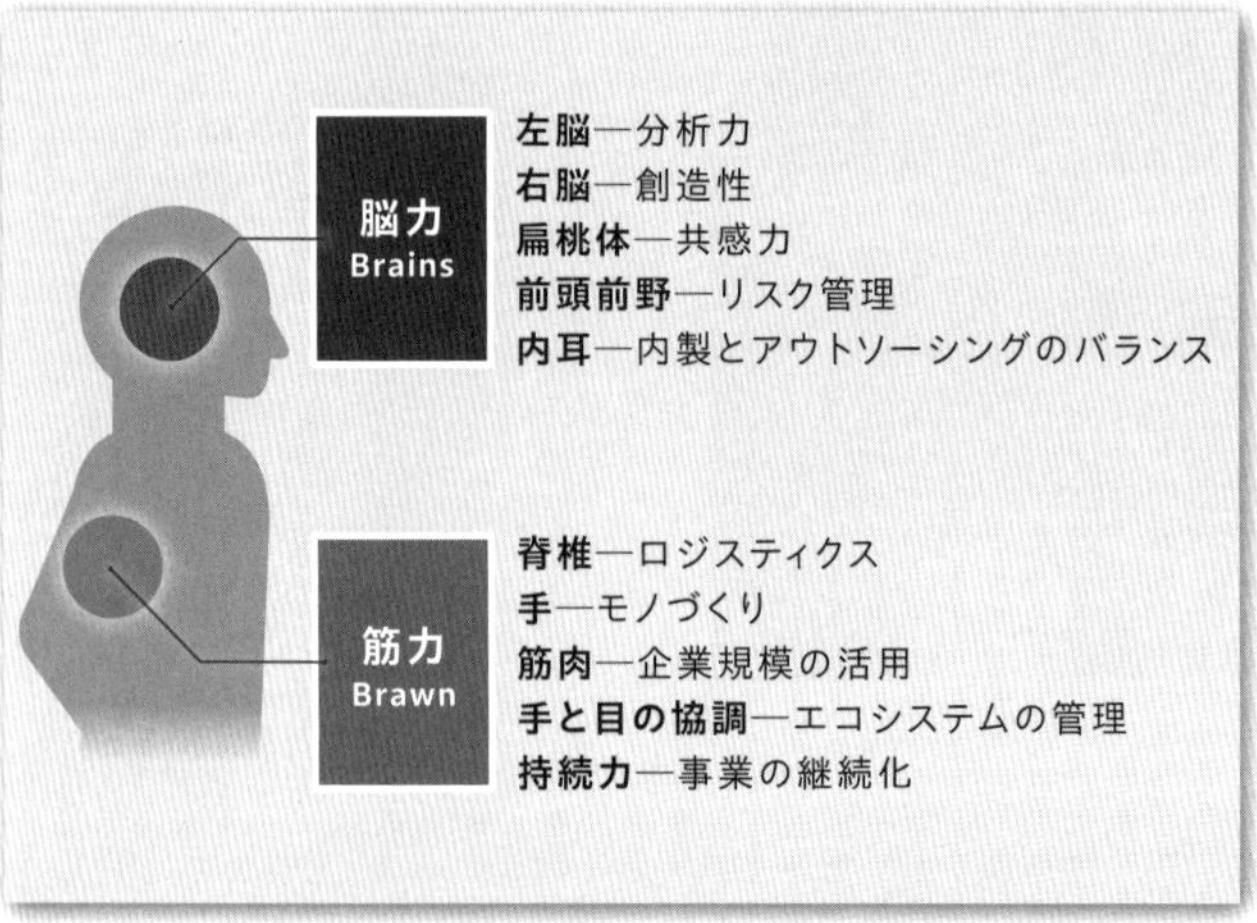

(出所：ロバート・E・シーゲル)

シーゲル　「脳力」と「筋力」に分類した枠組みを提示している点ですが、まず、5つのデジタル属性を脳に例えて説明しています。「左脳」はデータ分析とデータ処理能力に使用する能力、「右脳」は技術とビジネスの問題に創造性を適用する能力です。「扁桃体」は共感を与える脳の部分であり、リスク管理は「前頭前野」。最後に、オーナーシップ（主体性）とパートナーシップ（アウトソーシング）のバランスを取る「内耳」です。

次に「筋力」、すなわちフィジカル面についてです。これも5つの属性があり、「脊椎」は製品やサービスを適時に顧客に提供するロジスティクス、

「手」はモノづくり、つまり製造すること、「筋肉」は一定の規模とスケールで行うオペレーション（業務遂行）、そして「手と目の協調」は物事を成功させるためにエコシステムを形成し推進する能力、最後に「持久力」はサービスを継続的に提供し続ける力を指しています。これらが10の属性の内容であり、5つのデジタルと5つのフィジカル、私たちの脳力と筋力なのです。

私がまず申し上げたいのは、企業は脳力か筋力のいずれかのケイパビリティを起点として事業を創出しているということです。いままではどちらか一方だけで事業を展開することができましたが、これからの時代は脳力、筋力両方のケイパビリティが必要になります。たとえば製造や物流が得意な企業は、脳力、すなわちデジタルのケイパビリティを強化させることに投資する必要があるでしょう。一方、デジタルに強いスタートアップ企業は、物理的な領域のケイパビリティを習得する必要があります。企業経営者は、自社の既存の強みがどこにあるかを把握したうえで、守るべきものは守りつつ、何を新しいケイパビリティとして獲得すべきなのかを見つけ出すことです。それができれば、10の属性について個社ごとに優先順位が決まり、顧客に対してよりよいサービスを提供できるようになります。

山口　10の属性の必要性がより明確に理解できました。10の属性の重要性は、本書のケーススタディを一つ一つ読むことでより深く理解できます。また、ケーススタディのなかに「信頼」や「新しい価値創造」というキーワードを何度も見かけますが、くしくも「顧客価値リ・インベンション戦略」の中でも同じキーワードを使っており、シーゲルさんの見解に共感を覚えました（この対談の続きは487ページに）。

Part Ⅳ

第Ⅳ部

システムリーダーのパワー

「脳力と筋力」の枠組みは、企業のデジタルとフィジカルの活動を融合させる取組みを評価する一つの指針となる。本書の第Ⅱ部と第Ⅲ部で採り上げた10のコンピテンシーは、一般的な指標の枠にとどまらない、自社と競合他社を比較する新しい手段といえる。

ただし、10のコンピテンシーの測定が最終目的ではない。組織の変化を促し、それらのコンピテンシーを改善することが狙いである。これまでに私が出会った最高のビジネスリーダーたちは、みなシステムリーダーであり、デジタルとフィジカルの長所を融合し、浮かび上がってくるパターンを認識し、急速に変化する環境のなかで重要な意思決定を下すスキルを備えていた。

最終章では、システムリーダーの主な特性を明らかにし、システムリーダーの力を体現する2人のCEOについて詳しく見ていくことにする。

第13章 システムリーダー
脳力と筋力の継続的な改善を推進する

もし今日、あなたのポジションにふさわしい人を採用するとしたら、あなたはもう一度自分を選びますか。あなたがいまの仕事を始めたときではなく、いま現在、あなたは最適任者だといえますか。自分がもはやいまのポジションに最適な人材ではなかったとしたら、あなたはどうしますか。

——スティッチ・フィックス会長　カトリーナ・レイク

私は、世界各地の巨大多国籍企業からスタートアップ企業まで、世界中の人々を相手に、「脳力と筋力」の枠組みについて教えている。「脳力と筋力」の講座を終えると、私は決まってこんな質問を受ける。「おっしゃることはわかりましたが、何から始めればよいのでしょうか」。受講者は口を揃えて、変革の機会には心躍るものの、それを実際に行動へと移すとなると、その難しさに時として圧倒されてしまうらしい。受講者には、まずポイントとなる次の4つの質問を自らに問うことから始めてみてはと勧めている。

1　デジタルとフィジカルが結合するトレンドとは、顧客とその事業にとって何を意味するのか。

2　自社の中核的な技術と顧客との関係は、競合に対してどんな優位性をもたらすか。

3　顧客は必要としているが、現在自社が提供していない製品やサービスはどのようなものか。

4　変化の激しい時代に視野を広げ、状況を把握し、リスクを受け入れ、リーダーとして傑出した存在になるにはどうすればよいか。

これらの問いは、前述した(第II部と第III部の)全10章の「システムリーダーのためのメモ」を含め、本書を通して繰り返し言及しているシステムリーダーの核心に迫るものだ。システムリーダーは、組織の「脳力と筋力」の両方を最大化する理論と実践を表す私独自の用語である。この最終章では、システムリーダーとは何か、どうすれば成就するのか、「脳力と筋力」のコンピテンシーとどう関わるのかについて具体的に説明する。次に、まったく異なる業種の2つの企業で、「脳力と筋力」の継続的な改善を推進することの必要性を体現する2人の優れたシステムリーダーを紹介しよう。その2人とは、スティッチ・フィックスのカトリーナ・レイクとアクセンチュアのジュリー・スウィートだ。

図13-1｜システムリーダーの複数の視点

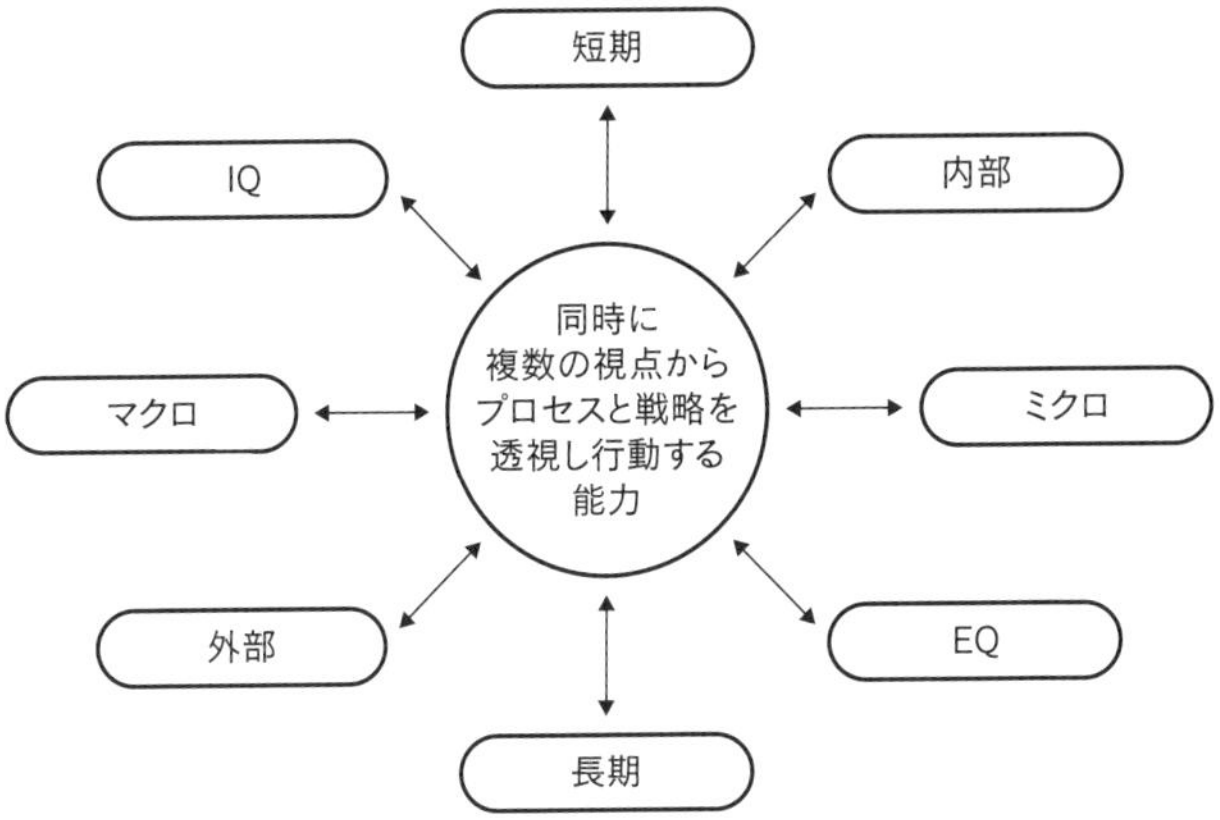

システムリーダーの緊急性

私はシステムリーダーを、同時に複数の視点からプロセスと戦略を透視し行動する能力、と定義している。複数の視点とは、フィジカルとデジタル、市場の広がりと深さ、短期と長期、会社にとってよいことと エコシステム全体にとってよいこと、といったものだ。システムリーダーは、自社のテクノロジーとビジネスモデルを理解するためのIQと、有効なチームを作り新たな高みへと導くEQを兼ね備えている。彼らは短期的な業務遂行スキルを駆使して当年の財務目標を達成すると同時に、5年かけても元が取れない可能性がある変革を推進する。また、彼らは大局と重要な細部を同時に把握する。さらには、組織のあらゆる要素が社内外のステークホルダーにどのように影響し、社内外での相互作用がどう会社の成果につながるかを理解している。

あるフォーチュン500企業のCEOにシステムリーダーについて説明したところ、彼は「いや、それは難しそうだな」と反応した。もちろん、彼は正しい。しかしシステムリーダーになることが難しいというのは、マラソンをしたり、ギターを弾いたり、微積分の計算をしたり、高速道路を運転するのが難しいというのと同じなのだ。こうしたコンピテンシーは、必ずしも生まれつき飛び抜けた才能がなくても身につく。肝心なことは、適切なスキルを学び、習得するために、不断の努力を続けることだ。才能ではなく、訓練こそが重要なのだ。

本書をここまで読み進めた人なら、間違いなくシステムリーダーになるために欠かせない知的な、そして感情的な資質を備えている。ただしそれだけでは不十分で、システムリーダーになるという目標達成を自ら決意しなければならない。なぜなら、この選択はあなたのキャリアにきわめて大きな差異をもたらすものだからだ。システムリーダーを目指すか否かは、才能の限界まで上り詰めるか、道半ばで止まるかの分かれ道である。また、働いているのが既存の大手企業であろうと小規模なスタートアップ企業であろうと、システムリーダーと10個の「脳力と筋力」のコンピテンシーを獲得しているか否かが、その組織の成否を左右することにもなりうる。そして、成否の影響はきわめて大きい。

システムリーダーvs伝統的リーダー

管理職は従来、オペレーションやマーケティング、エンジニアリング、販売、財務など、特定部門の専門性を深めることで経営幹部へと昇進してきた。一つの事業部門や会社全体を指揮する場合、バックグラウンドとなる自分の専門分野からの特定の視点で全体を見てしまい、バイアスがかかることが少なくない。自分の専門分野以外をすべてカバーするために、研究開発や人事、法務、対政府関係といった分野の専門知識を有するチームメートに頼るのが一般的だった。また、有能な部下さえいれば、リーダーは大まかな目標を設定し、後はすべて部下に任せれば、それで万事うまくいくものだった。あらゆる部署の詳細を把握する必要はなかった。

しかし、現代のビジネスは複雑になり、こうした組織の力学は時代遅れになった。あらゆる内部機能はかつてなかったほど相互に深く関わりあっている。たとえば、営業部門が戦略を少し変更しただけで、製造部門や財務部門に大きな混乱をもたらす可能性があり、またその逆もしかりである。さらに、パートナー企業や競合他社、顧客といった企業外部のエコシステムのプレイヤーは誰であれ、企業が立てた入念な事業計画をいつでも瞬時に覆す可能性がある。その結果、今日のリーダーたちは以前のリーダーたちに比べ、より広範な専門知識とスキルが求められている。顧客や株主に最善の価値を提供するには、そうした要素のすべてを巧みに組み合わせなければならないのだ。

これは、全知全能であったり、ビジネスのあらゆる側面のあらゆる細目を記憶したりする必要があるという意味ではない。そんなことは誰もできない。とはいえ、あらゆる分野の専門家と意味のある会話をするに足るレベルの知識は必要だ。適切な質問をする相応の知識が必要だが、必ずしもその問いに自分で答えられなくともよい。次に、そうした専門家たちから自分は何を学んでいるのか、また、全体最適の観点で、自分の会社やエコシステムのパートナーの戦略的な優先事項に彼らの視点をどう採り入れればよいのかを、検討する必要がある。さらには、きわめて不確実な環境のもとで決断を下すには、自信と勇気を持たねばならない。安全第一で臨み、現状維持に固執しようとすれば、大失敗につながりかねないからだ。

幅広い知識を身につけるためには、生涯学習に取り組み、常に新しい経験を受け入れられるようにオープンな姿勢でいなければならない。そのために、ＡＩに関する論文を読んだり、それまで話をしたことのない同僚にコーヒーをおごったり、ティックトック（TikTok）のアカウントを設定してＺ世代の理解に努めるといったことも有効だろう。そして何よりも、自分と同じバックグラウンドを持ち、自分と同じように世界を見ている人たちと一緒にいたいという衝動に抗って、情報の「フィルターバブル」［訳注1］から抜け出すことが重要である。

2種類の思考の統合

表13－1は、シリコンバレー型デジタルリーダー（左）、伝統的産業リーダー（中央）、システムリーダー（右）という3つのリーダーシップを簡単に比較したものだ。左側の6

［訳注1］フィルターバブル　アルゴリズムがネット利用者個人の検索履歴やクリック履歴を分析し学習することで、個々のユーザーにとっては望むと望まざるとにかかわらず見たい情報が優先的に表示され、利用者の観点に合わない情報からは隔離され、自身の考え方や価値観の「バブル（泡）」のなかに孤立するという情報環境を指す。

表13-1｜システムリーダーの二元性

	シリコンバレー型デジタルリーダー（デジタルな思考）	伝統的産業リーダー（フィジカルな思考）	**システムリーダー**
方向性	水平（プラットフォーム志向）	垂直（ドメイン志向）	**水平×垂直で拡張**
テクノロジー	ソフトウェア（プラットフォーム）	ハードウェア（資産）	**柔軟なフロントエンド機能を持ったプラットフォーム**
成果	勝者総取り	継続的改善	**支配的シェア**
労働者	柔軟／ギグワーカー	育成／正社員	**ポートフォリオワーカー**
顧客	単一プラットフォームでの提供	カスタマイズした製品を提供	**カスタマイズ可能な既製品の提供**
政府	リバタリアン（自由至上主義）	強い関与	**自由と関与のバランス**

つの課題を、それぞれがどう捉えているかを考えてみよう。

デジタルリーダー（デジタルな思考の持ち主）は、無限に拡張できる水平なプラットフォームに憑りつかれている。たとえばフェイスブックは、地球上のすべての人間がフェイスブックを使うようになるまでは満足することがなく、さしあたってのユーザー数25億人の獲得は中間地点ですらない。その下の縦一列は、デジタルリーダーの特性から導き出せる項目である。デジタルリーダーは、ハードウェアよりもソフトウェアを好む。物理的な商品よりもはるかに事業規模拡大が容易だからだ。彼らが理想とする成果は、勝者総取りである。というのは、デジタル市場は、検索でのグーグル、ライドシェアでのウーバーなど、単一の支配的プレイヤーに一極集中する傾向があるからだ。彼らにとっての理想的な労働者は、単発の仕事を請け負うギグワーカーか、あるいは居心地が悪くなれば1～2年で転職するような柔軟な働き方をする人たちである。理想的な顧客は、一種類しかない基本的サービスに満足する人たちであり、顧客の数を増やすのも容易だ。そして理想的な政府とは、民間市場に対する規制や干渉を最小限にとどめるリバタリアン（自由至上主義者）である。

一方、伝統的産業リーダー（フィジカルな思考の持ち主）は、まったく異なる優先順位と価値観で事業を捉えている。彼らは通常、特定の分野の専門性があるため、メルセデス・ベンツを買う顧客といった、狭く深い市場に向けて優良な製品を作り出す垂直方向の成功を重視している。垂直方向の成功はハードウェアがベースのものが多く、その成果は継続的改善によってもたらされる。たとえば、バーガーキングの売上増加が、マクドナルドやウェンディーズを2％上回ったとすれば、それは大成功といえる。歴史上、ゼネラルモータ一ズがシボレーの燃費を2％向上させたり、速度を5％アップさせれば、それは勝利を意味した。伝統的産業リーダーは、従業員が長く組織にとどまって、組織に蓄積された知見を身につけるよう仕向ける。彼らは顧客を、カスタマイズされたソリューションを好む「個の集まり」と考えており、会社の目標は、顧客を囲い込む特徴的なソリューションを提供することにある。そして、政府と緊密な関係を築くことが競争優位になるなら、政府が規則や規制を設けても何の問題もないと考える。

システムリーダーは、デジタル、フィジカル両方のスキルを持ち、それぞれの考え方を持てる。彼らはハードウェアとソフトウェアの両方、垂直方向の専門性と水平方向の事業規模の両方を理解し、そのよさを知っている。システムリーダーは、アマゾンのような勝者総取り的支配の実現に躍起になっているわけではないが、市場シェアをコンマ数％上げるための戦いよりも、もっと大きな成果を目指している。彼らは、さまざまな金銭的、情緒的な福利厚生を整備して従業員のロイヤルティを高めようとしているが、一つの企業で何十年ものキャリアを積む人はほとんどいないこともわかっている。彼らの理想的な顧客とは、個々のニーズに合わせて容易に調整できる「カスタマイズ可能な既製品（customizable off-the-shelf：COTS）」というソリューションを求める顧客である（SFファンと恋愛コメディファンでは、まったく違う番組を薦めるネットフリックスのアルゴリズムを考えてみればよくわかるだろう）。またシステムリーダーの考える理想的な政府とは、必要に応じて製品を規制したり、労働者を保護したりするが、イノベーションを阻害したり、顧客に害を及ぼしたりするような過剰な規制は決して行わない、バランスの取れた政府である。

楽譜を持たないオーケストラの指揮者

システムリーダーを、オーケストラの指揮者だと考えてみればわかりやすい。社内の組織すべてだけでなく、要求の厳しい顧客、果敢な競合他社、信頼性に欠けるエコシステムパートナーなどの外的圧力に囲まれ、それらをコントロールしなければならないのだ。大半の指揮者は何かしらの楽器に関する専門知識を持っているが、指揮台に上がれば、全体に視野を広げなければならない。優れた指揮者は、すべての楽器の音を同時に聞き取り、各パートの音がハーモニーを奏でるように耳を澄ましている。ただし指揮者には、個々の楽器がどのように作品を構成するのかを正確に記された楽譜があるから、システムリーダーにはこの比喩が完全には当てはまらない。つまり、システムリーダーは常に次に何が起こるかわからない不確実な状況で行動しており、そこに楽譜はない。ただ大まかな曲の流れはわかっており、調和の取れた演奏をするようチームを導く必要がある。

システムリーダーは、パターン認識と、過去の経験を新しい状況に適用する能力に長けている。彼らは、顧客の生活と幸福の改善にフォーカスした明晰な思考力と、従業員を未踏の地に導く勇気を兼ね備えている。この後の5つのセクションでは、そのような勇気ある指揮者が、不協和音で全体のサウンドを壊すことなく、オーケストラの個々のパートからいかに最高のパフォーマンスを引き出すかを説明する。

かけ合わせによる事業活動

かけ合わせによる事業活動とは、2つ以上の目標を同時に達成しようとすることである。2つ以上の目標を追うなかでそれぞれを達成すると、個別に取り組んだときにはない強力な相乗効果が生まれる。このスキルは、これまで採り上げてきた「脳力と筋力」コンピテンシーの多くを支えている。

かけ合わせには複数のタイプがある。

- **革新的なテクノロジーと革新的なビジネスモデルのかけ合わせ。** このパワフルな組み合わせは、これまでの章で採り上げた多くの事例を含め、現在最も成功している企業の原動力となっている。たとえばアラインは、便利で手ごろな価格で、見た目にはほとんどそれとわからない方法で歯列矯正するという魅力的な顧客サービスを提供するために、デジタルスキャナーと3Dプリンターという最先端のテクノロジーと、一般歯科医を成人に歯科矯正サービスも提供するチャネルパートナーへと変える革新的ビジネスモデルを、いかに融合させたかを考えてみてほしい。新しいテクノロジーだけでも、あるいは新しいビジネスモデルだけでもアラインは成功したかもしれないが、相乗効果は桁違いに大きな価値をもたらした。

- **短期的結果と長期的変革のかけ合わせ。**かつて企業は、事業計画に従って運営し、四半期、そして1年間の目標を達成するリーダーを高く評価した。その一方で、5年後または10年後を見据えた新しい事業戦略を策定できる先見の明を持つ思想家タイプのリーダーを褒めたたえた。しかし、事業運営者とイノベーターは、まったく異なるスキルを持つ別のグループとして扱われていた。それとは対照的に、今日のシステムリーダーは、大規模な事業運営手法とイノベーションをマネジメントする方法の両方を理解している。実際、彼らは両方が交錯するところで最大の満足を得る。ABインベブのペドロ・アープを思い出してほしい。彼は現在のクラフトビールブランドのビジネス最大化を図りつつ、将来の顧客にビールを提供する大胆で新しい方法を模索している。
- **グローバルな強みとローカルな専門知識のかけ合わせ。**難しい市場でグローバルとローカルの両方の強みを最大限に活かすため、中国の低コストのタイヤメーカーとの競争で、ミシュランがどのように「グローカル」な戦略を展開したかを考えてみよう。ミシュランは、同業のグローバル大手企業や中国国内のライバルの追随を許さない品質と価格の均衡点を発見した。

かけ合わせによる事業運営は、一見まったく異なるビジネス間の見えないつながりを発見することだともいえる。サムスンがクリーンルーム（空気中の塵や細菌を取り除いた部屋）や多数の資本設備、経営上の強力な規律を必要とする半導体製造工程が、医薬品の製造工程に似ているのに気づいたことを考えてみてほしい。サムスンの経営陣は、ある業界で自分たちが持っているコンピテンシーが、まったく異なる業界にも適用できるという結論に至った。今日サムスンは、信じられないかもしれないが、世界最大のジェネリックバイオ医薬品メーカーとなっている。

システムリーダーは、「自分たちがすでに得意としていること」で「ほかに何かできることはないか」と、常に吟味している。

未来の予測とその備え

未来予測に長けたフューチャリストでなくても、ロボット工学やデータ分析、AI、機械学習、クラウドコンピューティング、ブロックチェーン、AM（積層造形）など、少なくとも今後10年にわたってビジネスや社会に影響を与え続けるテクノロジーは知っているだろう。重要なのは、こうしたさまざまなイノベーションが、管理部門や研究開発、営業、製造などの中核部門を含む、企業のさまざまな側面にどのような影響を及ぼすかを理解することである。好むと好まざるとにかかわらず、こうしたあらゆる分野で時代遅れになる仕事が出てくる一方、思いもよらない分野で新しい仕事が生まれてくる。

こうした避けられない流れのなかにあって、システムリーダーは、難しい決断を迫られることになる。しかもそれは早ければ早いほどよい。彼らの「内耳」は、企業が何を生産し、サプライヤーから何を購入すべきかを判断するのに役立つ。「筋肉」は、事業規模拡大の際に、増員や配置転換に伴う再教育などを賢い方法で実行するのに役立つ。「前頭前野」は、きわめて短期間で多くの変化を採り入れるリスクと、5年ないし10年後に業界内で取り残されるリスクを天秤にかけるのに役立つ。

このような将来に関わる難しい決断を下す場合は、これまでのキャリアがもたらすバイアスに注意しなければならない。自分が間違うことは十分ありうると認識している限り、バイアスがあるのは恥ずべきことではない。たとえば私は、インテルやGEなどの企業で事業部門運営者を務め、その後、シリコンバレーのスタートアップ企業の取締役やCEOとなったため、事業機会を運営の視点から見る傾向がある。しかし、エンジニアや会計士、営業担当、弁護士としてキャリアを積んだ人たちは違った目で世界を見ているはずだ。

未来を予測する際に回避すべきもう一つの落とし穴は、集団思考である。元BNSF鉄道〔訳注2〕のCEOカール・アイスの次の言葉は、私が好む格言の一つだ。「あなたの会議室にいる限り、あなたは常に正しい」。システムリーダーは、直属の部下以外の、信頼できる外部の情報源に意見を求める。彼らは定期的にオフィスを出て、遠隔地の施設を訪問したり、非公式のアドバイザーと会ったり、可能であればその両方を行う。私の講座でアイスは、毎年少なくとも1万2000マイル（約1万9000キロ）を列車で移動して、実際の運行状況を自分の目で見ていると語った。[*1] 業界を理解できる洞察力があり、リーダーの結論に異を唱えられる率直さがあれば、誰でも重要な相談役になり、またあえて反対意見を述べる役を担うことができる。

コンテクストのマネジメント

コンテクストは、「特定の出来事や、言い分や、考え方の前提を作る状況で、それを踏まえれば、その状況を完全に理解し、評価することができるもの」と定義されている。[*2] 個別の事実は真実とはいえず、コンテクストを誤解すれば、物事の解釈を大きく取り違えることになる。この点を強調するために、スタンフォード大学の講座を共同で担当していた、GEの元CEOジェフ・イメルトに教わった次の簡単な方程式のスライドをいつも授業で見せている。

真実＝事実＋コンテクスト

［訳注2］BNSF鉄道　アメリカの大手鉄道会社。本社はテキサス州フォートワース。1995年、バーリントン・ノーザン鉄道（BN）の親会社であったバーリントン・ノーザン社と、アッチソン・トピカ・アンド・サンタフェ鉄道（ATSF）の親会社であったサンタフェ・パシフィック社が合併して設立される。2009年にウォーレン・バフェットの投資会社バークシャー・ハザウェイが買収。

コンテクストが変化した場合、どうなるかという例を以下に示そう。1980年代、アメリカの多くのビジネスリーダーは、グローバリゼーションはほとんど一点の曇りもなくよいものであり、供給コストとオフショアリング（企業が自社の業務の一部やすべてを海外に移転すること）によって人件費を削減しながら、世界中でより多くのものを販売する手段だと考えていた。しかし過去10年間、世界の自由貿易の基本は同じままだが、コンテクストは異なってきている。中国がスニーカーや携帯電話を安価に製造する国というだけでなく、世界の超大国として台頭してきたのだ。オフショアリングはアメリカ中西部の工業地帯の大部分を荒廃させ、その影響でさまざまな問題が引き起こされているが、その最たるものは、オピオイド危機などの社会問題や政治の極端なポピュリズムである。中国を最大の貿易相手国とするドイツでさえ、中国企業と想定外の競争に巻き込まれつつある。[*3] システムリーダーは、一見有益に見えるグローバリゼーションという新たな道に猪突猛進するのではなく、もっと広いコンテクストを見渡しながら、時間をかけて検討するのである。

コンテクストについて考えなければならない事例は、ソーシャルメディアに関する事例を教えていたときにも持ち上がった。私は、近年フェイスブックが広く嫌悪感を持たれるようになってきているのに対し、同じようにユーザーの行動を追跡して収益化しているテック企業大手のグーグルが、こうした否定的な感情を回避してきたのはなぜかと学生たちに尋ねた。学生たちは答えに窮していたが、ゲストスピーカーが、グーグルのミッションは世界中の情報を整理して、ユーザーが必要なものを何でも見つけられるようにすることだと指摘すると納得したようだった。グーグル検索が何かを見つけるのに役立ちさえすれば、その情報が自社サイトにあろうがほかの場所にあろうが、グーグルにとってはどちらでもいいのだ。グーグルの目標はユーザーを引き寄せ、壁に囲まれたコンテンツの庭で毎日何時間も過ごさせることではなく、ユーザーが自ずとサイトに戻って来たくなるように役に立つことである。言い換えればこういうことだ。フェイスブックのビジネスモデルはフェイスブックにとっては素晴らしいもののように見える。ユーザーがコンテンツを消費し、共有するのに夢中になれば、プラットフォームは、ターゲットを高度に絞り込んだ広告には一段と効果の高いものとなる。しかし、ユーザーの怒り、そして搾取されているという感覚というコンテクストを考慮して初めて、長い目で見ればこのビジネスモデルは危険だということがはっきりするのだ。

システムリーダーは、あらゆるメディアを介してスタッフと共有するすべてのメッセージのコンテクストについて考える。システムリーダーは、リスクと不確実性が従業員たちを恐怖に陥れる恐れがあることを決して忘れない。従業員に長年の慣行を変えるように求める際には、切羽詰まった口調ではなく、静かに、しかし毅然と伝えるほうが効果的である。心のなかではとても落ち着いてなどいられなかったとしても、従業員を安心させるような落ち着いた態度には効果がある。「こうした理由から、このように変更しなければなりません。やり方はこうです。さあ始めましょう」というように説明すれば、変化を起こすときに非常に効果的なのだ。

プロダクトマネジャーのマインドセット

財務や営業、マーケティングなどの非技術系バックグラウンドを持つシステムリーダーは多くの場合、自社の技術に精通するのに並々ならぬ努力を必要とする。実際にコードを書いたり、機械を設計したりする人たちと、同等のレベルで直接会話をするためには、多くの本を読んだり、さまざまなリサーチを行ったりすることが重要だ。ノキア元会長のリスト・シラスマは、AIと機械学習の講座を受講した理由について次のように書いている。「長年CEOを務めた私は、人から説明してもらうことに慣れていました。誰かがハードワークを引き受けてくれるので、私は適切な質問を考えることに集中できました。CEOや会長は、えてしてテクノロジーの基本的仕組みを理解することは自分たちの役目ではなく、『株主価値の創出』に集中するだけで十分だと感じているものです。あるいは、複雑そうに見えることを学ぶのは無理だと思っていて、学んでみようとさえ思わないのかもしれません。いずれも企業家の態度とはいえません」[*4]

専門家に学び、耳を傾け、共感するというやり方を、私はプロダクトマネジャーのマインドセット（思考法）と呼んでいる。多くの企業で、プロダクトマネジャーは車輪形の組織図の中心にいて、エンジニアリング、顧客、製造、営業、財務、研究などの部門とたえずやり取りしている。部門横断的で楽しそうな仕事のように思えるが、実際は（少なくともシリコンバレーでは）、非常にきつい仕事である。自分が担当する製品に関連する全責任を負っているが、成否を左右する人たちを直接コントロールすることはできない。カギとなるスキルは対人関係であり、それはあらゆる職能のさまざまな性格の人たちと、一緒に円滑に物事を進めていく方法を学ぶことである。システムリーダーは、専門家たちが何を必要としているかに気を配り、組織のほかのメンバーより先に専門家がめざとく見つけるどんな問題をも注意深く拾い上げようとする。目標は、社内のどんなサブカルチャーにも柔軟な姿勢を持つことであり、メンバーの尊敬を勝ち取ることである。[*5]優れたプロダクトマネジャーとは、「私たち、メンバーが何を必要としているのかを理解してくれていて、それを手に入れるために一緒に戦ってくれている」と部下や関係者が言って、当人をサポー

図13-2｜デジタル時代、製品や組織は変化する

製品	
所有資産	→ 賃貸資産
アナログ製品	→ デジタル製品
供給規模	→ ネットワーク効果
間接流通	→ 直接流通
規制の虜	→ 規制の"実験"
3年以上の製品ライフサイクル	→ 日々製品をアップデート

組織	
効率性（シックスシグマ）	→ 反応の速さ
直感に基づいた意思決定	→ 情報に基づいた意思決定
階層型組織	→ 分散型組織
リスクに備えた組織設計	→ 企業の成長に備えた組織設計
マネジメント中心	→ 製品中心
コストセンターとしてのIT	→ 収益源としてのIT

トするような存在なのだ。

製品がほとんどアナログだった時代、競争優位の基盤は工場や土地などの資産を所有することから生まれていた。大量販売が最低コストでの供給確保を可能にしていた。製品流通は、卸売業者と小売業者の2層構造を介して顧客に届けられていた。製品サイクルは年単位で測られていた。しかし、製品にデジタルコンポーネントが組み込まれている世界では、優れたプロダクトマネジャーはこれまでとは違うアプローチを取ることになる。生産設備を購入するのではなくリースやレンタルで対処すること、ネットワーク効果〔訳注3〕が製品・サービスの経済的価値を高めること、複数のチャネルを介さず直接販売することで企業が顧客と密接な関係を築くこと、1日に複数回のソフトウェア更新によって製品をアップデートすること、などなどだ。あらゆる製品・サービスが全面的あるいは部分的にデジタル化された世界では、製品の開発・提供方法の根本が変化するのである。

企業がデジタルコンポーネントを含む製品・サービスをこれまでと異なる方法で開発しようとしている場合、システムリーダーは、従来よりも効果を高めるために、組織構造や、運営原則を変える必要がある。システムリーダーは、顧客インサイトに基づく意思決定を行えるようデータ活用に目を向け、直感やヒエラルキーへの依存を減らす必要がある。意思決定の権限は、顧客によりよいサービスを迅速かつ効果的に提供できるようにするために、企業のエンドポイント（顧客に最も近い現場部門）に委譲する必要がある。また、システムリーダーは、IT部門をコストセンターとしてではなく、継続的に顧客とコミュニケーションを取ることができ、新製品やサービスを顧客に継続的に販売する機会を生み出す収益源として見る必要がある。

通常、システムリーダーはプロダクトマネジャーよりも業務上の権限が大きいので、何

［訳注3］ネットワーク効果　SNSや通信サービスなどのネットワーク型サービスなどで利用者が増えれば増えるほど、個々の利用者の利便性が増すとともに、企業の単位供給当たりのサービス提供コストが低減する現象。

も直接コントロールできないのにすべての責任を負わされることに文句は言えない。しかし、プロダクトマネジャーのように考えることは大きなメリットとなるだろう。そして自社の製品やエコシステムを支えるテクノロジーを深く掘り下げる。専門家の話に耳を傾け、「扁桃体」を使って専門家の懸念に対する共感を示す。そうしておけば、特定の社内派閥の怒りを買うような決定を下さなければならない場合でも、「あの人は私たちの仲間だ」という強い関係性が衝撃を和らげてくれるだろう。

不確実性とディスラプションの時代における「リスク・オン」

金融理論によれば、非常にボラティリティが高い時期には、慎重の上にも慎重でなければならず、リスクを回避する「リスク・オフ」を考えなければならない。しかしシステムリーダーには通常、それとは正反対の衝動がある。状況が破壊的であればあるほどより積極的にリスクを取る「リスク・オン」の姿勢で、会社や業界の動きを受動的に見守るのではなく、問題の根源に立ち向かおうとするのだ。システムリーダーは、自分と部下の不安をコントロールする方法を知っている。本書で取り上げたシステムリーダーは、ストライプのようなディスラプターからジョンディアのような既存の大手企業まで、「前頭前野」を活用し、勇気を奮って、一度も試したことのないリスクの大きな戦略を採用する。

不確実性を乗り越えるための戦術の一つは、自分の時間の使い方に気をつけることだ。というのは、間違いなく部下たちもリーダーの時間の使い方に注目しているからである。リーダーがスピーチや電子メールの一斉配信で何と言おうと、何が重要だと考えているかはいみじくもリーダーの行動が示してしまうのだ。インテルの著名なCEOであったアンディ・グローブはその名著『パラノイアだけが生き残る』(邦訳は、佐々木かをり・訳、日経BP社、2017年)のなかで、ある大手多国籍企業のCEOについて、その会社にとって悪い意味で大きな転機となった1週間のスケジュールを採り上げ、このことを証明した。そのCEOは差し迫った危機を無視し、重要ではない多数の会議や工場視察でスケジュールを埋めていた。[*6]

注意すべきもう一つの戦術は、スキルと運の違いを切り分けることである。自分のキャリアを振り返ったとき、過去の成功のすべては、本当に自分の才能と努力によるものであっただろうか。あるいは、キャリアの要所要所で、しかるべきタイミングでしかるべき場所にいたから成功できただけなのだろうか。運がよかったと認めたところで自分の実績に傷がつくわけではない。自分の思い上がりに気づけるかどうかが大事なのだ。ウォーレン・

バフェットの有名な言葉に「潮が引くまでは、誰が裸で泳いでいるかはわからない」がある。これは、運のよいウェルスマネジャー（富裕層向けの資産運用を行う人）だけでなく、運のよいビジネスリーダーにも当てはまる。

それでは最後に、こうした考え方や属性のすべてを体現する2人のシステムリーダーを採り上げ、本論のまとめとしたい。

カトリーナ・レイク――脳力から筋力へのリーダーシップ

カトリーナ・レイクは、オンライン小売業のスティッチ・フィックスの創業者兼会長でもあり、破壊的変革のエキスパートである。彼女は2011年に、新しいタイプの個人向けショッピングアドバイスサービスを立ち上げ、飽和状態にあった市場に参入した。スティッチ・フィックスの客は、高級ブティックで服を選ぶのを手伝ってもらう代わりに、自分の好みに関するアンケートに記入するだけで、AIアルゴリズムのサポートを受けた人間のスタイリストからコーディネートの提案を受けられる。スタイリストは5点のアイテムが入った「サブスクリプションボックス」を送り、顧客はそのうち気に入ったアイテムを手元に残して購入し、残りを返送先住所が印刷された送料無料の返送用ボックスで送り返す。２０２１年初頭、スティッチ・フィックス創業以来10年間の衣料品の売上は60億ドルに上り、顧客は最初の1年で平均５００ドルを支払っていた。[*7]

『ニューヨーク・タイムズ』紙は２０１７年5月、こう報じている。「小売業界には、消費者行動の変化による犠牲者が数多く見られる。買い物客はオンラインでセール品を漁り、百貨店は苦戦し、かつての有力ブランドは姿を消している。そこに登場したのがスティッチ・フィックスだ。顧客が受け取るのは、スティッチ・フィックスがあらかじめ選んだブランド品のドレスやパンツ、アクセサリーだが、選択の幅はほとんどなく、割引販売は行わないという通信販売サービスである。常識を覆すようなビジネスモデルにもかかわらず、スティッチ・フィックスは成長し続けている」[*8]

当初レイクは、懐疑的なベンチャーキャピタリストたちおよそ50人に出資を断られたが、２０１７年11月にＩＰＯを実現し、スタートアップ企業を上場した史上最年少の女性起業家となった。熾烈な競争のなかで革新的ディスラプター企業を創業したことで、シリコンバレーの象徴的存在になったのである。レイクは、多くのシステムリーダーにも共通する、自信と自己認識を絶妙な具合で併せ持った人物だ。それは２０１９年4月と２０２１年1月に彼女が私の講座を訪れたとき、瞬時に明らかになった。

レイクは、ファッションをはじめ、ビッグデータ、AI、ブランディング、マーケティング、企業カルチャーなど、自分のビジネスのあらゆる主要な分野について、洗練された、奥深い話をする。またスティッチ・フィックスのエコシステム全体とともに製品やサービスの詳細について常に考えを巡らせている。レイクは、彼女のチームとともに会社を拡大成長させ、新しい市場や男性や子供などの新たなターゲット層にサービスを提供してきたが、データ分析、ファッション、顧客サービスのユニークな融合によって、ほかに類のないショッピング体験の創造に邁進してゆくという最大の競争優位性は維持すると強く心に決めている。

スティッチ・フィックスのシステムでは、顧客がフィット感に関する具体的な質問（シャツやブラウスの第1ボタンの位置、ジーンズのバックポケットがどのあたりについていてほしいかなど、アイテムに関する要望を入力できる）に答えてくれるので、購入した服についても、しなかった服についても、きわめて詳細なフィードバックを得られるとレイクは指摘した。これは、リアル店舗には決して真似のできない方法だ。アマゾンが同様の衣料品サービスを提供したとしても、これほど詳細なデータを得ることはできないだろう。スティッチ・フィックスはこうしたすべてのデータを活用して、顧客によりよい提案をするだけでなく、100を超える衣料品ブランドに情報をフィードバックし、商品力の向上につなげている。

スティッチ・フィックスは、水平方向への拡張可能なビジネスと、長期的な顧客維持に有効なカスタマイゼーションを融合させている。3000人以上のスタイリストによる顧客一人ひとりに合わせたユニークなレコメンデーションサービスは、顧客のスティッチ・フィックスの利用期間が長くなり、フィードバックが増えるにつれ、その精度が高まっていく。同社はこうした事業規模と深い知見のかけ合わせができるので、衣料品の小売業者は大がかりに事業を再編しない限り、スティッチ・フィックスのビジネスモデルを真似ることはほぼ不可能である。

レイクはこうした競争優位に安住することなく、あらゆる面で常に改善を模索している。彼女は、個人の成長が会社の成長に直結しているという信念で経営を行っているため、企業が40%成長した場合、従業員は自分も40%成長したかどうか自問しなければならない、としている。彼女は数年ごとに自分と経営陣にも次のように問いかける。「もし今日、あなたのポジションにふさわしい人を採用するとしたら、あなたはもう一度自分を選びますか。あなたがいまの仕事を始めたときではなく、いま現在、あなたは最適任者だといえますか」。自分がもはやそのポジションに最適な人材ではなかったとしたら、あなたはどうしますか」。このような質問は、何かに秀でていて現在の地位を得たものの、ビジネスの変化によって新しいスキルが求められている場合には、とくに不快なものに感じられる。しかし、それは専門能力の開発には強力な手段である。

レイクは多様な人材の採用を重視し、ほかとは違った方法でその枠組みを作り上げた。単に年齢や性別などのデモグラフィックな多様性を考慮に入れるのではなく、新規採用の応募者が「カルチャーフィット（同社の企業カルチャーに適合）」するか、あるいは「カルチャーアッド（同社の企業カルチャーに何かを付加）」になるかどうかについても評価するのだ。彼女は、性別や人種、年齢などの面でいかに多様であっても、自社の既存の文化や価値観になじむ人だけを新規に採用する組織は、集団思考に陥り、死角ができるリスクにさらされると考えている。

スティッチ・フィックスは「脳力と筋力」のハイブリッドであり、革新的アルゴリズムや、ビッグデータの巧みな活用、人間のスタイリストの共感力、何百万点もの衣類をやり取りするロジスティクスの強力な「脊椎」を併せ持っている。この会社が急成長したのは、レイクが難しい決断を避けずに、むしろ進んで「リスク・オン」する経営をしてきたからであり、ほかの小売ブランドが苦戦したパンデミックの間も、スティッチ・フィックスはそのビジネスモデルで成長を続けてきた。彼女は、新しいテクノロジーやトレンドの受動的な受け手にとどまらないためには、ディスラプションに積極的に向かっていくのが最善の方法だと知っている。またそれは、いまはまだ想像すらできない未来のディスラプションを乗り越える「持久力」をスティッチ・フィックスにもたらすものでもある。

　本書の執筆が終わりに近づきつつあったころ、レイクはスタンフォード大学の私の講座を再び訪れた。そのときの学生たちとの対話は刺激的なもので、スティッチ・フィックスの大ファンだという学生もいたが、スティッチ・フィックスがいつまでも他社との差別化を維持していられるかどうか懐疑的な学生もいた。レイクは、会社の将来に関して、まだまだチャンスがあると確信と情熱を持って語ってくれたが、学生たちとの対話の後ほどなくして、CEOを辞任し会長になった。ファッション小売という市場分野は絶え間なく進化しており、レイクたちのような成功したディスラプターであっても、常に激しい進化に直面している。競合や市場、顧客の変化はとどまることを知らず、ときには予期せぬ方向に変化することもある。システムリーダーが永遠の勝利を宣言することはありえない。何者も画期的な会社を築き上げたレイクのこれまでの成功を貶めることはできない。しかし、アマゾンや未知のスタートアップ企業など、新たな潜在的脅威は毎日のように出現している。

ジュリー・スウィート――筋力から脳力へのリーダーシップ

アクセンチュアは1950年代初頭から長い道のりを歩んできた。その起源は、会計事務所アーサー・アンダーセンとアンダーセン・コンサルティングは同じ株主のもとで別々の事業部門および法人として設立されたが、1989年、利益分配をめぐる取り決めから両社の間に緊張関係が生まれた。この2つの法人は2000年に仲裁で和解し、正式に関係を断ち、アンダーセン・コンサルティングは、アーサー・アンダーセンを解散に追い込んだエンロンの不正会計スキャンダルで社名に傷がつくことを恐れ、2001年に新しい社名に切り替えた。[*9]

20年後、アクセンチュアはテクノロジー主導型コンサルティングの巨大企業となり、51カ国に51万4000人の従業員を擁し、120カ国のクライアントにサービスを提供し、年間売上は443億ドルに達している（本書執筆時点[*10]）。IT戦略、クラウドサービス、グローバルシステム統合、情報セキュリティといった領域の支援、あるいはデジタル広告や安定的サプライチェーン構築、製造や事業運営の変革といった垂直的な領域の支援が必要な企業がアクセンチュアに接触する機会は多いだろう。とはいえ、それほど強固な地位を確立するまでの道のりは険しいものだった。

ジュリー・スウィートは、北米担当CEOからグローバルCEOに昇進する数カ月前の2019年2月に私の講座で講演を行った。スウィートは2010年に、ゼネラルカウンシル（総合弁護士）としてアクセンチュアに入社した。彼女の法律というバックグラウンドは、技術者とMBAだらけのアクセンチュアに異色で貴重な視点をもたらした。アクセンチュアでの最初の10年間、スウィートはグローバルマネジメントチームの一員として重要な役割を担い、2015年からはアクセンチュア最大の北米市場を担当し、主に既存テクノロジーのバックエンドインテグレーターから、最先端のAI、セキュリティ、クラウドストレージ、量子コンピューティング、さらには広告テクノロジーの開拓まで、サービスの劇的な拡大と変革に貢献した。シリコンバレー特有の業界用語で言えば、より洗練された価値あるサービスをクライアントに提供するため、アクセンチュアは「技術スタックが一段階上に」上がったのである。

スウィートは現在、未来に対する予測とその備えをし、プロダクトマネジャーの考え方を採り入れ、変化するエコシステムのコンテクストをマネジメントし、厳しい競争に直面しても冷静さを失わない、といったシステムリーダーの基本的スキルを駆使しながら、現在も進行中のアクセンチュアの進化を主導している。彼女は、アクセンチュアの「筋力」

的な事業規模を活用して、多くの新しいタイプのサービスを導入し、120カ国において「グローカル」に事業を展開している。また、スウィートは、顧客のために働くという同社のコアミッションに注力しつつ、組織構造や成功評価基準、報酬慣行なども含め、コアミッション以外のことは何でも変えていくオープンな姿勢を取っている。彼女は、新しいタイプのクライアントにサービスを提供できるよう、常に広告などの新しい領域の知見獲得に努めている。さらには、アクセンチュアの改革に適応して成長しようとしなかった経営陣たちとは進んで袂を分かってきた。

2019年、スウィートは学生たちに次のように語った。「クライアントに提供するサービスのすべてが変わりました。8年前、デジタル、クラウド、セキュリティ関連の事業は10%未満にすぎませんでした。いまでは60%を超えています。この変化を推し進めるために、私たちはアクセンチュア全体を根本的に変革してきたのです。最も根本的な変化は考え方です。8年前、私たちはファースト・フォロワーであること、投資額が少ないことを非常に誇りに思っていました。現在、私たちはイノベーション主導型の企業であり、スキルと能力に多額の投資をしているのです[*11]」

アクセンチュアは、既存の社員が持つ能力をリスキリングする創造的な方法を見出した。たとえば、より高度なサービスを提供するために何万人もの社員を新たに雇う代わりに、従業員に自分の仕事を自動化するよう求めたのである。社員たちは新しいスキルを習得するための研修に参加し、それまでの仕事を自動化する方法を発表することで研修プログラムを修了して初めて新しい仕事が与えられた。このプロセスをゲーム化することで、アクセンチュアはデジタル、クラウド、セキュリティの分野で30万人以上の従業員のリスキリングを実施し、組織としての知見を失うことなく、つまり従業員を解雇することなく、継続的学習を推し進めている。

もう一つ、変革推進の好例がある。それは、アクセンチュアが思いがけずデジタル広告のリーダーになった経緯だ。２０１８年に『ウォール・ストリート・ジャーナル』紙が報じたように、ユニリーバなどの消費財を取り扱う大企業は、広告活動の中心をそれまで一般的だった『マッドメン』［訳注４］型のクリエイティブキャンペーンから、データドリブンの分析と洗練されたオンラインターゲティング広告へと移している。アクセンチュアは、優れた顧客体験の設計と実現に重点を置いたこれらのサービスを提供し、大手広告代理店と競合するために、インタラクティブ・プラクティスを開始した。アクセンチュアのイン

［訳注４］『マッドメン』（Mad Men）　２００７年からアメリカで放映されたドラマ。ここでは広告代理店によるクリエイティブ広告手法を指す。

タラクティブ・マーケティング・グループの責任者が『ウォール・ストリート・ジャーナル』紙に語ったところでは、アクセンチュアは気の利いた自動車広告の制作には向いていないかもしれないが、自動車メーカーが車の購入という顧客体験全体を改革したい場合の知見は備えている。[*12]

スウィートは次のように説明した。「ＡＩを駆使した技術への深い理解と、顧客を理解するための分析を組み合わせなければなりません。そして、それは単一のスキルセットではないのです。そして、それこそがアクセンチュアの独自性なのです」[*13]。彼女は、新しい市場に進出するには多様な人材が必要であることも強調した。「アクセンチュア・インタラクティブは、いまや世界最大のデジタル広告代理店です。社員はたいてい広告制作の現場で仕事をします。働き方も多様です。私たちは、『多文化の文化』を有する会社であり、顧客にサービスを提供する際にそれを活かすことができていることに大きな誇りを感じています」[*14]

スウィートには、オーナーシップとパートナーシップのバランスを取る強い「内耳」もある。アクセンチュアにとっては、ＳＡＰやオラクル、マイクロソフトなどのソフトウェア大手から、ライフサイエンス業界の企業がバイオ医薬品のイノベーションに集中するための業務自動化用ローコードプラットフォームを提供するアピアン（Appian）などの中小企業まで、あらゆる企業と健全な関係を維持しなければならない。アクセンチュアは自社のウェブサイトで、「テクノロジーで実現できるクライアントのビジネスの限界を押し広げるために、多数の主要エコシステムパートナーと提携している」と説明。[*15] 数百に上る提携企業のリンクを掲載している。この巨大なエコシステムを運営するには、強力な「手と目の協調」と、コンテクストに対する鋭い鑑識眼が求められる。アクセンチュアは常に、どの分野には自社で打って出て、どの分野をパートナーに任せるかを判断しなければならない。スウィートは、クライアントに最良のサービスを提供するには、たとえ他社経由であっても、可能な限り最高のテクノロジーをもたらすことだと考えている。

２０２０年10月、『フォーチュン』誌は、毎年恒例の「ビジネス界で最もパワフルな女性」の第１位にジュリー・スウィートを選出した。アクセンチュアの利益がＣＥＯ就任１年目に７％上昇しただけでなく、さらに「スウィート氏は、アクセンチュアのスキルがかつてないほど必要とされた危機であるパンデミックの間、51カ国50万人超の従業員を指揮している。新型コロナウイルス感染症が世界を襲った際、同社はその専門知識を活用して、イギリスのＮＨＳ（国民保健サービス）に加入する１２０万人の労働者のリモート接続を支援し、接触者追跡とワクチン接種マネジメントの技術ではセールスフォースと提携した」と報じた。[*16]

アクセンチュアが世界的パンデミックの最中にあっても成功を収められたのであれば、「脳力と筋力」を兼ね備えたこのハイブリッド企業の未来が明るくないはずがない。

センターにいるシステムリーダー

過去200年間、ビジネスリーダーは社会と政治の両方で重要な役割を果たしてきた。ビジネスリーダーが自ら築いた会社を超えた影響について正しく評価するには、19世紀のジョン・D・ロックフェラー、ヘンリー・フォード、J・P・モルガン、フレデリック・テイラー、20世紀後半から21世紀にかけてのスティーブ・ジョブズ、ビル・ゲイツ、ジェフ・ベゾス、イーロン・マスクといった巨人について考えるだけで十分である。

21世紀が進展し続けるなか、かつては大企業の卓越した経営者だけが抱えていたような問題に、あらゆる規模のビジネスリーダーも直面せざるをえなくなっている。すべての製品とサービスがつながっている世界では、小規模企業でさえ国境を越えた活動を行い、以前であれば大企業でなければ意識する必要のなかった、文化的関心や国益を考慮した舵取りをしないといけなくなっている。

たとえば、昨今の米中対立に絡む課題を考えてみよう。仮に、ある企業がこの2つの世界的な超大国のいずれかに属していないとしても、複雑なサプライチェーンや適切なデータ保護に関わっているなかで、製品開発にどの技術スタック（ソフトウェアツールなど）を選択する必要があるか判断する必要に迫られた場合、今日のシステムリーダーは、自らの選択がサプライチェーン、顧客や従業員にどのように影響するかを理解する必要があるだろう。

さらに、システムリーダーは、政府から見返りを得るためのロビー活動でも、単に規制環境に対処するためだけに政府と付き合うのではなく、民間企業が直面している課題についても意識してもらうため、政府と連携して動く必要がある。国家が主体となって実行される、商業機関のITインフラに対するサイバー攻撃は、すべての企業が直面する課題となっている。あらゆる業界のシステムリーダーは、政府への関与の仕方や彼らの考え方をよく理解しておく必要がある。政府が単純に「市場の働きに任せる」自由放任主義をよしとした昔の考えは、高度に接続された世界では不可能なスタンスになっている。

ビジネスリーダーはまた、つながった世界によりもたらされた構造変化に対処せざるをえなくなっている。従業員は、高い関心を持たれ賛否両論のある社会問題に対するリーダーの考えを知りたいと思うとともに、社外的にスタンスを明確にしてほしいと期待している。これらの社会問題には、微妙なニュアンスをくみ取ったうえで、理解し、深く探究する必要があるものも多々ある。しかし、今日の世界ではよくあることだが、情報の流れは速く、かつ短期間にその姿を変えるため、リーダーはこれらの複雑なトピックに対して、熟考し吟味したスタンスを決めるための時間がないのが実態だ。企業経営者は、株主のためだけでなく、地域社会、国、そして社会全体のために、優れた世話役やリーダーになることがますます求められている。この状況は、これらの役割を担ってきたほかの伝統的な機構（政府、宗教団体、家族など）の地位が低下したことによるしわ寄せが民間企業に来ているためだともいわれているが、一方で、ほとんどのビジネスリーダーはこのような複雑な状況を想定した訓練を受けておらず、熟考する時間もないままに、しばしば公の場で意見を求められる――しかも突然の通知で、事態がいまだ流動的なタイミングで。

たとえば、システムリーダーにとって、未来の働き方に関する複雑な問題といったトピックスさえもが直近の課題でもある。従業員の在宅勤務オプションに関するポリシーを作成して展開するに当たり、このオプションが従業員の育成計画にどのような想定外のインパクトを与えうるかを考慮する必要がある。ＡＩ、機械学習、自動化（ロボティクスや組み込みソフト）、自律システムなどのテクノロジーの継続的な進歩に伴い、システムリーダーは、従業員がこれらの技術の進展に追従できるよう、リスキングの方法を考える必要がある。

もし経営者が、従業員が余暇を活用して自己資金でスキルを研鑽してくれるとか、政府が適切な労働力を確保するためのリーダー教育をやってくれるとかいうことを期待しているとすれば、そういったリーダーは急激に変化する世界に対応できずに置いていかれる可能性が高いだろう。

デジタル＋フィジカルの新世界

本書が完成するまでのこの1年間で、ディスラプション、不確実性、急激な変化などに関するポピュラーな決まり文句はすべて、笑ってしまうほど控えめな言葉と感じるようになってしまった。２０２０年1月には、私は中国で発生した新型コロナウイルス感染症を報じる新聞の見出しを見て、本当にそこまで深刻な事態が起こっているのか疑問に思ったものだった。ところがコロナ禍でリモート講義に切り替わり、同年の12月には、自分がまるで遠隔教育のベテランのように感じるほどになり、オフィスとなった自宅から、ジャカルタ、クアラルンプール、リオデジャネイロ、ロンドン、リヤド、ストックホルム、シカゴなど、遠く離れたところにいる企業の経営陣や学生を相手にバーチャル講義を定期的に行い、ワークショップを開催するまでになっていた。これまで、高解像度４Ｋカメラやスタジオ照明、高性能サウンドシステムなどを買い揃え、自宅オフィスのアップグレードにも励んでいる。

パンデミックが過ぎ去った後、「ニューノーマル」がどのようなものになるのかを正確に予測することはできないが、確かなのは、対面のプレゼンテーションや講演や会議のためには飛行機で飛び廻るしかない世界に戻ることはないということだ。いまや、テクノロジーを用いて何千マイルもの距離を越え、説得力のあるインタラクティブな教育体験を伝え、提供することができる。そのような新しいソリューションは、あまりに効果的で効率的なので、完全になくなることはない。今後は対面式とオンライン両方の会議やイベントを組み合わせ、必要に応じて適切な形式を選択しながら講義を実施していくことになるだろう。

私の未来はあなたの未来と同じように、デジタルとフィジカル、バーチャルと対面、革新と伝統、「脳力」と「筋力」のそれぞれの長所を併せ持つハイブリッドになるだろう。そんな未来に適応し、システムリーダーとしての道のりを歩み続けるあなたの成功を心から願っている。

特別対談2

デジタルとフィジカルを融合し、デジタル変革を成功に導くために求められるリーダーシップとは

デジタルとフィジカルを融合させる組織マネジメントが必要になる

山口　大企業は実際に、デジタル変革をどのように進めていくべきなのか。この点を、この対談の後編では展開していきたいと思います。デジタル変革のゴールに到達するために必要な経営と組織について、私はこう考えています。

デジタルビジネスには、既存の組織とは異なるマネジメントが必要です。デジタル技術で、顧客情報の収集、内部処理、仮説検証の一連のコストが低減されます。その結果、フラットで顧客対応にフォーカスした経営が最も適した形態となります。ここで、既存の組織とは異なるマネジメントが必要になるのです。

ＮＴＴデータではこれまで多くの挑戦をしてきました。最初に、私たちの取組事例を紹

介しましょう。CAFISは、私たちが提供する総合キャッシュレスプラットフォームです。この部門で挑戦したのは、安定した信頼性の高い決済サービスを提供しつつ、次々に世の中に登場する新しい決済手段に接続する新規サービスを創造することです。

新規サービスを迅速に創造するために、既存組織から分離した新規サービスを企画し、立ち上げる専従組織を組成しました。ここでの経験を通じて、従来の組織とデジタル組織という、異なるケイパビリティを必要とする組織をうまく管理する方法を学んだのです。ハイブリッド経営には、共通のビジョンを共有し、データに基づいて意思決定を行うための施策が必要だと考えています。

ここでシーゲルさんにお聞きしたいのですが、本書では、デジタルとフィジカルをうまく融合させた企業の事例をいくつも紹介しています。農業機械メーカーのジョンディアはシリコンバレーのスタートアップ企業の買収をテコに新しいテクノロジーの導入を促し、伝統的な事業部門に新しいことにチャレンジする文化を持ち込んでいます。アルコール飲料メーカーのABインベブは、中核事業部門から完全に独立した新組織を立ち上げてテクノロジー主導の事業変革を始めており、新組織で培ったイノベーションと技術を、今後数年のうちに中核事業部門に浸透させようとしています。このように大企業にとって、新規サービスを創造し、スケール（事業拡大）させるのは大変難しい課題です。シーゲルさん

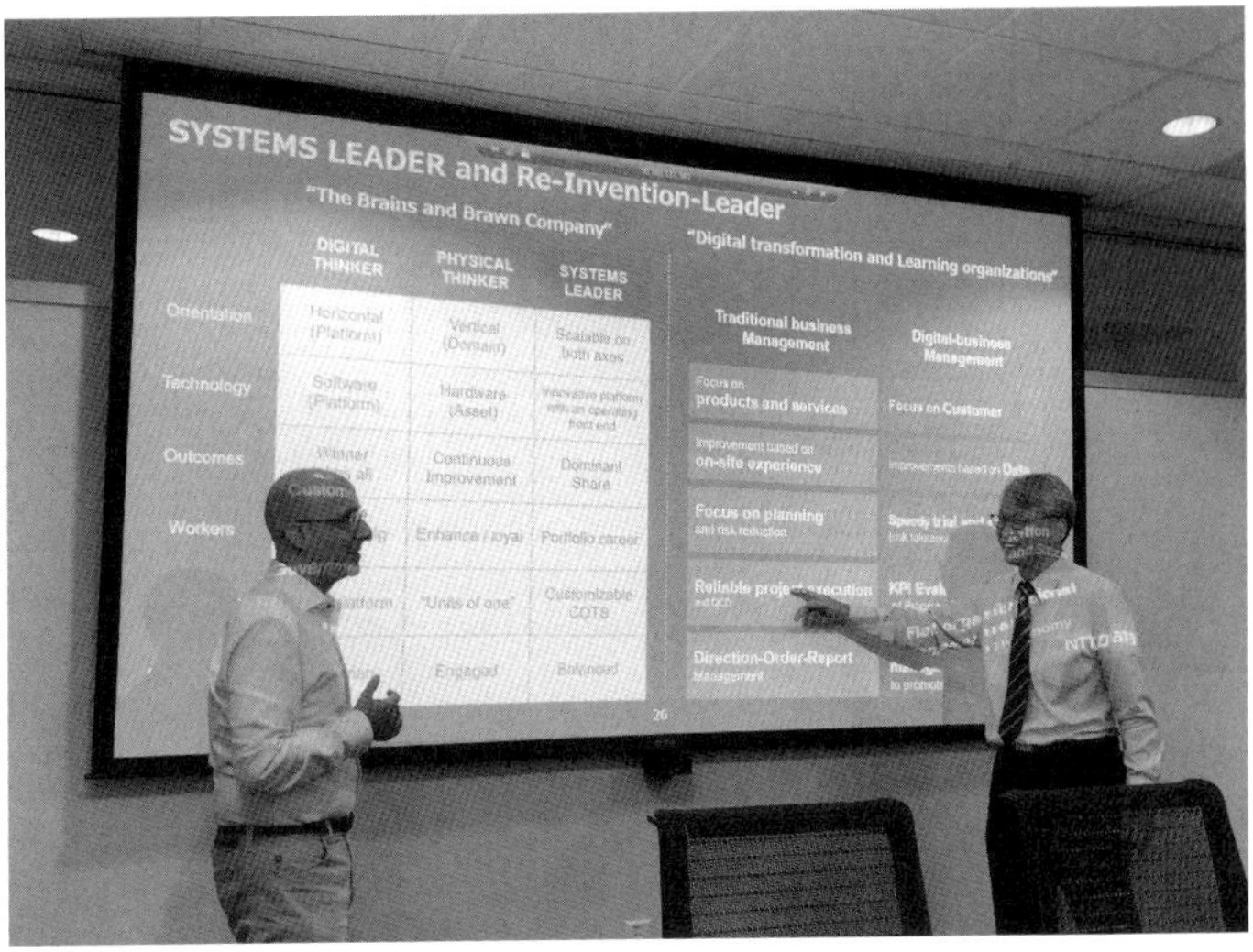

リーダーについて議論するロバート・E・シーゲル氏（写真左）と山口重樹氏

はそれをどのように実践するのがよいとお考えですか。

シーゲル　確かに大企業にとっては難題ですが、製品やサービスの設計、それに併せた組織の見直しに着目すれば、いくつか成功法則が導き出せます。言い換えれば、成功する企業には、経営や仕事のやり方を変革し、確立していく必要があったのです。ここで一つ私が言いたいのは、製品と組織をデジタル時代に適応させることの重要性です。

次ページの図は、上側が製品側で、その左側が従来の製品開発の様子を示しています。企業は資産を所有し、アナログ製品を作っていました。大規模

デジタル時代において製品や組織は変化している

製品

所有資産 → 賃貸資産
アナログ製品 → デジタル製品
供給規模 → ネットワーク効果
間接流通 → 直接流通
規制の虜 → 規制の“実験”
3年以上の製品ライフサイクル → 日々製品をアップデート

組織

効率性（シックスシグマ） → 反応の速さ
直感に基づいた意思決定 → 情報に基づいた意思決定
階層型組織 → 分散型組織
リスクに備えた組織設計 → 企業の成長に備えた組織設計
マネジメント中心 → 製品中心
コストセンターとしての IT → 収益源としての IT

（出所：ロバート・E・シーゲル）

な供給体制で、最低コストでの製品供給を可能にしていました。卸売業者を経由する2層の流通経路で顧客に提供し、製品ライフサイクルは長いものでした。一方、デジタル時代となった今日では、ときには資産レンタルを選択する必要があり、デジタル製品がますます重要になっています。ネットワーク効果、つまりネットワークに接続されている人の数などに応じてそのネットワークの価値が決まります。あらゆる製品とサービスがネットワークに接続されるため、顧客へ直接サービスを提供し、顧客と直接コミュニケーションを取るようになるでしょう。スピードは格段に速まります。年単位の製品ライフサイクルから、毎日製品をアップデートすることもありえます。製品開発の方法を変更しようとするなら、ときには会社の組織編成も変更しなければなりません。

大規模な組織では、私がGEで部門長をしていたときもそうでしたが、効率が重要でした。リーン・シックスシグマ（ムダ、ムラ、ムリがなく、製品ロスが少ない生産方式）は、製品を効率的に提供するための優れた方法でした。私たちは直感と経験に基づいて決定を下し、組織のヒエラルキーが重視されました。ITはコストセンターと見なされていました。

しかし、新しい世界では、製品の変革を迫られるのと同じように、組織も変革を求められます。私たちは顧客に対してより迅速に対応する必要があります。そのためには、顧客により近いポジションに意思決定の権限を委譲しなければなりません。経営からの視点だけでなく、顧客がどのように自社の製品を使用し、顧客の行動に合わせて使いこなしているのかに着目しながら、顧客にとっての適切な製品開発を考えることが重要なのです。

デジタルには顧客とたえずコミュニケーションを取れる機能があり、それを担う組織には自社製品にコネクテッドな機能を持たせるケイパビリティがいります。たとえそれが自動車やヘルスケア製品、家電といった物理的な製品であっても、製品に内蔵されたコネクティビティ機能で、顧客といつでもコミュニケーションが取れるようになり、よりよいサービスを提供できるようになる世界なのです。

山口　デジタルに適応し、顧客に近い部門に権限を委譲しながら、アジャイルに物事を判断し推進していくことは、私たちの取組経験からも非常に有益だと感じます。こうしたアジャイル組織を支援しながら従来の中核部門への伝播を促してくことが、マネジメントとして重要なポイントだと思います。

デジタル変革に求められる「リ・インベンションリーダー」と「システムリーダー」とは

山口　では、デジタル変革にはどのようなリーダーが必要になるでしょうか。

リ・インベンションリーダーに求められる能力

デジタル変革を成功させるためには、「**人間力**」ともいうべき共通的な能力が不可欠。

基本ケイパビリティ

戦略課題の設定と自分ごと化	✓ 現状改善ではなく、**将来から見て何をすべきかの視点** ✓ 全社戦略を踏まえた**自分ごとの戦略的課題の設定**
革新の試行	✓ 従来のやり方にとらわれず、仮説をもとに**新たなアイデアを実行** ✓ **結果を次に活かす**学習習慣を組織に定着
好奇心とチャレンジ	✓ たえず新しいものに対して**好奇心を持ち、**背景や原理を**自分自身で考える** ✓ 楽しんで試してみる**チャレンジ精神**
巻き込み力	✓ **経営層と意思疎通**を図り、他部門・社外とつながる ✓ **情報収集・協力関係を構築**
メンバーからの信頼	✓ **“言動一致”や“責任の引き受け（人のせいにしない）”を体現** ✓「このリーダーのもとならチャレンジできる」と思わせる
メンバーの成長と緊張感	✓ **ストレッチな仕事にアサイン** ✓ 粘り強く考えさせ、成功体験を通じた**成長環境**を与える

（出所：NTTデータ）

私たちはデジタル変革を成功させるには、ビジネスとテクノロジーを理解し、潜在的な顧客の問題を特定し、ソリューションを価値に変え、ビジネスを成功に導く「リ・インベンションリーダー」が必要と考えています。リ・インベンションリーダーは、ビジネスとテクノロジーの両方を理解するのに加えて、不確実性が高いなかでもメンバーを率いていくうえで高いEQ（emotional intelligence quotient、心の知能指数）などの総合力が求められると考えています。

既存のビジネスでは、PDCA（plan-do-check-action）サイクルが効率と品質の改善に重要でした。将来的には、新しいものを創造する際に、Planの前の仮説立案がより重要になるでしょう。つまり、hypothesis（仮説）-plan（計画）-business experiment（試行・実験）-review（検証）の繰り返し、HYPERサイクルを回していく。これがビジネスの成長、人と組織の成長も促すのです。

本書では、脳力と筋力を牽引するリーダーとしてシステムリーダーの人材像が示されています。シーゲルさんは、次の4つの問いかけから始めるように勧めています。

1　デジタルとフィジカルが結合するトレンドとは、顧客とその事業にとって何を意味するのか。

システムリーダーの定義

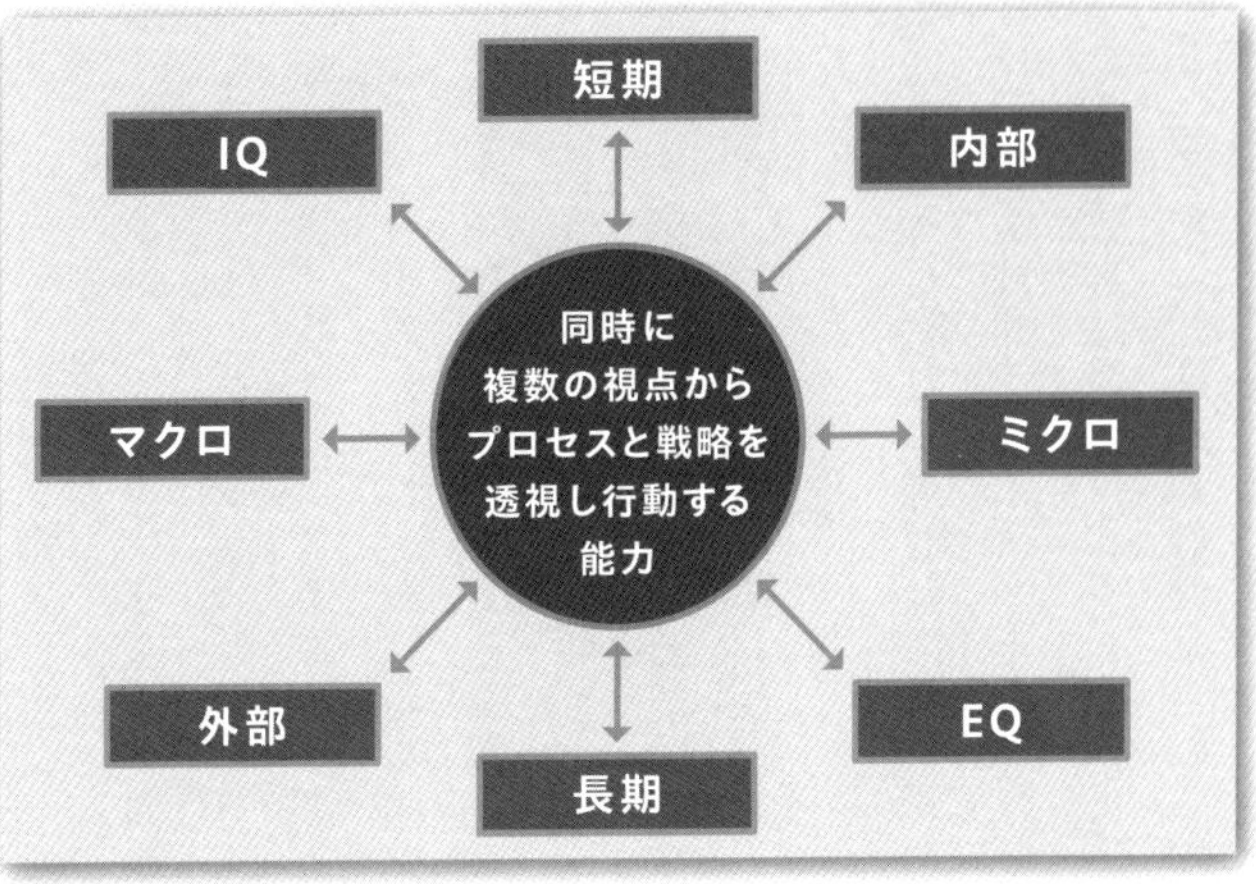

（出所：ロバート・E・シーゲル）

2　自社の中核的な技術と顧客との関係は、競合に対してどんな優位性をもたらすか。

3　顧客は必要としているが、現在自社が提供していない製品やサービスはどのようなものか。

4　変化の激しい時代に視野を広げ、状況を把握し、リスクを受け入れ、リーダーとして傑出した存在になるにはどうすればよいか。

システムリーダーはデジタルとフィジカルを理解し、融合できる人材と規定していますが、私たちの提唱するリ・インベンションリーダーとよく似ていると感じました。改めて、システムリーダーと既存のリーダーの違いを教えていただけますか。

シーゲル リ・インベンションリーダーの概念は興味深いですね。リーダーに必要な能力という点では、リ・インベンションリーダーの考え方は、システムリーダーのそれと非常によく似ています。私は、システムリーダーを、組織内で複数部署間の相互作用を理解するだけでなく、自組織とそれを取り巻くエコシステムに関連するステークホルダーとの間の相互作用も理解できるリーダーと表現しています。

また、システムリーダーは二元性（duality）を持つものと考えています。つまり、短期的と長期的な事柄を同時に管理する能力が求められますし、ＩＱ（知性）とＥＱ（感情）を融合させる必要もあります。また、社内と社外それぞれで何が起きているかを理解するのも大切です。

以前は、これらの能力に対応した部署ごとに、別々のリーダーが存在していました。つまり、ビジネス運営部門とイノベーション部門が連携せず分離していたのです。しかしすべてがつながる世界では、リーダーが二元性を持つことの重要性が高まっています。リーダーがいかにこの二元性を兼ね備えられるかが重要で、私も今後研究を深めたいですね。

デジタル思考のリーダーは水平統合志向を持ち、柔軟にソフトウェアをつなぎ合わせるプラットフォーム的思考を持っています。従業員にも同じプラットフォームに関わりながら協業することを期待しています。一方、古い伝統的リーダーは垂直統合志向を持ち、ハードウェアによって仕組みを作り込み、たえず改善を繰り返していきます。ときには政府機関とも連携し、政府の意向に沿いながらサービス提供することもあるでしょう。

しかし、システムリーダーは、両方の車輪を回し、規模の拡大を目指すことを求められています。ハードウェアとソフトウェアの両方を理解し、市場シェアの拡大を目指す必要があります。また、さまざまなタイプの労働力を管理する方法を理解しなければなりません。若い世代のシステムリーダーは、私たちの想像以上に、こうしたことを同時に進められます。これはアメリカでは当たり前になっていますし、日本、ヨーロッパ、世界中のどこでも常識になっています。そのため、こうしたシステムリーダーとしての条件すべてがどのように相互作用するかを、しっかりと理解しないといけません。以前であれば、財務、エンジニアリング、製造などのそれぞれの部門内で完結していましたが、これからは他部門のチームメンバーと連携し、チームメンバーが何をしているかを深く理解し、体系化されたシステムのなかで何が起きているかを俯瞰することがリーダーに求められ、私はこのタイプのリーダーをシステムリーダーと呼んでいるのです。

山口　本書のなかで、システムリーダーは「あらゆる分野の専門家と意味のある会話をするに足るレベルの知識は必要だ。適切な質問をする相応の知識が必要だが、必ずしもその問いに自分で答えられなくともよい」と書かれていて、大変示唆に富んでおり、我が意を得たりと感じました。正しい問いかけをするためには、謙虚に学習する姿勢が重要だと理解しました。システムリーダーになるためには、具体的にどのようなトレーニングや経験を積むべきなのか、お聞かせいただけますか。

シーゲル　優秀なシステムリーダーは、まず自分の強みと自身に必要な能力開発を把握することから始めます。人間には自己開発、自己を高めたいという欲求があるからです。最初に自分の得意な部分を把握し、次にどこを改善すべきかを学習する。私は正しい問いかけをすることについて説明しました。つまり、すべてを知っていなくても実際には問題ないのです。それよりも、大企業の上級職は多くのことを指揮するほうを期待されているのですから。

とはいえ、こういうことは言えるでしょう。「わかった。ＡＩも、自動化も、アナリティクスも、新しいスキルや新しい能力を学んでみよう」という姿勢を見せる。そして、それらがビジネスにどのように適用されるか考え出す力をつけることです。私は、優秀なシステムリーダーになるには「プロダクトマネジャーのマインドセットを持ってください」とよく言います。プロダクトマネジャーは、顧客のニーズを理解し、それに見合う製品を創り出し、その製品を市場に送り出す商品化戦略を理解しています。

優秀なシステムリーダーは、そのような好奇心を自然と持っています。彼らは自分が得意な部分だけでなく、どこを改善する必要があるかを理解しており、常に自分自身を訓練し直し、新しいことを学びたいと思っています。世界は変化し続けることを知っており、新しいことを学ぶ喜びを知っています。テクノロジーは、進歩の速度が弱まることはありません。優秀なシステムリーダーは、ディスラプションに果敢に対応し、製品やサービスが最適にそして適時に提供できる環境を、働く立場の従業員やサービスを享受する顧客に、もたらすことが求められるのです。

日本企業がシステムリーダーを育成するには

山口　シーゲルさんは日本の企業と何度も一緒に仕事をした経験があると伺っていますが、ご自身の目から見て、日本の企業がシステムリーダーを育成していくには何に留意すべきだと考えますか。

シーゲル　私はこれまで50回近く日本を訪れました。電気製品、自動車、産業機械など、細部に細心の注意を払い、高度に作り込まれた製品を提供することに日々精進している姿に感銘を受けています。そのなかで、日本企業が改善すべきポイントが2つあります。

1つ目は、顧客の視点からコネクテッド体験を正しく理解することです。製品がコネクトされるとはどういう意味か。ハードウェアにソフトウェアがどのように組み込まれているかによって、接続されている向こう側（の顧客）はどのような体験をしているのか。そのコミュニケーションはどのくらいの頻度で発生するのか。こうしたことを問いかけていくのです。

2つ目は、世界中の企業が対応しなければならないスピードがさらに加速していることにより注意を向けることです。中国、南アメリカ、さらにはヨーロッパでも信じられないほどの動きの速さを見てきました。もちろん、ここシリコンバレーやアメリカ内のその他の地域でも同じことは起こっています。

だからこそ、細部に注意が払われ、高度に作り込まれた製品を創り出す日本企業のリーダーが、コネクテッドなマインドセットを理解し、それら製品が消費者とつながることに目を向けているか、また顧客の反応に対処するためどのような新しい方法を取り込もうとしているか、それにより顧客によりよいサービス提供するだけでなく迅速に自社の組織を再編できるようになっているか、こうしたことに着目すべきです。

システムリーダーの社会との関わり

山口　以前お会いした際、システムリーダーは企業だけでなく社会全体にも必要だとの話がありました。なぜ社会全体にも必要とお考えなのでしょうか。これまでの企業に求められてきたリーダーとはどう異なるのか教えていただけますか。また、システムリーダーに関する今後の研究テーマを教えていただけますか。

シーゲル　世界中のビジネスリーダーは、さまざまな理由で社会にますます影響を与えるようになります。すべてがつながっている世界では、大規模な多国籍企業だけでなく、中堅企業でさえも国境を越えた取組みが増えていくでしょう。そして、つながっているがゆえに発生する課題、企業内や企業間の連携、そして協業が生まれてくるでしょう。こうした国境を越えたビジネスリーダーの動きは政府にも影響を及ぼします。たとえば、医療問題にどう対処するか、国際紛争や平和問題にどう対処するか、といった社会問題にもつながっていくのです。ですのでビジネスリーダーは、自社内のみならず、地域をまたぐグローバルな目線で、多くの機会と課題に対応していくのです。

将来を考えたときに、リーダーにはあえて複雑な問題にチャレンジしてほしいです。未来の仕事の仕方はどうなるのか、対面とリモートのハイブリッドの業務遂行はどうなるのか、若手世代がどのように会社と向き合おうとしているのか、異文化間の微妙で複雑なニュアンスの違いに伴う問題にどう対処するのか、といったことです。われわれは次から次へと押し寄せる情報洪水のなかで生活しています。リーダーは業務内でも業務外でも、あらゆる情報を咀嚼し、社会問題にも意識を寄せていくことになるでしょう。これらすべての情報を取り込むことで、われわれはコミュニティ、企業、グローバルにおける真のシステムリーダーになりえるのです。

山口　デジタル変革は企業を超えて社会全般に拡大しており、システムリーダーは一組織や一企業内にとどまらず、国際的な動向までも含めた社会の視点から多くのことに関わり考える立場なのだと理解しました。素晴らしい対話の機会をいただき、ありがとうございました。

この対談の内容は、ＮＴＴデータ経営研究所のウェブサイトから参照できる

付録

システムリーダーのためのメモ集

●5つの脳力

左脳：分析力

●可能な限り、やり取りをデータ化して蓄積する。これらのデータを分析することで、どのデータが自社事業にとって重要であるかがわかってくる。

●規模を競争優位に活かす。ディスラプターは、データの参入障壁を築くことで迅速に規模を拡大しようとするかもしれない。一方、既存企業は、その規模を活かした大規模データ群を活用して積極的に自社の得意領域を守ることができる。

●既存業界の変革は一夜にして起こらないことを肝に銘じて忍耐強く行動する。ビッグデータからただちに洞察が得られると考えてはいけない。データの収集と分析が本当に成果を上げるには、相応の年月が必要である。

右脳：創造性

●技術的な発明やイノベーションを形成する力を研究し、既存のアイデアと相互に作用させて新しいアイデアを見出すべく努力を重ねる。これまで気づかなかった他の産業や市場とのつながりを探す。

●顧客の成果、とくに、顧客の損益計算書、貸借対照表、あるいはQOL（Quality of Life）の改善に、自社の製品やサービスがどのように貢献できるかに自らの創造力を集中させる。

●変化の激しい時期に、安全策を取りたい誘惑に抗う。むしろ、ディスラプションに向かって突き進む。ディスラプションに伴う新しい世界を受け入れ、それを自社にどのように活かすかを見出す。創造性の反対は標準化だ。不確実性の高い時代には、よりクリエイティブであるよう従業員に働きかける。

扁桃体：共感力

●顧客の成果に向けて取り組んでいる際、顧客の目標は不変でも、道筋は変わるかもしれないということを忘れてはいけない。

●変化を触発するのに、必ずしも極端に大掛かりで派手な行動が必要なわけではない。組織の内外に向けて明快で簡潔なメッセージを届ければよい。企業のミッションを従業員やパートナーに意欲を与えるような方法で、はっきりと伝える。普段あまり日の当たらない部門やグループにも共感を示す。

●規制を行う政府機関もエコシステムの重要な一部と捉え、大いに注目し共感すべき相手として扱う。個人的には賛同しない政党や官僚組織であったとしても。

前頭前野：リスク管理

●チームメンバーがリスクや不確実性を一つの好機と捉え、進んで受け入れるよう促す。メンバーそれぞれが刺激的な新しいミッションや目標にどれだけ貢献できるか、また、なぜ企業にとってリスクを取ることが現状維持よりもよいかを示す。

●先入観は自身の経験や環境から自然に生まれるものだが、自分自身の持つ先入観を常に意識しておく必要がある。人間というものは、過去にうまくいった振る舞いで成り立っているようなものだから、変化を受け入れるよりも、本能的に古くからのやり方を繰り返し、同じようなバックグラウンドを持つ仲間と付き合おうとしがちだ。

●顧客やその組織を含め、自分たちの業界を再構築する新たなツールやテクノロジーに精通する。このような変化について、部下の説明だけに頼ってしまうと、表面的な意味しか理解できない。いつでも可能な限り、自ら体験し、直接フィードバックを得るようにする。

内耳：内製とアウトソーシングのバランス

●自社が属する業界の地殻変動を分析し、現在の恩恵だけでなく、将来の事業拡張に資するパートナーを選ぶ。自社が属する業界を、必ず勝者と敗者が生まれる「ゼロサム」ゲームと見なさず、複数のプレイヤーが勝者になれる可能性を検討する。常に他のプレイヤーが自らの努力で勝てる領域も作る。

●本当の顧客、つまり商品やサービスの対価を払っている人たちの利益を最優先することに意識を集中する。とくに重要なのは、委託されているデータを、そのデータを知る権利のないパートナーと共有したいという思いに駆られたときだ。パートナーに便宜を図るために、本当の顧客の信頼を裏切ってはならない。

●可能な限りいつでも、サプライヤーはウィン・ウィンの関係を構築できるパートナーと考えるべきであり、コスト削減の対象と考えてはならない。

●5つの筋力

脊椎：ロジスティクス

●不可避なものには抗わない。顧客はますますオンラインショッピングを望むようになっており、eコマースでの取引は加速度的に伸びている。物理的な店舗を持っている場合は、デジタル機能と卓越したロジスティクスをいかに融合するかに注力し、素晴らしい顧客体験を提供する。

●ソフトウェアを活用した付加サービスを、物理的商品（ハードウェア）と組み合わせる。

●すべての商品がeコマースのみで簡単に発送、配達できるわけではない。商品やソリューションの特性を踏まえて、他企業（とくに、何でも販売、配送できるわけではないアマゾン）に対する参入障壁を築く方策を探索する。

手：モノづくり

●業界の生産可能性フロンティア（PPF）を外側に動かすことを目標に、既存プラットフォームの転換に積極的に取り組む。可能であれば、競合他社が変革を先行し、その後塵を拝する前に自ら動き出す。

●各主要顧客の損益計算書（P／L）と貸借対照表（B／S）および市場セグメントに自社製品が与えるインパクトを理解する。それら顧客や市場に対する深い理解を踏まえて、自社製品をいかにカスタマイズできるかを考える。

●複数の市場セグメントに商品やサービスを提供する場合は、ビジネスモデルを柔軟なものにする。デスクトップメタルが、オフィスサイズの３Ｄプリンターと産業用サイズの３Ｄプリンターの両方を開発する必要があることに気づいたように、異なる価格帯で提供できる、さまざまなソリューションについて考えてみる。

筋肉：企業規模の活用

●データや製品流通、あるいはモノづくりを通じて、幅広い顧客との接点を持つことを可能にするテクノロジーと製品についてのコアコンピタンスを再定義する。

●従業員をできるだけ顧客に近い場所に配置する。デジタルでのコミュニケーションや協働への依存度がますます高まっている領域であっても、各ローカル市場を理解するには、自社が販売する製品を使う人々のなかで生活し、働くことが求められる。

●大規模な事業運営をしている組織では、過剰なくらいにコミュニケーションを取ること。新しい戦略やビジョンを浸透させるには、きわめて明確なメッセージを、大きな組織を構成するさまざまな部署ごとの特性に合わせてカスタマイズして頻繁に繰り返し、発信する必要がある。電子メールを何通か送信しただけで、凝り固まった文化を変えることはできない。

手と目の協調：エコシステムの管理

●業界のインフルエンス・マップと依存関係、影響テーブルを作成して、業界内のさまざまな構成要素がどのように相互作用しているか、そして誰が本当に他者に対する影響力を持っているかを理解する。

●あなたの会社にとって、ちょっと手を出すだけのもの（グーグルのピクセルのように）と、成功に欠かせないもの（ウォルマートのロープライスのように）との区別を明確にする。この区別によって、あなたがエコシステムのパートナーに対してかける圧力は変わってくる。

●あなたの戦略および戦術オプションの制約となるかもしれない政府の規制に注意を払う。とくに事業規模が大きくなり、規制当局が調査対象として魅力を感じるようになってきたときは要注意。好むと好まざるとにかかわらず、政府の政策はあなたの業界の競争環境に変化をもたらす。政府の動きの先を行くことが重要。

持久力：事業の継続化

●顧客にとっての成果を、会社の第一行動原理にする。自社の製品やサービスが、顧客のビジネスや個人の生活に与える影響を正確かつ効率的に理解することによって、リソースを的確に、そして効果的に配置できる。

●会社のミッションは、明確かつ組織全体で容易に理解できるものとし、業績の好不調にかかわらず活動の指針として機能することを確認する。機能しない場合は変更する。

●変化は意図的かつ思慮深く推進する。組織の存続を脅かしかねない事態に対処する場合でも、会社が進むべき道に自信を示す。逆説的ではあるが、長期的に存続する組織と見なされるためには、変化や進化は当たり前の状態であって、慌てる理由はないことを常に行動で示さねばならない。

謝辞

本書は、長年の私の仕事と、絶え間ない探究、数百人に及ぶ方々とのコラボレーション、そしておそらく何よりも、素晴らしい仲間たちに囲まれて過ごした幸運の賜物です。

ビジネスに関するあらゆる事柄については、スタンフォード大学ビジネススクールのチームメートの皆様の知性と厳密さに助けられました。スタンフォード大学は、無限の能力と才能を持つ有識者との協業を進めるためのリソースやインフラを提供いただくとともに、献身的な支援を続けてくれました。とくに、30年近くにわたり私のメンターとなっていただいているロバート・バーゲルマン教授には、指導いただいたすべてのことに感謝しています。本書で採り上げた題材の多くは大学関係者の支援なしにはなしえなかったでしょう。ともに講座を受け持っているマックス・ウェッセル氏とアーロン・レヴィ氏は私たちの講座「企業家のジレンマ」の初期のアイデアと方向性のヒントを与えてくれました。また、「システムリーダー」のクラスをジェフ・イメルト氏と一緒に教えることができたのはとても幸運でした。自身のキャリアで学んだ多くのことをご教示いただいただけでなく、イメルト氏は、公私にわたり非常に貴重なサポートをしてくれました。

何年にもわたり、私の講座は、数え切れないほど多くのゲストやビジターを迎えています。この本で採り上げた人たちだけでなく、何百という人たちがそれぞれの知見や知恵と思いやりを、私たちの大学にもたらしてくれたのです。私は幸運にも、優秀な脳力と素晴らしい人格、そして世の中をよりよくしたいという願望を持つ何千人もの学生を指導することを通じて、毎日刺激を受けてきました。世界各国の優秀な男性や女性につねに囲まれているという意味で、スタンフォード大学で教鞭を執ることは国連で教えることと同じなのかもしれません。

その意味では、スタンフォードでの講座はこれまでで最高の仕事です。スティーブン・アイザックス氏、ドニヤ・ディッカーソン氏、およびマグロウヒルのチームには、本書の執筆に当たり貴重な支援と指導をいただきました。初めて本を執筆する私に対し、忍耐強く協力してくださったことに感謝します。

ウィル・ワイサー氏のおかげで、私は自分の語り口を再現し、理解しやすく、実際の話し方に近い原稿を書くことができました。本書の内容がシンプルで理解しやすいものになっているなら、それはひとえにメッセージをより明確にするよう根気強く私を叱咤激励してくれた氏のおかげです。不明確な箇所は、すべて私の責任です。また執筆する機会があれば、ぜひワイサー氏に協力をお願いしたいと思っています。

キャサリン・フレッドマン氏は鋭いペンと批判的な目で、執筆プロセス全体を通して、よりよく、より一貫性のある書物となるよう、やさしく後押ししてくれました。いつか、彼女の半分でも、書き言葉を絶妙に調整できるようになりたいものだと思います。いままでは、文章を書くとき、彼女に校閲してもらう原稿を送る前から、私の頭のなかでは彼女の声が聞こえています。リア・スパイロ氏には、本の企画に関する詳細や書き方、考え方など、さまざまなことを教えていただきました。彼女の無限のサポートと、この原稿を書き上げるまでの紆余曲折を通じ、常に寄り添ってくれた献身に感謝します。

最後に、最も重要なことですが、本書を完成させられたのは家族の愛とサポートがあったからこそです。デビー、ケリー、エヴァン、そしてサマンサ。あなたたちは私のすべてです。

ロバート・E・シーゲル

『5つの脳力 5つの筋力』への賛辞

「自社は破壊者になるべきか、伝統的企業のままであるべきか、まだ迷っているのであれば、それは間違った問いというものだろう。ロバート・シーゲルの『5つの脳力 5つの筋力』は、双方のマインドセットの優位性を恐れずに取り入れ、自社が達成できることの限界を押し広げようとする、すべてのリーダーにとって必読の書である」

——アレックス・ゴースキー（ジョンソン・エンド・ジョンソン会長）

「端的に述べて、ロバート・シーゲルによる名著である。彼の文章は、トレードオフ、テクノロジー、そして真実という現実世界を映し出している。デジタル化は重要であり、イノベーションは重要であり、創造性は重要である。しかし、結局のところすべての事業にとって最も重要なのは、顧客とクライアントへのフォーカスである。顧客重視の強い姿勢と顧客の利益をすべての決定の中心に置くというコミットメントが、事業における究極の勝利へのアプローチである。シーゲルの経験、専門知識、洞察が注ぎ込まれ、活き活きとした文章に驚嘆し、私は何度も各章を読み返した。『5つの脳力 5つの筋力』は、すべてのビジネスリーダーが恩恵を得られる、理想的なバランスを提示している」

――ウォルト・ベッティンガー（チャールズ・シュワブ・コーポレーションCEO兼社長）

「『5つの脳力 5つの筋力』は、デジタル社会で企業として成功するために必要なことを思慮深く探究した著作である。ロバート・シーゲルは、広範な調査とビジネスリーダーとの対話をもとに、自社が属する業界に破壊的な視点を持つ新しいイノベーター企業と巨大な老舗企業から、ただちに実践できる洞察を引き出している」

――アン・ウォジスキ（トゥエンティースリー・アンド・ミーCEO）

「ロバート・シーゲルは、今日の世界で成功するには、デジタルとフィジカル両方におけるスキルと能力を絶妙にブレンドする必要があることを明らかにする、素晴らしい書物を著した。未来の勝者は、脳力と筋力のどちらか一方に決めるのではなく、両方の力を信奉することになる」

――ブライアン・コーネル（ターゲット・コーポレーション会長兼CEO）

「私たちは紛れもない破壊の新時代にあり、生き残り、成功するためには、すべての企業が経営方法を変えなければならない。デジタル時代において、スタートアップ企業も伝統的企業も、同様に既存のビジネスルールを書き換えるべき環境にある現在、ロバート・シーゲルの『5つの脳力 5つの筋力』は、これ以上ないタイミングで出版された」

——アーロン・レヴィ（BoxCEO、共同創業者、会長）

「『5つの脳力 5つの筋力』は、進化し続ける現代の経済環境と社会で成功するための青写真を提供してくれる。デジタルとフィジカルな現実が互いに利益をもたらす方法で共存する、生産的な企業を構築する方法を、リーダーに示している」

——ダラ・トレセダー（ペロトン上席副社長、グローバルマーケティング&コミュニケーション責任者）

「私たちは、加速度的に変化するビジネスの世界に生きている。プラットフォームがいくつかの業界を支配し、デジタルとフィジカルを区別することはもはや不可能である。したがって企業は、新しい基準で自社を評価する必要がある。ロバート・シーゲルは、企業が自社の競争力を評価するのに最適な特性を定義した。世界中のすべてのCEOは、『5つの脳力 5つの筋力』のフレームワークに従って自社を評価するべきである」

――マティアス・デップナー（アクセル・シュプリンガーSE CEO）

「変革は今日、流行語から戦略的必要性に変わっている。しかし、それは言うほど簡単なことではない。レガシー企業は技術や文化を変えなければならず、スタートアップ企業は往々にして企業規模やロジスティクスが十分ではない。ロバート・シーゲルは著書『5つの脳力 5つの筋力』で、両者にアイデアを提供している。このテーマに関する他の書物とは異なり、シーゲルは変革のための説得力あるフレームワークと、実践者の活き活きとした事例を提供している。また、魅力的なスタイルで、彼の学術的才能を現実の世界に注ぎ込んでいる。『5つの脳力 5つの筋力』は、生涯で最も重要な変革に取り組むすべての人にとって必読の書である」

――ジェフ・イメルト（NEAベンチャーパートナー、元GE CEO兼会長）

「洞察に富む著作で、事実に基づいている。ページをめくる手が止まらない。ロバート・シーゲルは、伝統的企業であっても、デジタルに対応したビジネスモデルの変革によってアナログのレガシー事業を進化させられれば、破壊が支配するこの世界で成功し続けられることを示している。伝統的企業にとって、必読の書である」

――カルロス・ブリト（ABインベブCEO）

「起業、ベンチャーキャピタル、コーポレートイノベーションの交わるところでキャリアを積んできたロバート・シーゲルは、21世紀に偉大な企業となるために必要なことを考えるうえで、強力なフレームワークを提供している。脳力と筋力の両方がなければ、ほぼ絶え間なく破壊が続く世界において、ビジネスリーダーが成功することは望めない」

――マックスウェル・ウェッセル（SAP執行副社長 兼 最高学習責任者）

「ロバート・シーゲルはこの時宜を得た著書のなかで、競争優位に関する通説に見事に挑戦するとともに、企業がより強く生まれ変わり、価値を創造し、成功するための新しい重要なロードマップを提供している。『5つの脳力 5つの筋力』は、老舗企業のリーダーにとっても、これから成長する企業のリーダーにとっても、必読の書である」

――ジュリー・スウィート（アクセンチュアCEO）

「超一流の講師とベンチャーキャピタリストの両面性を備えたロバート・シーゲルならではの、企業経営に新たな指標を設定する名著である。生命体と同じように、企業はもはや脳力か筋力の一方だけでは栄えることができない。シーゲルは『5つの脳力 5つの筋力』において、あらゆる企業や生命体が習得すべき10の重要な能力を体系的に説明し、読者をゴールへと導いている」

――アンドレ・ストリート（StoneCo創業者）

「ロバート・シーゲルの『5つの脳力 5つの筋力』は、フィジカルとデジタルの世界の融合を達成するという、すべてのCEOにとっての最優先課題における力作である」

――ビジャイ・ゴビンダラジャン（ダートマス大学タック・スクール・オブ・ビジネス、コックス特別教授、『ニューヨーク・タイムズ』紙ベストセラー『The Three-Box Solution』の著者）

訳者あとがき

本書の著者であるロバート・E・シーゲル氏が教鞭を執るスタンフォード大学は、シリコンバレーの中心に位置し、20数年前のインターネット黎明期より世界のネットビジネスの発信地でした。その後、インターネットバブルが弾け、リーマン・ショックなど、さまざまな浮き沈みを経ながらも、インターネット関連ビジネスは、ついでにやるもの、ネットベンチャーがやるもの、という特殊領域から、リアルとフィジカルの事業が融合し、シームレスにサービス提供されるものへと着実に進化し、それと連動して、企業戦略のなかで、デジタル変革という名のもとで中核に位置づけられるようになりました。

私たちが所属するＮＴＴデータ経営研究所は、ＮＴＴデータグループのなかで経営・戦略コンサルティングを担う専門部隊として、広く国内の中央・地方行政機関、金融機関、流通・製造企業などのお客様に対して、政策提言やコンサルティング活動を通じて、企業の発展、事業改善、ときには事業再構築などのご支援をさせていただいています。このようなコンサルティング、提言活動を通じて、世界各国で、デジタル・ディスラプションを引き起こす主要グローバルプレイヤーの動きにも誘発されて、伝統的な既存型企業でさえも果敢にディスラプションに立ち向かい、デジタル変革を行うとともにサードパーティをも巻き込んだ新しいエコシステムを形成し、自らの事業を積極的に転換させ、ＧＡＦＡＭに劣らぬ競争優位性を確立することに成功した事例を見てきました。

私たちの課題認識は、このような世界でいま起こっていることをタイムリーに日本の企業、行政機関などの意思決定を担う方々にご紹介するとともに、コンサルタントの目線を通じて、こうした海外の動きや大学・研究機関の最新の理論を踏まえて、日本のビジネス環境と企業の置かれた経営環境を鑑みながら、どのように対応していくのか、何を参考にし、何を修正し、何をオリジナルで考えていく必要があるのかを、一緒に考えていくことです。

その素材としていただくために、海外の主要大学・研究機関から発表されている論文・書籍のなかから、日本のみなさんにぜひ読んでいただきたい書籍として、ロバート氏の著書に巡り合いました。

日本国内で発刊されているものも含めて、デジタル変革に関する書籍はすでにあまた世に出ています。そのなかで、私たちはなぜ本書に大変関心を持ち、訳者として手掛けることにしたのでしょうか？　一読いただきご理解いただけたと思いますが、本書は決してGAFAMやディスラプターを礼賛するものではありません。逆に、これらのプレイヤーの破壊的な拡大に対して、伝統的な既存型企業がどのように創意工夫をしながら、脳力を付加しようとしているのか、一方で、ネットベンチャーとしてある程度の成長を達成した企業がどのように筋力を身につけ、パートナーシップにより実現しているのかが描かれています。まさにこの5つの脳力と5つの筋力を適切な形で実装するという視点が、いまなお日本企業の根幹をなす伝統的な既存型企業にとって、参考にしていただける部分が多々あると理解したからなのです。

また、経歴を見ていただければおわかりのとおり、ロバート氏はスタンフォード大学ビジネススクール経営学講師であるとともに、大企業での業務経験があり、現在もベンチャーキャピタルの運営にも参画しており、自らが産学の橋渡しをする立ち位置で活躍されています。その経験をいかんなく発揮し、さまざまな企業の経営者・幹部との長期にわたるプライベートも含めた良好な関係を通じて得られた、戦略の背景、意図などが一次情報として取り込まれ、生々しいビジネス小説のごとく本書に描かれているのです。

企業の実務とは離れた大学教授の理論中心の書籍や、企業のリーダーによる自身の成功体験を一般化した書籍とは一線を画す、オリジナリティの高い良書として、日本のみなさんに日本語で読んでいただき、デジタル変革の取り込みやディスラプターへの対応策に日々悩まれている経営者、リーダーの方々への一助となればと考えています。

私たちは2022年8月にサンフランシスコにいるロバート氏を訪問しました。スタンフォード大学のキャンパスで彼と面会し、日本語版制作に当たり、制作方針を擦り合わせるとともに、日本の読者により理解いただけるようにどのような付加価値を入れていくか議論するためでした。私にとって20年ぶりに訪れるスタンフォード大学は相変わらず巨大なキャンパスでしたが、この20年間でさらに規模を大きく拡大させていました。夏休み期間中で学生はまばらで、次の学期の準備をしている一部の教授とスタッフをちらほらとキャンパス内で見かける程度でした。

ビジネススクールのキャンパスのCoupa Cafeを、待ち合わせ場所にして落ち合うことにしていましたが、初めてリアルで会ったロバート氏はTeams越しで見ていたイメージと異なり、大学講師や研究者というよりも、思慮深いコンサルタントや経営幹部とでもいったほうが言い当てているでしょう。ウェブ会議でおおむね想像はしていましたが、対人関係構築力が非常に高く、これはベンチャーキャピタルなどでの実務経験が長く、投資判断を行うに当たり、財務諸表や事業計画を見るだけでなく、経営者の戦略観、その背後にあるビジョンやミッションなどを把握するために、経営者との親密な関係づくりに腐心してきた経験がいまの立場にも十二分に活かされているのではないかと思われます。

　これらの議論を通じて、本書日本語版が無事に完成することになったわけですが、最終章である第13章「システムリーダー」については、第1章から第12章までのすべての企業の失敗、成功事例を理解したうえで、ぜひ改めて読み返していただきたい。これからのリーダーが脳力と筋力を兼ね備えた組織を束ねていくリーダーシップを持たなければならないことは言を俟たないところでありますが、さらにはグローバルな観点、政府機関との連携など、グローバルに物事が大きく変化している世の中において、一企業におけるシステムリーダーという立場だけでなく、より高い目線で国家戦略との整合性、グローバル企業としての目線を兼ね備えていくことを、もはや一部の多国籍企業だけではなく、中堅企業であっても意識していかなければいけない、というのがロバート氏の主張です。この点については、ぜひ日本の読者にも認知いただきたく、ロバート氏には日本語版向けのボーナストラックとして、補稿をしていただいています。

　彼はその後の会話のなかで、一段レベルアップされたシステムリーダーとはどうあるべきかという点についてはもはや本書の領域外になってしまうし、そのような観点での企業事例には言及し切れていないので、本書の続編として、システムリーダーの実践論や社会との包摂について掘り下げて取り上げていきたいと語っていました。

日本通のロバート氏にとっては、企業の内部昇格でトップに就き、伝統的な事業とアジャイルな組織を同時にマネジメントしている日本の経営陣の姿は、システムリーダーのイメージのベンチマークとなっているでしょう。果たしてアメリカのようにプロ経営者がヘッドハンティングなどによって着任してトップダウンで変革を加えていくスタイルと、日本のように企業内で昇格しトップになった経営者がミドル層と一体になって経営を進めていくスタイルのいずれが、将来のフィジカルとデジタルがより融合された世界でのシステムリーダーに近いのでしょうか。彼との議論は尽きないところでした。

より複雑化する組織運営における、あるべきシステムリーダー像を導き出すには、さらなる事例収集と分析が待たれます。彼の次著が発表されたおりには、新たな視点で日本の読者のみなさんに還元することができれば、私どもとしても望外の喜びです。

私どもＮＴＴデータ経営研究所は、デジタル変革について海外の先進的な取組みを紹介するとともに日本の先進事例を海外にも伝えたいとの思いで、日本企業の経営幹部に参加いただき、海外のビジネススクールの先生と直接議論し、学ぶ「NTT DATA DX Institute」（２０２3年時点）を開催しています。ロバート氏には第1回の講師として参加してもらい、参加企業がどのように脳力と筋力を実装するかについて活発な議論ができたところです。

最後に、本書の訳は、日々企業の経営支援の現場に従事している中堅コンサルタントを中心としてＮＴＴデータ経営研究所ＤＸ研究チームを組成し、数々の企業向けコンサルティング活動の経験をもとに、専門用語の最適な選定、事例紹介に記載されている内容についてのオリジナル版の出版時期からのアップデート情報の挿入、日本にはない概念の解説・言い換えなどを行い、日本の読者のみなさんがスムーズに理解いただけるように配慮しました。海外企業の事例は、接点がない場合にはなかなか肌感覚として内容理解が難しくなりがちです。そのような点を斟酌していねいに整理をしたつもりですが、それでも理解が難しい箇所がある場合にはご容赦ください。

本書が経営者、マネジメント層、若手リーダーのみなさんにとって、今後の企業・事業経営の舵取りの一助になれば幸いです。

訳者を代表して　ＮＴＴデータ経営研究所 取締役　**石塚昭浩**

［著者］

ロバート・E・シーゲル（Robert E. Siegel）

スタンフォード大学ビジネススクール経営学講師、シリコンバレーを拠点とするベンチャー投資家。スタンフォード大学では、技術革新が生み出す機会と課題を中心に、大企業と中小企業の両者における戦略とイノベーションについて複数のコースで教鞭を執る。具体的には、企業は顧客のためにデジタルソリューションとフィジカルソリューションをどのように組み合わせるべきか、それによって生じる製品開発や組織設計、リーダーシップへの影響を研究し、製品管理および開発のベストプラクティス、起業家のための財務管理およびそれらに関連するテーマもカバーする。

ベンチャー投資家としては、成長するスタートアップを分析し、数億ドルに上るベンチャーキャピタルの資金提供に関与。GEやインテルなどの大企業で指導的役割を担い、複数のスタートアップの起業も経験。多数の企業の取締役を兼務。アンディ・S・グローブのベストセラー『パラノイアだけが生き残る』の主任リサーチャーを務めたほか、ビジネス書や学術出版物への寄稿多数。カリフォルニア大学バークレー校で学士号、スタンフォード大学でMBAを取得。妻との間に成人した子供が3人いる。カリフォルニア州ポートラバレー在住。

［訳者］

NTTデータ経営研究所DX研究チーム

株式会社NTTデータ経営研究所は、NTTデータグループにおいて、企業経営および行政に関する調査研究、情報および通信システムの企画・開発に関する調査研究ならびにコンサルティング業務を担っている。NTTデータ経営研究所DX研究チームは、クライアントへのデジタル変革に関する企画検討から実行支援など幅広いテーマのコンサルティングサービスを提供しているメンバーが集結して結成された研究チームである。その一環として、国内外の先進的なデジタル変革の取組事例、理論についての調査を行い、日本のビジネス環境への最適なデジタル変革の実現を構想するとともに、クライアントとともにデジタルを活用した新しい社会の姿を実現することを目指している。

https://www.nttdata-strategy.com/

訳者紹介

山口重樹（やまぐち・しげき）

株式会社NTTデータグループ顧問、株式会社NTTデータ経営研究所代表取締役社長、株式会社クニエ代表取締役社長

NTTデータで企業向け、政府自治体向けシステムの企画・設計・開発およびマネジメントに従事。ペイメントビジネス、中国APACビジネスにも従事。テクノロジー・データ・デザインを掛け合わせたデジタル変革事業拡大、コンサルティング力の強化などに責任者として従事。著書に『デジタルエコノミーと経営の未来』（東洋経済新報社、2019年）、『信頼とデジタル』（ダイヤモンド社、2020年）、『デジタル変革と学習する組織』（ダイヤモンド社、2021年）がある。

松原誠慈（まつばら・せいじ）

株式会社NTTデータ 秘書室 課長

小売・流通業の基幹インフラ更改案件に多数携わった後、ソリューション事業の企画部門にて事業戦略策定、および DX 戦略の構想から実装まで従事。現職では役員の政策秘書として、全社戦略の策定を支援。

NTTデータ経営研究所DX研究チーム

石塚昭浩（いしづか・あきひろ）

取締役 グローバルビジネス推進センター長

金融・決済領域の事業立ち上げ、事業運営などに長年従事。国内外のM&A、事業再編、組織再構築などのプロジェクトを多数リード。直近では、APAC地域のリテールペイメント事業、DX事業の責任者を経て、同社にてコンサルティング事業のグローバル化を推進。

中村夏美（なかむら・なつみ）

デジタルイノベーションコンサルティングユニット シニアコンサルタント

民間企業向けIT戦略・DX戦略の策定支援をするほか、市場参入に向けた市場

規模調査、競争力強化に向けた競合調査なども行う。官公庁向けに海外事例調査や実証実験の推進支援にも従事。

村崎申彦（むらさき・のぶひこ）
デジタルイノベーションコンサルティングユニット シニアコンサルタント
基幹系システム刷新、グローバルCSIRT立ち上げ検討、クラウド基盤構想検討、NLP／RPA／AIサービスを活用した新規サービスの立案等、官・民のIT・DXに関わるプロジェクトに多数従事。

小林潤紀（こばやし・じゅんき）
デジタルイノベーションコンサルティングユニット コンサルタント
NLP、CV（computer vision）、ブロックチェーンといったデジタル技術活用に関する新規事業計画の策定や営業計画の支援、IT戦略・DX戦略の策定支援に従事。

［表紙カバーの著者撮影］
Chelsea Keenan

［編集協力］
大坪亮
奥田由意
千野浩毅（マネジメント探求考房）
平松裕子

［校正］
茂原幸弘

［特別対談 図版制作］
宇那木孝俊

索引

［あ行］

［か行］

［さ行］

［た行］

［な行］

［は行］

［ま行］

［や行］

［ら行］

［わ行］

原注

❖―第2章

1. 本章のダイムラーについての背景情報の多くは、スタンフォード大学ビジネススクールの以下のケーススタディに基づいている。the Stanford GSB case study E-642 "Daimler: Reinventing Mobility" by Amadeus Orleans and Robert E. Siegel, copyright 2017 by the Board of Trustees of the Leland Stanford Junior University.
2. https://www.mercedes-benz.com/en/classic/museum/ (1/6/21).
3. Greg Schneider and Kimberly Edds, "Fans of GM Electric Car Fight the Crusher," *Washington Post,* March 10, 2005.
4. "The Electric Car Revolution Is Accelerating," *Bloomberg Businessweek,* July 6, 2017.
5. https://twitter.com/elonmusk/status/912036765287845888 (1/6/21).
6. https://twitter.com/Daimler/status/912349809662496768 (1/6/21).
7. "All Tesla Cars Being Produced Now Have Full Self-Driving Hardware," Tesla Press Release, October 19, 2016.
8. "GM and Cruise Announce First Mass-Production Self-Driving Car," TechCrunch, September 11, 2017.
9. https://www.car2go.com/US/en/ (1/6/21).
10. https://www.businessinsider.com/mytaxi-has-just-dropped-its-prices-by-50-after-tfl-took-ubers-licence-2017-9 (1/6/21).
11. https://www.mercedes-benz.com/en/innovation/connected/car-to-x-communication/ (1/7/21).
12. https://www.statista.com/statistics/233743/vehicle-sales-in-china/ (1/25/21).
13. https://www.iea.org/reports/global-ev-outlook-2020 (1/25/21).
14. https://insideevs.com/news/394229/plugin-electric-car-sales-china-2019/ (1/25/21).
15. Orleans and Siegel, Interview with Nicholas Speeks.
16. Orleans and Siegel, Interview with Dr. Uwe Ernstberge.
17. Orelans and Siegel, Interview with Markus Schäfer.
18. "Workers at Daimler in Germany Fight for Their Future Jobs," IndustriALLGlobal Union, June 29, 2017.
19. Interview with Wilko Stark.
20. https://www.forbes.com/sites/bradtempleton/2020/06/26/amazon-buys-self-driving-company-zoo-for-12b-and-may-rule-the-world/?sh=1ac8e109769c (1/26/21).
21. https://www.axios.com/apple-car-what-we-know-421ac809-2560-4609-8f66-809dd5f80d71.html (1/26/21).
22. https://www.ft.com/content/047507bb-d5b8-44cb-bc20-06efb983eac7 (1/26/21).
23. 本章のトゥェンティスリー・アンド・ミーについての背景情報の多くは、スタンフォード大学ビジネススクールの以下のケーススタディに基づいている。the Stanford GSB case study E-688 "23andMe: A Virtuous Loop" by Jeffrey Conn and Robert E. Siegel, copyright 2019 by the Board of Trustees of the Leland Stanford Junior University.
24. Conn and Siegel, Interview with Anne Wojcicki.
25. Conn and Siegel, Interview with Anne Wojcicki.

26. https://www.fda.gov/news-events/press-announcements/fda-allows-marketing-first-direct-consumer-tests-provide-genetic-risk-information-certain-conditions (1/7/21).
27. Heather Murphy, "Don't Count on 23andMe to Detect Most Breast Cancer Risks, Study Warns," *New York Times*, April 16, 2019, https://www.nytimes.com/2019/04/16/health/23andme-brca-gene-testing.html (1/7/21).
28. Conn and Siegel, Interview with Anne Wojcicki.
29. Conn and Siegel, Interview with Roelof Botha, June 28, 2019.
30. "Lark Health and 23andMe Collaborate to Integrate Genetic Information in Two New Health Programs," 23andMe website, January 8, 2019.
31. Conn and Siegel, Interview with Dr. Emily Conley.
32. Conn and Siegel, Interview with Anne Wojcicki.

✣—第3章

1. Dana Mattioli, "Amazon Scooped Up Data from Its Own Sellers to Launch Competing Products," *Wall Street Journal*, April 23, 2020.
2. Nicholas Confessor, "Cambridge Analytica and Facebook: The Scandal and the Fallout So Far," *New York Times*, April 4, 2018.
3. 本章のチャールズ・シュワブについての背景情報の多くは、スタンフォード大学ビジネススクールの以下のケーススタディに基づいている。the Stanford GSB case study SM-282 "Charles Schwab Corp in 2017," by Julie Makinen and Robert E. Siegel, copyright 2017 by the Board of Trustees of the Leland Stanford Junior University.
4. John Kador, *Charles Schwab: How One Company Beat Wall Street and Reinvented the Brokerage Industry* (Hoboken, NJ: John Wiley & Sons, Inc.,2002), p. 54.
5. 同上
6. Makinen and Siegel, Interview with Walt Bettinger, August 17, 2017.
7. Makinen and Siegel, Interview with Walt Bettinger, August 17, 2017.
8. Interview with Walt Bettinger, June 17, 2020.
9. Lisa Beilfuss, "How Schwab Ate Wall Street," *Wall Street Journal*, April 28,2019.
10. https://www.aboutschwab.com/who-we-are (1/8/21).
11. Document from Charles Schwab Corp.
12. Interview with Walt Bettinger, June 17, 2020.
13. Interview with Walt Bettinger, June 17, 2020.
14. Makinen and Siegel, Interview with Walt Bettinger, August 17, 2017.
15. Alexander Osipovich and Lisa Beilfuss, "Why 'Free Trading' on RobinhoodIsn't Really Free," *Wall Street Journal*, November 9, 2018.
16. Interview with Walt Bettinger, June 17, 2020.
17. Maggie Fitzgerald, "Charles Schwab Says Broker's Move to ZeroCommissions Was an Ultimate Goal for the Firm," CNBC.com, October 7,2019.
18. Makinen and Siegel, Interview with Walt Bettinger, August 17, 2017.
19. Makinen and Siegel, Interview with Joe Martinetto.
20. Makinen and Siegel, Interview with Joe Martinetto.
21. https://www.cnbc.com/2021/01/28/robinhood-interactive-brokers-restrict-trading-in-gamestop-s.html (3/28/21).

22. Interview with Walt Bettinger, June 17, 2020.
23. Makinen and Siegel, Interview with Tim Heier.
24. Makinen and Siegel, Interview with Tim Heier.
25. https://www.wsj.com/articles/charles-schwab-to-buy-td-ameritrade-for-26-billion-11574681426 (1/8/21).
26. Makinen and Siegel, Interview with Mike Hecht.
27. Makinen and Siegel, Interview with Joe Martinetto.
28. Makinen and Siegel, Interview with Joe Martinetto.
29. Makinen and Siegel, Interview with Tim Heier.
30. Theresa W. Carey, "Robo-Advisors 2019: Still Waiting for the Revolution," Investopedia, September 24, 2019.

❖―第4章

1. https://www.lego.com/en-us/aboutus/lego-group/the-lego-group-history/ (1/9/21).
2. https://www.legoland.com/about/ (1/9/21).
3. https://www.nytimes.com/2009/09/06/business/global/06lego.html (1/9/21).
4. https://www.boxofficemojo.com/release/rl643728897/ (1/9/21).
5. Gabe Cohn, "What's on TV Wednesday: Lego Masters," *New York Times*, February 5, 2020.
6. https://www.lego.com/en-us/aboutus/news/2020/march/annual-results/ (1/9/21).
7. David Pogue, "Software as a Monthly Rental," *New York Times*, July 3, 2013.
8. Phil Knight, *Shoe Dog*, Simon & Schuster, 2016.（邦訳『SHOE DOG（シュードッグ）――靴にすべてを。』、大田黒奉之訳、東洋経済新報社、2017年）
9. https://news.nike.com/news/nike-inc-reports-fiscal-2019-fourth-quarter-and-full-year-results (1/9/21).
10. https://www.aligntech.com/about (1/9/21).
11. Anne Coughlin, Julie Hennessey, and Andrei Najjar, "Invisalign:Orthodontics Unwired," Case number KEL032, Kellogg School of Management, 2004.
12. https://www.aligntech.com/about (1/2/21).
13. 本章のアライン・テクノロジーについての背景情報の多くはスタンフォード大学ビジネススクールの以下のケーススタディに基づいている。the Stanford GSB case study E-686 "Align Technology: Clearing the Way for Digital" by Patrick Robinson and Robert E. Siegel, copyright 2019 by the Board of Trustees of the Leland Stanford Junior University.
14. https://www.aligntech.com/about (1/9/21).
15. Robinson and Siegel, Interview with Emory Wright.
16. Align Technology public statement.
17. http://investor.aligntech.com/news-releases/news-release-details/align-technology-named-class-action-lawsuit-company-believes (1/9/21).
18. Interview with Joe Hogan, August 14, 2020.
19. Interview with Joe Hogan, August 14, 2020.
20. Robinson and Siegel, Interview with Shannon Henderson.
21. Interview with Joe Hogan, August 14, 2020.
22. https://medium.com/systemsleadership/adapting-business-models-joe-hogan-ceo-align-technologies-fee6b4720f58 (1/9/21).

23. Robinson and Siegel, Interview with Joe Hogan, May 10, 2019.
24. Robinson and Siegel, Interview with Joe Hogan, May 10, 2019.
25. IBISWorld Industry Report 62121, "Dentists in the US" (December 2018).
26. Robinson and Siegel, Interview with Raphael Pascaud.
27. Robinson and Siegel, Interview with Raphael Pascaud.
28. Robinson and Siegel, Interview with Shannon Henderson, May 10, 2019.
29. Robinson and Siegel.
30. Robinson and Siegel, Interview with Raphael Pascaud, May 10, 2019.
31. Robinson and Siegel, Interview with Raphael Pascaud, May 10, 2019.
32. Robinson and Siegel, Interview with Raphael Pascaud, May 10, 2019.
33. Megan Rose Dickey, "Teeth-Straightening Startup SmileDirectClub Is Now Worth $3.2 Billion," *TechCrunch*, November 2018, https://techcrunch.com/2018/10/10/teeth-straightening-startup-smiledirectclub-is-now-worth-3-2-billion (1/9/21).
34. Interview with Shannon Henderson, May 10, 2019.
35. https://www.forbes.com/sites/laurendebter/2019/09/11/smiledirectclub-ipo/#325b42ba6aca (1/9/21).
36. http://investor.aligntech.com/news-releases/news-release-details/align-technology-announces-fourth-quarter-and-fiscal-2019 (1/9/21).

第5章

1. https://www.merriam-webster.com/dictionary/empathy (1/11/21).
2. https://fleishmanhillard.com/wp-content/uploads/meta/resource-file/2019/what-could-empathy-look-like-1550775510.pdf (1/11/21).
3. https://fleishmanhillard.com/wp-content/uploads/meta/resource-file/2019/what-could-empathy-look-like-1550775510.pdf (1/11/21).
4. https://thepointsguy.com/guide/southwest-underrated-airline/ (1/11/21).
5. https://thepointsguy.com/guide/southwest-underrated-airline/ (1/11/21).
6. https://skift.com/2014/06/17/why-southwest-air-skips-the-safety-videos-in-favor-of-free-styling-flight-attendants/ (1/11/21).
7. https://www.forbes.com/sites/stanphelps/2014/09/14/southwest-airlines-understands-the-heart-of-marketing-is-experience/#2436cdae2bda (1/11/21).
8. https://www.forbes.com/sites/stanphelps/2014/09/14/southwest-airlines-understands-the-heart-of-marketing-is-experience/#2436cdae2bda (1/11/21).
9. https://www.jitbit.com/news/201-hire-customer-support-like-southwest-hires-flight-attendants/ (1/11/21).
10. https://ffbsccn.wordpress.com/2010/08/27/the-key-to-business-success-in-one-sentence-from-herb-kelleher-via-tom-peters/ (1/11/21).
11. https://www.fastcompany.com/1681023/how-patagonia-makes-more-money-by-trying-to-make-less (1/11/21).
12. https://www.fastcompany.com/1681023/how-patagonia-makes-more-money-by-trying-to-make-less (1/11/21).
13. https://www.fastcompany.com/1681023/how-patagonia-makes-more-money-by-trying-to-make-less (1/11/21).
14. https://wornwear.patagonia.com (1/11/21).

15. https://contently.com/2019/05/20/empathetic-marketing-fake-empathy/ (1/11/21).
16. https://contently.com/2019/05/20/empathetic-marketing-fake-empathy/ (1/11/21).
17. https://archive.thinkprogress.org/patagonia-employees-can-stay-home-on-thanksgiving-day-f554ea75c6ae/ (1/11/21).
18. https://www.inc.com/scott-mautz/how-can-patagonia-have-only-4-percent-worker-turnover-hint-they-pay-activist-employees-bail.html (1/11/21).
19. Thomas A. Kochan and Richard Schmalensee (2003), *Management: Inventingand Delivering Its Future*, MIT Press, p. 117.
20. https://www.fastcompany.com/3004953/how-sas-became-worlds-best-place-work (1/11/21).
21. https://about.kaiserpermanente.org/who-we-are/leadership-team/board-of-directors/bernard-j-tyson.
22. Interview with Bernard Tyson, February 11, 2016, https://youtu.be/mxUMZJd2zN4 (1/11/21).
23. Interview with Bernard Tyson, February 11, 2016, https://youtu.be/mxUMZJd2zN4 (1/11/21).
24. Interview with Bernard Tyson, February 11, 2016, https://youtu.be/mxUMZJd2zN4 (1/11/21).
25. https://www.mentalfloss.com/article/53525/11-actors-you-might-not-realize-do-commercial-voiceovers (1/11/21).
26. https://thrive.kaiserpermanente.org/care-experience/healthy-adults (1/11/21).
27. https://thrive.kaiserpermanente.org/care-experience/healthy-adults (1/11/21).
28. Interview with Bernard Tyson, February 11, 2016, https://youtu.be/mxUMZJd2zN4 (1/11/21).
29. https://www.salesforce.com/video/3402968/ (1/11/21).
30. https://kpproud-midatlantic.kaiserpermanente.org/kpmas-good-health-great-hair-third-year (1/11/21).
31. https://www.salesforce.com/video/3402968/ (1/11/21).
32. Interview with Bernard Tyson, February 11, 2016, https://youtu.be/mxUMZJd2zN4 (1/11/21).
33. Interview with Bernard Tyson, February 11, 2016, https://youtu.be/mxUMZJd2zN4 (1/11/21).
34. https://www.wsj.com/articles/kaiser-permanente-cultivates-the-digital-doctor-patient-relationship-1527559500 (1/11/21).
35. Interview with Bernard Tyson, February 11, 2016, https://youtu.be/mxUMZJd2zN4 (1/11/21).
36. https://www.wsj.com/articles/kaiser-permanente-cultivates-the-digital-doctor-patient-relationship-1527559500 (1/11/21).
37. Interview with Bernard Tyson, February 11, 2016, https://youtu.be/mxUMZJd2zN4 (1/11/21).
38. Interview with Bernard Tyson, February 11, 2016, https://youtu.be/mxUMZJd2zN4 (1/11/21).
39. Interview with Bernard Tyson, February 11, 2016, https://youtu.be/mxUMZJd2zN4 (1/11/21).
40. https://www.salesforce.com/video/3402968/ (1/11/21).
41. https://www.salesforce.com/video/3402968/ (1/11/21).

42. Interview with Bernard Tyson, February 11, 2016, https://youtu.be/mxUMZJd2zN4 (1/11/21).
43. Interview with Bernard Tyson, February 11, 2016, https://youtu.be/mxUMZJd2zN4 (1/11/21).

❖—第6章

1. https://www.salesforlife.com/blog/no-one-ever-got-fired-for-buying-ibm/ (1/13/21).
2. 本章のストライプについての背景情報の多くは、スタンフォード大学ビジネススクールの以下のケーススタディに基づいている。the Stanford GSB case study E-601 "Stripe: Increasing the GDP of the Internet," by Ryan Kissick and Robert E. Siegel, copyright 2016 by the Board of Trustees of the Leland Stanford Junior University.
3. Kissick and Siegel.
4. https://www.fastcompany.com/1813087/inside-stripe-paypal-competitor-backed-paypal-founders-peter-thiel-elon-musk (1/13/21).
5. Kissick and Siegel.
6. Kissick and Siegel.
7. https://social.techcrunch.com/2019/09/05/stripe-launches-stripe-capital-to-make-instant-loan-offers-to-customers-on-its-platform/ (1/13/21).
8. https://techcrunch.com/2020/12/03/stripe-announces-embedded-business-banking-service-stripe-treasury/ (1/12/21).
9. https://hbr.org/2017/05/why-some-digital-companies-should-resist-profitability-for-as-long-as-they-can (1/12/21).
10. www.JohnDeere.com (1/13/21).
11. https://www.wired.com/story/why-john-deere-just-spent-dollar305-million-on-a-lettuce-farming-robot/ (1/13/21).
12. 本章のABインベブについての背景情報の多くは、スタンフォード大学ビジネススクールの以下のケーススタディに基づいている。the Stanford GSB case study E-643 "AB InBev: Brewing an Innovation Strategy," by Amadeus Orleans and Robert E. Siegel, copyright 2017 by the Board of Trustees of the Leland Stanford Junior University.
13. Orleans and Siegel, Interview with Carlos Brito, 2017.
14. https://firstwefeast.com/features/illustrated-history-of-craft-beer-in-america (1/12/21).
15. Orleans and Siegel.
16. Orleans and Siegel, Interview with Carlos Brito, 2017.
17. Orleans and Siegel, Interview with Pedro Earp, 2017.
18. AB InBev's 2015 Annual Report, p. 4.
19. Orleans and Siegel, Interview with Pedro Earp, 2017.
20. Orleans and Siegel, Interview with Pedro Earp, 2017.
21. Interview with Pedro Earp, September 13, 2020.
22. Orleans and Siegel, Interview with Michel Doukeris, 2017.
23. Orleans and Siegel, Interview with Alex Nelson, 2017.
24. Orleans and Siegel, Interview with Alex Nelson, 2017.
25. Orleans and Siegel, Interview with David Almeida, 2017.
26. https://finance.yahoo.com/news/ab-inbev-bud-beats-q2-154403266.html (1/13/21).
27. https://www.ab-inbev.com/who-we-are/people.html (1/13/21).

28. Interview with Carlos Brito, September 14, 2020.
29. Interview with Pedro Earp, September 13, 2020.

❖—第7章

1. https://edgeeffects.net/fordlandia/ (1/14/21).
2. https://www.christenseninstitute.org/interdependence-modularity/ (1/14/21).
3. https://customerthink.com/peter_drucker_jack_welch_and_outsourcing/ (1/14/21).
4. https://www.atmmarketplace.com/blogs/the-outsourcing-debate (1/14/21).
5. Interview with Dr. Emily Conley.
6. https://www.techradar.com/news/best-apple-carplay-apps (1/14/21).
7. https://money.cnn.com/2001/04/11/companies/amazon/?s=2 (1/14/21).
8. https://highexistence.com/50-elon-musk-quotes/ (1/14/21).
9. https://highexistence.com/50-elon-musk-quotes/ (1/14/21).
10. https://cleantechnica.com/2020/06/18/elon-musk-uses-economies-of-scale-vertical-integration-to-revolutionize-auto-industry/ (1/14/21).
11. https://www.tesla.com/gigafactory (1/14/21).
12. https://electrek.co/2016/02/26/tesla-vertically-integrated/ (1/14/21).
13. https://www.forbes.com/sites/enriquedans/2020/06/05/for-elon-musk-economies-of-scale-are-not-rocket-science-or-arethey/#525f873a5316 (1/14/21).
14. https://www.latimes.com/business/technology/la-fi-himi-apoorva-mehta-20170105-story.html (1/14/21).
15. https://www.latimes.com/business/technology/la-fi-himi-apoorva-mehta-20170105-story.html (1/14/21).
16. Fortune interview https://www.youtube.com/watch?v=HxaPgNrceos (1/14/21).
17. https://www.bloomberg.com/news/articles/2020-06-11/instacart-valuation-hits-13-7-billion-in-pandemic-investment (1/14/21).
18. https://www.wsj.com/articles/online-orders-force-supermarkets-to-rethink-their-stores-1538532420 (1/14/21).
19. September 2018 Recode interview, https://www.youtube.com/watch?v=kDUxjO1Hd4g (1/14/21).
20. https://hbr.org/2020/07/delivery-apps-need-to-start-treating-suppliers-as-partners (1/14/21).
21. https://www.eater.com/2020/4/28/21239754/instacart-brings-in-10-million-profit-in-april-coronavirus-deliveries (1/14/21).
22. https://hbr.org/2020/07/delivery-apps-need-to-start-treating-suppliers-as-partners (1/14/21).
23. https://www.foxbusiness.com/money/instacart-shopper-income-manahawkin-nj (1/14/21).
24. https://www.businessinsider.com/instacart-hiring-spree-coronavirus-working-conditions-worse-for-everyone-report-2020-5 (1/14/21).
25. Fortune interview https://www.youtube.com/watch?v=HxaPgNrceos (1/14/21).
26. Fortune interview https://www.youtube.com/watch?v=HxaPgNrceos (1/14/21).
27. https://nypost.com/2017/03/08/instacart-now-valued-at-3-4b-after-major-investment/ (1/14/21).
28. https://www.cnbc.com/2017/11/28/instacart-albertsons-delivery-partnership-takes-on-amazon-whole-foods.html (1/14/21).
29. https://www.grocerydive.com/news/grocery--grocery-executive-of-the-year-apoorva-mehta-

ceo-of-instacart/534438/ (1/14/21).
30. https://www.recode.net/2018/10/16/17981074/instacart-600-million-funding-7-billion-d1-capital-partners (1/14/21).
31. https://www.cnbc.com/2020/08/11/walmart-and-instacart-partner-in-fight-against-amazons-whole-foods.html (1/14/21).
32. https://www.supermarketnews.com/online-retail/walmart-bring-two-hour-express-delivery-2000-stores (1/14/21).
33. https://www.wsj.com/articles/online-orders-force-supermarkets-to-rethink-their-stores-1538532420 (1/14/21).
34. https://investorplace.com/2020/08/hottest-upcoming-ipos-to-watch-instacart-airbnb/ (1/14/21).
35. https://www.wsj.com/articles/grocers-embrace-food-delivery-but-they-still-dont-love-it-11592056800 (1/14/21).
36. https://www.digitalcommerce360.com/2019/03/08/amazon_grocery_stores_market_strategy_dominance/ (1/14/21).

❖ 第8章

1. https://mashable.com/shopping/warby-parker-affordable-designer-glasses/ (1/15/21).
2. https://mashable.com/shopping/warby-parker-affordable-designer-glasses/ (1/15/21).
3. https://www.inc.com/magazine/201706/tom-foster/warby-parker-eyewear.html (1/15/21).
4. https://www.inc.com/magazine/201706/tom-foster/warby-parker-eyewear.html (1/15/21).
5. https://www.inc.com/magazine/201706/tom-foster/warby-parker-eyewear.html (1/15/21).
6. Interview with Hubert Joly, March 2019, https://youtu.be/1SUvA5XQCVg (1/15/21).
7. Interview with Hubert Joly, March 2019, https://youtu.be/1SUvA5XQCVg (1/15/21).
8. Interview with Hubert Joly, March 2019, https://youtu.be/1SUvA5XQCVg (1/15/21).
9. https://www.wsj.com/articles/best-buys-future-is-still-made-of-brick-11598371372 (1/15/21).
10. https://www.marketplace.org/2017/12/20/home-depot-may-be-e-commerce-model-retail-industry (1/15/21).
11. https://www.mmh.com/article/the_home_depot_builds_an_omni_channel_supply_chain (1/15/21).
12. https://www.mmh.com/article/the_home_depot_builds_an_omni_channel_supply_chain (1/15/21).
13. https://www.mmh.com/article/the_home_depot_builds_an_omni_channel_supply_chain (1/15/21).
14. https://www.marketplace.org/2017/12/20/home-depot-may-be-e-commerce-model-retail-industry (1/15/21).
15. https://www.wsj.com/articles/home-depot-sets-1-2-billion-supply-chain-overhaul-1528739061 (1/15/21).
16. https://ir.homedepot.com/news-releases/2020/08-18-2020-110014886 (1/15/21).
17. Interview with Brian Cornell, April 2019 https://youtu.be/AzCQ56KJHy4 (1/15/21).
18. 本章のターゲットについての背景情報のいくつかと引用は、スタンフォード大学ビジネススクールの以下のケーススタディに基づいている。the Stanford GSB case study SM-308 “Target: Creating a Data-Driven Product Management Organization,” by David Kingbo

and Robert E. Siegel, copyright2018 by the Board of Trustees of the Leland Stanford Junior University.
19. Interview with Brian Cornell, April 2019 https://youtu.be/AzCQ56KJHy4 (1/15/21).
20. https://www.wsj.com/articles/targets-answer-to-discounters-is-an-even-cheaper-store-brand-1538827200 (1/15/21).
21. https://www.inc.com/justin-bariso/amazon-almost-killed-target-then-target-did-impossible.html (1/15/21).
22. Interview with Brian Cornell, April 2019 https://youtu.be/AzCQ56KJHy4 (1/15/21).

❖一第9章

1. https://additivemanufacturing.com/basics/ (1/16/21).
2. Robert A. Burgelman, *Strategic Management*, Stanford University, 2015, Elsevier, pages 511–513.
3. https://investor.aligntech.com/news-releases/news-release-details/align-technology-announces-invisalign-g8-new-smartforce (3/25/21).
4. https://media.daimler.com/marsMediaSite/en/instance/ko/The-production-network-The-worldwide-plants.xhtml?oid=9272049 (1/16/21).
5. https://media.daimler.com/marsMediaSite/en/instance/ko/Industrie-40--Digitalisation-at-Mercedes-Benz-The-Next-Step-in-the-Industrial-Revolution.xhtml?oid=9272047 (1/16/21).
6. https://media.daimler.com/marsMediaSite/en/instance/ko/Industrie-40--Digitalisation-at-Mercedes-Benz-The-Next-Step-in-the-Industrial-Revolution.xhtml?oid=9272047 (1/16/21).
7. https://media.daimler.com/marsMediaSite/en/instance/ko/Industrie-40--Digitalisation-at-Mercedes-Benz-The-Next-Step-in-the-Industrial-Revolution.xhtml?oid=9272047 (1/16/21).
8. https://www.wsj.com/articles/samsung-harman-getting-in-an-automotive-groove-1479123162 (1/17/21).
9. https://www.wsj.com/articles/samsungs-drugmaking-future-includes-a-2-billion-super-plant-bigger-than-the-louvre-11599125658 (1/17/21).
10. https://medium.com/systemsleadership/innovating-in-business-and-technology-young-sohn-president-and-chief-strategy-officer-samsung-bac4e6d1070f (1/17/21).
11. https://medium.com/the-industrialist-s-dilemma/the-transformation-of-an-industrial-and-digital-giant-young-sohn-corporate-president-and-chief-617540d860b2 (1/17/21)
12. https://www.desktopmetal.com/about-us (1/17/21).
13. https://www.desktopmetal.com/about-us/team/ric-fulop-1 (1/17/21).
14. https://www.forbes.com/sites/amyfeldman/2018/09/27/the-next-industrial-revolution-how-a-tech-unicorns-3-d-metal-printers-could-remake-manufacturing/?sh=400a646713be (1/17/21).
15. https://medium.com/ipo-2-0/desktop-metal-the-next-10-billion-company-2dc85bcde194 (1/17/21).
16. Desktop Metal investor conference call transcript, August 2020.
17. https://medium.com/ipo-2-0/desktop-metal-the-next-10-billion-company-2dc85bcde194 (1/17/21).
18. Desktop Metal investor conference call transcript, August 2020.
19. https://www.desktopmetal.com/about-us (1/17/21).
20. https://medium.com/ipo-2-0/desktop-metal-the-next-10-billion-company-2dc85bcde194

(1/17/21).
21. https://www.forbes.com/sites/amyfeldman/2018/09/27/the-next-industrial-revolution-how-a-tech-unicorns-3-d-metal-printers-could-remake-manufacturing/?sh=3b49447613be (1/17/21).
22. Desktop Metal investor presentation slide deck, August 2020.
23. https://www.forbes.com/sites/amyfeldman/2018/09/27/the-next-industrial-revolution-how-a-tech-unicorns-3-d-metal-printers-could-remake-manufacturing/?sh=3b49447613be (1/17/21).
24. https://www.forbes.com/sites/amyfeldman/2018/09/27/the-next-industrial-revolution-how-a-tech-unicorns-3-d-metal-printers-could-remake-manufacturing/?sh=3b49447613be (1/17/21).
25. https://www.forbes.com/sites/amyfeldman/2018/09/27/the-next-industrial-revolution-how-a-tech-unicorns-3-d-metal-printers-could-remake-manufacturing/?sh=3b49447613be (1/17/21).
26. Trine conference call with investors, August 2020.
27. Trine conference call with investors, August 2020.
28. Desktop Metal investor presentation slide deck, August 2020.
29. Trine conference call with investors, August 2020.
30. https://medium.com/ipo-2-0/desktop-metal-the-next-10-billion-company-2dc85bcde194 (1/17/21).

❖―第10章

1. https://finance.yahoo.com/news/ab-inbev-bud-beats-q2-154403266.html.
2. https://www.cnn.com/about (1/18/21).
3. https://www.wsj.com/articles/life-at-cnn-skeleton-staff-record-ratings-and-vanishing-ads-11586984881 (1/18/21).
4. https://www.wsj.com/articles/cnn-president-jeff-zucker-faces-what-might-be-his-last-lap-11603487817 (1/18/21).
5. https://annualreport.visa.com/financials/default.aspx (1/18/21).
6. Interview with Charlie Scharf, February 18, 2016.
7. Interview with Charlie Scharf, February 18, 2016.
8. Interview with Charlie Scharf, February 18, 2016.
9. https://medium.com/the-industrialist-s-dilemma/outpacing-change-charlie-scharf-ceo-visa-c1156a94d00c (1/18/21).
10. Interview with Charlie Scharf, February 18, 2016.
11. 本章のミシュランについての背景情報のいくつかは、スタンフォード大学ビジネススクールの以下のケーススタディに基づいている。theStanford GSB case study SM-315 "Michelin Group: Embracing CultureWhile Adapting to Change" by Jocelyn Hornblower and Robert E. Siegel,copyright 2019 by the Board of Trustees of the Leland Stanford JuniorUniversity.
12. "The Michelin Group Presents its Global Reorganization Project to BetterServe its Customers," Michelin press release, https://www.michelin.com/eng/media-room/press-and-news/press-releases/Group/The-Michelin-Group-presents-its-global-reorganization-project-to-better-serve-its-customers (1/17/21).

13. Sunil Gupta and Christian Godwin, Harvard Business School case study#9-520-061, "Michelin: Building a Digital Service Platform," March 2020.
14. Hornblower and Siegel, Interview with Scott Clark, August 30, 2018.
15. Hornblower and Siegel, Interview with Eric Duverger, August 30, 2018.
16. Hornblower and Siegel, Interview with Eric Duverger, August 30, 2018.
17. Hornblower and Siegel, Interview with Florent Menegaux, August 30, 2018.
18. Hornblower and Siegel, Interview with Eric Duverger, August 30, 2018.
19. Tire Business Magazine, August 2017, https://www.tirebusiness.com/this-week-issue/archives?year=2017 (1/18/21).
20. Hornblower and Siegel, Interview with Yves Chapot, July 16, 2018.
21. Hornblower and Siegel, Interview with Scott Clark, August 30, 2018.
22. Interview with Florent Menegaux, April 11, 2019, https://youtu.be/UN2WBLzh3Ts (1/18/21).
23. Hornblower and Siegel, Interview with Florent Menegaux, August 30, 2018.
24. Sunil Gupta and Christian Godwin, Harvard Business School case study#9-520-061, "Michelin: Building a Digital Service Platform," March 2020.
25. Hornblower and Siegel, Interview with Terry Gettys, July 16, 2018.
26. Hornblower and Siegel, Interview with Sonia Artinian-Fredou, July 16, 2018.
27. Interview with Florent Menegaux, April 11, 2019, https://youtu.be/UN2WBLzh3Ts (1/18/21).
28. Hornblower and Siegel, Interview with Florent Menegaux, August 30, 2018.
29. https://webarchive.fivesgroup.com/news-press/news/the-michelin-group-and-fives-join-forces-and-create-fives-michelin-additive-solutions-to-become-a-major-metal-3d-printing-player.html (1/18/21).
30. Interview with Ralph DiMenna, Director of Services and Solutions,December 4, 2020.
31. Hornblower and Siegel, Interview with Florent Menegaux, August 30, 2018.
32. Hornblower and Siegel.
33. Sunil Gupta and Christian Godwin, Harvard Business School case study#9-520-061, "Michelin: Building a Digital Service Platform," March 2020.
34. Hornblower and Siegel, Interview with Eric Duverger, August 30, 2018.
35. Hornblower and Siegel, Interview with Terry Gettys, July 16, 2018.
36. Interview with Florent Menegaux, April 11, 2019, https://youtu.be/UN2WBLzh3Ts (1/18/21).

❖—第11章

1. https://www.independent.co.uk/news/obituaries/ray-noorda-422415.html (1/18/21).
2. L. Bourne and D. H.Walker (2005), "Visualising and Mapping Stakeholder Influence," *Management Decision*, 43(5), 649–660.
3. https://www.quirks.com/articles/mapping-the-chain-of-influence-on-consumer-choice (1/18/21).
4. R. A. Burgelman, *Strategy Is Destiny: How Strategy Making Shapes a Company's Future*, The Free Press, 2002.（邦訳『インテルの戦略—企業変貌を実現した戦略形成プロセス』、石橋善一郎ほか訳、ダイヤモンド社、2006年）
5. https://chancellor.ucsf.edu/leadership/chancellors-cabinet/mark-laret (1/18/21).

6. https://www.ucsf.edu/sites/default/files/UCSF_General_Fact_Sheet.pdf (1/18/21).
7. https://www.beckershospitalreview.com/news-analysis/ceo-mark-laret-discusses-ucsf-medical-centers-rise-from-near-financial-ruin-to-recent-success-new-mission-bay-hospital.html (1/18/21).
8. Interview with Mark Laret, May 29, 2018, https://youtu.be/xHwd45qEoL8 (1/18/21).
9. Interview with Mark Laret, May 29, 2018, https://youtu.be/xHwd45qEoL8 (1/18/21).
10. https://www.cnbc.com/2020/11/05/california-prop-22-win-improves-doordash-instacart-ipo-prospects.html (1/18/21).
11. https://archive.fortune.com/galleries/2012/news/companies/1203/gallery.greatest-entrepreneurs.fortune/12.html (1/18/21).
12. https://www.fastcompany.com/47593/wal-mart-you-dont-know (1/18/21).
13. https://www.cips.org/supply-management/news/2017/march/wal-mart-to-squeeze-suppliers-to-win-discount-chain-price-war-/ (1/18/21).
14. https://www.cips.org/supply-management/news/2017/march/wal-mart-to-squeeze-suppliers-to-win-discount-chain-price-war-/ (1/18/21).
15. https://corporate.walmart.com/our-story/our-business (12/5/20).
16. https://www.android.com/everyone/facts/ (1/18/21).
17. https://www.theverge.com/2019/5/7/18528297/google-io-2019-android-devices-play-store-total-number-statistic-keynote (1/18/21).
18. https://www.kamilfranek.com/how-google-makes-money-from-android/ (1/18/21).
19. https://www.nytimes.com/2015/05/28/technology/personaltech/a-murky-road-ahead-for-android-despite-market-dominance.html (1/18/21).
20. 本章のアンドロイドについての背景情報のいくつかは、スタンフォード大学ビジネススクールの以下の２つのケーススタディに基づいている。the Stanford GSB case studies: SM-176C “Google and Android in 2015: Looking Towards the Future” by Michael Seltzer, Robert E. Siegel, and Robert A.Burgelman, August 2015, copyright 2015 by the Board of Trustees of the Leland Stanford Junior University, and SM-176D “Google and Android in 2018: A Changing World Order” by Cameron Lehman, Robert E. Siegel, and Robert A. Burgelman, November 2018, copyright © 2018 by the Board of Trustees of the Leland Stanford Junior University.
21. Lehman, Siegel, and Burgelman, Interview with Bob Borchers on June 1, 2018.
22. Lehman, Siegel, and Burgelman, Interview with Bob Borchers on June 1, 2018.
23. Lehman, Siegel, and Burgelman, Interview with Bob Borchers on June 1, 2018.
24. Lehman, Siegel, and Burgelman, Interview with Sagar Kamdar on June 1, 2018.
25. https://www.statista.com/statistics/271539/worldwide-shipments-of-leading-smartphone-vendors-since-2007/ (1/18/21).
26. *Business Insider*, “Samsung’s Plan to Distance Itself from Android Is Finally Taking Shape,” May 1, 2015, http://www.businessinsider.com/samsung-unleashes-tizen-store-to-the-world-2015-5 (1/18/21).
27. DroidViews, “Easily Root Amazon Fire Phone,” February 3, 2015, http://www.droidviews.com/easlily-root-amazon-fire-phone-using-towelroot (1/18/21)
28. Seltzer, Siegel, and Burgelman, Interview with Jamie Rosenberg on February 24, 2015.
29. https://www.news18.com/news/tech/smartphone-users-in-india-crossed-500-million-in-2019-states-report-2479529.html (1/18/21).
30. Seltzer, Siegel, and Burgelman, Interview with Jamie Rosenberg on February 24, 2015.

31. Lehman, Siegel, and Burgelman, Interview with Paul Gennai on June 1, 2018.
32. Lehman, Siegel, and Burgelman, Interview with Paul Gennai on June 1, 2018.
33. Seltzer, Siegel, and Burgelman, Interview with Sundar Pinchai on April 28, 2015.
34. Seltzer, Siegel, and Burgelman, Interview with Sundar Pinchai on April 28, 2015.
35. Lehman, Siegel, and Burgelman, Interview with Sagar Kamdar on June 1, 2018.
36. Lehman, Siegel, and Burgelman, Interview with Sabrina Ellis on June 1, 2018.
37. https://arstechnica.com/gadgets/2020/06/idc-google-outsells-oneplus-with-7-2-million-pixel-smartphones-in-2019/ (1/18/21).
38. Lehman, Siegel, and Burgelman, Interview with Sabrina Ellis on June 1, 2018.
39. https://www.nytimes.com/2018/07/18/technology/google-eu-android-fine.html (1/18/21).
40. https://blog.google/around-the-globe/google-europe/android-has-created-more-choice-not-less/ (1/18/21).
41. https://www.android.com/everyone/facts/ (1/18/21).

❖第12章

1. https://www.history.com/this-day-in-history/national-geographic-society-founded (1/19/21).
2. https://www.nationalgeographic.org/about-us/ (1/19/21).
3. https://www.nationalgeographic.org/about-us/ (1/19/21).
4. https://www.nationalgeographic.com/mediakit/assets/img/downloads/2020/NGM_2020_Media_Kit.pdf (1/19/21).
5. https://nationalgeographicpartners.com/about/ (1/19/21).
6. https://www.forbes.com/sites/adamhartung/2012/05/12/oops-5-ceos-that-should-have-already-been-fired-cisco-ge-walmart-sears-microsoft/?sh=64383dd827c0 (1/19/21).
7. https://www.wsj.com/articles/microsofts-resurgence-under-satya-nadella-11549022422 (1/19/21).
8. https://interestingengineering.com/the-fascinating-history-of-netflix (1/19/21).
9. https://entertainmentstrategyguy.com/2019/10/03/why-most-netflix-charts-start-in-2012-a-history-of-netflix-subscribers/ (1/19/21).
10. https://www.huffpost.com/entry/qwikster-dead-netflix-kills_n_1003098 (1/19/21).
11. https://entertainmentstrategyguy.com/2019/10/03/why-most-netflix-charts-start-in-2012-a-history-of-netflix-subscribers/ (1/19/21).
12. https://mediadecoder.blogs.nytimes.com/2011/03/18/netflix-gets-into-the-tv-business-with-fincher-deal/?searchResultPosition=29 (1/19/21).
13. https://www.wsj.com/articles/netflix-adds-16-million-new-subscribers-as-home-bound-consumers-stream-away-11587501078 (1/19/21).
14. "Our History," *Johnson and Johnson*, https://www.jnj.com.ph/about-jnj/company-history/timeline (1/19/21).
15. Hannah Blake, "A History of Johnson & Johnson," *Pharmaphorum*, June 26, 2013, https://pharmaphorum.com/articles/a-history-of-johnson-johnson/ (1/19/21).
16. https://www.drugreport.com/brands-owned-by-johnson-and-johnson/ (1/19/21).
17. "Johnson and Johnson Form 10-K," *Johnson and Johnson*, February 20, 2019, https://johnsonandjohnson.gcs-web.com/sec-filings/sec-filing/10-k/0000200406-19-000009 (1/19/21).
18. https://www.upcounsel.com/how-long-does-a-drug-patent-last (1/19/21).

19. https://www.jnj.com/credo/ (1/19/21).
20. https://www.jnj.com/sites/default/files/pdf/our-credo.pdf (1/19/21).
21. Interview with Alex Gorsky, February 15, 2018, https://youtu.be/PG1-eiF7okM (1/19/21).
22. Interview with Alex Gorsky, February 15, 2018, https://youtu.be/PG1-eiF7okM (1/19/21).
23. Background information courtesy of Johnson & Johnson.
24. Karla Lant, "Scientists Modify Viruses with CRISPR to Kill Antibiotic-Resistant Bacteria," *Futurism*, June 24, 2017, https://futurism.com/scientists-modify-viruses-with-crispr-to-kill-antibiotic-resistant-bacteria (1/19/21).
25. "T Cell," *Encyclopedia Britannica*, https://www.britannica.com/science/T-cell (1/19/21).
26. Background information courtesy of Johnson & Johnson.
27. Interview with Alex Gorsky, February 15, 2018, https://youtu.be/PG1-eiF7okM (1/19/21).
28. Interview with Alex Gorsky, February 15, 2018, https://youtu.be/PG1-eiF7okM (1/19/21).
29. https://www.reuters.com/article/us-usa-crime-shkreli/pharma-bro-shkreli-sentenced-to-seven-years-for-defrauding-investors-idUSKCN1GL1EA (2/5/21).
30. "2018 Edelman Trust Barometer, Trust in Healthcare: Global," *Edelman*,June 2018, https://www.edelman.com/sites/g/files/aatuss191/files/2018-10/Edelman_Trust_Barometer_Global_Healthcare_2018.pdf (3/25/20).
31. Peter Loftus, "Johnson & Johnson's Legal Challenges Mount," *Wall Street Journal*, October 14, 2019, https://www.wsj.com/articles/johnson-johnsons-legal-challenges-mount-11571055242 (1/19/21).
32. "Sweeping Plan to Lower Drug Prices Introduced in Senate and House," *Bernie Sanders U.S. Senator*, January 10, 2019, https://www.sanders.senate.gov/newsroom/press-releases/sweeping-plan-to-lower-drug-prices-introduced-in-senate-and-house (1/31/20).
33. Jessie Hellmann, "Support Drops for 'Medicare for All' but Increases for Public Option," *The Hill*, October 15, 2019, https://thehill.com/policy/healthcare/465786-support-drops-for-medicare-for-all-but-increases-for-public-option (1/19/21).
34. "Largest Health Insurance Companies of 2020, *ValuePenguin by LendingTree*, January 2020, https://www.valuepenguin.com/largest-health-insurance-companies (1/19/21).
35. "Largest-ever analysis of baby powder and ovarian cancer finds no link between the two," *Los Angeles Times*, January 7, 2020, https://www.latimes.com/science/story/2020-01-07/largest-ever-analysis-baby-powder-ovarian-cancer (1/19/21).
36. Katie Thomas, "$8 Billion Verdict in Drug Lawsuit Is Reduced to $6.8Million," *New York Times*, January 17, 2020, https://www.nytimes.com/2020/01/17/health/jnj-risperdal-verdict-reduced.html (1/19/21).
37. Josh Nathan-Kazis, "J&J Stock Gets Another Thumbs Up. Analyst Says Legal Worries Are 'Priced In.'," *Barron's*, December 19, 2019, https://www.barrons.com/articles/johnson-johnson-stock-opioids-talc-ligitation-51576770923 (1/19/21).
38. Interview with Alex Gorsky, February 15, 2018, https://youtu.be/PG1-eiF7okM (1/19/21).

第13章

1. https://medium.com/systemsleadership/optimizing-market-structure-carl-ice-ceo-bnsf-railway-924142008521 (1/21/21).
2. https://www.lexico.com/en/definition/context (1/20/21).
3. https://www.wsj.com/articles/china-once-germanys-partner-in-growth-turns-into-a-

rival-11600338663 (1/20/21).
4. https://www.nokia.com/blog/study-ai-machine-learning/ (1/21/21).
5. Goldberg, et al., "Fitting In or Standing Out? The Tradeoffs of Structural and Cultural Embeddedness." *American Sociological Review*, October 31, 2016.
6. Andy Grove, *Only the Paranoid Survive*, Currency / Doubleday, 1996, page 126.（邦訳『パラノイアだけが生き残る——時代の転換点をきみはどう見極め、乗り切るのか』、佐々木かをり訳、日経BP社、2017年）
7. Interview with Katrina Lake, January 21, 2021.
8. https://www.nytimes.com/2017/05/10/business/dealbook/as-department-stores-close-stitch-fix-expands-online.html (1/20/21).
9. https://www.accenture.com/us-en/accenture-timeline (1/21/21).
10. https://newsroom.accenture.com//content/1101/files/Accenture_Factsheet_Q1_FY21_FINAL.pdf (1/21/21).
11. Interview with Julie Sweet, February 14, 2019, https://youtu.be/BxYdT84S3pw (1/20/21).
12. https://www.wsj.com/articles/tech-consultants-are-the-new-mad-men-1541765256 (1/20/21).
13. Interview with Julie Sweet, February 14, 2019, https://youtu.be/BxYdT84S3pw (1/20/21).
14. Interview with Julie Sweet, February 14, 2019, https://youtu.be/BxYdT84S3pw (1/20/21).
15. https://www.accenture.com/us-en/services/technology/ecosystem (1/20/21).
16. https://fortune.com/most-powerful-women/2020/julie-sweet/ (1/20/21).

デジタル変革を成功に導く

5つの脳力 5つの筋力
デジタルマイオピアに陥らない経営

2023年8月1日　第1刷発行

著　者――ロバート・E・シーゲル
訳　者――NTTデータ経営研究所DX研究チーム
発行所――ダイヤモンド社
〒150-8409　東京都渋谷区神宮前6-12-17
https://www.diamond.co.jp/
電話／03･5778･7730（編集）　03･5778･7240（販売）
装丁――――竹内雄二
DTP・製作進行――ダイヤモンド・グラフィック社
印刷――――加藤文明社
製本――――ブックアート
編集担当――久世和彦

ISBN 978-4-478-11717-0